如何写好判决书

——判决书的写作与实例评改

周 恺／著

中国政法大学出版社

2010·北京

前 言

以文济法

有人说，判决书写作是一件小事。这样讲确实很难反驳。古罗马的判决书就很简单：只有主文，没有理由。那不过是一张判决结果通知单，根本谈不上什么写作。可古罗马不是照样建成了一个法律帝国？今天英美大法官的判决书变得令人瞩目，可那也不是判决书写作的功劳。英美大法官是当今世界法律发展的引导者，判决书有幸承载了他们重要的法律思想，自然也就变得令人瞩目了。这与如何写作并无多大关系。所以，讲它是一件小事确实也没什么错误。

但我想，写好一篇判决书对我们中国的法治发展，尤其是对我们中国法官的发展，可绝不是一件小事。我们中国的法治发展资源匮乏，无法同西方相比。而赢弱的中国法官又处于政治和学术的夹缝中，所能获得的发展资源就更为有限了。这样下去，中国的法官将会永远在二者之间充当可有可无的附缀，永远只能以"政治家"和学者为荣。如果将法治比作一把刀的话，法官就是它的刀锋。法官赢弱，法治这把钝刀在中国的命运也就可想而知了。

判决书写作是唯一属于法官的领地。判决书中汇集了司法的历史传统、精神实质、经验方法、思维意识，判决书写作的水平就是实际的司法水平，判决书写作的文风就是司法的观念和作风。

中国法官可以在这块领地中认识司法的客观规律，提高自己的综合司法能力。而且，也只有在这块领地中，各种资源才能为司法所用，各种发展才会真正属于中国法官。从写好一篇判决书入手，学习司法、改进司法，壮大自己，中国的法官才能在政治和学术中间找到自己的立足点。

写好判决书也是中国法官与中国社会、中国文化的结合点。中国是世界上最重文的国家，文章写作被称为"经国之大业，不朽之盛事"。这样的文化传统在世界各大文明中绝无仅有。中国的法官将判决书都写成理通辞畅、文法俱佳的锦绣文章，不仅可以在中国社会赢得普遍的尊重和信任，而且可以在这"重文"之风后继乏人的时代成为中国文化的继承者，深深地植根于中国。"登高而招，臂非加长而见者远；顺风而呼，声非加急而闻者彰。"中国司法就将以文化的高度超越政治和学术，在中国社会和中国历史中赢得巩固的地位和持久的影响力。

如果说判决书写作在西方是一件小事，只愿它在中国能够造就法官，只愿中国将来的法治是法官的法治。

·· 目 录 ··

··判决书的写作··

一、判决书的概念、性质和分类

（一）概念

判决书是记载或者一并阐释审判者对案件实体问题所作的处理决定并且公布于当事人的书面文件。中国古代称之为"判词"。

判决书是判决的书面载体，二者不应混淆。判决是审判者作出的处理决定本身。这个决定可以口头的方式存在，也可以书面的形式存在。判决书不过是它的书面载体。如果判决书消失了，判决依然存在；如果判决被撤销了，即使判决书还存在，判决的效力也不在了。在这一点上，将"不服判决"说成"不服判决书"、将"撤销判决"说成"撤销判决书"都是不对的。

判决书中解决的主要是实体问题，而非程序问题或其他问题。在这一点上，判决书区别于裁定书、决定书、批词[1]等其他在审判过程中出现的文书。

判决书要对外公布于当事人。一些只流转于审判机关内部的文书，如审理报告等，虽然与判决书非常相近，相互之间也可以借鉴，但不是严格意义上的判决书。公布的方式可以是直接送达书面文件，也可以是口头宣布或其他方式。

内容可从总体上分为记载和阐释。记载的部分是判决书必有的部分。首先必须记载判决结果，其次根据不同时代与地区的法律要求还要记载一些其他内容。阐释部分不是判决书的必有部分，它是说明和解释判决的原因。判决书的五个部分：首部、尾部、主文、事实、理由。前三个是记载部分，后两个是阐释部分。因为不是所有的判决书都有阐释部分，所以说"记载或者一并阐释"。

（二）性质

有的观点认为判决书"姓法不姓文"，不同于文章。如果按照文章的写作规律来指导法律类的判决书，会使得判决书过于主观随意。而且进一步认为不应使用"写

---

〔1〕 中国古代的一种法律文书，其内容是关于是否允许立案的。

作"这个词，而应使用"制作"这个词[1]。上述这种观点是片面的。

"文本同而异末"。各类文体所要表达的思想内容不同，表达方法就会有所差异。正所谓"因情立体"。各类文章表现得差异很大，但终属"异末"，不会影响"本同"。以表面上的差异来否定本质上的相同是不对的。以观点来统率材料、写作时要繁简得当，哪一类文章不都是这样写作的吗？判决书运用于司法领域，当然会根据司法领域的一些特点形成自己的特殊要求，没有什么奇怪的。不能因为与法律有关就得出"姓法不姓文"的结论。将"文"与"法"绝对地对立起来会使得判决书无法从文章写作这块土壤中吸取养分，不利于它的发展。

至于"写作"和"制作"。笔者认为无论是说"写作判决书"，还是说"制作判决书"都可以。这并不是原则问题。确实，"制作"程式化色彩重一些，"写作"自由发挥的色彩重一些。但这仅仅是从不同的角度看问题。与其他文章相比，包括判决书在内的司法文书确实是比较程式化的，所以讲"制作判决书"是没有问题的。但在司法文书内部判决书又是主观能动性发挥最大的文书，几乎与普通文章无异。所以讲"写作判决书"也是可以的。但是，如果将"制作"赋予了另外的含义，甚至否认判决书的文章性质。那么，这种"制作"就是本书所反对的了。

（三）分类

根据不同的标准，判决书可以有很多分类。本文只谈与写作有关的以下三种：

1. 简式判决书和附理判决书。根据判决书是否详细说明判决理由，可以将判决书分成简式判决书和附理判决书。

简式判决书是不说明判决理由或简略说明判决理由的判决书。古罗马的判决书都是只有主文的。17、18 世纪法国和日耳曼的判决书也继承了这一传统[2]。美国法院中也有"司法命令"，根本没有理由，只有命令本身，甚至直接将命令写到诉状的背面[3]。中国古代的司法官员也往往在民间递交的诉状上直接批示法律命令以结案。我国目前的判决书中也有一些除了"证据确凿、事实清楚"等固定用语外别无实质理由的，也可以称为简式判决书。如：

判 决 书[4]

[英] 高等法院王座庭 1986 - s - No. 4171

法官办公室主事官

---

〔1〕 熊先觉：《司法文书研究》，人民法院出版社 2003 年版，第 1、31～32、43～44 页。

〔2〕 沈达明：《比较民事诉讼法初论》，中国法制出版社 2002 年版，第 579 页。

〔3〕 [美] 哈里·爱德华兹：《爱德华兹集》，傅郁林等译评，法律出版社 2003 年版，译序第 4～5 页。

〔4〕 摘自青岛市中级人民法院民二庭编：《民事司法评论》，李德海编译，2001 年第二期。

原告 施密斯·琼斯公司

被告 弗莱柏尼特有限公司

判决时间：1987 年 1 月 19 日

本庭已告知被告有辩护之权，现就原告诉被告一案，依第十四号法令第三条，判决如下：

一、被告自即日起支付原告 6900 英镑，并；

二、依最高法院 1981 年法案 35A，按 15% 的年利率支付自应付款之日到令状签发之日的利息 116.44 英镑，并；

三、依最高法院 1981 年法案 35A，按 15% 的年利率支付自令状签发之日至本日的利息 176.08 英镑。

三项总计 7192.52 英镑。

此外，被告应承担诉讼费用（税款）178.50 英镑，此税费原告已缴纳。

附理判决书是详细说明判决理由的判决书。如：为人称颂的美国大法官写出的论理精致深邃的长篇判决书，东京国际法庭和纽伦堡国际法庭的判决书和所有挑选出来为人学习的判决书，都进行了详细的论述和说埋。

今天，判决书中说明理由被认为是天经地义的事情。但在十八世纪，法国人约斯还在劝告法官不要说明理由，避免败诉当事人的挑剔，导致纠纷再起。历史上，简式判决书并不罕见。客观地说，这两种判决书在司法实践中都有存在的必要。附理的意义恐怕不用多说。而如果其理不辩自明，再长篇大论地说理就会有画蛇添足之感。这种情况下，公正的判决主文已经完全涵盖了说理的意义。理由一带而过或者甚至根本不写理由，给人一种既威严且公正的感受，效果反而更好。何况，文章有话则长，无话则短，当繁则繁，当简则简。对于每天处理的大量类型化的案件，判决书的写作者也没有什么创造性的工作可作，只需按照一定的模式办理即可。一概地要求审判者事无巨细地进行详细论述，既不实际也浪费司法资源。所以简式判决书存在于司法实践中，也是有其合理性的。否则，我们无法解释为什么在附理判决书最发达的美国，不说理的司法命令为何运用得如此普遍呢？[1] 当然，有的简式判决书是出于司法专横的目的。但这属于司法态度问题，不能以此否定简式判决书的合理性。

2. 刑事判决书、民事判决书和行政判决书。根据案件的不同性质，可以将判决书分成以上三类。依此类标准再细化，还可以有职务犯罪判决书、经济判决书、知

---

〔1〕 ［美］哈里·爱德华兹：《爱德华兹集》，傅郁林等译评，法律出版社 2003 年版，译序第 4 页。

识产权判决书、婚姻判决书等。这些判决书的内容固然有一定的区别，但从写作的角度讲，它们并无根本差异，都有统一的写作规律。

3. 初审判决书、上诉审判决书和再审判决书。根据审理程序发生的原因不同，可以将判决书分成以上三类：初审判决书就是一审判决书；上诉审包括二审和三审。这三类判决书在写作上也没有原则的区别，也都要服从统一的写作规律。

我国目前通行的做法是在同一案件的不同审理程序中，在后程序的判决书都要将前面判决书的内容悉数囊括。比如，再审判决书就要将一审查明的事实、一审的处理意见、二审查明的事实、二审的处理意见在判决书中都叙述一遍。如果审理过程更加周折，叙述的内容还要多。各个审理程序之间的判决书是有联系的，是相互衔接和补充的。根据具体情况的需要，后面程序的判决书可以详述、简述、也可以不述前面程序的判决书的内容。要了解前面审理的情况可以阅读前面的判决书，不一定要求后面的判决书面面俱到。

同时，审判级别越低，简式判决书出现的几率就应该越大；审判级别越高，附理判决书出现的几率就应该越大。笔者还认为，审判级别越低，就越应该容忍一些变通的和游离在法律边缘的处理出现在判决书中；而在较高的审级中就不能这样了。

二、写作论

首先应当明确什么是好的判决书，然后我们才可以讨论如何写好判决书。评价一篇判决书写作优劣最主要的标准就是它的表达效果。表达效果好就是好的判决书；表达效果不好就是低劣的判决书。什么是好的表达效果呢？就是能够将审判者对案件处理的观点认识清晰准确地传达给阅读者，并让这些观点认识具有说服力，能够让阅读者接受。

这是由判决书的写作目的决定的。审判者对案件处理的布点认识决定了最终的判决结果。写作判决书就是为了向包括当事人在内的所有阅读者说明这些布点认识，让阅读者信服、接受判决结果。所以，好的判决书应当重在观点的表达，重在取得有说服力的表达效果。不应当堆砌证据、不应当罗列审理过程，不是在填表格，不是在列数字，而是按照文章的写作规律，让判决书的各部分浑然一体，都为观点表达服务。如果只顾表达，不顾表达效果，内容再多，篇幅再长，也是失败的。

笔者认为，判决书的写作应当公正合理地确定案件中需要阐释的问题，运用恰当的表达方法，清晰准确地表达出审判者对案件处理的观点认识，取得有说服力的表达效果。

（一）记载与阐释

与阐释部分比较起来，记载部分的内容显然比较重要。因为它包含了案件处理最重要的内容，如首部、尾部、署名、日期、主文、案号、当事人基本情况和审理过程的交代等，特别是判决主文更是判决书的核心内容。但记载部分也没有什么写作的难度。它的内容也比较刻板，主要是一些根据法律规定和司法习惯形成的程式化的东西。与之相比，阐释部分虽然只是判决书的附属部分，写作难度却要大得多。一份判决书的优劣，重点是看它的阐释部分写作得如何。如果没有阐释部分，我们也就大可不必讨论判决书写作的问题了。所以，判决书写作的重点不在记载部分，而在阐释部分。对记载部分的要求是完备清楚，符合规定就可以了。记载部分不要尾大不掉、喧宾夺主，影响了判决书中阐释部分的表达。

（二）阐释部分的构成

正确认识阐释部分是由哪几部分构成的，有助于我们对各类判决书进行理性分析。虽然种类繁多的判决书有着千变万化的面目，但那些不过是以下这种基本构成的不同增减罢了。

按照表面形式，阐释部分由事实和理由两部分构成，但按照实质内容，阐释部分是由事实、理由、法律三部分构成的。由于法律部分基本只是法条引用，内容较少，往往被合并到理由中，所以从表面形式上看只有事实和理由。事实是现象，法律是规范，理由则是主观认识。

需要说明一点，阐释部分整体上也可以称为"理由"。我说附理判决书就是指附有阐释部分的判决书。说判决书要有"理由"，也是指要有阐释部分。但在这里，阐释部分还可具体分为事实、理由和法律。

1. 事实。案件中出现的各种有法律意义的现象都属于事实。没有法律意义的现象是与案件无关的事实，根据诉讼是否开始事实可以分成案情、审情；审情中又可以分出证据。

（1）案情。指诉讼开始前纠纷发生发展的过程。包括时间、地点、当事人、起因、结果等各种情节。

（2）审情。指诉讼开始后审判者审理纠纷的过程。这些事实多表现为一些诉讼行为，如：原告起诉；被告答辩；下级法院作出的判决；等等。审情分为言论、行为两个方面。

言论就是诉讼中有关各方对案件处理或部分问题表达了什么样的意见。有关各方对案件处理的意见对于审判者处理案件有非常大的意义。如原告的起诉是审理的基础，下级法院的判决又是上诉审的基础，被告的答辩决定了案件的争议焦点等。有时，诉讼各方也可能只对部分问题表达了意见，如当事人对管辖权提出异议，上级法院发回重审时对案件中的某个问题提出的指导意见等。

诉讼中的各方包括当事人（原告、被告、第三人、上诉人、被上诉人、申诉人等)、辩护人、法院（下级法院、上级法院等）。公诉机关的地位相当于原告，包括在当事人中。

言论又可分为主张和理由。主张是概括地总结诉讼各方的观点。当事人的主张就是当事人对法院的请求；法院的主张就是法院的判决主文。理由是诉讼各方详细解释其主张提出的原因。法院的理由就是其判决理由。

行为。审理过程中，还会发生一些行为，如法院指挥的调查、鉴定、评估行为、庭审中出现的行为等。

公安以及一些前置程序规定的机关（如解决劳动争议的仲裁部门等）的言行也可以视作审情。

（3）证据。指可以证明案情的其他事实。证据严格说也是审情的一部分，因为它也是在审理过程中出现的。因为比较重要，也比较特殊，有必要单列一项。证据可以是当事人提供的，可以是法院调查的、可以是其他案情、可以是审情、也可以是众所周知的事实。

2. 法律。选择适用的法律规范或者补充法律规范发挥作用的其他规范。实体法、程序法、各个部门法、宪法、普通法、准据法以及允许适用的外国法都包括在法律规范内。有时，由于法律规范的缺失或者法律规范的开放性，也需要其他规范来帮助法律规范共同完成规范的任务。

3. 理由。对事实与法律之间匹配情况的说明。事实与法律的匹配最终得出了判决结果。在这一过程中，会出现许多具体问题，理由就是分别说明这些具体问题的。

理由可以分成：认定事实、解释法律和说明匹配。比如"张三的行为构成违约"；"李四的行为触犯了我国刑法第二百二十四条的规定"，就是说明事法之间匹配的。

理由也可以分成：结论与过程。结论是对具体的问题审判者最终的观点；过程是这些结论形成的经过。多结论，少过程就是我国现在判决书论理中的一个毛病。

理由还可以分成：立论、驳论和轻重。

立论是支持、肯定、确立某一观点；驳论是反对、否定、驳斥某一观点。

轻重。说明某一问题在最终处理中的作用或是与其他问题的关系，或是指出整个案件的处理方向。法律适用于事实的过程中所产生的诸多问题构成了一个处理体系，最终的处理结果是这些问题合力的结果。我们支持或反对某一问题的前提是明确它在整个处理体系中的重要性。如果它毫无意义，我们也就不必再讨论它了。如果它有作用，还要明确它的作用在哪里。人们常说：提出问题比解决问题更重要。明确一个问题在案件中的作用，很多情况下就已经决定了案件最终处理的结果。

（三）需要阐释的问题

所有与案件有关的问题并不一定都要写到判决书中。只有重要的、有价值的问题才需要在判决书中加以阐释，这些问题就是需要阐释的问题。

确定案件中需要阐释的问题是判决书写作中最为关键的一步，这是审判者必须做的。写文章决不能包罗万象，把什么都囊括进来。否则，就会像多余的枝叶障碍了远眺的目光一样，影响了判决书清晰准确的表达。清代的魏禧说过："善为文者，有所不必命之题，有不屑言之理。"[1]

这种选择并不是说被舍弃的部分就不在案件的最终处理中发挥作用了，只是说它们不必写进判决书中来。就像一部电影，虽然出现在银幕上的只有演员，但导演、摄像、场记在电影的形成中同样发挥了作用。比如，对企业法人来说，是否经过了合法登记是案件中必须审查的问题，但如果审查结果没有问题，对审查的过程就完全可以略去，不必写进判决书中。对于当事人意见中提出的一些明显不值一驳的观点，也大可不必让它干扰案件的主要问题。

当然，这种选择也不是乱剪裁，不能随意歪曲或故意隐瞒。这不仅是对审判者能力的考验，更是对审判者公正之心的考验。审判者应当全面审查案件，综合权衡所有与案件有关的问题，慎重地作出选择。做到既反映全貌，又突出重点。对没有价值、不必阐释的问题反复赘述、牵连枝蔓是不对的。而对主要的、关键的问题避而不谈、含糊带过也是不对的。总之，这种选择必须公正，还要合理。

通常，有几个因素决定了审判者对需要阐释问题的选择：

（1）法律规范。法律规范包括法典和法学理论。合同案件要考虑合同的订立、履行等情节；杀人案件要考虑杀人的动机、手段等情节。不同的案件要适用不同的法律规范，当然需要阐释的问题就不同了。

（2）争议情况。这是决定判决书中需要阐释的问题最主要的一个因素。即使是相同类型的案件，具体的争议情况也不大会相同。同样是合同案件，可能一个争议于应履行的地点，一个争议于合同条款的解释，所要阐释的问题当然不同。这里所说的争议，不仅仅局限于双方当事人的"他争"，也包括审判者内心的"自争"。"他争"是当事人明确提出的，双方意见不一的问题。"自争"则是虽然当事人未明确提出，但根据审理情况，审判者内心存在疑问，而且有主动审查责任的问题。民事、行政案件中都会有自争问题，刑事案件中更加突出一些。

（3）习惯。包括司法习惯和文化习惯。一个时代、一个地区的司法常会有一些自己的习惯影响着确定判决书中需要阐释的问题。这恐怕是难以避免的。比如，我国的合同案件中总习惯首先论述效力问题。即使合同效力并无瑕疵，也要先说上一句"该案的合同系双方真实意思表示，且不违反有关法律的规定，应当予以保护"

---

〔1〕 转引自王凯符等编著：《古代文章学概论》，武汉大学出版社1983年版，第57页。

之类的话。其实，合同效力如果没有瑕疵，不必再赘述，但司法习惯却不然。而且，文化习惯也影响着人们的选择。古代的审判者与现代的审判者，选择当然有差异。

（4）审判者的地位与案件的重要性。一个一审程序的法官和一个没有上诉压力的终审程序的法官，所作出的选择是不一样的。而一个普通案件和一个备受关注的重大案件，审判者对它的重视程度也会是不同的。选择需要阐释的问题，不能完全排除主观的因素。要求所有审判者在所有的案件中保持同样的标准是不现实的。一审程序的法官会更加审慎，而终审程序的法官会更加洒脱。一个对重大案件长篇大论、面面俱到的法官，可能对一个普通案件就没那么重视了。

被选择在判决书中加以阐释的问题，根据其重要性不同，可以分成焦点问题与一般问题。焦点问题是对案件处理起关键性作用的问题。一般问题是除了焦点问题之外的次要问题。

焦点问题可以是事实问题，也可以是法律问题，可以是普遍性的问题，也可以是个别性的问题，但必须是关键性的问题。通常都是双方争议很大的问题。但有时双方都未发现案件真正的焦点问题，只争议于一些细枝末节的问题。审判者要有能力找到案件的焦点，才能指出症结之所在，作出令人心悦诚服的论述。焦点问题的重要性是在一般问题的基础上体现出来的。正是因为有了一般问题的铺垫，焦点问题才得以显得重要。从另一个角度看，焦点问题也是一般问题。不过是"膨胀"出来的一般问题。一个案件中焦点问题，可能就是另一个案件中的一般问题。具体案件中的焦点问题要具体分析。如标的物的质量问题，在许多案件中争议都比较大，会成为焦点问题；而在另一些案件中可能就争议不大，只是个一般问题。

一个案件中需要阐释的可能有一个焦点问题，几个一般问题；也可是几个焦点问题，一个一般问题；或者几个焦点问题、几个一般问题。它们之间的关系是递进的，或是并列的。比如，违约责任和损害赔偿的数额就是递进的关系。只有确认了违约责任之后，才产生损害赔偿数额的问题。如果没有违约，也就没有损害赔偿了；而损害赔偿的计算标准和损害赔偿的起算时间就是并列的关系。只要涉及损害赔偿，这两个问题都要考虑。更多的情况是递进与并列的关系相互交织。焦点问题与一般问题也同时相互交织。

（四）取得有说服力的表达效果

判决书实际上就是一篇解释主文原因的议论文章。审判者选择案件中需要阐释的问题就是文章的立意。事实与法律都是它的论据。事实是判决的事实基础，法律是判决的法律基础，二者所起的是论据的作用。理由中包含了论证、部分论据、论点。理由是说明事法匹配情况的，论证是它的当然部分。除了事实与法律之外的其他论据，如学术观点、事例、众所周知的事实、道理等。也包含在理由中论点则是理由中的结论。

要取得有说服力的表达效果，当然首先要公正处理案件。公正的处理容易产生说服力。正常的道理表达起来自然顺畅，容易让人接受。巧言令色、强词夺理的歪理无论如何文饰都会露出破绽，使得文章失去说服力。再者，也要有扎实的法律功底。否则对法律了解不深，空有公正之心，用错了地方，讲出来的道理也难免贻笑大方。

而要取得有说服力的表达效果，恰当的表达方法也是必不可少的。案件的情况不同，表达方法当然要有所不同。"文无定法"，内容的详略取舍、结构的组织安排、语言的选择运用都要灵活。语言的选择运用后面再谈，这里先谈一谈内容的详略取舍和结构的组织安排。

1. 内容的详略取舍

内容的详略取舍要根据案件中需要阐释的问题决定。与之有关的就取，无关的就舍；与焦点问题有关的就详写，只与一般问题有关的就略写。

事实、理由、法律三者可以都出现在判决书中，也可以只出现其中的一部分。

事法：比如，"张三杀人，杀人者死。"只通过事实、法律这两者的叙述，张三应死的主文已经十分明显了，完全没有必要再赘述理由了。

事理：而当法律规定非常明确，甚至已经是众所周知的情况下，法律也可以略去，判决书中只出现事实、理由既可。

理法至于只出现理由和法律的情形则比较少见，因为具体的法律适用很少出现缺乏个案的事实的。但也不绝对，三审程序只进行法律审的情况中，有的判决书可以只涉及少量的事实，而集中阐释法律解释问题。比如，《名公书判清明集》中"舍木与僧"一篇就基本上只有理由和法律。

> 舍坟茔之木以与僧，不孝之子孙也；诱其舍而斫茔木者，不识法之僧也。若果如县断，则是为尊者可舍墓木，为侄者不合诉墓木，与法意大差矣！程端汝勘仗一百，僧妙日不应为，杖六十。帖县照断。[1]

判词解释了法律，认为如果任由人们砍伐祖先坟墓上的树木，无论是出于什么样原因，都是与法律规定相悖的。

不仅事实、理由、法律三者之间如此，各自的内部也是如此。事实部分中的案

---

[1] 选自中国社会科学院历史研究所宋辽金元研究室点校：《名公书判清明集》卷九，中华书局1987年版，第330页。

情一般都会在判决书中出现，但审情与证据则可以视具体情况而变化。审理过程中如果没有出现特别有法律意义的事实，审情就可以一笔带过，只写提要。证据如果没有专门的分析，也可以概括的叙述或根本不提及。理由部分中如果没有什么值得反驳的观点，可以只立不驳。也可以只驳不立，如果正确的道理已经很明显，只需要否定错误的对立面，正确的道理就自然能够树立。或者只有驳论、立论而没有轻重，如果案件处理的方向、焦点问题无需专门阐释就已经比较明显了。当然，也可以三者全部具备，而详写其中的一部分，略写另一部分。法律部分更可以只引用重点的规范加以阐释，对于大家都知道的规范略去不谈。

详略也是一样。如果案件的一般问题非常简单，而焦点问题比较突出，对一般问题就无须多谈，只需要集中阐释与焦点问题有关的部分。如果案件的焦点问题很重要，一般问题也需要有所交代才行，那就应当兼顾两方面。如果案件没有什么值得关注的焦点问题，那就只需讲一下与一般问题有关的部分既可。甚至有的案件非常简单，已经无须附理判决书，那么只要简式判决书就可以应付了。

2. 结构的组织安排

先叙"法"，即先叙述法律规范。这种结构给人以非常醒目的感觉，提示案件的审理最主要的法律依据。如郑板桥的一篇判词：

> 查典卖田宅不契税者，笞五十，仍追契内价钱一半入官；不过割者，其田入官。今该生隐匿多年，被人首告，理应详革究拟，姑从宽；着持契当堂验税，薄罚可也。[1]

这是一个买卖土地逃避税收的案子。判词首先讲了相关的法律规定"查典卖田宅不契税者，笞五十，仍追契内价钱一半入官；不过割者，其田入官。"然后再叙述案情和最终的处理决定。这种结构也常见于古代典籍，如《国语·晋语三》中"惠公杀庆郑"的判决，以及我国最早的判词"僬匜"等。

先叙"理"，即先叙述主要的理由。这种先叙理的判决书往往能够起到先声夺人的效果。如许文濬的判词：

> 《禁烟条例》兼禁私藏烟具。所谓烟具者，指专供吸烟之具而言。若灯盘铁剪等物，则固可资他用者也。据李财生供：故父素吸洋烟，所有烟枪、烟斗、烟盒等件久已销毁。惟烟灯、铜盘、剪刀因别有用处，舍不得就丢弃。又向无烟瘾，

---

[1] 选自《中国古代公文选注》，兰州大学出版社1988年版，第404页。

所以放在有目共睹之处，并不曾收藏等语。查看李财生面貌丰腴，本无鸦片形状。所供留用灯剪等物，亦系实在情形。李财生即开释，灯盘、剪并给还。嗣后非查获枪斗烟盒等件，仅仅烟灯、烟盘可资别用之物，不得指为私藏烟具，率行送案。除呈明并行警局外，此判。[1]

这道判词就是首先给"烟具"界定了概念："指专供吸烟之具而言。"那些除了专供吸食鸦片之用外，还可兼作他用的物品不能认为是法律所查禁的烟具。据此理由作出了相应的判决。

清代名吏于成龙更有一道"婚姻不遂之妙判"。开头就说："关雎咏好逑之什，周礼重嫁娶之仪，男欢女悦，原属恒情，夫唱妇随，斯称良偶。"[2] 通过这样的论理说明案件中的一对恋人自由结合是合理的，明显不妥的包办婚姻应予解除的道理。

先叙"事"，即先叙述案件的事实。这是最常见的结构在古代、现代、西方、中国都很普遍。具体的例子比比皆是，不需要再单独举出了。这种判决书首先出现的是一个比较集中、单独的事实部分。在这一部分中将大部分或主要的案情、审情都加以描述。

现代判决书大多采用这种结构，要求先叙事，再论理。不仅如此，现代判决书更将阐释部分从格式上固定地划分为"事实栏"和"理由栏"两部分。但需要强调指出的是，这种格式上的划分仅仅是为了便利，纵然不分栏写作，或者作其他处理也完全可以。主要的变化有两种：只有"理由栏"和将事实理由合并为"事实与理由"栏。如一些驳回诉讼请求、宣告无罪的案件，可能无需认定过多案情，只根据法律就可以径行判决了，不必再划分事实与法律。一些只进行法律审的案件也只需在判决书中列出"理由"一栏既可。也有一些判决书将阐释部分合称为"事实与理由"，夹叙夹议地阐释问题，也取得了不错的表达效果。毕竟案件之间的情况毕竟千差万别，绝对地要求千篇一律不尽合理。即使是现代判决书对格式要求比较严格，也不妨碍根据具体案件情况作出灵活的处理。比如：

杨柳青镇人民法庭民事判书

民字第二号

原告王玉珍，女，年十六岁，杨柳青第五街，贫农。

被告姚全来，男，年廿五岁，天津县李家楼村，下中农。

〔1〕 （清）许文濬：《塔景亭案牍》，俞江点校，北京大学出版社 2007 年版，第 130 页。

〔2〕 高潮主编：《古代判词选》，群众出版社 1981 年版，第 43 页。

右列两造因婚姻涉讼一案经本庭审理判决如左：

事实及理由

原、被两造之婚姻由家长包办订婚、结婚。自结婚六日以后夫妻感情便不和睦，致不能同居。原告曾起诉到政府在案。经数次调解未获解决。今又传讯原被告到庭应讯。女方坚决要求离婚。惟男方顽固不允，并声称如果离婚则须退回衣物首饰等情。

查原被之婚姻系夫妻感情意志根本不合，致不堪继续同居。依据"婚姻条例"之精神，夫妻感情不和应准予离婚。今为了贯彻我之婚姻政策，实现自由、自主、自愿之婚姻，特作如下之判决。

判决

原告声请离婚，应于照准。女方财物准予取回；

被告之衣物准予退回五件（麻线夹袍、两身裤褂）。

对本判决如有不服，于接到判决书之日起廿日内得向本庭提出书状，上诉于河北省人民法院天津分院。

杨柳青人民法庭民庭

庭　长　梁　固

审判员　王宗仁

一九四九年十一月九日

这个案件比较简单，事实、理由内容都不多，判决书如果再分栏叙述就显得比较琐碎了，远不如这样处理效果好，写作起来也简便。

除了先叙法、先叙理、先叙事之外，还有一种比较常见的结构。在一些集团犯罪、有多个被告的刑事案件中，判决书会先叙述总体犯罪事实，再单独就每个被告的罪行分别论述。这种结构例子很多，"审判德国首要战犯判决书"、"审判林彪、江青反革命集团案判决书"及《聊斋志异》中"胭脂"的判词都属于这种结构。

（五）忌堆砌

判决书既不能过繁也不能过简。繁简要根据案件的复杂程度和审理的情况决定。一味地堆砌和一味地苟简都是不对的。现代判决书所面临的主要问题是过繁，是在判决书中一味地堆砌材料。无论是大陆还是台湾，我国的判决书写作都有堆砌材料的毛病。材料是写作学中的名词，指各种可以写入文章的事实或论据。在判决书中，它是指事实和法律。大陆的判决书不厌其烦地将各种案情、审情、证据、法条罗列其中，尤其是各种证据。以为这就是优秀的判决书；以为这些材料堆得越多越细，判决书写得就越好。台湾地区也有在判决书中堆砌材料的毛病。他们重在罗列审情，对双方当事人的意见事无巨细，基本上原封不动地搬到判决书上。

这么多的材料怎么组织呢？堆砌型判决书的结构是按照某些被认为是"科学"的方法来安排。比如，按照"你给我事实，我给你法律"的民事诉讼规则[1]。当事人的请求、陈述和理由一律写在判决书的"事实"项下（即"当事人给法院事实"）；法院的处理意见一律写在"理由"项下（即"法院给当事人法律"）。这是现在台湾地区民事判决书的写法，它与民国时期的做法一脉相承。而这种做法更深的渊源应当是德国民事判决书的写法。再比如，按照"三段论"的逻辑规则："审理查明"部分写上所有有关的事实的内容（小前提）；"本院认为"部分写上所有的有关法律意见的内容（大前提）；"判决如下"部分写上主文（结论）。这就是我国大陆现在通行的判决书写法[2]。

所以，写作堆砌型的判决书其实就是按照事先的规定将所有材料分门别类地填充进相应的栏目中，是一种近似于填表格的写法。

这是一种不可取的文风。文章写作有句名言：文以意为主。就是说写文章要以观点来统率材料，材料为观点服务，而不是相反。在堆砌型判决书中，观点是观点，材料是材料，二者互不统率。它的指导思想是将尽量多的事实与法律写进判决书中来。这样的判决书基本等于流水账。目前大陆、台湾判决书写作的主流就是堆砌材料。它的登峰造极之作是最近台北地方法院对陈水扁贪污案的一审判决书。这篇判决书长达几十万字，一千四百多页，罗列了几乎全案所有的证据材料。这不是判决书，这是档案室，这是图书馆！

判决书的写作不是审判过程的简单重复，诉讼规则、逻辑规则虽然在审判中必不可少，但在表达效果这一点上都不能够代替写作规则发挥作用。判决书是要在审判者和阅读者之间架起沟通的桥梁，让审判者的观点认识能够顺畅地传递到阅读者那里。所以它不仅要考虑表达的内容，还要考虑表达的效果。堆砌型的判决书只顾表达不顾表达效果，写出来的东西别人看不懂，甚至根本就不愿意看。这样的话，就算堆砌了再多的内容又有什么用处呢？清代王夫之在《姜斋诗话》中说："意犹帅也，无帅之兵，谓之乌合。"看一下堆砌型的判决书，就会发现它琐屑松散、凌乱冗长，正像是一群没有统帅的乌合之众，以这样的思路指导判决书的写作是不可能写出好的判决书的。我国判决书写作水平长期得不到提高，根本原因就在于未能摆脱堆砌的写作思路。

还需要说明一点：上述大陆通行的判决书写法实际上是不符合"三段论"的逻

---

〔1〕　［德］狄特·克罗林庚：《德国民事诉讼法律与实务》，刘汉富译，法律出版社 2000 年版，第 88 页。

〔2〕　熊先觉：《司法文书研究》，人民法院出版社 2003 年版，第 148、245 页；周道鸾主编：《法院刑事诉讼文书样式的修改与制作》，人民法院出版社 1999 年版，第 10 页。

辑规则的。构成判决书中三段论的并不是"审理查明"、"本院认为"和主文。"一个完整的法条构成大前提,将某具体的案件事实视为一个'事例',而将之归属法条构成要件之下的过程,则是小前提。结论则意指:对此案件事实应赋予该法条所规定的法效果。"[1] 所以,虽然结论是主文,小前提是由"审理查明",但大前提不是"本院认为",而是其中的所引用的法律规范。"本院认为"部分是判决书的理由,它可以是认定事实,可以是解释法律,总之是帮助"审理查明"和和法律规范共同完成了一个将特定事实匹配于法律之下的过程。比如:

大前提:杀人者死(刑法相应的规定)

小前提:张三杀人(事实是张三雇用李四将王五杀死;理由是雇凶杀人者同罪,得出小前提)

结论:张三应死(判决张三处死刑)

所以,将"审理查明"、"本院认为"和主文认为是三段论,并以此决定判决书的结构是不对的。

为什么会有堆砌型的判决书出现呢?这是因为存在一些错误的观念:

(1)"有利于得出正确的判决结果。"

如果有人认为只要将案件的所有材料都按照"科学"的规则填充在判决书中,正确的判决结果就会自动显现出来的话,那就是过分低估了具体案件的复杂性和审判的专业性。这样做了之后正确的判决结果不会自己"蹦"出来,还是要靠专业的审判者分析论证才行。

(2)"有利于监督审判者。"

堆砌思路出现的深层原因是对审判者的不信任。用这种判决书来监督审判者,以达公正司法的目的。这也就是为什么让审判者将其获得的所有材料都不加选择地写进判决书的原因。然而,首先必须搞清楚:公正从哪里来?公正不会从材料中来,它只能来自审判者的心里。同样一个材料,不同的观点认识就会产生不同的结果,所以监督审判者最好的方法并不是看他们怎样堆砌材料,而是看他们如何处理案件。比如,看他们对材料的详略取舍是否得当、论述的情理是否有所不合、适用的法律是否全面。通过判决书来监督审判者就要让审判者在判决书中尽量表现自己的观点。堆砌型判决书由于将重点放在了罗列材料,障碍了对审判者观点认识的表现,反而使得监督更加困难了。

***

[1] [德]卡尔·拉伦茨:《法学方法论》,陈爱娥译,商务印书馆2003年版,第150页。

　　实践也证明了这一点：近年来堆砌型判决书在我国大行其道，可是各种不公正的判决却依然在判决书中密密麻麻的文字森林脚下流淌无碍。从根本上讲，判决书的写作方法并不能够解决司法不公的问题。如果认为只要随便找一批什么人来，让他们按照某种固定的方法写作判决书就可以产生出司法公正来，那就是过分高估了判决书写作方法的能力。

　　堆砌型判决书的"长处"不在于能够解决问题，而在于能够掩盖问题。表意型的判决书就像镜子一样可以清晰地照出司法存在的问题。而堆砌型的判决书则是将这面镜子弄模糊，让存在的问题看起来不那么显眼儿了。这种判决书无论审判者的能力高低、是否公正，谁写都差不多，而且有唬人的繁琐外貌，给人一种"这样复杂的判决书还不公正"的感觉。

　　（3）"可以全面反映审理的过程，让审判公开透明。"

　　"全面反映审理的过程"是另一个期望，所以堆砌型判决书才将审判过程的每个方面尽量多地写进判决书。在审理的最后阶段，对全案的情况有一个较为全面的介绍，本也无可厚非。特别是为了表明审理的公正，对一些程序性的问题作一个简单的交代，更是自然不过的事情。但是，诉讼过程中形成的各种法律文书各有分工：有的全面表达原告的观点（起诉状）；有的全面反映被告的观点（答辩状）；有的反映某一方面的问题（管辖裁定、财产保全裁定）；而判决书的主要功能是反映审判者的观点。它们相互之间不能完全替代。判决书之所以往往对审理情况反映得更加全面是因为：其一，撰写判决书时已近诉讼终结；其二，审判者要综合全案情况才能下判。所以我们才会在判决书中看到比其他文书更多的信息。如果就此希冀判决书代替和涵盖其他文书的功能，是不切实际的。要获得审理中某一环节的信息，可以查阅相应的法律文书和案卷，不必让判决书面面俱到。老子说："少则得，多则失。"判决书应该抓住它最主要的功能进行写作，不能够这也想作，那也想作。那样的结果只能是什么事情也作不好。

　　堆砌型判决书所表现的不仅仅是一个写作方法问题，更是一个法治观念问题，它将现代法治看作是一种只重形式，不重内容的东西，将判决书中的"文"与"法"绝对地对立起来，希望将文从法中去掉。殊不知，"文"代表了活跃的思想，将"文"从"法"中去掉法也就慢慢地枯萎、慢慢地死去了。也是这种错误的观念，让中国百年以来的现代法治之路分外艰难。

三、叙事

（一）叙事也是阐释问题

　　可能有一种误解：认为表述观点、阐释问题是论理的事情，叙事是单纯的描述现象，与表述观点、阐释问题无关。事实并非如此，清代的王又槐[1]在《办案要略》中说"叙供者……与作文无异。作文以题目为主；叙供以律例为主。"这里的"叙供"是叙述当事人的口供，就相当于叙述案件的事实。在这里，他将"律例"比作作文的"题目"，就说明了我们在判决书中叙述事实不是无目的的，而是为了题目的需要。这些叙事也是在围绕着法律，阐释着案件中的问题。一般问题、焦点问题的解决，都会有叙事参与阐释。尤其是大量的一般问题，经常是在叙事的过程中就解决了，无需在论理中赘述。在继承案件中如果叙述了这样的事实："张建军有两个儿子张大宝和张小宝。"从这样的叙事中我们就可以知道，继承的关系发生在这三父子之间，不会再有兄弟姐妹、父母、孙子女继承的问题了，我们不用再考虑那些法律关系了。在判决书后面的论理中即使没有论述这个问题，阅读者也不会再有什么疑问。再比如，叙述"甲、乙两人因为琐事口角而发生了打斗，甲将乙砍伤"这样的事实，让我们觉得仅仅考虑一个故意伤害的问题就可以了。而如果叙述的是"甲、乙发生口角后，甲携带菜刀深夜潜入乙家，将乙砍伤。"，这样的叙事就说明令我们必须要考虑甲是否为故意杀人未遂了。

还可以在看看前面那个杨柳青法庭的判决书。被告曾提出退回"衣物首饰"的要求，而最后却只判决退还衣物五件。其他的衣物和首饰为何不退呢？判决书没有给出具体的理由。但通过叙事可以得知男女双方业已同居。那么，即使部分彩礼不予退回也就容易让人可以理解了。

审判的过程并不是一个先查清了全部事实再对照法律条款查找这些事实在法律上的相关规定的过程。审判的过程是一个案件事实与法律规范"对向交流"的过程。要想让法律适用于事实，就要让事实与法律相互匹配，我们必须一会儿看一下事实，一会儿再看一下法律，目光在事实和法律之间"往返流转"[2]，然后才可以最终决定案件中的事实和法律。离开了事实，我们确定不了法律；离开了法律，我们也确定不了事实。比如合同案件中，我们会说签约的时间、地点、签约人都是案件的事实，但一般不会将签约时的天气、签约人的服饰、发型作为案件事实。这是因为我们知道后者在法律上没有意义。而我们会选择民事法律规范却不是刑事或国际法方面的规范，就是因为根据案件事实我们知道那些规范与案件无关，不必给予考虑。案件中的事实与法律就像一张纸的正面和反面，我们可以轻易地辨识它们却永远不能将它们分离。事实是法律的另一张面孔，叙述事实也是在案件中的阐释问题，也说明了为何叙事可以有褒贬。

---

[1] 有一种说法认为"王又槐"为"王又槐"之误。本书姑从"王又槐"。
[2] [德] 卡尔·拉伦茨：《法学方法论》，陈爱娥译，商务印书馆 2003 年版，第 162 页。

自然流畅的叙事让人对判决书所认定的事实不会产生怀疑，也就认可了判决的事实基础。否则，人们会对事实产生怀疑，会觉得认定的事实与真实的情况有出入，原本应当适用这样的法律，由于事实的差异，却适用了那样的法律。也就不会认可判决书中的论理了。所以，叙事必须要讲究起承转合、埋伏照应、点题过脉、布局运笔等方法，让叙述更加自然流畅，让阐释部分更加有说服力。

另外，判决书中叙事也要有一定的饱满度，不能过于单薄。它应当区别于案例教学中的那种为了说明某个法律理论，而举出的那种极为概况简单的叙事。因为饱满的叙事能够让人觉得可信，是来源于真实的生活的。

（二）叙事不避褒贬

叙事时应当胸中有沟壑，也就是对案情的褒贬扬抑已经了然于胸。这样下笔时才能够从容顺畅，让案情、审情尽显于笔下。否则所叙述的事实让人味同嚼蜡，甚至不知用意何在，写成了流水账，也就很难达到叙事的目的了。当然，如果尺度拿捏有误，感情色彩强烈到了让人觉得偏颇的地步，也不符合司法的要求，那样写出来就是"失体"了。

对于叙事，现在我国普遍的看法是判决书中的事实叙述应当没有褒贬，以显示法官的居中裁判，不偏不倚。甚至有的还将其上升到了行为规范的高度[1]。这种看法是不对的。法官的居中裁判、不偏不倚是在审判的过程之中。到了写作判决书的阶段，是非已明、胜负已定，怎么还能以这种理由来限制审判者在判决书中表明自己的态度呢？如果在判决书的"审理查明"部分还要审判者装出一副与己无关的态度：好像此时还不知道判决结果，只有写出了主文时才知道。这也未免太做作矫情了吧？

古人说："无私无畏"。无私是秉承公心，居中裁判；无畏是敢于决定、敢于负责。在是非已明的情况下就不应该再瞻前顾后，畏首畏尾了。一定要秉笔直书，褒贬臧否。这样叙事才能够有力，才能够更加清楚地表述出案情的原委。阅读者也才更容易理解案件的来龙去脉问题。

（三）"事实栏"的内容应根据案件的繁简而不同

判决书多采用先叙"事"的结构。这时往往会形成一个比较集中、单独的叙事部分。尤其是现代判决书，格式倾向固定，更就此形成了专门的"事实栏"。根据案件的繁简不同，这个"事实栏"可能是案件的全部事实（简单案件），也可能是主要事实概况（复杂案件）。在简单案件中，情节比较少，这个部分即使将全部事实都叙

---

[1] 2005 年的《法官行为规范（试行）》第五十条［普通程序案件的裁判文书对事实认定部分的叙述］："（一）……，避免使用明显的褒贬词汇；……"

述出来，表达效果也很好；在复杂案件中，情节比较多，如果将全部事实都在这个部分叙述出来，会显得十分庞杂凌乱。这个部分应当只叙述主要事实概况。至于事实的一些细节部分可以在论理中详细讲出，以便于具体的分析论证。

这对于我们现在中国大陆的判决书尤其有意义。堆砌型的判决书经常在"审理查明"部分（事实栏）中将所有案件事实不分巨细，一并叙述出来。这也是严格执行判决书"三段论"写法的后果。这在复杂案件中就会造成表达效果非常不好。正确的方法是要区分案件的繁简，作出不同的处理。如果案件简单，"审理查明"部分可以将所有事实都叙述出来；如果案件复杂，一些事实细节就应当放到"本院认为"（理由栏）中去叙述，以便于仔细地分析论证。甚至有些案件没必要单列事实栏，就可以"事理混叙"了。

四、论理

（一）以法为本

法律的思想体系是判决书论理的理论基础，要以法律的思维考虑问题，要以法律的价值观决定价值取向。其中，根本性的观点认识都应当有相应的法律依据或者不与法律发生根本性的抵触，不能随意以其他的思想理论取代法律。这就是以法为本。

在人类的思想宝库中，法律思想并不是唯一的成果。对法律领域内的种种问题，其他的思想体系也有各自的理论认识。这都会对我们产生一定的影响。但是，在写作判决书时不能以其他的思想理论取代法律的基础地位。如果这样的话，所论的理就不是法律之理了。当然，法律并不包罗万象，需要的时候其他一些有价值的思想理论可以，也应当为判决书所吸收和接纳。但它们都只能在法律的舞台上演出，而不能反客为主。

目前，我国判决书中有一个普遍的问题：就是随意以所谓的正义（有时是公平）取代法律。经常可见，长篇大论的判决书中所讲的都不是法律上的道理，而只是一己之见的所谓公平、正义。这种判决书表面上正气凛然，但往往伴以令人遗憾的理论水平。这样的判决书根本没有真正的说服力，只能说明写作者的法律认识的肤浅。

正义很必要，公平也没有错误。但问题是如何处理好它们与法律的关系。美国联邦最高法院的门廊上有句话："法律之下平等的正义（equal justice under law）"。法律追求正义，但法律只追求自己范围内的正义。骑着白马，手持宝剑去除暴安良、行侠仗义，那不是法官的事情。法官的判决为国家暴力所支持，一旦被"侠客情结"所左右，法官就是在滥施国家暴力。其危害之大不亚于任何的不正义。法律之外的正义，或者是不宜用法律手段调整的，或者是不值得用法律手段调整的，或者本身就模糊不清。因而，不懂法律是没有资格在司法中谈正义的。合格的审判者必须辨识什么样的正义在法律的统辖之下，而什么样的正义不在此列。能够告诉我们这一切的，唯有法律本身。

只有精通法律者才能够论述好判决书中之理。这需要长期艰苦的学习与实践，还要天生的悟性才能够做到，并不是一件容易的事情。许多人只羡慕美国大法官们的荣耀，却不知道那些人多少年来案牍劳形、皓首穷经，才可能有几句话为世人所称颂。如果只是读过一两本法律教科书，案件也没有真正审理过几个，就想一试身手，只能落得个东施效颦的下场。当年，英国的柯克大法官与英王詹姆士一世有过一场著名的争论。其中，柯克大法官提出了人工理性与自然理性之分[1]。他说，不经过艰苦之极的训练，法律的人工理性是无法形成的，即使是国王也没有作审判者的资格。我想，如果英王当初真的坐在了审判台上，缺乏人工理性的他恐怕也只能用所谓的正义来应付一番了吧！

（二）明法以文

论理不仅要有深厚的法律功底，而且要有组织文字将法律道理顺畅加以表达的写作能力。离开了文字，法律无所依附，判决书中的道理也就不能够表达与传递了。而且，法律道理的表达效果也要取决于文字组织的质量：文辞通畅则法意显明；文辞庸碌则法意昏暗；文辞阻塞则法意不达。所以说，明法以文。

很多人轻视文辞在判决书中的作用，认为道理是法律通过自身的力量独自"演算"出来的，只要道理正确，论理就不存在问题，讲究文辞只会影响法律的适用。基于这种认识，限制判决书中各种表达方法和修辞方法的运用，只允许进行最刻板、最单调的叙述，并认为这是判决书写作的必然要求。

文与法的关系是形式与内容的关系。虽然内容决定形式，但不能因此而否定了形式的反作用。"形式不是添加在实质之上一条凸起的赘饰，它们是合为一体的"[2]。中国古语也说："道不离器"，认为形式与内容是相互影响，不能分离的。同样的法律道理，不同的文辞会产生不同的表达效果。绝不是什么样的论理都可以将同样的法律道理都表达得清楚明白的。如果文字形式过于刻板，所能够传递的信息量就十分有限。这会使得写作者与阅读者之间无法得到充分的沟通。写作者即使有再充分的理由，传递到阅读者那里也只能是很少的东西。最后的效果还是论理欠佳。

当然，文辞既可以"弘道"也可以"蔽道"。文辞修饰过度也会影响文意的表

---

〔1〕 贺卫方：《司法的理念与制度》，中国政法大学出版社1998年版，第247～248页。

〔2〕 ［美］本杰明·N.卡多佐：《演讲录法律与文学》，董炯、彭冰译，中国法制出版社2005年版，第113页。

达。这也是人们对判决书讲究"文"有所顾忌的一个原因。而且，判决书出于自身的特点，很多表达方法和修辞方式的确都不大适合。但是，工具的使用不当与工具本身是否重要是两回事。任何工具使用不当都会产生不利的影响，这并不是文辞独有的缺陷。何况，讲究"文"绝不是仅仅指讲究文辞华丽，即使是最基本的"辞以达意"都需要相当的文字功夫。苏东坡在"答谢民师书"中说"夫言止于达意，即疑若不文，是大不然。求物之妙，如系风捕影，能使是物了然于心者，盖千万人而不一遇也，而况能使了然于口与手者乎？是之谓辞达。辞至于能达，则文不可胜用矣。"[1] 可见，通过文字将目中所见、心中所想准确地表达出来着实不是一件看起来那么简单的事情。"片言折狱"、"微言大义"都是顶级的功夫，绝不是目前这种简陋已极的文字可以同日而语的。

最后再说一说文采的问题。出于同样的原因，文采被很多人视为判决书写作中的洪水猛兽。但是，要想让论理具有巨大的说服力和感染力，文采是无法拒绝的。卡多佐说："判决应当具有说服力，或者具有真挚的热情这样感人至深的长处，或者带有头韵和对偶这样有助于记忆的力量，或者需要谚语、格言这样凝练独特的风格。忽视使用这些方法，判决将无法达到目的。"[2] 很多道理之所以会深刻于人们心中，都要归功于精彩的文辞。何况，"文"对于中国的判决书来说绝不仅仅是一个工具。古人说："龙鳞有文，于蛇为神；凤有五色，于鸟为君"。英美大法官的判决书为世人所重，除了法律意义之外，超乎众人之上的"文"也是不可忽视的。这就是"于鸟为君"的实例。只有不止步于法进而求文，中国司法才能做到"为神"、"为君"。

（三）并叙情理

中国古代的司法讲求天理、人情、国法并重，是非常有道理的。法典是人定的法律，情理是天定的法律。司法虽然托名适用法典，却实际上是一半天然，一半人工。离开了情理的司法不可能公正；而没有情理的论理也不可能充分饱满。论理失去了可以利用的丰富资源，就成了无米之炊。所以论理不仅要说法典，而且要并叙情理。

法典生长自情理。人们在情理的基础上，根据自己的需要，铸造出法典。如对孩子的抚养权，之所以先父母后其他人，就是根据人与人之间天然的亲疏关系决定的。正使因为父母和子女之间有着天然的亲情，才让法典规定父母有抚养子女的权利和义务。法典不能违背情理而存在。违背情理的法典像无根的浮萍不会长久。

情理自外部"包裹"着法典。现实的社会关系是依靠诸多的规范综合调整的。

---

〔1〕 转引自王凯符等编著：《古代文章学概论》，武汉大学出版社1983年版，第26页。

〔2〕 ［美］本杰明·N. 卡多佐：《演讲录法律与文学》，董炯、彭冰译，中国法制出版社2005年版，第113页。

法律并不是唯一调整社会关系的手段。例如家庭生活中的大部分内容，都不需要法律来调整；商业活动的许多领域，也不需要法律来调整。在法律规范终了的地方，其他规范就开始发挥作用。在司法中，要认清这些情理与法律是如何配合、衔接的。不该用法律手段调整的就不要错误地用法律手段介入。要处理好情理与法典的关系。

　　情理在内部"填充"着法典。法典不可能面面俱到，它总有力所不能及的地方、总有疏忽遗漏的地方。这些空隙都要靠情理来填补。什么是"重大"？什么是"显失公平"？什么又是"不能实现合同目的"？这些都要根据情理加以确定。即使原来已经确定了含义，随着时间、地点的转化，含义也会变化。它们在具体案件中的确定始终要靠情理的帮助。

　　判决书中曾经很忌讳讲情理。认为法律就是法典，纯粹依靠法典中条款自身就可以得到正确的结论，无需情理的帮助。叙述情理好像就不严格执法了。实际上，司法不可能离开情理。不让在判决书中叙述情理，不等于情理不在实际审判中发挥作用。就用最基本的对证据的审查判断来说，没有情理的参与，怎么能够将一个个孤立的证据连接起来形成完整的案情？特别是那些复杂疑难的案件，更需要情理的帮助才能让证据与案情之间建立合理的联系。如果没有情理，连案情都认定不了，司法又何以能够继续呢？如果情理被歪曲、被僵化，论理就会牵强，结论就会显得不合理。

　　在判决书中只讲法典不讲情理，就会让形成结论的理由半明半暗、半遮半掩，不可能有透彻的论理。判决理由不能完全展现于判决书中，也就失去了监督审判者的功能。

　　情理一般意义上不包括法理。但我国判决书拒绝、排斥对法理表述的现象也比较普遍。很多人认为法律是严肃的、严谨的，所以只有权力机关公布的规范性文件（法典、司法解释、法规规章等）才是法律，拒绝进行法理分析。这与拒绝情理的情况是一样的。所以也谈一谈判决书中叙述法理的问题。法律包括法律规范与法律理论。它们的关系就像是海洋中的岛屿和水下的山脉一样。在水面上看，岛屿之间都是相互孤立的，但潜入水下就会发现它们都是由水下的山脉相连接的。所以，如果仅仅局限于规范性文件本身也就无法进行真正深入透彻的论理了。重视法理，我们就要重视法学著述的作用。在著述中找到相关权威的法理观点，引注在判决书中作为论理的依据是非常好的方法。以往对法学著述的态度是认为学者之间的观点纷杂，不易统一，而对著述弃置不用。造成了对疑难问题，各地法院之间、各级法院之间，甚至同一法院内各庭之间、各合议庭之间甚至每个人的意见都可能不一致。与之相比，学者的观点虽然有些纷杂，但还不至于混乱至此。尤其是很多问题虽然在法律规范上未规定，但在学理上是有定论的，完全可以采纳为判决依据。

最近几年，判决书中情理的重要性已经开始受到了的重视，人们也进行了一些有益的尝试。这对于改善判决书的论理状况有很大帮助。但是，同时我们也要注意到，有些情理与法律并不相容，有些情理与案件的法律问题并无多大关系，这时就不能够乱叙情理。情理同样是法律之下的情理，对案件涉及的法律适用问题要有一定的用处才有写进判决书的必要。如果只是一些道德说教、单纯的劝人向善，这样的情理不叙也罢。

（四）无威不立

以为仅凭说理就可以解决一切纠纷，这种想法至少是幼稚的。耶林说过："背后没有强力的法治，是一个语辞矛盾——'不发光的灯，不燃烧的火'。"我们当然不能否认许多成功说服的事例，但现实的另一面是有些人永远无法说服。而且我们更不能确定的是：即使是那些成功说服的事例，背后可能随之而来的强制力又在其中起了多大的作用？所以，权威是绝对必要的。司法审判要现实地处理纠纷，一旦被视为软弱可欺，多数论理都会变成徒劳。所以说无威不立。

判决书中的论理要给人以威严感。要体现权威、利用权威、而不要损害权威[1]。权威表现方式有很多：有时是板起面孔训人，有时是严厉的驳斥，有时是断然的拒绝或否认，有时是坚定的立场，有时是睿智分析和果断的抉择，有时也可以是温和的道白、居高临下的关怀。相反，那种似乎永无止境的说理只会暴露审判者的瞻前顾后、软弱无能，反而诱发别人的妄想，激起不应有的争执。必须要承认，有的时候多说不如少说，少说不如不说。某些情况下，沉默或者一声断喝同样可以让人心悦诚服。坚定与及时的决断本身就是解决纠纷最好的方法之一。在哪里终止、在哪里决断、在哪里舍弃，是一个成熟的审判者应有的技能。所以，不要一味责怪判决书的"冰冷"与不容争辩，那些固定的句式和常用的短语也都是有其合理的存在理由的。毕竟，判决书不等于一般的论理文章，它要考虑自己的实用效果。

在此也要破除对理由的迷信。结论并不一定都是理由严格推演出来的。有些案件，理由的确帮助审判者思考，从中推演出结论。而在另一些案件中，审判者作出判决的动机并不一定真正来自理由。理由在此不过充当了一个约束者的角色，以防止审判者过于随心所欲，使得必要的权威发展成了专横和暴虐。明白了这个道理之后，我们恐怕对在判决书中"威"的存在更能容忍了。

---

[1] 1992 年的《法院诉讼文书样式（试行）》的说明中有控辩理由不能成立时"予以批驳"的表述，而 1999 年新的《法院刑事诉讼文书样式》特别将此规定删除。参见周道鸾主编：《法院刑事诉讼文书样式的修改与制作》，人民法院出版社 1999 年版，第 24 页。如果审判者连"批驳"的权力都没有，权威就无从谈起了。

五、格式

格式，也称程式。它包括固定的用语、固定的结构、固定的内容。以我国现在的判决书为例，进行逐一说明。

固定的用语。如当事人的称谓，起诉方为"原告"，应诉方为"被告"。维持原审判决时用"驳回上诉，维持原判"；说"住所地"不说"住址"；说"抚养"不说"养活"。此外，还有什么"证据充分"、"事实清楚"、"手段极为残忍"等，在表达相关意思时都会使用这些用语，而不会使用与之意思相同的其他表达方法。

固定的结构。我国现在的判决书的结构就是按照首部、事实、理由、主文、尾部的固定顺序排列的。各部分中也有一些固定的叙述顺序。如在事实部分，按照"92样式"，[1] 如果是一审判决书，都是先叙述双方的观点，再叙述法院查明的案情。如果是二审判决书，是叙述一审的观点，再叙述查明的案情。

固定的内容。例如刑事案件一般都会有犯罪的时间、地点、动机、手段、工具、行为过程、危害后果等内容；共同犯罪案件会有各个被告人在犯罪中所处的地位、所起的作用；合同案件中一般都会有合同订立的时间、主要内容、履行情况、争议的发生原因等。再例如首部中先说制作机关、案件性质、文书种类、再说案号、当事人基本情况、审理过程等，一审判决书的尾部会告知当事人上诉的权利等。

与其他文体比较起来，格式是判决书最鲜明的特征。可以说，从古至今的判决书多多少少都有一定的格式。只不过有的时期对格式要求严格一些，要求多一些；有的时期对格式要求宽松一些，要求少一些。

格式对判决书来说是非常必要的。

首先这是法律适用的性质决定的。法律适用是将复杂的生活类型化，将丰富的社会现象规范化。这就需要找寻它们在法律上的共同点，强调它们的共性，而不是个性。判决书的写作当然也要适用这种要求：以一定的格式突出案件处理方面的共性。其次，格式也有规范审判，防止苟简的作用。它能提醒审判者注意一些通常的法律要点，不至于遗漏一些不能省略的部分。如写到审理过程部分时，就会想到程序上有没有什么偏差；写到查明的案情时就会想到案情是否查证属实。再如当事人的上诉权利即使法律上有明确的规定，判决书的格式也规定要明确告知，不能随意省略，就是为了保证当事人上诉权的落实，不至于被审判者有意无意地忽略。最后，有固定格式的判决书也利于阅读理解和文书的管理。司法审判有它的实用性。判决书要让包括当事人和公众在内的阅读者迅速准确地了解其内容。一定的意思就用固

---

〔1〕　指的是最高人民法院1992年颁布的《法院诉讼文书样式（试行)》。

定的表达方式处理，才不容易引起争议。如果没有一定的格式，每个审判者都完全依照自己的习惯随意写作，势必会形成许多差异巨大的文书。这不仅不利于阅读者的理解，而且可能会引起不必要的争议。同时，判决书作为国家的公文，也要适应公文管理的需要。有一定的格式也是这种需要的反映。

在强调格式必要性的同时，我们也要认识到格式在判决书写作中的局限性，即它只能起到辅助的作用。

格式所代表的只是通常的、普遍性的、一般化的情况，它并不能有效地反映每一个案件在内容上的特殊情况。不能因为重视格式而忽视了内容，将写作搞成了形式主义。过分僵化地运用格式，可能会挂一漏万、削足适履。尤其是在那些复杂的、重要的案件中，格式更是要退居到次要的位置。我们知道，这些案件肯定都是些有"个性"的案件。在表达这些案件的处理问题时，内容的重要性就是第一位的了。在这些案件中，最需要运用灵活的表达将审判者对案件处理的观点认识讲清楚，需要根据不同的情况作出灵活的安排处理。我们尤其需要认识到，虽然这些案件数量上并不多，重要性却远远超过大量的普通案件。一个审判者、一个国家和地区、一个时代的司法水平和写作水平都是通过这些复杂重要的案件的判决书来反映的。这个时候，格式所能起到的作用就非常有限了。

总体上说，对判决书的格式要求应当是"大体则有，细体则无"。只规定大致的方略即可，不必过分拘泥。

如何做到既重视格式又不拘泥于格式呢？那就是要理解判决书中各种格式的实质含义，这样才能够运用好它。

比如，判决书的首部需要介绍当事人的基本情况。如果当事人是自然人，按照"92样式"的要求，当事人的年龄一项应注明其出生年月日[1]。那么，如果不写出生年月日，只写其实际年龄[2]，可不可以呢？有人拘泥于样式的规定，认为不可以。其实怎么写都无所谓，写出生年月也可以，写实际年龄也完全可以。因为"有籍贯者，可以知此人来历。有年岁者，可以知此人强弱。"[3]当事人年龄这一项所起到的作用就是让人了解其大致的身体情况。仅写实际年龄完全可以起到这样的作用。如果涉及刑事责任等特殊问题，再具体处理。

同理可知，当事人的住址、职业等也仅是出于了解其基本社会处境的目的，只写个大略就完全可以。现在有的判决书中将这些项目写得非常详细，认为这是严格执行格式的要求。其实没有必要。这样做也会不当地暴露当事人的个人事项，给判

---

[1] "张三，……，1980年3月12日出生，……"
[2] "张三，……，30岁，……"
[3] 郭成伟、田涛点校整理：《明清公牍秘本五种》，中国政法大学出版社1999年版，第559页。

决书的公开造成障碍。这时，对样式的要求就可以有所变通，不必强求。

再比如，"92 样式"规定民事判决书一审和二审在叙述审理过程时的写法是不一样的：

> 一审："原告张三与被告李四因买卖合同纠纷一案，……"
>
> 二审："上诉人张三因买卖合同纠纷一案，不负和平区人民法院第 31 号民事判决，向本院提起上诉。"

一审的写法表明案件的争议发生在原被告双方当事人之间；二审的写法表明案件的争议发生在上诉人和一审法院之间。这两种格式体现了两种不同的诉讼理念。这时它们的差异就不能够被随便漠视，就要严格按照样式的要求去写。

再谈一个大家讨论比较多的问题："主文"在判决书中的位置。我国目前判决书各部分的排列顺序是：首部、事实、理由、主文、尾部。而其他很多国家的顺序是：首部、主文、事实、理由、尾部。笔者认为二者各有优点：前者适合口头宣读；后者适合书面阅读。判决书最主要的阅读者是案件的当事人。当他拿到判决书时首先要确定这份判决书是他的，然后马上就希望知道判决结果。所以判决书按照首部、主文的顺序来排列是符合书面阅读习惯的。但是，当判决书需要全文宣读时，如果开始就知道了判决结果，肯定不利于控制当事人的情绪，所以主文就宜后置。

本书的重点不在于探讨各种繁琐的格式。长期以来，我国大陆的大部分教材在研究判决书的写作时多是在探讨各种格式。目前我国判决书写作研究中继续着片面强调格式的风气。将格式的规定看成是金科玉律，将判决书写作水平的提高完全寄托于格式的变化上，将判决书的记载部分写得繁琐无比。这是堆砌思路的一个表现方面，不值得提倡。

六、语言

最后讨论判决书的语言问题，但这并不表明该问题是次要的。相反，语言是判决书写作中一个非常重要和敏感的问题。对于判决书的负面评价很多都是源于语言运用的不当。笔者总结，判决书的语言有两个特点：一是明晰；二是雅正。

（一）明晰

"法官文学风格的最重要优点，毫无争议，是明晰。"[1] 明晰相对应的语言特征

---

〔1〕 〔美〕本杰明·N.卡多佐：《演讲录法律与文学》，董炯、彭冰译，中国法制出版社 2005 年版，第113 页。

是隐约、深奥。即文章的意思只需要悉心体会才能理解。"隐也者，文外之重旨者也。"隐是指有言外之意的意思[1]。有话不明说出来，而是靠弦外之音让人体会。诗歌等文学作品很讲究这种意在言外的意境。杜甫在唐肃宗至德二载（757 年）被安禄山叛军拘留在长安，写了"春望"这首诗："国破山河在，城春草木深，感时花溅泪，恨别鸟惊心。"当时长安被安禄山叛军焚掠一空，人民逃亡，所以字面上讲的"山河在"言外之意是说国家残破，已被焚掠一空，只有山河还在，其余已别无一物了；字面上讲"草木深"，实际上是说，人民逃跑，长安城内已空无一人了[2]。这样的语言风格就可以称之为"隐"。

法律适用不是求隐，而是求明，是"定分止争"，"明事理，晓利害"。故而判决书的语言不可隐，必须明晰。这是判决书的社会作用所决定的。再者，当事人有诉讼缠身，心情也都迫切急躁，没有心情去绕圈子。一定要明晰，也是考虑到这种情况，正所谓"因情立体"。

简洁是写作文章很高的境界。判决书中也只有明悉大道、洞察秋毫才能够简洁到片言折狱。笔者也是很赞赏简洁的判决书的。然而，判决书的语言运用并不必然要求简洁。因为判决书首先要明晰，但所要表达的案件内容并不是什么时候都能够以"简"的方式来表达清楚的。有的时候就需要复杂、丰富语言才能够将其内容讲得明晰。这时候就不能够一味地追求简洁了。"尽管简洁是至高无上的优点，却不是唯一追求的目标，即使它是，也是可以通过许多途径都能达到的。判决应当具有说服力，或者具有真挚和热情这样感人至深的长处，或者带着头韵和对偶这样有助于记忆的力量，或者需要谚语、格言这样凝练独特的风格。忽视使用这些方法，判决将无法达到目的。"[3]

总体上的明晰也并不排斥个别情况下的模糊。有时候一些情况就没有必要叙述得那么清楚，如"十时许"、"某地"这类表述，在不影响案件处理的情况时就完全可以。有时涉及一些不宜公开的情节，也不必过分计较。更有时一些枝节问题会激化双方的矛盾，也不必说得那么清楚。

（二）雅正

雅正就是典雅纯正。写作判决书是庄严地行使国家的司法审判权，要使用合乎规范的正式用语，尽量使用有文化气息的书面语、专业术语，少用口语、方言、土语，避免粗话和不雅的用语。

---

〔1〕 周振甫：《文学风格例话》，复旦大学出版社 2005 年版，第 36 页。
〔2〕 周振甫：《文学风格例话》，复旦大学出版社 2005 年版，第 37 页。
〔3〕 ［美］本杰明·N. 卡多佐：《演讲录法律与文学》，董炯、彭冰译，中国法制出版社 2005 年版，第 115 页。

与雅正相对应的是奇变。即运用语言上不同于传统，富于变化。奇变并不是贬义词。最为经常被举出语言奇变的例子就是屈原的《离骚》。因为相对于儒家经典作品的语言运用，离骚中富于幻想、变化的语言就是新奇的。语言新奇并不一定是坏事，但是司法审判这个领域是较为传统和稳健的领域。骤然和频繁的变化不利于法律的稳定，不符合司法性格。故而判决书的语言少新奇而多雅正。

古今中外从事司法审判的人员，大多都是社会中文化水平较高的群体。判决书中所使用的语言也多是文化气息较重的书面语。其中包含了许多专业的术语，不以通俗的语言为主。这是符合审判特点的。语言是与思维相联系的，抽象的思维就要使用抽象的语言，形象的思维就要使用形象的语言。法律适用必须赋予一定的生活现象以相应的法律意义，需要高度抽象、概括的思维，不可能大量使用形象化的语言。审判中，即使是最普通的概念：故意、过错、合同，都是只存在于人们的头脑之中的观念而已。在这个领域中，典雅的书面语是最适合的语言。

大众化、通俗化、口语化都不是判决书语言正确的发展方向。否则为什么我们用通俗的白话文写了这么多年的判决书，中国大陆的普通民众倒越来越有意见、越来越说判决书看不懂了呢？通俗的白话文并不能保证判决书一定为民众所接受，以这种语言同样可以写出个不知所云的判决书。相反，以过于形象的语言不恰当地描述抽象的审判活动，倒是真的违反了客观规律。

有人还认为使用与普通民众相同的通俗语言会赢得民众的尊敬。这根本不符合生活实际。一个人赢得别人的尊敬只是因为他有超过别人之处：或者德行高尚、或者才能出众、或者地位崇高。绝不会因为两个人一样而赢得尊重。与此相反，生活中经常会遇到听不懂另一个人的语言却心生尊敬的例子。中国即使目不识丁的百姓都尊敬孔夫子，难道是因为孔子与他说着一样的语言吗？论语上说得好："远人不服，修文德以来之。"司法将雅言使用好，提高自己的文化内涵，人民群众自然会尊重信任。在这件事情上一味地用俗语去逢迎是没有前途的。

古人说："取法其上而仅得其中，取法其中而仅得其下"。取得较好结果的前提是有一个更高的标准。取法"上"、"中"，结果才可能是"中"、"下"。如果我们一开始就取法乎"下"，那么结果就只能是等而下之了。"床前明月光，疑是地上霜，举头望明月，低头思故乡"的诗句妇孺皆知，雅俗共赏，但却只可能由李白这样具有高超文化水准的大诗人写出。在判决书的语言运用上，我们一定要向着高标准看齐。追求"雅"才可能产生出真正雅俗共赏的判决书。相反，如果总是向着低标准看齐，将语言运用上的捉襟见肘视为正途、以简陋为简洁、以苍白为平实、以呆板为庄重、以粗浅为通俗，最终得到的就只能是一群下品了。

追求"雅"也并不意味着在判决书中否定通俗语言存在的合理性。判决书所反映的是非常现实的社会生活。日常用语、俗语都是难免的。我们不必，也不可能将这些语言完全排斥出去。这些通俗的语言运用得好一样可以起到不错的效果。例如有一份伤害案件的判决书这样写到："……直到姬传友不省人事，姬有贤便哈哈大笑，唱着'朝阳沟好地方名不虚传'。"这就非常生动地向我们描绘出被告人姬有贤的嚣张凶悍，其犯罪情节之恶劣也就跃然纸上了。

··中国判决书的历史发展评述··

首先应该说一说研究中国古代的判词对我们现代的意义。

　　大多数人都认为，自从清末西法东渐，西方法制取代中华法系后，中国的法律发展就与古代绝缘了。一切古代的东西就只具有历史研究的价值，而无实践借鉴的价值了。中华法系与西方法制的确是差异很大的两个法律体系，但笔者有一个认识，实体法可以变，程序法也可以变，司法的基本规律却永远不会变。例如，没有一个司法不以查清案件事实真相为目的，也没有一个司法会放任滥用程序者对诉讼的干扰。我们看古代的司法，不能只局限于下跪、打板子等表面现象，要看它的精神实质。要看到审判的基本方法和理念是不变的。这一点可以说是古今无异、中西一体。一个美国联邦最高法院的大法官同一个中国古代的县令，还有一个当代中国的基层法官，他们在从事审判活动时所遇到的基本问题都是相同的。在证据的审查判断、事实的认定、法律规则的选择、审判秩序的维护等方面，都没什么根本的差异。尤其是基本方法。现代司法虽然来源于西方，但由于语言等因素的阻隔，我们对西方司法的具体操作很难深入了解。而中国古代这方面的资料是极其丰富的，是司法的宝藏。对于现代司法来讲，可以是宏观看西方，具体看中国。

　　判词更是如此。从表面上看，古代判词与现代判决书差异很大，但它们的实质是相同的。而且从总体上来说，古代判词的写作质量比现代的判决书要高，所以就更应该为我们所借鉴了。

　　我国现存最早的判词出现在西周时期的"𫠆匜"的铭文中。"𫠆匜"是西周晚期一件青铜器。1975 年出土于陕西省的岐山县，刻有铭文 13 行，共 157 字，描绘了一件发生在牧牛和𫠆之间的诉讼案件。他们为了五名奴隶发生了争执。法官伯扬父审理了这个案件，判决𫠆胜诉。𫠆用胜诉赢得的钱铸造了这件青铜器，并将诉讼的过程刻了上面，作为纪念。"𫠆匜"的文字相当古奥，翻译过来大意是这样的：

　　三月下旬甲申这一天，王在丰京的上官。伯扬父完成了案件的判决，（对牧牛）说："牧牛！在这之前你的行为何其过分！你竟敢跟你的长官争讼。对上级背弃了先前的誓言。现在你只有再一次盟誓。专、佫、啬、睦、𫠆等都已经来到，你只有当着这五个人的面宣读你的誓词，你只有遵照判决辞和誓言去做才可以。（按照你的罪行）本应罚你鞭刑一千，同时对你施以韄剧之刑。即便我宽大你，（也还）应该罚你鞭刑一千，同时对你施以黜剧之刑，现在大赦你，只罚你鞭刑五百，罚你三百锊（青铜）。"伯扬父就又使牧牛盟誓。（牧牛）说："从今以后，我不敢再干扰你的大小事情。"（伯扬父说，如果）"你的长官再将你上告，那么你就要招致鞭刑一千，施以韄剧之刑（的重罚）。"牧牛于是进行盟誓。（伯扬父）就告诉官吏觊和官吏夐将此事记录在案。牧牛盟誓完毕，并交纳了罚金。僎因此制作了祭祀宗旅先人的宝盉。[1]

多年以来，人们都认为这是一篇判词。但也有的学者认为，这是一篇案件的记录，只有一部分是判词，另一部分则明显不是判词[2]。笔者同意这种观点。从全文的意思来看，这是一篇胜诉方炫耀自己胜利的记录。但也不可否认，诉讼的过程和执行的过程是它的主要内容，尤其是判词占了大部分篇幅。

秦、汉时期的判词由于年代久远，未能留存到今天，我们只能从史料中得到一些只言片语。

如《左传·昭公十四年》有"叔向断狱"的记载。叔向把行贿的雍子、枉法的法官叔鱼、杀人的邢侯邦判了死刑。他的"曰"，即为判词。《左转·公孙黑》也有一段类似判词的记载。再如《国语·晋语三》中有一段记载，就是晋惠公命令监斩官司马说在处死庆郑时宣读一份判决书，近似一份刑事判决书。

> "夫韩之誓曰：失次犯令，死；将止不面夷，死；伪言误众，死。今郑失次犯令，而罪一也；郑擅进退，而罪二也；女误梁由靡，使失秦公，而罪三也；君亲止，女不面夷，而罪四也。郑也就刑。"

大意是：战前在韩原的誓辞说道，违犯军令者死；将帅被俘（止，意为被抓获）、下级将官面部无伤（夷，意为伤）要处死；妖言惑众者死。现在庆郑违犯军令，第一条罪；庆郑擅自进退，第二条罪；你害了梁由靡（将军），使之被秦军俘虏，第三条罪；君主自己被俘，你面部无伤，第四条罪。庆郑服刑。

秦晋韩原之战中，晋大夫庆郑由于对惠公不满，在战场上不仅没有奋力抗敌，而且犯下了纵敌误国的罪行。战争结束后，秦晋媾和，惠公被秦放回后，围绕庆郑

---

〔1〕 秦永龙编：《西周金文选注》，北京师范大学出版社 1992 年版，第 133 页。
〔2〕 汪世荣：《中国古代判词研究》，中国政法大学出版社 1997 年版，第 26～27 页。

该不该处死，主赦派和主杀派之间进行了激烈的争论。最后司法官当众宣判的一段话实际上可看作一篇简短的判决书，处死了庆郑。

汉代的法制有了很大的发展，出现了以典型的案例作为判决的标准的"决事比"，便于审理案件时援用案例进行判断。《九朝律考》和《太平御览》中就有董仲舒的春秋决狱二则。但这并不是判词，而只是教学案例。

"甲父乙与丙争言相斗，丙以佩刀刺乙，甲即仗击丙，误伤乙，甲当何论？或曰：殴父也，当枭首。论曰：臣愚以为，父子至亲也，闻其斗，莫不有怵惕之心，扶仗而救之，非所以欲诟父也。《春秋》之义，许止父病，进药于其父而卒，君子原心，赦而不诛。甲非律所谓殴父，不当坐。"

大意是讨论如果儿子为了保护父亲而误伤了父亲，应不应该按照"殴打父亲应当斩首"的法条处以死刑。

汉朝在以后的至六朝这几代正史中，很少有判词的记载。南朝梁代萧统编的《昭明文选》是中国骈体文的精华总集，但其中不见收有判词。《文心雕龙》虽然有"书记"一章专门论述实用文体，但也没有论及"判"这种文体。

唐代是第一个留下丰富判词资料的朝代。

唐代判词的一个特点是全部为拟判。也就是都是为科举考试而作的虚拟判词。这与唐代的社会环境有关。唐代从四个方面选拔人才：身、言、书、判。"一曰身，体貌丰伟；二曰言，言词辩正；三曰书，楷法遒美；四曰判，文理优长。"写作判词是其中一项。科举考试中"凡试判登科谓之'入等'，甚拙者谓之'蓝缕'，试判三道谓之'拔萃'，中者即授官"[1] 唐代的陆贽以书判拔萃补授渭南尉就是一例。[2]这就让拟判的地位大为增加，受到了部分文人的重视，包括王维、白居易在内的许多文人都留下了他们的拟判作品。尤其是白居易，在他的《白氏长庆集》中有判词一百多篇。都是他为准备科举考试而作的练习。这些虚拟的案件，当事人的名称都以甲、乙、丙、丁、戊、己等代替，被称为"甲乙判"。他的"甲乙判"被后人评为是"不背人情，合于法意，拨经引史，比喻甚明"，是百读不厌的佳作。

唐代判词的另一个特点是这些判词全部用骈体文写作，也就是全部是"骈判"。这是因为当时官方普遍使用这种重视用典、对仗，讲究声律的书面语。

在此要说明，使用骈体文并不是缺点，骈体文也并不束缚思想。比如唐诗，同

---

〔1〕《新唐书·选举志》。
〔2〕 华东政法学院语文教研室编：《古代判词选译》第2页。

骈体文一样都是讲究声律、对仗的韵文。而唐诗思想的丰富、语言的精炼谁又能否认呢？直到今天，我们给儿童开蒙，用的不都是唐诗吗？文学评论的巨著《文心雕龙》就是用骈体文写就的。在它之后又有哪一个用散体文、白话文写就的文学评论著作能够超过《文心雕龙》呢？唐朝以后的各个朝代都奉唐律为立法的圭臬，可唯有唐代是使用骈体文的朝代。如果说骈体文束缚思想，这又怎么可能呢？这些事例都说明了骈体文本身并不束缚思想。我们今天对骈体文的偏见是因为它是一种非常高超的表达方法，需要丰富的知识和精妙的思辨能力才能掌握。它是一种贵族的语言。唐代以后的中国社会发生了根本性的变化，再没有人能够熟练的使用这种语言了。即使有人想复古，由于条件已经不允许，难免东施效颦。而用骈体文写作判词也不是只重文采，不重法律。我们不要忘了，拟判是一种考试的工具。一个公正的考试必须提供给一个容易判断的评价标准。对仗、声律、用典这些都是容易判断对错的。对仗工整与否，声律合不合要求，用典是否正确都是很好评价的，不会有太多争议。而法律适用就具有了太多的不确定因素，不容易判断。直到明代，考试判词也还是"其文亦用四六"[1]。所以，使用骈体文并不是唐代判词的缺点。

《文苑英华》第五百零三卷到五百五十二卷共五十卷是判词汇集。包括了乾象、律历、礼乐、射御、丧礼、刑狱、田农、为政、商贾、军令等非常多的内容。其中最后一卷"双关"是将两个无关的案件写到一道判词中，对两个案件同时展开论述。这纯粹是为了锻炼写作技巧。倒也十分有趣。在敦煌吐鲁番出土的《文明判集残卷》和《麟德安西判集残卷》中也收录有较完整的判词近三十道。几乎涉及了所有的社会关系。既有刑事判词，也有民事、行政的判词。从结构上看，均以"奉判"为引发词[2]。与《文苑英华》中的判词相比，后者文学性更强。

唐代最主要的判词集是张鷟的《龙筋凤髓判》。张鷟字文成，自号浮休子，深州陆泽（今河北深县）人。约生于唐贞观年间，唐高宗调露元年（公元 679 年）进士及第，授岐王府参军、襄阳尉，再授长安尉、迁鸿胪丞。后为人所参，贬官岭南。后内迁，任龚州长史，卒于刑部司门员外郎任中。张鷟是我国盛唐时期著名的法学家与文学家[3]。在世时文章就为人推崇。当时曾有人说："张子之文，如青钱，万简万中，未闻退时"，所以被称为"青钱学士"。史载日本新罗使者来华，常以金帛购其文章。《旧唐书》中有"张鷟传"。

《龙筋凤髓判》是张鷟现存的主要著作，可能成书于中唐开元年间。全书按照"唐六典"的"官领其属，事归于职"的原则编排。共分四卷。第一卷收集中书省、

---

〔1〕　见《文章辩体》中"判"。
〔2〕　汪世荣：《中国古代判词研究》中国政法大学出版社 1997 年版，第 52 页。
〔3〕　（唐）张鷟著，田涛、郭成伟校注：《龙筋凤髓判》，中国政法大学出版社 1996 年版，点校说明。

门下省等十二中央部门的二十二条判例；第二卷收集了礼部、祠部等十二个中央部门的二十一条判例；第三卷收集修史馆、金吾卫等十个中央与地方部门的十八条判例；第四卷收集左右卫帅府、太庙等十七个中央与地方部门的十八条判例。总计4卷79条。

这是一本什么书呢？应该是唐代科举的参考书，而且是官定的参考书。所以每一道判词都整齐地分成两个部分：第一部分是案情和审情，也就是题目；第二部分是张鷟撰写的处理意见，也就是答案。通过这样示范，让科举的考生们知道如何在试判的考试中答题。《四库全书总目提要》评价得很准确，"则本为隶事而作，不为定律而作"。就是说这是一部官吏选拔的书，不是为了法律适用而作的。但张鷟凭借自己文章和法律两方面扎实的功力将这部书写得很出众，辞章玲珑华美，如同堆锦绣，法律适用也很准确，论述得当，令人读来爱不释手，所以才为后世推崇，流传至今，成为唐代判词的代表。

宋代是我国历史上一个比较独特的朝代。它造就了一个物质文明和商品经济极度发达的社会。法律制度，尤其是民事法律制度也相应的变得发达起来。在民事司法领域，唯有它实行了"断由"的制度。"断由"从字面上讲是"断案的理由"，就是民事判决书。按照宋朝的规定，断由必须发给当事人。在光宗绍熙元年（1190年）的臣僚奏言中，曾经明确阐述过断由制度的作用：

> "州县遇民讼之结绝必给断由，非因为是文具，上以见听讼者之不苟简，下以使讼者之有所据，皆所以为无讼之道也。比年以来，州县或有不肯出给断由之处，盖其听讼之际不能公平，所以隐而不给。其被冤之人，或经上司陈理，则上司以谓无断由而不肯受理。如此则下不能申其理，上不为雪其冤，则下民抑郁之情皆无所而诉也。"[1]

可见，断由主要的作用是约束官吏，让其审判时不要苟简，让人民申冤时有所凭据。为解决不按照规定发给断由的问题，宋代立法重申：

> "诸路监司郡邑，自今后人户应有争讼结绝，仰当厅给出断由，付两争人收执，以为将来凭据。如元官司不肯出给断由，许令人户经诣上司陈理，其上司即不得以无断由不为受理，仍就状判索元处断由。如元官司不肯缴纳，即是显有情

---

[1]　参见薛梅卿、赵晓耕主编：《两宋法制通论》，法律出版社2002年版，第440页。

弊，自合追上承行人吏，重行断决。"〔1〕

　　根据这一规定，民事诉讼结案后，必须将判决断由发给当事人。否则，即按"显有情弊"处理。宁宗庆元三年（1197 年）规定，民事诉讼判决后，"限三日内即给出断由。如讨限不给，许人户陈诉。"〔2〕

　　宋代最重要的判词集是《名公书判清明集》。"名公"就是有名的人士；"书判"就是政府的公文和诉讼判词；"清明"是指处事清正，明断是非。从题目上可以看出，这部书包括判词和官府公文两部分。作者多是当时的名人，而选录的标准是处事清明。其目的不是为了文章，而是为了给判案的人提供参考。该书成书于南宋晚期。传世的版本非常多，有宋刻本、元增补本、明刻本等。所录判词均为为实判，当事人有名有姓，所发生的案件也是确有其事。因内容真实、丰富，是研究南宋中晚期社会、经济、法制的珍贵资料，历来为史学界所重视。包括日本在内，有关这部书的研究著述非常多。

　　全书共分 14 卷。其中判词又分为官吏门、赋役门、户婚门、人伦门、人品门、惩恶门 6 大类。其中，户婚门所录判词最多，包括争业、赎屋、赁屋、争山、争界立、立继、归宗、检校、孤寡、女受分、遗腹、义子、户绝、分析、女乘分、遗嘱、别宅子、违法交易、取赎、坟墓、墓木、库本钱、争财、婚嫁、离婚、接脚夫、雇赁等〔3〕作者包括胡石壁、蔡九轩、翁浩堂、吴雨轩、刘克庄、范西堂、吴恕斋、方岳、宋慈、真德秀等人。还有一些未能查处确切姓名的人。

　　《名公书判清明集》中的判词文风洒脱自然，论理充分透彻，有气势、有高度，真有清明之感。从总体上讲，它是我国古代判词中写作水平最高的。

　　用骈体文写作判词的流风遗韵直至明清不绝，但散判，就是用散体文写作的判词，已经在后来占了主要地位。"清明集"中的判词就都是散判。散判出现在宋代。第一个写散判的是王回。王回字景深，福建仙游人，曾任县令。《宋文鉴》中录有他的几篇判词。以下为其中之一：

　　"令问曰：伤乎？曰：无伤也。相识乎？曰：故人三十年矣。尝相失乎？曰：未也。何为而殴汝乎？曰：醉也。解之使去。有司劾甲故出丙罪。甲曰：若不致伤，敕许在村，了夺者长则可，县令顾不可乎？

　　令亲民而殴之于善者也，士所以学为君子也。令释一醉怨相殴笞四十之过，

〔1〕　参见薛梅卿、赵晓耕主编：《两宋法制通论》，法律出版社 2002 年版，第 441 页。
〔2〕　参见薛梅卿、赵晓耕主编：《两宋法制通论》，法律出版社 2002 年版，第 441 页。
〔3〕　《名公书判清明集》，中华书局 1987 年版。

全其三十年间未尝相失之交。殴民于善而责士以君子之道者也。仲尼为鲁司寇赦
父子之讼，汉冯翊、韩延寿不肯决昆弟之争，笃于亲而故旧不遗，其义盖一耳！
甲之所为，于古为能教，于今为应法，不可劾。"

　　一个县令因为照顾两个当事人的友情没有处罚肇事者而受到弹劾。王回赞扬了
这样有助于礼教的作法，认为不应弹劾这个县令。王回的散体判虽有历史意义，但
写作水平并不太高。以上判词的立意就显得比较平庸，表达也生硬晦涩，尤其是
"令释一醉忿相殴笞四十之过，全其三十年间未尝相失之交"一句，拼凑的痕迹
明显。

　　元代的判词尚无可考，但现存明清时代的判词集是比较多的。明代的判词专集
主要有：《莆阳谳牍》、《按吴亲审檄稿》。作者都是祁彪佳，前者是他任兴化府推官
时的判词，有 1300 件；后者是他任苏松巡按时复审案件的判词，有 148 件。[1]

　　《营辞》，作者是张肯堂。"营"字是"均"的意思，本意是耕田使之平均。"营
辞"形容张肯堂的判决合理，两造皆服。"真如垦田用力至深，而后土膏均适者
然。"[2] 这是罕见的明代县级判词，共有 309 道判词。

　　《盟水斋存牍》，作者是颜俊彦。这是他在任广州府推官时的判决书。很多案件
都以"息讼"而解决。

　　《折狱新语》，作者李清。这是目前最为人所知的一部明代判词集。是作者任宁
波府推官时的判词集。全书共十卷，收判词二百一十篇。其中卷一婚姻收判词二十
六篇，卷二承袭收判词十六篇，卷三产业收判词二十四篇，卷四诈伪收五十七篇，
卷五淫奸收三十三篇，卷六贼情十四篇，卷七钱粮收七篇，卷八失误收四篇，卷九
重犯收十篇，卷十冤犯收十九篇，还有一篇附录的疑狱审语。每一篇判词都以"审
得"二字开头。判词用典很多，嵌入到叙述中，有一些骈体文的余韵，说明作者很
看重判词的文学色彩。但有时过于藻饰，显得繁复了些。案件处理得比较公正，有
很多可观之处，但正气有余，灵气略显不足。作者很喜欢在判词中利用当事人的姓
名做文章，算是一个特点。如"黑冤事"中有女名唤"瑞菊"，李清就借菊花凋落来
叙述她的命运。

　　除了这些专门的判词集之外，很多文人的文集中也包含判词。如万历时期的沈
演的文集《止止斋集》第二十七到二十九卷，题为"平谳"，是判语集录；万历时期
的吴亮的《止园集》第二十五、二十六卷题为"谳书"，第二十七、二十八卷题为

〔1〕　童光政：《明代民事判牍研究》，广西师范大学出版社 1999 年版，第 11～12 页。
〔2〕　[日] 滨岛敦俊："明代的判牍"，徐世虹、郑显文译，载中国政法大学古籍整理研究所编：《中国古
　　　　代法律文献研究》（第一辑），巴蜀书社 1999 年版。

"详牍"，均为判词；崇祯时期的李陈玉的《退思堂集》有大量判词；《海瑞集》中"淳安知县时期"也有七件"参语"（参考判词）；归有光的《震川先生集》别集卷九《公移附·谳语》也收录了三件"审单"（判词）；祁彪佳的《祁忠惠公遗集》卷三"判语"收录了三件判词。

清代的判词集就更多了。其中比较有代表性的是《清朝名吏判牍选》和《新编樊山批公判牍精华》。

《清朝名吏判牍选》汇集了清代著名司法官吏的判牍。不仅对判词作了汇编，而且简要地作了案情介绍和评析。于成龙、张船山、樊增祥、陆稼书都是一代名吏、清官。

于成龙（1617～1684年）字北溟，号于山，清山西永宁（今吕梁离石）人。谥"清端"、赠太子太保。于成龙明崇祯十二年（1639年）举副员，清顺治十八年（1661年）出仕，历任知县、知州、知府、道员、按察使、布政使、巡抚和总督、加兵部尚书、大学士等职。在20余年的宦海生涯中，三次被举"卓异"，以卓著的政绩和廉洁刻苦的一生，深得百姓爱戴和康熙帝赞誉，以"天下廉吏第一"蜚声朝野。

陆稼书，名陇其，谥清献，浙江平湖人，清康熙年间进士。先后任嘉定、灵寿、畇城县令，后擢监察御使，以理学名当世。

张船山，乾隆年间人，出生于山东省馆陶县。乾隆五十五年庚戌（1790年）进士，改翰林院庶吉士。散馆，授检讨。嘉庆十年（1805年），官江南道监察御史。嘉庆十五年（1810年），出任山东省莱州知府。一生致力于诗、书、画、造诣精深，其诗被誉为"蜀中之冠"。

樊增祥，（1846～1931年）近代诗人。字嘉父，号云门、樊山，别署天琴老人。湖北恩施人。同治六年（1867年）中举，光绪三年（1877年）中进士。曾任陕西宜川、渭南等县知事。后累官至陕西布政使、江宁布政使、护理两江总督。辛亥革命爆发，逃居沪上。袁世凯执政时，曾为参政院参政。

《新编樊山批公判牍精华》包括了樊增祥的批牍（批词）三十四卷，八百二十篇；公牍（公文）六卷，一百一十七篇；判牍（判词）一卷，十二篇。判牍"取其情事离奇文词绮丽者"。[1] 由于樊增祥的名声地位，令他的判词文章很受推崇。

除此之外，还有李渔的《资政新书》和蒯德模的《吴中判牍》也比较为人所知。

判词在明清两代最大的发展并不在于有诸多的判词，而在于出现了一些判词写作的理论总结。

吴纳的《文章辩体》和徐师曾的《文体明辨》刊行于明代的天顺、万历年间，

---

〔1〕 参见江世荣：《中国古代判词研究》中国政法大学出版社1997年版，第85页。

后者是对前者的修订补充。它们都将"判"作为了一种单独的文体加以论说。他们总结了判词的历史发展。吴纳提出了判词以"简当为贵"的原则，即判词要写得简要又恰当。很为后人推崇。徐师曾将判词分成了十二种："一曰科罪，二曰评允，三曰辩雪，四曰翻异，五曰判罢，六曰判留，七曰驳正，八曰驳审，九曰末减，十曰案寝，十一曰案候，十二曰褒嘉。"并认为这种分类是官吏实际审判中用到的。其实应试的判词只有科罪一种，这种分类是"欲使学者知制判之初意也。"

众多的司法实务官吏也有一些理论总结。《福惠全书》、《办案要略》、《佐治药言》等都是一些讲如何为官一方，办理诉讼案件的书。其中都涉及到了如何写作诉讼文书的问题。这里说一说《福惠全书》和《办案要略》。

《福惠全书》的作者是康熙年间的黄六鸿。他作过几任县令，写这部书是要造福地方，施惠百姓，告诉大家如何做好地方官。"福者，言乎造福之心也；惠者，言乎施惠之事也。"该书是作者对地方行政的情况、阅历、经验和体会的记录，分十四部，三十二卷。书中对州县钱谷、刑名、户口徭役编审、土地清丈、保甲、教育、荒政、邮政等言之甚详。简直是当时作地方官的"百科全书"。其中"刑名部"中详细地讲了一些写作的方法和各种诉讼文书的实例，也包括很多判词的实例，非常具有实用性，让我们可以十分具体详细地了解清代地方的司法实务。

《办案要略》则是其中理论性最强的一本书。作者王又槐，字荫庭，浙江钱塘人，是乾隆中期的法家老手。他不是官员，而是一个刑名幕友。幕友又叫"师爷"。其中的刑名师爷以司法办案为生，可以说是非常专业的法律人员。有的师爷助纣为虐，鱼肉百姓，名声不佳。但只是部分现象。幕友毕竟对政权的正常运行，特别是司法的稳定起了重大的作用。王又槐就是其中的佼佼者。他著有《刑钱必览》、《钱谷备要》、《政治集要》、《洗冤录集注》等书，并参与修订《大清律例统纂集成》。《办案要略》选自《政治集要》一书，是王又槐的代表作。被载入《清史稿·艺文志》。其中"论批呈词"、"论详案"、"叙供"、"作看"、"论作禀"、"论驳案（附上控案）"、"论详报"是讲诉讼文书写作的，[1] 很多论述都极有见地，表达也很精彩。

"揣度人情物理，觉察奸刁诈伪，明大义、谙律例。笔简而该，文明而顺。方能语语中肯，事事适当，奸顽可以折服其心，讼师不敢尝试其伎。"

"作文者，代圣贤以立言。叙供者，代庸俗以达意。"

在讲述叙述供词（大致等于叙述事实）时提出"作文，以题目为主；叙供，以

---

[1] （清）王又槐：《办案要略》，群众出版社 1987 年版，前言。

律例为主。"

> "前后层次、起承转合、埋伏照应、点题过脉、消纳补斡、运笔布局之法，与
> 作文无异。"

在讲述如何写作看语（大致为理由部分）时指出："叙供之时即已布置看语及其作看则一线穿成毫无驳杂"。

中华民国时期是我国的古代判词向现代判决书转型的时期。这一转型是在我国的法律体系由中华法系向西方法制转型的大背景下进行的。随着中华法系的解体，西方法制的确立，西方的法治观念和法典都进入了中国。程序法、实体法都彻底改变了。无论是否了解，了解得是否透彻，这一进程都不可避免的发生了。判决书并不是一个重要的角色，它当然也只能跟随。中国的判决书发生了很明显的变化。最大的变化就是格式的要求增多了，"文"的因素减少了。总体上讲，这次转型并不太成功。它形成了日后堆砌化的判决书。

此时，判决书开始划分为刑事和民事，并分别提出了不同的写作要求。其中，堆砌化的方法对民事判决书的影响尤甚。这是一种违反正常阅读写作习惯的方法。一九二四年，石志泉在《法律评论》上发表了一篇文章[1]介绍这种写作方法。在民事判决书的"事实栏"中应当写的内容包括：（一）声明（即各方当事人的请求）；（二）当事人提出之攻击或防御方法；（三）调查证据之结果；（四）重要的诉讼过程。而"理由栏"中应写的内容是法院关于攻击防御方法的意见。"法院决定证据力之有无强弱，以及本于言词辩论意旨及调查证据结果所为关于事实真伪之判断。"大致说来，这就是按照"当事人给法院事实，法院给当事人法律"的基本理念设计的结果。

其实，这种判决书的端倪并不是出现在民国时期，而是自从清末沈家本的改革就出现了。沈家本的改革是我国引进西方法制的开始。他的成果与中华民国的法制西化一脉相承。其中华民国初期的一段时间，基本上是照抄了沈家本的成果。将他的一些法律规定稍加改变就直接适用了。现代判决书也是如此。如清末的《考试法官必要》规定：

> 民事判决书须载明以下事项：
>
> （一）诉讼人之姓名、籍贯、年龄、住所、职业；

---

[1] 参见《民事判决记载事实之方法》，《法律评论》杂志。

（二）呈诉事项

（三）证明理由之缘由

（四）判之理由

刑事判决书须载明以下事项：

（一）罪犯之姓名、籍贯、年龄、住所、职业

（二）犯罪之事实

（三）证明犯罪之理由

（四）援引法律某条

（五）援引法律之理由

　　我们在来比较一下中华民国时期的两部重要的民事诉讼法律，1922 年的《民事诉讼条例》和1930 年的《中华民国民事诉讼法》。它们的规定不仅本身相同，而且与《考试法官必要》一脉相承。说明整个中华民国时期，这股堆砌之风是始终存在的。《中华民国民事诉讼条例》第二百六十六条规定："……

　　事实项下应记明当事人在言词所为之声明及其提出之攻击或防御方法，并调查证据所得结果之要领。

　　理由项下应记明关于攻击或防御方法之意见及法律意见。"

　　《中华民国民事诉讼法》第二百二十六条规定："……

　　事实项下应记载言辞辩论时当事人之声明并表明其声明为正当之攻击或防御方法要领。理由项下应记载关于攻击或防御方法之意见及法律上之意见。"

　　这种方法和文风随着中华民国在大陆统治的结束，又被带到了台湾地区。为台湾地区完全继承下来直至现在。而且这种方法已经蔚然成风，影响到了刑事判决书和其他法律文书。看一下近些年台湾地区一些重大案件的判决书、起诉书，就不难发现由于这种风气的存在。它们都越来越长。

　　但是，这种写作方法和文风的形成并不是一蹴而就的，也有一个过程。民国初期，判决书的格式要求并不苛求细枝末节，行文用笔也与古代的判词没有太大的区别。判决书的写作水平普遍比较高。后来随着堆砌化的加剧，民国后期的判决书也就呆板起来了。清朝末年和民国初期的判决书是我国现代判决书写作的最高水平，是值得我们现在学习的。其后由于堆砌化的加剧，清末民初的判决书曾达到的水平

就再也无法超越了。直到今天海峡两岸都是如此。

中华民国时期有一个特例，就是陕甘宁边区的判决书。当时，由于政治上的实际独立状态，国民政府的法令在陕甘宁边区是不能适用的。这也就避免了陕甘宁边区的判决书走向堆砌化。陕甘宁边区判决书的情况是与我们新中国的判决书相通的。

新中国的法制发展可谓波折。法制曾经几近衰亡。如果有两个字来形容新中国判决书的特点，那就是"简陋"，也可说是"苟简"。这与对法制曾经的轻视、否定的态度有关。法律被认为是可有可无的，即使有也是宜粗不宜细的。司法的各个方面都简陋，判决书也不能幸免。简陋表现在许多方面，叙事、论理、语言等。说它简陋是因为它的简短与案件的复杂程度不成比例，只是一味地将复杂问题简单化。这也并不是说这个时期没有优秀的判决书出现。有的判决书写得还是很好的。只不过这些优秀的判决书只给人一种处事干练的感觉，却无法达到一种理论上的高度和美感。何况，在"取法乎下"的指导思想下，优秀的判决书也并不多见。

在我国法制发展水平比较低，大部分案件都比较简单的时期，这种简陋的判决书还可以应付。当法制发展水平提高，人们对法制的期望增加，案件又变得复杂起来的情况下，这种简陋的判决书就不能够适应了。又由于对判决书的写作存在误解，在上世纪最后几年，新中国的判决书就从简陋的极端走向了另一个极端：繁复的堆砌。

新中国的判决书发展可以分成四个阶段：五六十年代；"文革"时期；八九十年代；九十年代后期至今。

（1）五六十年代。1951年，司法部颁布了一套《诉讼用纸格式》，统一了包括判决书在内的全国的司法文书[1]。随后因为历次政治运动的影响。判决书更趋简陋化。这期间最主要的变化，是受苏联的影响，将原来的"主文—事实—理由"的排列程序变成了"事实—理由—主文"。

这一时期同时存在着"镇反"案件、"三五反"等群众运动案件和普通案件。二者的判决书的情况是不大一样的。后者的情况比较正常。前者就比较特殊了。有的判决书比较草率，有的用填充式的判决书，甚至有的没有判决书，只以审判表格代替。

（2）"文革"时期。法制被破坏，公检法被砸烂。包括判决书在内的所有诉讼文书完全没有规范可言。判决书首先都要写上"最高指示"，认定事实抽象化、概念化，根本不提或根本不敢提证据，理由公式化，唱高调，用形式逻辑的方法无限

---

〔1〕 最高人民法院办公厅秘书处编：《法院诉讼文书讲义》，吉林人民出版社1992年版，第3页。

上纲。[1]

（3）八九十年代。这一时期与五六十年代是相通的。因为经过了"文革"之后，我国的恢复法制建设，基本上就是恢复到五六十年代的状况。所以，这两个时期的判决书基本相同。

1980年，司法部制发了八类六十八种的《诉讼文书样式》，基本上是照搬五十年代的旧样式，下发至地方各级法院施行。但在此之后，我国政法机关的分工进行了调整。司法部不再主管诉讼文书的规范，改由公检法各机关自行管理。所以，各类判决书的格式规范就由最高法院制定了。1982年，《民事诉讼法（试行）》颁布后，最高法院制发三百七十余种"民事诉讼文书样式"，供各级法院参照执行[2]。1991年，最高人民法院在新的民事诉讼法颁布后，完成制定了新的《法院诉讼文书样式（试行）》，并于1992年6月20日发布全国各级法院，于1993年1月1日起试行。一直沿用至今。总体而论，这个"92样式"还是比较可取的。

另外，这个时期的法律文书教学也有一些发展。我国六十年代短暂的开设过司法文书课，但很快停办[3]。现在，很多学校又都开设了司法文书、法律文书的课程，编写了很多教材。但这些教学都只限于讲授各种格式，内容比较枯燥。可以使学生了解一些基本知识，但对提高写作水平作用不大。

（4）九十年代末至今。这是我国进行大张旗鼓的司法改革的时期。判决书的改革是其中重要的一项。我国的判决书的确应当改革，但这个时期判决书的改革方向却是失误的。1999年初，云南省高级人民法院审理的"褚时健"案，制作了完全不同于以往的刑事判决书，就是在判决书中堆砌大量的案件材料，将审理的过程事无巨细地罗列到判决书中。这种方法在当时确实令人耳目一新。最高法院也予以肯定，马上以此为蓝本改革了刑事判决书的写作。1999年4月6日就公布了《法院刑事诉讼文书样式》。这个样式在刑事文书部分取代了"92样式"，成为现在我国刑事判决书写作的指导文件。但随后的几年，判决书的改革却停滞了下来。这是堆砌化的必然结果：只在判决书中堆砌材料，能有什么发展前途呢？不过是今天堆砌些这个，明天堆砌些那个罢了，这是没有生命力的东西。

这一时期，随着我国法制的繁荣，对判决书的研究也进入了一个高潮。对于所有于法律人来说，判决书都是一个令人感兴趣的话题。从事司法实务的法律人，当然关心判决书的写作；而从事理论研究的，也有很多人对这个问题比较热心。因为法律毕竟是一种实践理性，判决书是司法实务的重要载体，人们不可能不关心。对

---

[1] 最高人民法院办公厅秘书处编：《法院诉讼文书讲义》，吉林人民出版社1992年版，第5页。
[2] 最高人民法院办公厅秘书处编：《法院诉讼文书讲义》，吉林人民出版社1992年版，第6页。
[3] 宁致远主编：《司法文书写作学》，法律出版社1990年版，第24页。

于判决书的研究成了一个"热点"。最高人民法院两个"五年改革纲要",都将"诉讼文书的改革"列入其中。这方面的研究也取得了一些成果:理论界的主要研究成果有苏力的《判决书的背后》,傅郁林的《民事裁判文书的功能与风格》、贺卫方的《中国古代司法判决的风格与精神》、汪世荣的《中国古代判词研究》等。实务的成果则有:唐文的《法官判案如何讲理》、熊先觉的《司法文书研究》、周道鸾的《刑事裁判文书改革与实例评析》、《民事裁判文书改革与实例评析》、《行政裁判文书改革与实例评析》、刘汉富翻译的《德国民事诉讼法律与实务》等。而且有很多判词集被发掘整理出来,这为判决书的研究打下了很好的基础。如《华洋诉讼判决录》、《各省审判厅判牍》、《民刑事裁判大全》、《塔景亭案牍》、《爱德华兹集》等。

　　但是,理论界与实务界在这个领域中的探索在实践针对性和理论性上都有各自继续发展的必要。其中有两个问题:一是对真正的问题发现不足;二是理论研究的深度、广度不足,也缺乏必要的系统性。这造成了这个领域中的研究目前仅仅局限于判决书应当说理的层面上,未能找到新的方向。实务界的研究理论水平不高,理论界有时又大而无当,过于玄虚。这恐怕是主要与人们对判决书仍然比较陌生有关。不要说一般人,就是法律圈内人,如果不是直接从事审判工作的,想要得到一份真正的判决书都非常困难。更不要说熟悉其运作过程了。这就对于这个领域的研究工作造成了很大困难。

·‥实例评改‥·

一、龙筋凤髓判·中书省

◎张 鷟

【评析】

《唐律疏议》"职制"十九条的规定：

"诸泄漏大事应密者，绞。（大事，谓潜谋讨袭，及收捕谋叛之类。）

非大事应密者，徒一年半。泄漏于藩国使者，加一等。仍以初传者为首，传至者为从。即转传大事者，杖八十。非大事，勿论。"

这就是该道判词的法律依据。它划分国家机密为大事和非大事两个级别。规定泄漏大事者应判处绞刑；非大事者应判处一年半的徒刑。将机密泄露给外国使节是加重情节。这两种都以第一个传播机密的人为首犯，将机密传到罪犯或外国使节的为从犯。在这一传播过程中，辗转相传"大事"的其他人要处以杖刑八十；"非大事"的，不以犯罪论处。同时，解释了"大事"的含义是暗中悄悄地计划讨伐袭击、收捕叛逆的人。

中书舍人王秀被判处了绞刑。按照以上的法律规定推断，所泄露的应当是大事。而王秀辩解自己是从犯，机密是从掌事张会那里听来的，自己应从轻处罚；而且所泄露的也不属于大事。

论理主要是着眼于谴责王秀、张会的泄密行为。中书省是魏晋到隋唐最重要的中央机关，判词从中书省的威严"凤池清切，鸡树深严"，到在此处工作职责的神圣"敷奏帝俞，对扬休命"，再举出辅臣官吏的榜样周代的召公、汉代的荀彧，以及王、张二人的职责所在"慕金人以缄口"、"温树之号，问且无言"，二人的过失"漏秦相之骑乘"、"盗魏将之兵符"，最后，认定两个人一个"过言出口"，一个"转泄于人"，都应受到法律的严惩。但对于案件的焦点问题：王秀所泄露的是不是大事，王秀这个从犯是不是应当减轻处罚，并没有作出回答。

这是否说明了作者张鷟只懂词藻，不懂法律呢？甚至是不是说明了龙筋凤髓判只重文学性，不重法律适用的准确性呢？不能这样说。只能说明，这印证了《龙筋凤髓判》确实不是实判，只是拟判。它是供科举考试使用的。由于题目中没有透露王秀所泄露的是不是大事，而且没有透露有没有泄露给外国使节这个情节。那么，王秀所说的主、从之分又有什么意义呢？这些情节当然不能象实际审判中去一一查明，只好存而不论，将写作的重点放在谴责王秀、张会的泄密行为上。至于涉及到的法律点，张鷟都在判词中一一指明，"潜谋讨袭"这个"大事"的认定标准；"漏彼诸蕃"这个加重情节；以及"非密"、"非大事"这样的免除情节。同时指出，这些都要请示后才能认定。这说明，张鷟不是不懂法律，而是很懂法律。只是为试题所给的条件所限，只能作出有限的判断。"待得指归，方可裁决。"

笔者认为。龙筋凤髓判中的案例很可能是取自真实的案件，但判词本身却是张鷟后补的。原先的判词应该没有张鷟写得这样好。每道判词都有真名真姓，所以，也造成了后人以为这是实判的假象。

中书省（1）[1]

中书舍人王秀漏泄机密断绞，秀不伏，款（2）于掌事张会处传得语，秀合是从，会款所传是实，亦非大事不伏科（3）。

凤池清切（4），鸡树深严（5），敷奏帝俞（6），对扬休命（7）。召为内史，流雅誉于周年（8），苟作令君，振芳尘于魏阙（9）。张会掌机右掖（10），务在便蕃，王秀负版中书（11），情惟密切。理须克清克慎。慕金人以缄口（12）。一德一心，仰星街而卷舌（13）。温树之号，问且无言（14），恶木之阴，过而不息（15）。岂得漏秦相之骑乘，故犯疏罗（16），盗魏将之兵符，自轻刑典（17）。张会过言出口，驷马无追，王秀转泄于人，三章莫舍（18）。若潜谋讨袭，理实不容，漏彼诸蕃，情更难恕。非密既非大事，法许准法勿论，待得指归，方可裁决。

【注释】

（1）据《晋书·百官志》与《隋书·百官志》载，中书省是魏晋至隋封建中央最高行政机构。魏晋以中书省行尚书省之权，置监、令各一人，掌出纳帝命，下设侍郎、通事舍人、主事令史等官。至梁、陈，特别是隋朝，规模益备，并影响到唐

〔1〕　选自田涛、郭成伟校注：《〈龙筋凤髓判〉校注》，中国政法大学出版社1996年版。

朝。但后来又改称内史省。

（2）据许慎《说文》云："款，意有所欲也"，"款或从柰。"柰，音 nai，被迫，无奈，即被迫供认的意思。

（3）据许慎《说文》云："科，程也，从禾，从斗，斗者，量也。"即法定处罚。

（4）据杜佑《通典》卷二十一载："中书省谓之凤皇池。"

（5）据《魏晋世语》载："殿中有鸡栖树。"另据《初学记》载，韦承庆中书省诗曰："清切凤皇池，扶疏鸡树枝"。

（6）据《尚书·舜典》载："敷奏以言。"孔注："言于帝曰俞。"

（7）"对扬休命"源于《诗经》，《左传》解为："奉扬天子之丕显休命。"

（8）据《史记》载："召公奭支庶，皆为周卿士"。另据《尔雅》载："岁名周曰年。"

（9）据《三国志·魏志》载："荀彧为汉侍中，守尚书令。"又据《三国志·荀彧别传》载："司马宣王常称：数十年间，贤才未有如荀令君者也。"

（10）据《唐书》载："宣政殿有两掖，中书省在右，称右掖。"另据《左传》魏绛引诗曰："便蕃左右。"

（11）据《论语》孔安国注："负版者，持邦国之图籍也"。另据《文献通考》载："汉置中书令，盖周官内史之职也，以其总掌禁中书记，故谓之中书。"又据《汉书·刘向传》载："刘向引诗曰：密勿从事。"

（12）据《孔子家语》载："孔子入后稷庙，有金人三缄其口，铭其背曰：'古之慎言人也'。"又据王隐《晋书》载："李秉家诫曰：为官长当清、当慎、当勤。"

（13）据《尚书》曰："乃一德一心。"又据《汉书·天文志》载："毕昴间，天街也。"另据《晋书·天文志》载："卷舌六星在昴北，主口语以知谗佞也。"

（14）据《汉书·孔光传》载："孔光典枢机十余年，或问温室省中树，光不应。"

（15）据《管子》云："士怀耿介之心，不荫恶木之枝。"又据陆机《猛虎行》载："热不息恶木荫。"

（16）据《史记·秦始皇本纪》载："秦始皇幸骊山宫，望见丞相李斯车骑，众弗善也，或告丞相后损车骑，始皇怒曰：此中人泄吾言，捕在旁者，诛之。"

（17）据《史记》载："秦伐赵，魏使将军晋鄙救赵，公子无忌从侯生计，请如姬盗兵符，杀鄙进军击秦兵。"

（18）据《左传》载："言语漏泄，职汝之由。"

【译文大意】

　　中书舍人王秀泄漏机密被判处了绞刑。王秀不服，供述机密是从掌事张会那里听来的，他应该是从犯。张会供述称所传的事情（虽然）是真事，但也不是（什么）大事，所以不服判决。

　　中书省这个地方是国家政务的紧要之地。在此任职，为皇帝处理政务是极其光荣和神圣的事情。周代的召公和汉代的荀彧都是流芳百世的政务官。张会、王秀二人身为中书省的官员，负有重要的职责。理当像金人那样三缄其口，慎言慎行；一心一意地恪尽职守，保守国家的机密。汉代的孙光在中枢十余年，别人问其中的草木如何，他都不答；君子重视品行，乘凉都不会选择恶木之荫。怎么能够像泄漏了秦始皇对李斯车骑的不满、无忌盗取魏国兵符那样故意泄漏机密，触犯国家的法律呢？张会失言已经无法追回，王秀向他人传播，同样有罪。如果是泄漏了秘密讨伐、袭击叛逆和盗贼这样的机密大事或是造成了泄漏给了外国这样的后果，难以宽恕；如果不是机密也不是大事，按照法律的规定就不必治罪。得到了进一步的指示，才可以作出决断。

二、龙筋凤髓判·兵部

◎张　鷟

【评析】

这是一道军事司法的判词。古代的游牧民族常常来中原地区进行掠夺，各地的官吏就有保境安民、消灭异族的责任。赵州、定州位于今天的河北省的中南部。这一次北方默啜族的军队深入到了这一地区进行掠夺。幽州就是今天的北京，在赵州、定州的北部。梁亶作为幽州城的都督本来应该在默啜族军队返回的路上拦击劫杀他们，正如判词中所说的"鸱挂网"、"鼠入彙"。但梁亶却坐视这些敌人从自己辖区内的居庸关逃回了北方大漠。兵部对此非常恼火，上奏要求惩罚梁亶。"兵部奏"相当于原告的起诉意见；"得款"相当于被告的答辩意见；第二段相当于"理由"。

梁亶的辩解是本案的焦点问题。他认为自己虽然没有歼灭外族的军队，但保全了幽州城，使之免受了象赵州、定州那样的劫掠。说不上有功，但也无过。不应受到惩罚。这样的辩解也有自己的道理，并非不值一驳。张鷟并没有急于反驳梁亶，而是以正面立论为主，寓反驳于立论之中。判词首先突出敌人的恶，"蕞尔天骄"，"挠乱并幽之地"以及进行战争的正当性"皇天震怒，发雷电以申威，王者矜残，用干戈而肃令"。在此基础上指出作为都督的梁亶在军事上的职责和应有的能力"既典军容，兼知州务"，"理须击蛇作阵"，"驱貔貅而扫蚩尤"。事实上，梁亶没有这样做，而是"拙于对寇，怯于用兵，拥坚甲以自防，坐重城而固守"，造成了"鸱挂网而还飞"、"鼠入彙而重出"的结果。整篇判词没有否定保全城池的正确，只是指出作为一个军事将领，其职责不仅仅局限于此。除了防守之外，更应当进攻，消灭敌人。"拙于对寇，怯于用兵"是不行的。强调了进攻消灭敌人的重要性，也就同时否定了将保全城池作为无罪辩护理由的正当性。

判词还留下了"诛心"的伏笔。梁亶这样作，仅仅是策略上的失误吗？不好说。是否是"无心捉搦"、"有意宽疏"呢？在当时瞬息万变的战场上，这很值得怀疑。所以，判词最终指出梁亶虽然有"全城"的辩解，总还是有一丝畏敌如虎的嫌疑。

另外。"全军"这个概念应该来源于《孙子兵法》。"凡用兵之法，全国为上，破国次之；全军为上，破军次之，……"指的是消灭敌人时以全军屈服为上策，攻破、打败为下策，并非用于防守时保全部队。梁亶以此作辩护理由，显得很是牵强。

兵部 (1)[1]

兵部奏：默啜贼入赵、定，却取幽州居庸程出。都督梁亶牢城自守，不敢遮截，请付法依问[2]。得款，古之用兵，全军为上，亶既全幽州城，不合有罪。

兼弱攻昧，武之善经，在祠与戎，国之大事。皇天震怒，发雷电以申威 (2)，王者矜残，用干戈而肃令 (3)。蠢兹日逐 (4)，蕞尔天骄 (5)，苞玉塞以疏江 (6)，控金微而作镇 (7)。韦鞲毳幕，射多食鼠之夫，膻肉酪浆，俗负乘羊之货 (8)。鸱枭万路，凭陵燕赵之郊，狐兔千群，挠乱并幽之地 (9)。梁亶忝司金鼓 (10)，谬掌铜符 (11)，既典军容，兼知州务，理须击蛇作阵 (12)，列鹗为军 (13)，驱貔豹而扫蚩尤，纵熊罴而扑猃狁 (14)。山陵向背，握元女之灵符 (15)，日月虚空，操黄公之秘术 (16)。岂得拙于对寇，怯于用兵，拥坚甲以自防，坐重城而固守。不存邀截，故纵奔驰，脱翔鸟于高林，送游鱼于深水 (17)。无心捉搦，鸥挂网而还飞 (18)，有意宽疏，鼠入橐而重出 (19)。执全城之语，总贻虑敌之辜。宜据刑书，准条科给。

【注释】

(1)《新唐书·百官志》载：兵部为唐朝尚书省六部之一。以尚书一人，正三品为长官。以侍郎二人，正四品下为副职长官。下设兵部职方、驾部、库部四司，以兵部为头司，余为子司。执掌六品以上武官铨授，考课，主持武举，及军令、军籍、军训之政令，成为唐朝全国军政领导机关。

(2)《尚书·泰誓》载："皇天震怒，命我文考肃将天威。"

(3)《史记》载："神农氏衰，诸侯相侵伐，于是轩辕习用干戈以征不享，诸侯咸来宾从。"

(4)《诗经》载："蠢尔蛮荆。"

(5)《左传》载："蕞尔国。"杜注云："蕞，小貌。"又《汉书》载："胡者，天之骄子。"

(6)《晋书》载："控弦玉塞"。又《汉书》说："阪以玉门阳关。"按扼塞意也。

(7)《后汉书》载："窦宪以北卢微弱，遂欲减之，遣耿夔等将兵击北卢，于是

〔1〕 选自田涛、郭成伟校注：《〈龙筋凤髓判〉校注》，中国政法大学出版社1996年版。
〔2〕 在前书中，该句为"兵部奏：默啜贼入赵、定，欲取幽州，居庸程出都督梁亶牢城自守，不敢遮截，请付法依问。"语意不通，据"全唐文"改。

金微山，大破之。"又《通典》载："贞观二年，铁勒九部大酋颁卒降，置金微都督府。"

（8）《李陵答苏武书》云："韦鞴毳幕以御风雨，膻肉酪浆以充饥渴。"又《史记·匈奴传》载："儿能乘羊，引弓射鸟鼠，少长则狐兔用为食。"

（9）《晋书·四夷论》云："振枭响而挺灾。"又《毛苌诗传》说："鹏鹊，恶声鸟也。"《虞义泳北伐诗》说："凉秋八九月，虏骑入幽并。"

（10）《左传》云："金鼓以声气也。"另《孙子》云："言不相闻，故为之金鼓。"

（11）《汉书》载："文帝为铜虎符。"

（12）《晋书》载："初诸葛亮造八阵图，鱼腹平沙之上累石为八行，相去二丈。桓温见之谓此常山蛇势也。"

（13）《初学记·列子》载："黄帝与炎帝战，以雕鹗鹰鸢为旗帜，盖旌旗之始也。"

（14）《史记》载："黄帝教熊罴貔貅与炎帝战，蚩尤作乱，黄帝与战于涿鹿之野，遂擒杀蚩尤。"又《尚书》载："如熊如罴。"另《诗经》载："薄伐猃狁。"

（15）《孙子》载："用兵之法，高陵勿向，背邱勿逆"，"邱陵提防必处其阳而右背之，此兵之利地之助也。"又《龙鱼河图》载："黄帝不能禁蚩尤，乃仰天而叹，天遣元女下授兵符，伏蚩尤。"另曹植《仙人篇》载："与帝合灵符。"

（16）《后汉书·方术传》注云："孤虚者，孤为六甲之孤辰，若甲子旬中戌亥无干为孤也，对孤为虚。"又《史记》载："张良遇老人授书一篇曰：'读是则为帝者师'，后十三年见我济北谷城下，黄石即我，视其书乃太公兵法也。"

（17）《世说新语》说："桓南郡与殷荆州共作了语，殷曰：投鱼深渊，放飞鸟。"

（18）《列仙传》载："李仲甫夜卧或为雕。后至巨山上候北风，当飞渡南海，山上有罗鹰者，罗得雕，视之仲甫也。"

（19）《晋阳秋》载："区张作鼠市，四方丈余开四门，门有一木人，纵四五鼠于中，欲出门木人辄推之。"

【译文大意】

兵部奏：默啜族的贼人已经进入到赵州、定州一带，却从幽州居庸关的这条路上跑掉了。都督梁宣拥兵自守，不敢拦截敌人，请求依法治罪。得到（梁宣）的供述是，古时用兵重在保全军队的实力，我既然能够保住幽州城，就不应当治罪。

歼灭愚弱的敌人是用武的原则。祭祀和征伐都是国家的大事。皇天发怒，降下雷霆以表示威严；王者怜惜弱小，用干戈来整肃政令。那些野蛮的敌人，占据着险要的山河地势，割据一方。住在毡毛的帐篷里，吃着膻肉，喝着酪浆，成群结队地滋扰燕赵之地的边境，深入到幽州、并州一带进行劫掠。梁亶白白地执掌大权，身兼军队的将领和州的行政长官，理当熟知兵法韬略、擅于排兵布阵，像黄帝打败蚩尤那样勇敢地扫灭入侵的敌人，歼灭抗命的蛮族。怎么能够拙于应敌，临阵胆怯，只知道龟缩在重重铠甲和坚固的城池里面呢？不主动出击拦截敌人，故意让敌人在我方国土上恣意纵横，往来穿梭。让落入包围、堕入陷阱的敌人又重新逃脱！虽然用保全城池的理由来辩解，但终归还是犯了畏敌之罪。应当根据刑典的有关规定定罪量刑。

三、甲乙判

◎白居易

【评析】

麻雀虽小，五脏俱全。"得甲牛抵乙马死，请偿马价"是案情；"甲云在放牧处相抵，请赔半价。乙不伏"是审情；"苟死伤之可征，在故、误宜别"是理由中的轻重。由此指明了案件处理的方向：区分故意和过失。"马牛于牧，蹄角难防"、"况日中出入……情非故纵，理合误论"是一个主要理由，说明了认定误伤事实的原因。"在皂栈以来思，罚宜惟重；就桃林而招损，偿则从轻"是另一个主要理由，说明了损害发生的地点对责任的影响。

从"苟死伤之可征"一句中可以看出判词拟判的性质。说明作者意识到如果在真实的案件中，首先要落实牛马死伤的事实。但由于是拟判，只能假定"死伤"的事实是已经调查清楚的了。误伤的事实是根据一般的生活常识推断出来的。在野外放牧，牛马往来奔跑发生碰撞是难免的事情，判词认定误伤是很合情理的。判词中谈到的另一个决定因素：致害地点，是非常有见地的。在"皂栈"（牲口棚）和"桃林"（野外）这两个地点中，人对牲畜的控制力是不同的。在牲口棚，人对牲畜的控制力强，责任也大；在野外，人对牲畜的控制力弱，责任也就小。根据人在致害原因中的过错程度不同，赔偿的数额当然就要有所区别了。这类侵权案件，要考虑侵权人的过错程度来决定赔偿数额。判词最终所作出的半价赔偿就是考虑了"误伤"和"致害地点"这两个因素。

【正文】[1]

得甲牛抵乙马死，请偿马价。甲云在放牧处相抵，请赔半价。乙不伏。

马牛于牧，蹄角难防；苟死伤之可征，在故、误宜别。况日中出入，郊外寝讹：既谷量以齐驱，或风逸之相及。尔牛孔阜，奋骍角而莫当；我马用伤，踠骏足而致毙。情非故纵，理合误论。在皂栈以来思，罚宜惟重；就桃林而招损，偿则从轻。

---

〔1〕　选自高潮主编：《古代判词选》，群众出版社1981年版。

将息讼端，请征律典。当赔半价，勿听过求。

【译文大意】

案情是甲牛将乙马顶死，乙诉请赔偿马的买价。甲辩称是在放牧的地方顶死的，要求只赔一半。乙不同意。

马、牛在放牧的过程中，蹄子、犄角相互碰撞实在是难以避免的事情。假如死伤的情况可以证实，是要区分故意还是过失的。何况白天放牧，在郊外憩息活动，或许是众牛马在一起驰逐，或许是走散时奔跑碰到了一起，（难免相遇）。你的牛强壮奋力用犄角顶我的马，我的马受了伤，折伤了马蹄而毙命。依情形应当不是故意，而是误伤。如果这件事是发生在牲口棚里，应当重罚；而本案是发生在牧场中，宜从轻赔偿。（双方）姑且停止争讼，引证一下法典。应按照半价赔偿，不要听从过分的诉求。

四、孤女赎父田

◎吴恕斋

【评析】

典权是我国特有的物权。出典人（俞梁）将自己所有的土地典于典受人（戴士壬），收取约定的典价。典受人则对土地享有占有、使用、收益的权利。出典人在返还典价后还可以赎回土地。由于享有赎回权，典价要低于卖价。也由于出典人还没有完全丧失所有权，也称"活卖"。亦有很多出典人无力回赎，与典受人协商，补齐典价与卖价之间的差额，变典为卖，彻底出售了土地。实际生活中，是典是卖经常发生纠纷。这在我国古代的民间纠纷中占了很大的比重。该案中俞梁就是将自己的土地出典给戴士壬。多年无力回赎，但也没有继续出售所有权。时间一长，事情的真相也就模糊了（这也是法律上时效制度存在的理由）。当戴士壬拿出伪造的卖契时，很容易让人误以为俞梁当初已经是变典为卖了。

这篇判词的构成是古代判词中比较规整的。仔细分析一下它的构成可以比较方便地说明古代判词与现代的判决书并无根本区别。

第一段相当于单独的事实部分。"俞梁有田九亩三步，……阿俞夫妇亦未知此田为或典或卖"是案情。"至嘉熙二年二月，……准台判，金厅点对，寻引两词盘问，及索俞梁先典卖契字辨验看详"是审情。审情说明了原告意见、被告意见、以前审判的意见、案件来源与审理过程。

第二段是理由，主要是认定事实。其中开头的"切惟官司理断典卖田地之讼，……而激应龙纷纭之争也"是理由中的轻重，指出案件处理以辨明契约真伪最为紧要。其余的部分则论述是如何认定戴士壬"旋造伪契，以为欺罔昏赖之计"的事实的。首先根据笔迹鉴定，然后是根据"俞娘有词"后，戴士壬又请求买地的事实。通过对这两个事实的分析论证，认定了"典契是真，卖契是伪"的事实。最后推断出戴士壬造假的心理动机。让人觉得判词对"旋造伪契"的事实认定合情合理。

第三段开头是法律。引述了两条相关的成文法规定。后面则全部是理由，主要是法律适用。首先肯定了根据成文法，"此田合听俞百六娘夫妇照典契取赎"。然后重点论述了为什么要"参酌人情"限制田地的转卖。

有一些事实，象"笔迹鉴定"的审情，"俞娘有词"后的案情，是在论理的过程中涉及的。没有放在单独的事实部分。它们本身都是事实，只是作为论理的一部分出现。

从这个判词中，我们可以推断一下主文：

"一、俞百六娘夫妇可按照典契赎回田地；但

二、需当官府面交付十八界官会八十七贯；

三、此田地赎回后不许转卖，只允许充当祭祀俞梁之用。否则允许戴士壬出首告发。"

这样的构成与现代判决书基本没有差异。

以下几个名词需要解释。

"十八界官会"，是南宋时官府发行的纸币。每隔若干年发行一次，共发行了十八次。所以称十八界官会。这是南宋的官方货币，有较高的信用。就像今天给付货币，给付美元和给付越南盾绝对是不一样的。所以，吴恕斋让陈应龙回赎时要使用十八界官会。

"书铺"，官方认可的替人代写诉状的地方。古代要求诉状上必须加盖书铺的印章，否则案件不予受理。正是由于书铺具有专业性，所以判词中进行笔迹鉴定才找书铺。

"牙保人"，说合生意的中介人，也有官方认可的资格。古代规定订立土地契约不仅要有当事人签押，而且要有牙保人签押。所以戴士壬订立买契，就要预先找牙保人。而土地买卖契约还必须向官府交纳费用，办理手续才能生效。所以才有"牙保人骆元圭者，尝献其钱于官"的情况出现。

"培壅"，对土地的耕作。土地不耕作，地力会逐年下降。所以判词中才说要感念戴士壬的培壅之功。

判词中"参酌人情"一点最具法律意义。古代"引经入法"，如果具体的情况有变化，完全适用成文法会产生不好的效果，判案可以改变成文法的规定。这也就是"参酌人情"的法律依据。正因如此，吴恕斋才能够在支持回赎土地的同时，给俞百六娘、陈应龙附加了那么多的义务。这些义务的确附加得不错，这个人情参酌得好。俞梁典地在开禧二年（1206年），俞百六娘起诉是在嘉熙二年（1238年），这就过去了32年！又经过了五年诉讼。现在已经将近40年了！当初的八十七贯与现在的八十七贯可是天壤之别。三十多年，俞家也没有提到过赎地的事情。甚至"当是之时，阿俞夫妇亦未知此田为或典或卖。"怎么突然间就想起赎地来了？又是常年兴讼，花

费肯定不少，精力也难支持。俞家后面肯定有人指使。古代不鼓励兴讼，必须要惩罚这些希冀分肥的健讼者。所以才禁止土地转卖。而且要求陈应龙回赎时要在官府的监督下给付硬通货。如果他自己没有钱，那些健讼者看到无利可图，也停止资助他，他们的如意算盘也就不能实现了。如果他们打算不管三七二十一，先把地赎回去再说。判词还安排了一个长效机制，就是当他们日后转卖时，也许是公开，也许是秘密的，都允许戴士壬出首告发。在古代，不允许原告起诉与己无关的案件。戴士壬交还土地后，陈应龙是否遵守判决，是否转卖土地都与戴士壬无关了。这个长效机制就让判决有了一个合法的义务监督人。他本人也应当是乐于做这件事情的。

对于参酌人情的判决部分，判词中给出的具体理由有：戴士壬多年培壅之功；惩罚健讼者；继绝。除了这三全其美之外，我想恐怕还有一个因素在起作用，就是戴士壬造伪契的心理动机不是十分恶劣。不过是出于一般人都会有的小心思。对他的厌恶远远小于对陈应龙一伙的厌恶。所以判词才会作出这样的安排。

【正文】[1]

俞梁有田九亩三步[2]，开禧二年典与戴士壬，计钱八十七贯。俞梁死于绍定二年，并无子孙，仅有女俞白六娘，赘陈应龙为夫，当是之时，阿俞大妇亦未知此田为或典或卖。至嘉熙二年二月，始经县陈诉取赎。而戴士壬者称于绍定元年内，俞梁续将上件田作价钱四十五贯，已行断卖，坚不伏退赎。展转五年，互诉于县，两经县判，谓士壬执出俞梁典卖契字分明，应龙夫妇不应取赎。今应龙复经府番诉不已，准台判，金厅点对，寻引两词盘问，及索俞梁先典卖契字辨验看详。

切惟官司理断典卖田地之讼，法当以契书为主，而所执契书又当明辨其真伪，则无遁情。惟本县但以契书为可凭，而不知契之真伪尤当辨，此所以固士壬执留之心，而激应龙纷纭之争也。今索到戴士壬原典卖俞梁田契，唤上书铺，当厅辨验，典于开禧，卖于绍定，俞梁书押，复出两手，笔迹显然，典契是真，卖契是伪，三尺童子不可欺也。作伪心劳，手足俱露。又有可证者，俞百六娘诉取赎于嘉熙二年二月，而士壬乃旋印卖契于嘉熙三年十二月，又尝于嘉熙三年三月内，将钱说诱应龙立契断卖四亩，以俞百六娘不从，而牙保人骆元圭者，尝献其钱于官。使其委曾断买，契字真实，何必再令应龙立断卖契，又何为旋投印卖契于俞百六娘有词一年之后耶？此其因阿俞有词取赎，旋造伪契，以为欺罔昏赖之计，益不容掩。切原士

---

[1]　选自中国社会科学院历史研究所宋辽金元研究室点校：《名公书判清明集》卷九，中华书局1987年版。

[2]　步，中国旧制长度单位，一步等于五尺。

壬之心，自得此田，历年已深，盖已认为己物，一旦退赎与业主之婿，有所不甘，故出此计。

照得诸妇人随嫁资及承户绝财产，并同夫为主。准令：户绝财产尽给在室诸女，而归宗女减半。今俞梁身后既别无男女，仅有俞百六娘一人在家，坐当招应龙为夫，此外又别无财产，此田合听俞百六娘夫妇照典契取赎，庶合理法。所有假伪卖契，当官毁抹。但应龙既欲取赎此田，当念士壬培壅之功，盖已年深，亦有当参酌人情者。开禧田价，律今倍有所增：开禧会价，较今不无所损。观应龙为人，破落浇浮，亦岂其有钱赎田，必有一等欲炙之徒资给之，所以兴连年之讼。欲监陈应龙当官备十八界官会八十七贯，还戴士壬，却与给还一宗契字照业。俞梁既别无子孙，仰以续祭祀者惟俞百六娘而已，赎回此田，所当永远存留，充岁时祭祀之用，责状在官，不许卖与外人。如应龙辄敢出卖，许士壬陈首，即与拘籍入官，庶可存继绝之美意，又可杜应龙贱赎贵卖之私谋，士壬愤嫉之心，亦少平矣！

【译文大意】

俞梁有九亩三步的田地，在开禧二年（1206年）以八十七贯典给了戴士壬。俞梁死于绍定二年（1229年），没有子孙，仅有一个女儿俞百六娘，招陈应龙为赘夫。当时，阿俞夫妇也不知道这块田地是典当了还是卖了。到了嘉熙二年（1238年）二月，他们才起诉到县衙要求回赎。而戴士壬声称俞梁已经在绍定元年陆续将上述田产作价四十五贯卖给了自己，坚绝不肯退赎。

辗转经过了五年，双方在县里互相起诉，县里也两次判决，都认为戴士壬明明拿出了俞梁的典卖契约，陈应龙夫妇就不应取赎了。现在陈应龙三番五次地通过州府进行申诉，根据御史台的命令，当厅点对之后对双方进行了盘问，并调取了俞梁以前典、卖的契约仔细辨验。

审理田地典卖的官司，法律规定以书面契约为主，而对所提供的书面契约一定要辨明真伪，这样案件才可以审理清楚。本县以前审理的时候只知道以书面契约作为证据，而不知道辨明书面契约的真伪更为重要，这也就愈加使得戴士壬对这块田产不肯放手，而陈应龙兴讼到底的决心也被激发了起来。现在拿到戴士壬原先的典契和卖契，唤上书铺，当厅进行辨验，典是在开禧年间，卖是在绍定年间，俞梁在契约上的签字画押，笔迹显然不同，典契是真的，卖契是假的，即使三尺的小孩也无法欺骗。费尽心机地伪造证据，现在已经完全暴露了。还有可以佐证的事实，俞百六娘起诉赎回土地在嘉熙二年二月，而戴士壬投印卖地契约于嘉熙三年十二月，又曾经于嘉熙三年三月内，拿钱引诱陈应龙订立契约出卖其中的四亩地，因为俞百六娘不答应，而牙保骆元圭也曾经给官府交纳过费用。假使戴士壬的确曾经买下了这块地，契约是真实的，他又何必再要求陈应龙订立卖田的契约呢，又为何在俞百六娘已经起诉一年之后再将卖地契约向官府完税盖印呢？这都是因为阿俞起诉赎回土地，所以马上伪造契约，妄图欺骗蒙混，更加不可掩盖了。戴士壬的心思大概是得到这块田产已经很多年了，认为早已经是自己的东西了，一旦要退赎还给原业主的女婿，心有所不甘，所以才想出这样的计策。

根据法律规定，所有妇女的嫁妆和所继承的绝户财产，与丈夫共有。根据"令"的规定：户绝财产尽给在室诸女，而归宗女减半。现在俞梁死后没有别的子女，只有俞百六娘一人，招陈应龙为夫，此外没有别的财产，这份田产听任俞百六娘夫妇按照典契赎回，合理合法。所有假的卖契，当场毁抹。但陈应龙既然要赎回此田，也应当感念戴士壬多年以来培育土地的功劳，也有需要考虑人情的地方。开禧年间的田价，照今天的田价加倍地涨了；开禧年间的会价，较今天的会价也减少了许多。看陈应龙的为人，破落而且刻薄轻浮，哪里可能真的有钱来赎田，必定有一些想从中取利之徒资助他，所以才能连年兴讼不已。应当监督陈应龙当着官府准备出十八界的官会八十七贯还给戴士壬，才能还给他经营土地的契约。俞梁既然没有别的子孙，祭祀他的任务就只能依靠俞百六娘了，赎回此田应当永远留存以充当每年祭祀之用，责令他们给官府立下保证，不许卖给外人。如果陈应龙敢于卖给外人，允许戴士壬出首告发，即刻可以拘籍入官，这也算是存继绝的好意吧。又可以杜绝陈应龙贱赎贵卖的私谋，而戴士壬的愤嫉之心也可以稍稍平复了吧！

五、掌主与看库人互争

◎莆　阳

【评析】

　　这并不是一篇严格意义的判词，而是蒲阳县的一名官员受县令的委派审理此案后写给县令的审理报告。但审理报告与判词异曲同工，也可视为广义的判词。该文采用了先叙理再叙事的方法，从质疑开始，步步深入。以作者的心证过程为线索，逐渐阐释了事实认定的理由，全面地展示心证过程，从而形成了一篇有声有色的文章。因为这是一个拖延已久、不能查明的案件，不破疑点无法深入。所以该文先破后立，自疑处入手。指出黎润祖的供述有两个可疑之处，陈氏儿的供述有三个可疑之处，而最大的可疑之处还另有一个。在列举了这六个疑点之后，全篇转折的一句是"详人情深熟之旨，味妇女不足之言"。从此由破转立，由以驳论为主转为以立论为主、间有驳论。最终叙述出所查明的事实，并提出自己的处理建议。

　　黎润祖、陈氏儿夫妇二人陈述的案情是：范雅的群妾与陈氏儿发生了争吵。当时正值黎润祖出门在外，陈氏儿因惧怕而连夜带着家当去姑丈家躲避。但范雅的家人却将陈氏儿所带的东西劫夺一空。至于黎润祖所写的一百七十贯欠条，是缘于去年范雅寄售的五十贯的米，后计算本利写成了一百七十贯。而且业已还清。只是欠条尚未收回。这样的供述破绽百出。判词提出了六点疑问。这六点疑问实际是对黎润祖的驳斥，认为他的说法完全不合情理。在"详人情深熟之旨，味妇女不足之言"一句之后，判词转入了立论阶段，开始确立自己对事实的判断。这样的判断完成了一个思维上的跳跃。这种跳跃是基于作者丰富的生活经验与敏锐的判断力：以上画面如果不是黎、陈二人所说的原因，又会是什么原因呢？仔细体味在"人情深熟"的情况下，黎润祖开小米铺找范雅借钱，范会不答应吗？而这种事情往往又会发展成什么结局呢？而黎所说的"妇女不足之言"，很可能是避重就轻。不足之言是有，但主要不是妇女之间的不足之言，而是男人之间的不足之言。正是这种跳跃的思维将零散的画面还原成了真实的案情。人们常说办案需要经验，这可能就是一个事例吧。

　　对案情的查明，不尽需要大胆的思维跳跃，而且需要有相应的证据支持，否则就是主观臆断。戊子、己丑、辛卯分别是1228年、1229年、1231年。这三年黎在范雅家任私塾老师。甲午年是1234年，黎开了小米铺。可以想象，黎在刚刚离开范家一年多之后，与范家还是人情深熟的。开小米铺赁了范雅的房子，范又是个富户（否则不会有群妾），再借些钱是完全可能的。而到了南宋端平三年（1236年）出现了手批（欠条），证明黎润祖还未还款。范雅当然会有些不耐烦，而范雅让黎写手批，黎当然也不会满意。双方自此也就有了"不足之言"的芥蒂。黎润祖所说的代售五十贯米，过几个月本利就计算至一百七十贯绝无可能。（我估计，这又是黎要的一个花招。代售估计确有其事，但与借款无关，黎想借此混淆视听。）而发生争执的当晚，邻居余太一名与双方都无关系，证言比较可信。他证明黎润祖就在场，不是去小湖省亲。也就证明了黎、陈夫妇二人是感到还债无望，又与范家闹翻，打算连夜逃走。被范家发现阻挡，才有了"封桩"行为的出现，才有了"被劫夺"的黎家一声不吭，"劫夺"的范家倒大声叫嚷的情况出现。

"县牒押下黎润祖、范雅等，独陈氏儿喧哗不辍，似非不能言者……但有理不在高声，范雅失之矣"一段似属多余。这是双方诉讼中的一段小插曲，说明了陈氏儿的狡黠和范雅气极之下的失态。可能就是向县令作一个汇报吧。写不写两可。不过判词的题目"掌主与看库人互争"倒是来源于这一段。

【正文】[1]

此事拖阅县案，黎润祖状可疑者二，陈氏儿状可疑者三，而大可疑者有一焉。试与言之，黎润祖状称：赁范雅屋一所，开小米铺，乙未岁下，范雅以米五十硕寄粜，面约五十贯足，至次年三月，展算加利，令作一百七十贯手批。论此一节，以五十贯米钱，越数月而算利两倍之余，未委是实。至若令作手批一语，尤为难信，天下事非合于理，当于情，又或非心甘意肯，岂肯依人使令也耶？今有人焉，或使之赴汤蹈火，其许之否乎？此可疑者一也。其曰自后节次入还讫，所有上项手批，范雅称卒寻未见，后因循不曾就取。论此一节，既曾以钱还人，纵使不得元约，亦岂不讨交领为照，乃置之于不问之域耶？此可疑者二也。又据陈氏儿状，谓夫往小湖省亲，范雅纵使群妾恣意喝骂，欲将殴害。论此一节，陈氏儿既与范雅群妾无冤，何至遽然殴害，而用心如此之险耶？使果有此语，其必有所因矣，此可疑者三也。其曰范雅群妾愚狠，当晚同姑夫吴孙将带首饰、银、会、笼、仗之属，过吴孙家回

〔1〕 选自中国社会科学院历史研究所宋辽金元研究室点校：《名公书判清明集》卷九，中华书局1987年版。

避。论此一节，陈氏儿若被范雅群妾辱骂，当待藁砧[1]之还，以实告之，可迁则迁，何为打叠所有，遂与吴孙行耶？此可疑者四也。其曰范雅群妾劫夺箱笼、银、会等，尽底收归家，逾一更，始唤集住屋人丘大二及氏儿公仇人詹十八，勒令封桩[2]。论此一节，使果有劫夺，陈氏儿必呼叫邻保，岂肯使范雅群妾自夺下，自把去，自唤人封记，俱无一语惊四邻耶？日则论时，夜则论更，谓之逾一更者，则此事于夜见之矣，使陈氏儿果有畏范雅群妾而避之，则当于日间公然出去，范雅群妾虽欲拦截，虽欲喝骂，人将不直于范雅矣。今陈氏儿于夜间搬移笼、仗之属，事涉可疑，而范雅乃得有辞于陈氏矣，此可疑者五也。至若大可疑者，又不在是矣。黎润祖状谓曾于范雅家处馆三年，人情无如此深熟，只缘正初两家妇女有少言语不足，因黎润祖去小湖省亲，遂致范雅群妾有喝骂之辱，妻阿陈有搬徙之行，吁！可笑也哉！

详人情深熟之旨，味妇女不足之言，则争之端讼之原，其殆始于是耶？合是六者之疑，而又参之以勘会一时之见，若之何而折衷[3]哉？

今据范雅执出黎润祖手批云：端平三年正月日起，再展计算钱壹百六十八贯文足，再加三贯文足。又黎润祖状谓戊子、己丑、辛卯三年，在范雅家守馆，甲午年，赁范雅屋，开米铺。夫守馆至于三年，人情深熟，理固然也。缘其深熟，则于范雅边假贷少钱，以为开肆之资，在黎润祖可以启口，而范雅亦不可得而却也。夫既借之矣，范雅又虑其久假不归还，遂于端平三年索其照约，黎润祖写手牍作一百七十一贯，其间或展算加利，虽不可知，然既是亲书，夫复何说？黎润祖非颠非狂，若谓范雅令其如此写，即依其如此写，吾未之信也。

县牒押下黎润祖、范雅等，独陈氏儿喧呶不辍，似非不能言者。今于体究之日，却不肆辩，只时以语撩拨范雅群妾，其群妾余皆默默，中有一人不晓陈氏弄巧之意，遂喃喃应之，虽蛮音不能尽晓，然其色愠，其气豪，其辞烦，亦非善良者。此是陈氏儿挑其怒，欲即证范雅群妾之狠耳。但陈氏之情状，当职已于押下日见之矣。范雅于体究[4]之日，但执黎润祖与其看库一说，时或厉声与黎润祖争，此是范雅欲显我为掌主，汝为看库人，使当职知有分存焉耳。但昔黎为馆宾，范为主公，宾主交欢，至于人情深熟，今虽借少钱未还，不应以看库人视之。虽然，事至于争，何有于礼，此亦当仁不逊之意也。但有理不在高声，范雅失之矣。

又邻人丘大二等供称，正月十九日夜三更前后，闻得邻居范九解宅工作人王七八吼叫库下有贼声，丘大二等邻人各明火开门，看见有黄笼一对、箱二双并布袄一

〔1〕妇女称丈夫的隐语。古诗中多有使用。
〔2〕储物备用的内库。宋代有"封桩库"。
〔3〕指调和不同意见或争执。
〔4〕亲自查究。这里可以作"调查"、"询问"讲。

帕，各为一担，顿在官街上，其时有王七八，黎六九秀[1]脱落头巾在地。如此则黎润祖非在小湖矣，亦非范雅群妾夺去笼、仗，逾一更而后唤人到拘桩矣。使丘大二、王三一如黎润祖所论，是范雅屋佃，即非实供，则余太一名非住其屋，不佃其田，今亦在邻保之列，亦同此供，若例以诬证目之，不可也。此必黎润祖与范雅人情深熟之时，借贷钱物，开张店肆，后因有争，黎欲席卷而去之，范雅得知，遂致拦截，不适如是而已。若谓劫夺，恐无是理也。县牒欲当职拟断具申，今合申县，乞再将两争人押上，当厅勒黎润祖斟酌少钱，填还范雅，不必拘以元数，亦俗所谓卖人饶买人之意也。又况范雅之子范继既得黎润祖训导，其模范[2]已正矣。今范雅责偿于黎润祖者，又能不求其足，是亦阴陟之一助。模范既正，阴陟相扶，异时范继黄卷策勋[3]，青衫[4]入手，黎润祖之澄源正本[5]，与有力焉。虽然，人事尽则天理见[6]，范继又不可全靠此一项阴陟也。案备申，仍将所押下人押回，听候结绝，若二争不伏，一听县衙从条施行。

【译文大意】

这是县里一桩拖延很久的案子。黎润祖的供述有两点可疑，陈氏儿的供述有三点可疑，而最大的可疑还另有一处。试着说一说，黎润祖供称：租了范雅的一间房屋开小米铺。在乙未那年的时候，范雅寄放了五十硕米在此卖，当面约定五十贯钱。到了次年三月，连本带利（范雅）命令我打了一百七十贯的欠条。就说这一情节，以五十贯的米钱，过了几个月就算利息两倍还多，不会有这样的事情。至于命令他打欠条的说法，更加难以让人相信。天下的事情不是合于事理，就应当合于人情，又说不是心甘情愿，怎么会随便听他人的摆布？现在有人，你命令他赴汤蹈火，他答应吗？这是第一点可疑。他说此后陆续还清了欠款，所有的欠条，范雅说一时没有找到，以后也就没再要。就说这一情节，既然还了钱，纵然不拿回原来的欠条，也哪里有不讨要字据作为凭证，而将此事置之不理的？这是第二点可疑。又据陈氏

---

[1] 中国元明两代称贵族、官僚、富室子弟（称平民子弟为"郎"）：不郎不秀（喻不成材或没出息）。宋、明间对官僚贵族子弟和有财势者的称呼。"秀者，元时称人以郎、官、秀为等第，至今人之鄙人曰：'不郎不秀'，是言'不高不下'也。"——明·田艺蘅《留青日札摘抄》。

[2] 指制造器物的模型，模子。

[3] 策勋：记功勋于策书之上。策是用于由君主自上而下颁布教令，以驱策臣下，当时只用木简写，所以称为策，又与册通。

[4] 借指学子、书生，也指低级官员。唐制，文官八品、九品服以青。唐代白居易《琵琶行》："座中泣下谁最多？江州司马青衫湿！"

[5] 澄：澄清。清理水的源头，扶正树的根。比喻从根本上解决问题。

[6] 尽人事以听天命。

儿的供述，说丈夫去小湖省亲，范雅纵使他的群妾恣意喝骂她，欲将她殴打杀害。论此一节，陈氏儿既然和范雅的群妾没有冤仇，怎么会突然之间想要殴打杀害她，用心又如此之险恶呢？如果这是事实，其中必有原因，这是第三点可疑之处。她说范雅群妾愚狠，当晚同姑夫吴孙准备带首饰、银子、会票、行李等到吴孙家去回避。论此一节，陈氏儿如果被范雅的群妾辱骂，应当等丈夫回来，告知他实情，要搬家那时再搬，怎么会马上打点所有的东西就和吴孙走了呢？这是第四点可疑。她说范雅的群妾劫夺箱笼、银子、会票等一概拿回了家，过了一更天，才召集了住他房子的丘大二和与陈氏儿丈夫有仇的詹十八，令他们将东西封存了起来。论此一节，假使真有劫夺的事情发生，陈氏儿必定呼叫邻居和地保，怎么肯让范雅的群妾迳自夺下，迳自拿去，迳自叫人来封存作记号，都没有一句话惊动四邻的？白天以时论，夜晚以更论，说过了一更，就证明这件事情发生在夜晚，假使陈氏儿果真是畏惧范雅的群妾准备躲避，那么就应当在白天的时候公开离去，范雅的群妾虽然想拦截，虽然想喝骂，别人也会认为范雅理屈。现今陈氏儿在夜间搬运箱笼、行李，事情令人怀疑，范雅对陈氏也就有说辞了。这是第五点可疑。至于更大的可疑又不在这里。黎润祖供述曾经在范雅家教了三年私塾，人情没有如此深熟的，只因为正月初的时候两家妇女相互间有些不满的语言，黎润祖又去小湖省亲，遂致使范雅群妾有喝骂的侮辱事情发生，妻子阿陈有搬家的行为，啊！真可笑啊！

　　仔细分析人情深熟是什么，好好来体会妇女不满之言又是什么，双方争端的原因，就在这里吗？综合以上六点疑问，又加上勘会时候获得的一点看法，该怎样给他们调和一下呢？

　　根据范雅提供的黎润祖欠条写到：端平三年正月日起，再展期计算欠款壹百六十八贯，再加三贯。黎润祖又供述戊子、己丑、辛卯三年，在范雅家教私塾。甲午年，租范雅屋开米铺。教私塾教了三年，人情深熟符合常理。正因为很熟，所以从范雅那里借点儿钱开店，黎润祖可以开这个口，范雅那里也不好拒绝。但既然借给了他，范雅又怕他久借不还，所以才于端平三年找他要欠条。黎润祖于是写下一百七十一贯的欠条。这其中或者有展期加算利息的欠款，虽然不太清楚，但既然是亲笔所写，还有什么可说的呢？黎润祖非颠非狂，如果说范雅命令他怎么写他就怎么写，我不相信。

　　县衙下文将黎润祖、范雅等关押起来的时候，惟独陈氏儿不停地喧哗，不像是不能说的人。现在调查的时候，却不大说话，只时而用言语拨拨范雅的群妾，其他人都不说话，只有一人未识破陈氏的弄巧之意，喃喃地回应她，虽然是方言土语不能都明白，但她的脸色怒，气势横，言语令人生厌，不是善良之辈。这是陈氏儿挑拨她的怒气，想当场证明范雅群妾的凶狠。但陈氏之情状，我也已经在收押他们的那天见到了。范雅在调查的时候，坚持黎润祖是给他看仓库的人，时而声音严厉地和黎润祖争辩，这是范雅欲显示我是掌主，你是看仓库人，让我知道他们之间是有身份差别的。但以前黎是私塾先生，范是主公，宾主交欢，人情也深熟，现在虽然借了一些钱未归还，也不应当以看库人看待。虽然如此，双方有了争执相互之间也就不讲礼节了，这也表示当仁不让的意思吧。但有理不在高声，范雅这一点做得不对。

还有邻居丘大二等供称，正月十九日夜三更前后，听见邻居范九解家里的仆人王七八吼叫仓库里有贼的声音，丘大二等邻居于是各自拿着明火开门出来，看见有黄笼一对、箱二双并布袱一帕，各为一担，放在官街上，其时有王七八，黎六九的头巾脱落在地。这样说来，黎润祖当时没在小湖，也并非范雅群妾夺去行李，过了一更后叫人封存了。即使丘大二、王三一象黎润祖说的那样，是范雅的佃户，证言不可信，那余太一名既不住其屋也不佃其田，他现在也在邻保之列，也是这样供述的，要还是看作假证，就不可以了。这必定是黎润祖与范雅关系好的时候，可以借贷钱物，开张店铺。后来发生争执，黎想带着东西离开，范雅得知后拦截他，不过就是这样罢了。若说是劫夺，恐怕没道理。知县下文让我拟出判词上报，现根据指示，请求将双方再次押上堂来，当厅命令黎润祖斟酌一些钱归还给范雅，也不必拘泥原来的数目，也就是俗话说的"卖人饶买人"的意思。再何况范雅之子范继既然得到黎润祖的训导，基础已经打好了。现范雅向黎润祖讨债，又不要求他全数归还，也是他阴德一件。基础好，阴德又相扶，以后范继取得了成绩，有了功业，黎润祖也是出过力的。虽然如此，人事尽则天理见，范继又不可全靠此一项阴德。案备申，仍将所关押的人押回去，听候结案；若双方不服，一起听候县衙按照律条处理。

六、竞渡死者十三人

◎蔡九轩

【评析】

这篇判词首先叙法，然后叙事，再后叙理。

"竞渡"就是赛龙舟。为什么宋代的法律要禁止它呢？因为这实际上是一种赌博方式。在宋代，划船的艄公是划入"杂人"一等的。通俗地说，就是贱民。这些人啸聚在一起，各出一部分钱，以划船来定输赢，进行赌博。太容易出乱子了！宋代的黄仁俭调任浙东淳安县主簿时说"淳安俗犷悍，竞渡多致杀伤。"这个案件就是竞渡造成的悲剧。其中的"造意者"就是赌博的庄家。本案的庄家吴百十七、王日宣（敛钱人）依法被判处了一年徒刑。

汭口镇赤、白两条船由竞渡而发生斗殴。最后赤船翻覆，死了十三人。这样的恶性案件，县里不能妥善处理，致使"囚禁日久，牵连淹滞"，"各家老小奔走道路，饥寒可念"。可以想像，死难者的家属要求惩处凶手，奔走于道路；被囚禁犯人的家属也会奔走于道路，要求尽快放人。这样的情形确实"饥寒可念"。蔡九轩到了这个县以后，所接到的诉讼，与此案有关的最多。正是由于这样的情势，才使得判词下面提出的处理方案变得令人理解。赤船上的人死者已经很多，余下的一概免罪；白船上的人不再详细区分，只大体分成几类，各自从轻处罚了断。

这个时候，效率是首要的问题。早些结案才能让已经发生的悲剧减少危害。过分的细致与苛求已不再适宜。这样的处理方案也有朝廷和省里两次减轻处罚的指令作依据。县里边之所以迟迟不肯结案，恐怕就是因为案情复杂，每个人的责任搞不清楚，不好定案。

张万二、余万一是两个带刀登船并使用刀伤人的首犯。那些经过检验认定有刀伤的死者肯定与二者有关。他们被远配三千里。其余各持木杖争斗的六人脊杖十五，发配到五百里外。其中一名带刀登船但未在打斗中使用刀的丘省元被发配了一千里。其余划船人也参与了打斗，但可能因为他们本是划船之人，不像那些持木杖的六个人是专为打斗而来，所以只脊杖十二，编管五百里。白船上的艄公詹省三可能只管掌舵，未参与打斗，所以只杖一百，押出州界。其余白船上未抓获的人都缺席判处了杖一百。诸葛大十官不知是个什么人，可能是在船上又未参与打斗的人。他的错是双方开始发生纠纷的时候，以弹弓来激闹挑逗，致使争议升级。依从宽原则，也一并不予追究。

这些人之后，还有主管官员张保义失职，被从一镇的主管对调到了州的低级武官的职位上，以示惩罚。"取解录问"大致相当于今天的按官员平时的考核成绩决定具体职位。

【正文】〔1〕

竞渡一节，法有明禁，造意者徒一年，随从减一等，此其条亦不轻矣。汭口镇赤白二舟之斗，其欲争之心，已积于二三日之间，自汭口赤龙舟与范坞赤船斗，一不胜而心已忿。汭口赤龙舟，首持刃下船，白龙船内张万二、余万一又持刃在身，将以应之，此其以刃死斗之意，固已萌蘖于此矣。两舟既散之后，赤龙舟却为李辛一、杨童所激，遂固舟求斗，而舟道相遇，小人一朝之忿忘其身，刃石交下，赤龙舟偶以人多，舟覆，死者一十三人。詹百廿八、詹万十四、李千三人，皆有刀伤痕，陈再四、稈千五、邵些八、陈元三、张六四、詹细十七、朱细十七、叶四、邵些小五、杨童十人，皆有他物伤痕，虽非致命，然以此落水，遂不能出，从而溺死。则是十三人之所以死者，岂非张万二、余万一等之罪哉！

本县不早结解，囚禁日久，牵连淹滞，当此岁暮，各家老小奔走道路，饥寒可念。当职入境，此项词诉最多。所争事既有因，又有朝省两次减降指挥〔2〕，则亦可裁断。

张万二、余万一不合以刃伤及詹百廿八、詹万十四、李千十，虽非致命痕，然因此溺水身死，照减降赦恩，张万二所伤两人，决脊杖二十，刺配三千里岭南恶州军，拘锁土牢，月具存亡申；余万一所伤一人，决脊二十，刺配三千里，拘锁土牢，永不放还。吴百十七、王日宣为首敛钱人，是时不曾在船上，照条徒一年，决脊杖十二，仍编管五百里。杨元一、丘省元、周千八、马千十、朱千十六、潘詹万六各持木杖争斗六名，各决脊杖十五，配五百里。内丘省元不合将刃下船，虽不曾用，然意亦不善，改配一千里。散身划船人杨万七、周省三、蒋省一、朱万十六、金省四、周千七、朱再二、周省一、杨万三、杨省四各供招行手内木棒、船揖、石头，

---

〔1〕 选自中国社会科学院历史研究所宋辽金元研究室点校：《名公书判清明集》卷十四，中华书局1987年版。

〔2〕 指挥，南宋时期的一种司法成例。分朝廷的内批指挥和尚书省各部的指挥。在司法实践中有很强的法律效力。

在白船上混乱作闹，打荡赤船上邵些八等，各决脊杖十二，编管五百里。詹省三是白船稍工[1]，勘杖一百，押出州界。赤龙船上詹省十三、陈再一、陈再二及未到人李幸一、陈曾十七，合照条科断，以其船内死人已多，姑与免断。白龙船上未到人徐兴、吴些十七、徐辛一、余辛一、吴省三、郑万四、李辛六七名，并系划船之人，各勘下杖一百，案后收断。诸葛大十官，先以弹激闹，不为无罪，亦且免根究。汭口监镇张保义不能禁戢[2]竞渡，及连日交争，又复坐视，致各人溺死，可见不职，对移[3]本州指使[4]。仍牒[5]本取解[6]录问，照已断施行。

【译文大意】

　　法律有明文禁止"竞渡"这种情况发生：造意者判处一年徒刑，随从的人减一等量刑，这条的处罚也不算轻了。汭口镇赤、白二条船之间的争斗，其欲争之心，已积于二三日之间，自从汭口镇的赤龙舟与范坞镇的赤船争斗，因为没有取胜而心中已经有了很大的怨气。汭口镇的赤龙舟首先持刀下船，白龙船内的张万二、余万一也持刀准备回击。此时就已经萌生了准备用刀拼命斗殴的意思。两条船散去之后，赤龙舟却又被李辛一、杨童所激将，于是执意要去继续斗殴。而当两船在河道上相遇，小人为了一时的怨恨也就舍命相向了，刀子、石头相互混战，赤龙舟偶尔因为人多而翻船，死了十三个人。詹百廿八.詹万十四、李千三人，皆有刀伤痕，陈再四、程千五、邵些八.陈元三、张六四、詹细十七、朱细十七.叶四，邵些小五、杨童十人，皆有其他物的伤痕，虽然不足以致命，但因此会导致落水之后不能逃出，从而被淹死。则这十三个人的死，难道不是张万二、余万一等人的罪过吗！

　　县衙不早日结案，长期监禁人犯，牵连拖延，正当岁末年终之际，各家的老小奔走于道路之上，饥寒交迫的情形实在可怜。我到该县办案，有关此事的词诉最多。所争议的既然事出有因，又有朝廷和省部的两次减降的指挥，那么就可以裁断了。

　　张万二、余万一不应用刀砍伤詹百廿八、詹万十四、李千十，虽然不是致命伤，但（他们）是因此溺水而身死的，按照减降旨意的规定，张万二伤害了两个人，判决脊杖二十下，刺配三千里之外艰苦的岭南地区的州军之中，拘锁在土牢之中，命令每个月上报其生死；余万一伤害了一个人，判决脊仗二十下，刺配三千里之外，

---

〔1〕　即"艄公"，船尾掌舵的人。
〔2〕　戢，收敛，停止。
〔3〕　又称"对换"，宋朝官员因避亲嫌，或因罪被劾受轻罚，得与其他官员换任。
〔4〕　指使，一种低级武官。
〔5〕　宋朝不相互统领的官府之间行文，用牒这种公文。
〔6〕　取解是唐宋时的一种科举制度。

拘锁在土牢之中，永不放还。吴百十七、王日宣是为首的（为竞渡）敛钱人，当时不曾在船上，依法判处徒刑一年，脊杖十二下，也编管五百里之外。杨元一、丘省元、周千八、马千十、朱千十六、潘詹万六个人各自持木杖进行争斗，六个人各判决脊杖十五下，发配五百里。其中丘省元不应带刀下船，虽然不曾用刀，但其意也不善，（他）改为发配一千里。其余的划船人杨万七、周省三、蒋省一、朱万十六、金省四、周千七、朱再二、周省一、杨万三、杨省四各自已招供用手里的木棒、船揖、石头，在白船上混乱作闹，打荡赤船上邵些八等人，各判决脊杖十二下，编管五百里。詹省三是白船上的稍工，判决杖一百下，押出州界。赤龙船上的詹省十三、陈再一、陈再二及未到案的李幸一、陈曾十七，应当依法惩处，但以其船内死人已多，姑且免于处罚。白龙船上未到案的徐兴、吴些十七、徐辛一、余辛一、吴省三、郑万四、李辛六七名一并都是划船的人，各判决杖一百下，案后收押处断。诸葛大十官，先前曾用弹弓打逗，（虽然）不属于无罪的人，（但）也就免于追究了。沭口镇的监镇张保义不能禁止竞渡的事情发生，等到连日以来出现争执打斗事件，又坐视不管，致使上述这些人溺死，可见不尽职守，对换为本州的指使，发文仍以本来的考核成绩录问，按照判决执行。

七、因奸射配

◎范西堂

【评析】

《名公书制清明集》中的判词多是讲事实认定的，这篇则是其中比较少见讲法律适用的。这种状况与实际审判的情形也相符。90%以上的案件都是有关事实认定的，有关法律适用的也是比较少见。但它们的重要性却不容忽视。那些被称为"法律的界碑"的判决书多是这种讲法律适用的判决书。

"射配"是宋朝时实行的一种惩罚淫妇的制度。将淫荡的妇女送到军营中给军人当妻子，也有些军妓的味道。谁能得到这个妇女，是由军人们之间比赛射箭决定的。该案中黄渐的妻子阿朱，涉嫌与主人陶岑、和尚妙成都有奸情。虽然可能性很大，因为黄渐只是寓居于陶家的一个门客，但并没有查证属实。永福县的官员就将阿朱判决射充军妇。这样的处理不仅违反程序和法律的规定，而且还违背了丈夫黄渐的意愿，所以黄渐上告。此案到了范西堂的手中，对永福县官员的作法大加申斥，并且在判词中给他们很是讲了一番法律适用的道理。

第一段是论理。第二段是事实。其中"临桂黄渐，……因谓有奸。"是案情；"尉司解上，……与所诉同。"是审情。第三段是法律。第四段、第五段则是理由。其中"行下取问承吏张荫、刘松，……押下灵川交管。"是主文。

判词指出了县判的几方面错误：

第一，与法律明显不符。其一，未坐实奸情。其二，违反"捕必从夫"的法律规定。这就象今天的自诉案件。只有规定的原告才允许起诉，否则不予追究。该案中丈夫黄渐并没有起诉阿朱，奸情是因为陶岑和妙成的诉讼牵扯出来的。在此情况下惩罚阿朱，明显与法律规定不符。其三，裁量畸轻畸重。本来"妇人和奸"是要判处二年徒刑的，现在对阿朱却没有处以刑罚。对涉案的和尚妙成也是减轻了处罚。这本来是从轻的取向，但怎么与此案无关的黄渐也同受六十杖刑？把阿朱又送去射充军妇呢？这又是从重的处罚。审判指导思想摇摆不定，全案的处理结果极不协调。

第二，适用不当。"射配"这种方法的适用是有条件的。虽然这种条件不是成文法规定的，但确是习惯作法。"第三人以上方为杂户"是说妇女与三个人以上通奸，才可被降为贱民。这时才考虑用射射的方法加以惩处。而且也要看这名妇女的现实处境。本来无丈夫，或者丈夫已经不愿与之共同生活，或者已经无家可归，案件难以了结时才考虑适用这个方法。本案中可能与阿朱通奸的只有陶岑和妙成两个人，丈夫黄渐也不愿与阿朱分离。射射适用的条件根本不具备。何况阿朱还有年龄非常小的孩子，让他们母子分离，实在太不合情理。判词开篇就讲了一个道理"祖宗立法，参之情理"，这的确是全篇的中心思想，判词对县判所有驳斥的出发点都是他们不明情理。古代执法不仅不反对灵活运用法律，而且对灵活运用法律大加褒奖。但这种灵活运用必须是在理解法律深意的基础上，也就是必须理解法律规定所根植的情理的基础上，才能够灵活运用得法。灵活运用不是漫无边际的天马行空，上下其手。扩大使用或限制使用一种法律制度，必须符合法律的本意。射射这种方法不只是出于对淫荡妇女的鄙视，更是没有办法才用的下下策。若把它理解为一种道德惩戒，随意扩大使用是违反法律本意的。永福县官员的作法简直就是乱执法，"以政事杀民"。

判词的第五段是一段形而上的论述。这段论述不是空发议论，而是有针对性的，它驳斥的是县判的理论基础。虽然判词中没有说，但我们可以推断一下，永福县敢于乱执法的理论依据是什么？县判的结论恐怕是基于这样的理论依据：阿朱是个淫妇，对于这种不道德、破坏家庭伦理的人就应当严加惩处，超出一些法律规定也是正义的。范西堂的这段形而上的论述就给了这种论调一个很好的答复。县令和太守都是基层的官员，最贴近民众。如果他们决定事情都舍弃法律而一味地按照自己的意愿行事，普通民众又依靠什么呢？人们对于自己命运与行为的后果就完全处于一种不可知的恐怖状态。《易经》、《礼记》都是中国古代的经典，所讲的都是经世治国的根本大计。其中也讲到了家庭伦理对社会的重大意义。每个人都应该知道，并加以遵守。这样社会才能和谐安定。也就不会有什么有关男女关系方面的诉讼打到官府来了。社会也就达到了"比屋可封"，也就是天下尽尧舜的状态了。但是，如果审理天下的诉讼案件都只有《易经》、《周礼》中的礼法，而不用法律的话，那样的时代是上古羲皇的时代，不是今天的时代。这里，判词并没有否定礼法、教化等手段的重要性，也没有否定维护家庭伦理的重要性，但它的核心论断是：这些都不能够取代法律手段。"圣王垂训"、"祖宗立法"，"二者须并行而不悖"，一个经世，一个治狱，各司其职。在具体的司法活动中，不能够以其它的东西来取代法律手段。

这对我们今天的司法审判一样有借鉴意义。无论是公平正义，还是国家的大政方针、基本政策，都不应当在司法审判中取代法律。都不应该作出违反法律的判决。那些堂而皇之的大旗下所掩盖的往往是更加阴暗卑鄙的事情。就像这个案件中，永福县那些官员们难道真的是这么有正义感，要维护道德伦理吗？也许他们中的什么人早听过阿朱之名，想与之交合未成，才寻机报复；也许是与黄渐有嫌隙，公报私仇；也许是军营中有人想得到阿朱，也许还有许多我们无法猜到的可能。实际情况也确实如此，"非长官而受白状，非所司而取草款"，程序严重违法，简直就是一个"私案"。这样的判决并不是县令作出的，而是由下面的主簿、校尉作出的，难怪范西堂说张荫、刘松"必有取受"呢。该案证明，凡是不依法判决的，十之八九都有自己阴暗的目的。

"圣王垂训"、"祖宗立法"，的确应当且必须并行不悖。执法时忘了圣王垂训就是机械执法；但圣王垂训更需要祖宗立法来落实。每个时代都有自己的"垂训"，也都需要具体现实的措施加以落实。它们就像高尚的天使，当下落到人间必须有化身为法律或其他的东西。如果直接来到人间就成了魔鬼。

【正文】[1]

祖宗立法，参之情理，无不曲尽。傥[2]拂乎情，违乎理，不可以为法于后世矣。

临桂黄渐，窃衣缝掖[3]，以小教[4]为生，侨寓永福，依于陶氏之家，携妻就食，贫不获已，此已可念。寺僧妙成与主人陶岑互相衣物，逐及其妻，因谓有奸。尉司解上，县以黄渐、陶岑与寺[5]妙成各杖六十，其妻阿朱免断，押下军寨射射。此何法也？黄渐有词，县司解案，并追一行供对，与所诉同。如此断事，安能绝讼。

在法：诸犯奸，徒二年，僧道加等。又法：诸犯奸，许从夫捕。又法：诸妻犯奸，愿与不愿听离，从夫意。

今黄渐即不曾以奸告，只因陶岑与寺僧交讼，牵联阿朱，有奸与否，何由得实。捕必从夫，法有深意。黄渐即非愿离，县司押下射射。淫滥之妇，俾军人射以为妻，此固有之。当职昔在州县，屡尝施行。第三人以上方为杂户，或原来无夫，或夫不愿合，无可归宿之人，官司难于区处，方可为此。未闻非夫入词，而断以奸罪，非夫愿离，而强之他从，殊与法意不合。若事之暧昧，奸不因夫告而坐罪，不由夫愿

[1] 选自中国社会科学院历史研究所宋辽金元研究室点校：《名公书判清明集》卷十二，中华书局1987年版。
[2] 同"倘"。
[3] 缝掖，大袖单衣，古儒者所服。亦指儒者。
[4] 即"小学"。指教授"孝经"、"论语"等浅显的知识。
[5] 原文如此。疑漏"僧"字。

而从离，开告讦[1]之门，成罗织之狱，则今之妇人，其不免于射者过半矣。况阿朱有子，甫免襁褓，使之分离，遽绝天亲，夫岂忍为！数岁之子，贫而无恃，虽曰从公，焉保其生。以政事杀民，此其一耳。寺僧犯奸，加于常人可也，今止从杖罪。妇人和奸，从徒二年可也，今乃免断。妇断，寺僧减降，不妨从厚，胡为黄渐与之同罪？胡为阿朱付之军人？重其所当轻，而轻其所当重，为政如此，非谬而何？

守令亲民，动当执法，舍法而参用己意，民何所凭？家人一卦，古今不可易之理也。凡人有家，当日置于座侧。然必于天下之家道，尽合乎易之家人，比屋可封[2]矣，岂复有男女之讼更至官府。礼运之说，亦前圣之格言，夫人食味，别声，被色[3]，而生斯世，岂容不知。然断天下之讼，尽于舍法而用礼，是以周公、孔子之道，日与天下磨砻[4]浸灌，为羲皇之世矣。两造具备，岂复有人。敕令格式[5]之文不必传，详定一司之官[6]不必建，条法事类[7]之书不必编，申明指挥[8]之目不必续，文人儒士固愿为之，何待武弁始知有此。圣王垂训，所以经世，祖宗立法，所以治讼，二者须并行而不悖也。县司此断，悉由簿尉，非长官而受白状，非所司而取草款，俱为违法。行下取问承吏张荫、刘松，必有取受，本合送勘，今且免行，各从杖一百。阿朱付元夫交领，仍责立罪状，不许再过永福，如违，先从杖一百。妙成照本县已行，押下灵川交管。

【译文大意】

因奸射射
范西堂

祖宗立法时都是考虑情理的，无不周密详细。如果不合乎情，违背了理，后世就不好以它作为法律。

---

[1] 揭发别人的阴私。
[2] 比屋可封，意思是在唐、虞时代，贤人很多，差不多每家都有可受封爵的德行。后比喻社会安定，民俗淳朴。也形容教育感化的成就。
[3] 食味：品尝滋味，吃东西。别声：分辨声音；被色：人生下来时，身体上就有五种颜色。（旧说，人秉五行而生，五行有色，故人亦受色。）
[4] 用砻去掉稻壳。
[5] 宋代法令、法制文书名称。
[6] 宋代官职。主管编修、删定历朝敕、令、格、式与条法。
[7] 宋代随事分类编纂的法典。是有别于"敕令格式"的另一种体例的法典。
[8] 指挥，南宋时期的一种司法成例。分朝廷的内批指挥和尚书省各部的指挥。在司法实践中有很强的法律效力。

　　临桂县的黄渐，混进了读书人的行列，以教授小学为生，侨寓在永福县，依附于陶氏的家里，带着妻子在那里吃饭，虽然贫穷但还不至于落魄，他自己也很满意。寺里的和尚妙成与主人陶岑互相争夺衣物，牵扯到了他的妻子，说他们有奸情。尉司把他们带上来，县官就将黄渐、陶岑与和尚妙成各打了六十杖，其妻阿朱未予处罚，但押到了军寨之中让军人们比赛射箭（胜者得到阿朱）。这是如何执法的？黄渐提出了上告。县里将案件移送了过来。审问了所有的人犯，证人之后，发现事实与黄渐所说的一致。如此断案子，怎么能够绝讼。

　　按照法律：各种奸情，判处徒刑二年，和尚道士加重处罚。法律又规定：各种奸情，允许根据丈夫的意思抓捕。法律又有规定：妻子犯奸的各种情况，愿不愿意离婚，以丈夫的意思为准。

　　现在黄渐即不曾以奸情告发，只因为陶岑与寺僧的诉讼，牵联到了阿朱，是否有奸情，怎么落实的？抓捕奸情必须要根据丈夫的意思，法律这样规定是有深刻道理的。黄渐既然不愿离婚，县司押下射射。淫荡的妇女，让军人比赛以之为妻，这种方法一直有。我以前在州县的时候，也屡次用这个办法。与三人以上通奸才划入杂户一等，或者原来没有丈夫，或者丈夫不愿意再共同生活，也无可归宿的人，官司难于处理，才可以用这个办法。没听说过丈夫没有起诉，而以奸情罪判决，不是丈夫愿意离婚，而强迫他这样做，实在太不符合法律了。若出现暧昧的事情，奸情不因丈夫告诉而能够获罪，不由丈夫的意愿而能离婚，开启了告讦之门，成了罗织的狱讼，则现在的妇女，不免半数都要被送去射射了。何况阿朱还有孩子，刚刚脱离襁褓，让她们分离，断绝了天然的亲情，怎能忍心这样做！几岁的孩子，贫穷而无所依靠，虽然说是跟着父亲，怎能保证他一定可以活下来。用政事杀百姓，这就是一个例子。寺里的和尚犯了奸情，按照普通人的规定处理就可以了，现却只处以杖罪。妇女犯了和奸之罪，处以徒刑二年也可以，现在却免予处罚。对妇女的处理办法，对和尚的减轻处罚，（就算）不妨从宽了，怎么黄渐和他同罪呢？怎么阿朱还要交付给军人呢？将应当重判的轻判，应当轻判的重判，为政象这个样子，不是荒谬是什么？

　　太守县令亲近百姓，行动就要按照法律，舍弃法律而只以自己的意思决定事情，人民又依靠什么呢？易经里"家人"卦辞所讲的，是古今不变的道理。每个人有了家庭，马上就应当放在身边（以备参考）。然而必须让天下的家庭，都与易经中的"家人"一节的描述相符，社会才能够都安定，民俗才能够都淳朴。怎么还会有男男女女的诉讼到官府呢？礼记中"礼运"的学说，也是先前圣人的格言，能够分辨味道、声音、颜色的人生于天地之间，怎么能够不知道[1]！然而审理天下的诉讼，如果都舍弃了法律而尽用礼教，用周公、孔子之道来治理每天社会上的琐事，那是只有远古的羲皇之世才能做得到的呀。就无人诉讼了。敕令格式之类的公文不必传达，详定一司的官职不必建立，条法事类的书籍不必编纂，阐明指挥内容的科目不必续编，文人儒士当然愿意这样了，怎么会只有小小的武官才知道呢。圣王流传下来的训示，用

---

〔1〕　指人是天地间的精华，应当明白圣人之理。《礼记·礼运》："故人者，天地之心也，五行之端也，食味别声被色而生者也。"

它来经世治国，祖宗立的法律，用它来审理案件，二者必须并行不悖。县司这个判决，都是由主簿和县尉处理的，不是长官而接受诉状，不是自己的职守而草拟判词，都是违法的行为。行文下去取问承办的官吏张荫、刘松，一定受了贿，本应该送去勘问，现在免了，各打一百杖。阿朱交付丈夫领回，责令其立罪状，不许再过永福县，如有违反，先打一百杖。妙成按照本县的行文，押下灵川管理。

八、平反杨小三死事判

◎ 文天祥

【评析】

判词先叙法，再叙理。根据法律规定的各个要件分析案发时的各个事实细节。判词引用了三条法律，都是"宋刑统"中的条款。分别涉及谋杀、故意杀人、同谋伤人三种情况。施念一、颜小三、罗小六三人杀死杨小三，首先让人怀疑是谋杀。所以引用了谋杀的法条。经过叙述，否定了这种可能。确认三人不过是与杨小三平时积怨，想借机揍他一顿罢了。这符合同谋伤人的情形。根据三人的分工，确定了施念一是下手最重的人，但不是有意要杀人的人；罗小六虽不是下手最重的人，但确实有意要杀死杨小三的人，符合故意杀人的条文。这两个人一个是下手重的，一个是故意杀人的，都要重判。再结合减免敕令，作出了最终的判决。

值得一提的是后面的"委金幕审问杨小三死事批牌判"。这是文天祥在审理过程中给下属官吏的一道秘密调查令。他当时怀疑案情的真伪，所以再派官吏去调查。从中我们可以看出，判词不是审判过程的简单重复。审判中的一些过程，如无必要就不必出现在判词中。象这个案件，文天祥审理得是非常小心谨慎的。他对已经查清的案情有疑问，怕原先的官吏先入为主，就绕开了原先的官吏，另外委派人去调查。"文字是密封来，忽然而往，人所不觉，则囚口得矣。"非常谨慎。一旦查实无误就立刻判决，而这段调查经历也就不必在判词中提及了。

【正文】[1]

律：诸谋杀人，已杀者，斩；从而加功者，绞（1）。又律：故杀人者，斩。又律，诸同谋共殴伤人者，各以下手重者为重罪，元谋减一等（2），从者又减一等，至死者，随所因为重罪（3）。

今杨小三之死也，施念一搭其胸、塞其口（4），颜小三斧其胁，罗小六击其吭；

---

〔1〕 选自中国社会科学院历史研究所宋辽金元研究室点校：《名公书判清明集》附录四"文文山集"，中华书局 1987 年版。

其惨甚矣！再三差官审究，则三人者于杨小三元无深怨，特其积怨之深（5），欲伺其间，而共捶打之，则谓之同谋，共殴至死，宜不在谋杀之例（6）。颜小三者，施斧于胁肋之间，为致命，是下手重者也；然其不用斧之锋，而止以斧脑行打，是殆非甚有杀心者。罗小六虽不加之以缢，杨小三亦必以肋断致死，然始也谋殴之，终也遂缢之，是其心处以必死，非独下手重而已。是故以下手论之，颜小三之先伤要害，当得重罪：以诛心论之，罗小六独坐故杀（7），不止加功。准法（8），皆当处死。以该咸淳八年明禋需恩（9），特引贷命（10）。颜小三、罗小六各决脊杖二十，刺配广南远恶州军（11），施念一于同谋为元谋，于下手为从，合减一等，决脊杖七十，刺配千里州军。

滕州照断讫申（12）。

【注释】

（1）"律"：法律，法令。这里指刑法条文。加功：言加力以成其事也。如助人殴杀人者，谓之加功。（2）元谋：元，为首的。（3）随所因力重罪：随，凭，从。所：表"……的人"。因：由于。指死因。（4）捽：手持，触，拔．这里指出。（5）特其积怨之深：其，代词，指三人。（6）例：同"列"。（7）独坐，意即罗小六应该独自承担故意杀人的罪责。（8）准法：依据法律。（9）明禋：祭祀神明。需恩：恩泽下逮。（10）贷命：指宽免死罪。贷：宽恕，宽免。（11）州军：宋代地方行政单位。（12）滕州：指官府文书下移。

委金幕审问杨小三死事批牌判

使职[1]一日断一辟[2]事，今日看杨小三身死一款，看颇不入，不能无疑。一则当来无大紧要，骤有谋杀。似不近人情。二则杀人无证，只据三人自说取，安知不是捏合。三则捉发之初，乃因杨小三揣摩而诉三名，何为三名恰皆是凶身，似不入官。信今文字已圆。只争一行字，则死者配者，一成而不可变矣。今仰金厅一看此款，尽夜入狱，唤三名一问。若问得果无翻异，明日便断。如囚口有不然，只得又就此上平反。文字是密封来，忽然而往，人所不觉，则囚口得矣。

【译文大意】

法律规定：诸谋杀人，已杀者，斩；从而加功者，绞。又有规定：故意杀人的，

---

[1] 古代的一类官职。可能是文天祥的自称。
[2] 法律。

斩首。又有规定，诸同谋共殴伤人者，各以下手重者为重罪，元谋减一等，从者又减一等，至死者，根据死亡的原因决定准是重罪。

现杨小三的死，是施念一抓住他的胸、堵住他的嘴，颜小三用斧子打他的胁部，罗小六击打喉咙；状况很惨！再三派人调查，证实三个人和杨小三原来都没有什么深仇大恨，不过是平时积怨比较深，想要乘机一起打他一顿，说他们构成同谋，共同伤害致死成立，但不属于谋杀。颜小三用斧子打胁肋之间，为致命，是下手重的人；然其不用斧之锋，而止以斧脑行打，说明没有杀人故意。罗小六即使不击打他的喉咙，杨小三也必然因为肋断而死，然而他开始也参与谋划共同殴打，最终也遂缢之，证明有杀死杨小三的故意，不是仅仅下手重而已。因此从"下手"这一点上看，颜小三首先伤害要害部位，应当重判；从主观故意上看，只有罗小六是出于故意，不仅仅是加功者。按照法律，都应当处死。因为咸淳八年皇上已明确下旨宽免死罪。颜小三、罗小六各处以脊杖刑二十，刺字发配广南远恶州军，施念一从同谋这一点上讲是元谋，于下手为从，合减一等，决脊杖七十，刺配千里州军。

命令州府照此判决办理。

委佥幕审问杨小三死事批牌判

我一天审结一个案件。今天看到杨小三身死这个案件，看来颇有些疑惑。第一，没有什么紧要大事，突然之间却出现了谋杀。好像不太近人情。第二是杀人没有其他证据，只有这三个人自己的口供，怎么知道不是捏造？第三，最初捉拿他们只因为杨小三估计是这三人作案，告发了他们，为何这三人恰都是真凶？现在文字上已经没什么破绽。所要计较的只是这一行字而已，否则被害人和凶手将来都难以改变了。现在仰仗佥厅你接到文件后连夜到狱中提审这三个人。如果确实没有翻供，明天就结案。如果有翻供，只好就此平反。这份文件发到你那里是密封的，而且是突然发出的，其他人都不会察觉。这样的调查结果应该很可靠。

九、强占事

◎李 清

【评析】

这个案件的案情并不复杂，审理的难度也不大。刘有义和柳三女的婚约是否还能继续下去，将柳三女叫来一问便知。如果柳三女已经和俞永鼎成婚生子，那也没有办法，只好将错就错；如果没有，就可以按照另一种方法处理了。但李清将这篇判词写得很赋有美感，读起来像是看一出精美的喜剧。其中用典非常多。《折狱新语》中的判词都有这样的特点。"灼灼其华，桃之夭夭"、"执子之手，与子偕老"等都是《诗经》中的话；"逼迫有阿母"则来自"孔雀东南飞"；"咏骤富于新月耳"更是来自"一弯新月挂银钩"这句诗。

判词写作的重点是对柳三女问话的描述分析。这是审理的关键。最终，通过对这一证据的审查判断决定了该案的结果。判词将这一过程写得非常清楚。通过直接观察，证明柳三女明显不是已婚之人，这就否定了俞永鼎所说的"成婚二载，亦既抱子"。通过问答，明确了"适刘"的意思；通过其堂上的表现，更加将其心愿表露无遗，证明了其表白的坚定。

【正文】[1]

审得柳士升妹三女之许嫁刘有义，乃故父一龙命也。迨迁至今，则有义家徒四壁，仅可咏骤富于新月耳，然一诺千金，著于皎日，何必聘金也？胡为士升者，乃于母董氏合谋，以三女另许，不过俞永鼎之十六两，动其新涎耳。初阅永鼎诉辞，谓"成婚二载，亦既抱子"。信斯言也，无论深红尽落于狂风，而有子离离，已垂嫩绿。当以三女为鸦头女，而返之不祥耳！

及当堂提质，则十三室女也。青青一枝，犹未"灼灼其华"，而遽云桃花贪结子可乎？诞哉！兹召三女面讯，则与有义母张氏执手相依，情若母女。而问以适刘乎？

---

〔1〕 选自（明）李清著，华东政法学院古籍整理研究所编：《折狱新语注释》，吉林人民出版社 1989 年版，第 69 页。

适俞乎？曰："适刘，虽母兄不能强也。"夫女子之嫁，母命之。"人尽夫也"，是何言与！"逼迫有阿母"，犹坚弗承；肯云"理实如兄言"？噫！我知之矣。"执子之手，与子偕老"。是女所惭，不可告婿也；聊以而执姑手明心尔。若此愿不遂，则投烈火以明烈，而赴清流以矢清，皆可因言而定志者也。合断还有义，返耳东床。仍仗治士升、永鼎，以为贪财、渔色之戒。

【译文大意】

审理查明柳士升的妹妹柳三女，是由其故去的父亲柳一龙作主嫁给刘有义的。到了今天，刘有义家徒四壁，马上发财致富是无望的。然而婚姻之事一诺千金，又何必聘金也？怎么柳士升和母亲董氏合谋，以三女另嫁呢？不过是由于俞永鼎十六两的聘礼，动了心思。初看俞永鼎的起诉状，说双方已经"结婚二年，也有了孩子"。我就相信他的话了，无论怎么样，柳三女已经嫁了人，还有了孩子。应不该再继续婚约，让柳三女再回刘家也不吉利！

等到当堂提质，（柳三女）不过十三岁的姑娘也。青青一枝，犹未"灼灼其华"，怎么能够说是已经有了孩子呢？太怪了！等到当面讯问三女时，她就与刘有义的母亲张氏执手相依，情形宛若母女。而问她愿意嫁到刘家呢？还是俞家呢？她说："嫁刘家，虽然是母兄也不能强迫。"（说什么）女子出嫁，由母亲决定。"人尽夫也"，是什么话！"逼迫有阿母"，还拒绝不肯承认；哪里肯说"理应如哥哥主张另配的话"？噫！我知道了。"执子之手，与子偕老"。这是因为三女害羞，不可告诉自己的女婿；只以执婆婆的手表明心意。假若这一愿望不成，则投烈火以表明节烈，而赴清流以表明清操，因她的出言，而知她的意志坚定。应当把你判决给刘有义，返还你的东床快婿。还要判柳士升、俞永鼎的杖刑，给贪财、渔色之徒一个教训。

十、陶丁氏拒奸杀人之妙批

◎张船山

【评析】

　　这篇判词来自《清朝名吏判牍选》。该书在每篇判词前面都加了一个说明，讲述案件的大略。其实无需这个说明，从这篇判词本身也可以推断出案件全貌。审理该案最令人疑惑的是陶丁氏杀死陶文凤的动机。作为一名审判者要对这个问题打个问号。这个案子的案情毕竟有些不同寻常。陶丁氏说的都是实话吗？会不会另有隐情？人命大案，岂能儿戏！所以才会"县不能决"。判词最重的笔墨正是用于解决这样的疑惑。通过对证据的分析认定，确认陶丁氏所言是实。真是"强暴横来，智全贞操"。这样的女子称得上女中豪杰。

　　案件的证据是对尸体的检验情况和对案发现场的勘验情况。通过对这两组证物有力的分析论证，张船山向我们清晰地复原了当时的情景。读来让人信服，也钦佩他的决断能力。

【正文】

　　陶文凤者，涎弟妇丁氏美貌，屡调戏之，未得间。一日其弟文麟因事赴亲串家，夜不能返。文凤以时不可失，机不可逸，一手执刀，一手持银锭两只，从窗中跳入丁氏房中，要求非礼。丁氏初不允，继见执刀在手，因佯许也。双双解衣，丁氏并先登榻以诱之。文凤喜不自禁，以刀置床下，而亦登榻也。不料丁氏眼快手捷，见彼置刀登榻即疾趋床下，拔刀而起。文凤猝不意，竟被斩死。次日鸣于官，县不能决，呈控至府。张船山悉心研审，尽得其实。即下笔判陶丁氏无罪

　　全文如下：

　　审得陶丁氏戮死陶文凤一案，确系因抗拒强奸，情急自救，遂致出此。又验得陶文凤赤身露体，死于丁氏床上，衣服乱堆床侧，袜未脱，双鞋又并不齐整，搁在床前脚踏板上。身中三刃：一刃在左肩部，一刃在右臂上，一刃在胸，委系伤重毙命。本县细加检验，左肩上一刃最为猛烈，当系丁氏情急自卫时，第一刀砍下者，故刀痕深而斜。右臂一刃，当系陶文凤初刃后，思夺刀还砍，不料刀未夺下，又被

一刃，故刀痕斜而浅。胸部一刃，想系文凤臂上被刃后，无力撑持，即行倒下，丁氏恐彼复起，索性一不做二不休，再猛力在胸部横戳一下，故刀痕深而正。又相验凶器，为一劈柴作刀，正与刀痕相符。而此作刀，为死者文凤之物。床前台上，又有银锭两只。

各方推勘：委系陶文凤乘其弟文麟外出时，思奸占其媳丁氏，又恐丁氏不从，故一手握银锭两只，以为利诱；一手持凶刀一把，以为威胁。其持刀入房之时，志在奸不在杀也。丁氏见持凶器，知难幸免，因设计以诱之。待其刀已离手，安然登榻，遂出其不意，急忙下床，夺刀即砍，此证诸死者伤情及生者供词，均不谬者也。按律因奸杀死门载：妇女遭强暴杀死人者，杖五十，准听钱赎。如凶器为男子者免杖。本案凶器，既为死者陶文凤持之入内，为助成强奸之用，则丁氏于此千钧一发之际，夺刀将文凤杀死，正合律文所载，应免予杖责。且也强暴横来，智全贞操，夺刀还杀，勇气加人。不为利诱，不为威胁。苟非毅力坚强，何能出此！方敬之不暇，何有于杖！此则又敢布诸彤管载在方册者也。此判。

【译文大意】

审理查明陶丁氏杀死陶文凤一案，确实是因为抗拒强奸，情急之下实施自救才造成的这种结果。勘验现场的结果是陶文凤赤身露体，死在丁氏的床上，衣服乱堆在床的一侧，袜子未脱，双鞋又并不齐整地搁在床前脚踏板上。身中三刀：一刀在左肩部，一刀在右臂上，一刀在胸，确实是由于伤重而死的。本县令细加检验，左肩上一刀最为猛烈，应当是丁氏情急自卫时，砍下了第一刀，所以刀痕深而斜。右臂一刀，应当是陶文凤初砍后，想要夺刀还手，不料刀未夺下，又被砍了一刀，所以刀痕斜而浅。胸部的一刀，想来应当是文凤臂上被砍后，无力支撑，即行倒下，丁氏恐他再起来，索性一不做二不休，再猛力在胸部横戳一下，所以刀痕深而正。又检相验凶器，为一把劈柴刀，与刀痕正相符。而这把刀，是死者文凤之物。床前台上，又有银锭两只。

综合各种情况推断：确实是陶文凤乘其弟文麟外出的时候，想要奸污其弟媳丁氏，又怕丁氏不从，所以一手拿两只银锭，作为利诱；一手拿一把刀，作为威胁。其持刀入房的时候，本意是要强奸而不是要杀人。丁氏见他手持凶器，知道难以幸免，因而设计引诱他。等到他的刀离了手，安然上床时，出其不意，急忙下床，夺刀就砍，这个推断，用死者的伤情和生者的供词来验证，都是不错的。按照法律"因奸杀死"部分的规定：妇女遭强暴杀死人的情况，杖五十，可以用钱来赎买。如果凶器是男子的，免去杖刑。本案的凶器，既然是死者陶文凤拿到屋内的，是助成强奸之用的，则丁氏在此千钧一发之际，夺刀将文凤杀死，正与律文的规定相符合，应当免予杖刑。而且她在强暴横来的时候，智全贞操，夺刀还杀，勇气加人。不为利诱，不为威胁。如果不是毅力坚强的人，怎能有这样的行为呢！尊敬她还来不及，怎么还能用杖刑呢！这件事情应当记载下来。此判。

十一、胭 脂 判

◎蒲松龄

【评析】

　　"花判"据说出现于南宋。洪迈的《容斋随笔》对花判做过如下的概括："世俗道琐屑细事，参以滑稽，目为花判。"这种判词并不是实判，与拟判也有一定差别。它是在文学作品中为了情节的需要而写作的一种判词。比较有名的是《醒世恒言》中"乔太守乱点鸳鸯谱"一篇的花判。其中"移干柴就烈火，无怪其燃"一句堪称至理名言。真正的实判中也少有能够将道理讲得如此深入的。还有《聊斋志异》中"席方平"一篇也有花判。其他文学作品中也存在花判。

　　这篇"胭脂判"是花判中的上品。四六对仗，用典繁多，自然而又华美。对人物的行为、命运的恰当评价与对案情的叙述，往来穿插，交织为一体。如此丰富的语言，恰当的表达，给读者留下的印象是极其深刻的，让读者不由得敬佩起作者施闰章的能力来。而与这种敬佩相生相伴的则是我们对于判决结论的信服。"假中之假以生，冤外之冤谁信"，这一句极好地总结了全案，更是文章最为精彩的表达。宿介冒充鄂秋隼是一假，毛大再冒充鄂秋隼又是一假；鄂秋隼入狱是一冤，宿介入狱又是一冤。这样的假中之假、冤外之冤让胭脂案成了少有的奇案！在聊斋的原文它写得入情入理，看来胭脂的故事是有事实基础的，应该是确有其案。"聊斋"中明确指出判词的作者是清代的施闰章。但这份判词究竟是否为实际案件中判词，还是有蒲松龄加工的部分，仍不可考。

　　"胭脂"的故事尽人皆知。山东东昌的牛医卞氏，有一个女儿胭脂，素来与邻居王氏要好。一日，胭脂见到秀才鄂秋隼，相思成病。王氏答应为其牵线。与王氏私通的秀才宿介得知此事后，欲假冒鄂秋隼渔色。夜里骗开了胭脂的房门，胭脂坚拒。又因胭脂正在病中，宿介未再强求，但强夺绣鞋一只作为信物。不料宿介将绣鞋遗失在王氏家门口。无赖毛大一直对王氏有意，刚巧拾到绣鞋，又听得宿介被迫向王氏说出的事情原委，也心生歹念。但错至牛医卞氏窗下调戏。卞氏持刀追赶，反被毛大所杀。县官将鄂秋隼定罪，幸得济南知府吴南岱发现疑点，抓获宿介。又得山东学使施闰章明察秋毫，最终抓获毛大。

这道判词是按照三个人物：宿介、毛大、胭脂来划分的。表面上看，与一般的判词差异较大。实际上，这种按照被告人来划分判词的方式并不少见。刑事判决书中经常有这种写法。"审判德国首要战犯判决书"和我国的"审判林彪、江青反革命集团案判决书"都是这种模式。只不过，对被告人罪行的总体叙述，也就是对案情的总体叙述，在胭脂判中被省略了。因为这个部分已经在小说的前文中交代了。判词的用语虽然十分华丽，文学色彩也很重，但三个人物的判词同样由事理法三部分构成。

宿介部分，讲的是他的"错"和"冤"。"蹈盆成括杀身之道，成登徒子好色之名"一句是论理，定性了宿介的祸端纯属是是因自己渔色而招致的；"只缘两小无猜，……竟赚门开。"是事实，叙述了宿介从闻之有机可乘到骗得胭脂信任的过程；"感悦惊龙，……士无行其谓何"又是论理，谴责了宿介的无耻；"幸而听病燕之娇啼，……未似莺狂。"又是事实，讲了宿介放过了病中的胭脂；"而释幺凤于罗中，……宁非无赖之尤"是对宿介放过胭脂但又强夺绣鞋的评价；"蝴蝶过墙，……堕地无踪"一句叙述了宿介丢失绣鞋的事实；"假中之假以生，冤外之冤谁信？"这一句既是全案的总结，也是宿介命运的写照；"天降祸起，……断头几于不续。"则是审情；"彼逾墙钻隙，……开彼自新之路。"是理由，总结了冤错相抵，给宿介留下自新出路的处理办法。宿介部分的判词是讲其"错"，又讲其"冤"。宿介入狱的确是冤，但其以前的行为也确属不端，判词给出的处理是：折抵、从宽。牢狱之苦抵了应受之笞刑；功名被夺去，但仍留在秀才的行列中。就像现在的撤职但不开除。法律呢？法律省略掉了。按照古代的法律：不当为而为，是要处以笞刑的。所以，宿介作了不应当作的事情，才应受笞刑。也才有将其所已受的刑讯与所应受的笞刑相互抵销的问题。这是很普通的法律规定，为人所熟知，所以略去了。

毛大部分，讲的是他的罪恶。大部分都是案情，只有"何意魄夺自天，魂摄于鬼"一句和"风流道乃生此恶魔，温柔乡何有此鬼蜮哉！即断首领，以快人心。"是理由。法律很简单：杀人偿命。理由说得不多。直接查明事实，判处死刑。"风流道"两句也是对毛大行为的评价，表明了极端的厌恶。杀人也有不同的情况。武松杀死西门庆就不用偿命。这两句理由讲出了毛大必杀的情形。唉！与毛大相比，宿介真称得上是"温柔乡"、"风流道"了。

胭脂部分，是对她误入险境的责备，也是对她终全贞操的褒奖。"以月殿之仙人，……何愁贮屋无金"、"葳蕤自守……亦风流之雅事"是理由。"仰彼邑令，作尔冰人。"是主文。我没有过多考察古代的法典。也不知道胭脂的这种情况是不是有触犯法律的可能。至少是一种"不当为"吧。所以，判词要解决的是胭脂无罪，并且要给她一个圆满的结局。通过叙事论理，讲出胭脂虽然由于自己的过失而处于危险的境地，但未破连城之玉，"犹洁白之情人"，所以"嘉其入门之拒"，请县令作她的媒人，圆其心愿。讲了责和嘉两层意思。

由于其文学色彩比较重，胭脂判中的许多论述都是夹叙夹议。叙事中有论理，论理中也有叙事。如"为因一言有漏，致得陇兴望蜀之心"。这一句既讲了王氏告诉宿介胭脂暗恋鄂秋隼，而让宿介有了非分之想的事实，又对宿介的这一行为给予了得陇望蜀的评价。

这也是选择这篇判词还想要说明的一点是，即使这样纯文学作品的花判，也同样符合判词的基本特征，也同样可以为我们现在的判决书写作所借鉴。

【正文】〔1〕

判曰：

"宿介：蹈盆成括（1）杀身之道，成登徒子（2）好色之名。只缘两小无猜（3），遂野鸳如家鸡之恋；为因一言有漏，致得陇兴望蜀（4）之心。将仲子（5）而逾园墙，便如鸟堕；冒刘郎（6）而至洞口，竟赚门开。感悦惊龙（7），鼠有皮（8）胡若此？攀花折树，士无行其谓何！幸而听病燕之娇啼，犹为玉惜；怜弱柳之憔悴，未似莺狂。而释幺凤（9）于罗中，尚有文人之意；乃劫香盟于袜底（10），宁非无赖之尤：蝴蝶过墙（11），隔窗有耳；莲花瓣卸（12），堕地无踪。假中之假以生，冤外之冤谁信？天降祸起，酷械至于垂亡；自作孽盈（13），断头几于不续。彼逾墙钻隙（14），固有玷夫儒冠；而僵李代桃（15），诚难消其冤气。是宜稍宽笞扑（16），折其已受之惨；姑降青衣（17），开彼自新之路。

若毛大者：刁猾无籍，市井凶徒。被邻女之投梭（18），淫心不死；伺狂童之入巷，贼智忽生。开户迎风，喜得履张生之迹（19）；求浆值酒（20），妄思偷韩掾之香（21）。何意魄夺自天，魂摄于鬼。浪乘槎木，直入广寒之宫（22）；径泛渔舟，错认桃源之路（23）。遂使情火息焰，欲海生波。刀横直前，投鼠无他顾之意（24）；寇穷安往，急兔起反噬（25）之心。越壁入人家，止期张有冠而李借；夺兵遗绣履，遂教鱼脱网而鸿离（26）。风流道乃生此恶魔，温柔乡何有此鬼蜮哉（27）！即断首领，以快人心。

胭脂：身犹未字，岁已及笄。以月殿之仙人，自应有郎似玉；原霓裳之旧队，何愁贮屋无金（28）？而乃感关雎而念好逑（29），竟绕春婆之梦（30）；怨摽梅而思吉士（31），遂离倩女之魂（32）。为一线缠萦，致使群魔交至。争妇女之颜色，恐失'胭脂'；惹鸶鸟（33）之纷飞，并托'秋隼'。莲钩（34）摘去，难保一瓣之

〔1〕 判词及注释均选自群众出版社编：《"聊斋志异"中的冤狱疑案（外一种）》，群众出版社1980年版。

香；铁限敲来，几破连城之玉（35）。嵌红豆于骰子（36），相思骨竟作厉阶（37）；丧乔木（38）于斧斤，可憎才真成祸水（39）！葳蕤（40）自守，幸白璧之无瑕；缧绁（41）苦争，喜锦衾之可覆（42）。嘉其入门之拒，犹洁白之情人；遂其掷果（43）之心，亦风流之雅事。仰（44）彼邑令，作尔冰人。"

【注释】

（1）盆成复姓，名括，战国时人。孟轲听说盆成括到齐国去做官，认为他小有才能而不知道大道理，是自找死路。后来果然被杀。见《孟子》。

（2）登徒子——战国时楚宋玉有《登徒子好色赋》，登徒是复姓，子是男子的通称。据说登徒子好色不择美丑。

（3）猜——此处指嫌疑。

（4）《后汉书》记载：汉光武帝刘秀命岑彭带兵打下陇右后，又要他去攻蜀。在给他的信中说："人苦不知足，既平陇，复望蜀。"后来用"得陇望蜀"比喻人不知足。

（5）将，音 qiāng，请求的意思；仲子，男子的名字。语出《诗经》："将仲子兮，无逾我墙，……"历来解释为女子拒绝男子爬墙追求，以免被人发现的意思。

（6）指刘晨，《神仙传》中说：东汉刘晨、阮肇到天台山采药，遇见二个仙女，被留住半年，后来回家，子孙已传了十世了。

（7）感，这是同撼，动的意思；帨，音 shuì，古时妇女系在身上的佩巾；尨，音 páng，狗。语出《诗经》："无感我帨巾兮，无使尨也吠"，意思是不可动我的佩巾，不要惊动狗叫。历来解释女子贞洁自守，拒绝男子追求的表示。

（8）语出《诗经》"相鼠有皮，人而无仪；人而无仪，不死何为！"意思是像老鼠那样小的动物还有皮，一个人怎么没有礼貌呢？

（9）桐花凤，四川出产的一种五色的小鸟，与前句中的"病燕"、"弱柳"都是比喻少女胭脂。

（10）指强取绣鞋要挟定后会之期。

（11）指宿介跳墙穿户。

（12）指胭脂的绣鞋被脱去。

（13）孽，罪孽；盈，满。按迷信说法：作孽盈满受到报应。语出《尚书》："天作孽，犹可违，自作孽，不可逭。"

（14）跳墙钻缝。指男女私会。封建社会婚姻是父母之命，媒人之言，私自恋爱不合法，只能跳墙往来，从墙壁缝中看视。此处指住宿介行为不正。

（15）语出《乐府·鸡鸣篇》："桃生露井上，李树生桃旁；虫来啮桃根，李树代桃僵；桃本身相代，兄弟还相忘。"此处指宿介代替毛大受屈。

（16）笞，刑；扑，拷打。

（17）秀才中最低一等。仍具有秀才的资格，但被剥夺了穿秀才服装蓝衫的权力，只能穿青衣。

（18）故事出《晋书》，谢鲲调戏邻女，被邻女用织布的梭子打落了两颗牙齿。指毛大调戏王氏被拒绝。

（19）《唐人传奇·会真记》中的诗句："待月西厢下，迎风户半开，隔墙花影动，疑是玉人来。"写张珙与崔莺莺相会。此处指宿介与王氏相会，毛大在窗外偷听。

（20）本来只是求浆水，却得到了酒。露出望外。语出《续博物志》："太岁在酉，乞浆得酒。"此处是毛大本来只想调戏王氏，却出乎意外地得到了调戏胭脂的机会。

（21）韩掾偷香。语出《晋书》，据载韩寿在贾充手下当掾吏，和贾充的女儿发生爱情，贾女把皇帝赐给贾充的异香偷送韩寿。后来贾充知道了，便把女儿嫁给了韩寿。

（22）槎木，指船。神话传说：地下的和海和天上的天河相通，有人曾乘船从海里到了天上。（见《博物志》）广寒之宫，指月宫。神话传说：唐玄宗游月宫，见月宫上有"广寒清虚府"这样的题字。后来一般用广寒作月宫的代词。

（23）晋代陶渊明：《桃花源记》：说有一渔船，误入桃源之路遇到了秦代避难的人，其他与外界隔绝，竟不知有时代变迁之事。后来用"桃花源"比喻世外安乐之地。引外指毛大误闯到卞翁的窗外。

（24）是成语"投鼠忌器"的反语，指毛大杀死卞翁而不顾后果。

（25）噬——音 shì，咬。

（26）离，遭遇的意思。语出《诗经》："鱼网之设，鸿则离之。"指张网捕鱼鸿却钻进了网。借指毛大逃脱，宿介被捕。

（27）温柔乡，语出《赵飞燕外传》：汉成帝喜爱赵飞燕的妹妹合德，自已说，愿意终老在温柔乡里。后来以"温柔乡"作为沉溺在男女关系上的代词。鬼蜮，古代传说中的一种虫，在水里暗处，含沙射人，被射中身子就要生疮，仅仅被射中影子也要得病。鬼蜮，比喻阴险的小人。

（28）霓裳，白色的裙子。神话传说：唐玄宗梦游月宫，看见仙女跳舞，醒后，按其歌调谱成霓裳羽衣舞曲，此处借比胭脂像仙女一样美；贮屋无金引自汉武帝"金屋藏娇"的故事。武帝幼时，姑母抱着他指着自己的女儿阿娇说："把她给你做老婆好不好？"武帝说："如果得到阿娇，一定要让她住在金屋里。"此处说胭脂不怕找不到好丈夫。

（29）语出《诗经》写男女爱情的诗"关雎"："关关雎鸠，在河之洲。窈窕淑女，君子好逑。"雎鸠是一种水鸟，关关的是雌鸟和应的叫声；逑，配偶。意思是说听到雎鸠鸟的叫声，因而要得到一个好配偶。

（30）宋代故事苏轼贬居昌化，有一老妇对他说：你当年富贵，如今是一声春梦。当时因称老妇为"春梦婆"。语出《侯鲭录》，此处指胭脂希望落空的意思。

（31）语出《诗经·摽有梅》篇："摽有梅，其实七兮，求我庶士，迨其吉兮。"摽，音 piāo，落的意思。说梅子熟透了就要落下来了，女子见梅子落，联想以自己年龄已大，再不出嫁就要晚了。此处指女子到了适当的年龄，就有和异性恋爱的要求。

（32）传奇故事：唐代张镒的女儿倩娘与表哥王宙相爱，起初张镒表示把倩娘嫁给王宙，后来变了卦，王宙失望而去。当天夜里，倩娘忽然到了船上，和王宙一同逃到远处，生了孩子。过了五年又回到娘家来。原来和王宙一起的是倩娘的魂，其肉体一直在家病睡在床上，这时魂和肉体又合二为一（见《太平广记》）。此处指胭脂相思成病。

（33）指凶猛的鸟如鹰、雕等，引处指毛大，宿介。隼，音 sǔn，也是一种凶猛的鸟，比鹰小，驯养后可帮助打猎。此处借指鄂秋隼。

（34）指妇女瘦曲的脚，此处指鞋。

（35）铁限，本指铁门槛，引外指棍棒。连城之玉，价值连城的玉。语出《史记·廉颇、蔺相如传》：赵惠王得到楚国的美玉——和氏璧。秦昭王听说以后，派人送信给赵王说：愿用十五座城换取和氏璧。后为引为"连城璧"。此处用来比喻胭脂。

（36）嵌音 qiàn，镶。红豆，一种豆科植物，结有黑色斑点的红豆，古来把它象征相思，也叫相思子。骰单 tóu，有象牙或骨制的赌具，也叫色子。唐温庭筠诗："玲珑骰子安红豆"。

（37）厉阶，恶端。意思是说相思情深竟成灾祸的开端。

（38）指父：乔也做桥，古来把桥、梓两木比作父子。指胭脂父被毛大用刀砍死。

（39）可憎才是男女间对情人亲昵的称呼。元曲《西厢记》有"我与那可憎才居止处门儿相向"等句。此处意思是，可憎才真的可憎了。

（40）音 wēi ruí，草木茂盛枝叶下垂的样子。此处是遮蔽的意思。

（41）捆缚犯人的的绳索。引申为囚禁。

（42）遮盖的意思。宋郦琼和王德不合，后来郦在王手下做副都统，于是对王德说，希望他"一床锦被盖过"。

（43）晋，潘岳是美男子，在洛阳时，每逢外出，路上妇女看见都把果子投掷给他，叫做"掷果潘郎"。语出《晋书》。

（44）旧时公文中上级命令下级的惯用语，有切望的意思。

【译文大意】

宿介：重蹈盆成括遭受杀身之祸的死路，落了个登徒子那样的好色之名。只因两人从小在一起不避嫌疑，遂结成了野鸭与家鸭的眷恋；由于偶尔一句戏言，使得生得陇望蜀之心。像仲子一样逾园翻墙，如飞鸟之落地；冒刘晨之名来到仙洞洞口，竟然骗开洞门。扯住少女佩巾纠缠，闹得鸡鸣犬吠；老鼠尚且有皮，你为什么如此无耻？寻花问柳，你一个读书人怎么这样不重视道德品行呢？可以原谅的一点是：听到病燕的哭声，尚有怜惜之意；看到弱柳憔悴，没有像黄莺一样发狂。能从罗网中放出凤鸟，还有一点知书达礼的样子。可你抢一只绣鞋要挟后会之期，难道不是无赖到极点了吗？你像蝴蝶一样过墙穿户，却不知隔墙有耳；所以绣鞋遗失，像莲瓣落地无影无踪。假中之假由此而生，冤外之冤有谁相信呢？祸从天降，酷刑之下生命垂危；作孽满盈，自作自受性命几乎断送。你跳墙钻洞，固然有辱生员的名誉；但是李代桃僵，难消杀人罪名的冤气。所以减轻刑法免于责打，抵销你已经受到的摧残；除掉你的功名，留给你悔过自新的机会。

毛大这个人：刁赖奸猾的不成样子，横行街巷的亡命之徒。调戏邻女遭到拒绝，淫心不死；看到放荡的书生寻花折柳，恶念再生。窗下偷听偶得绣鞋，巧遇假冒张生去会莺莺机会；求水得酒喜出望外，妄想学韩寿偷贾府之异香。什么使你胆大包天，鬼迷心窍。乘风踏浪，直奔广寒月宫；渔舟迷途，走错了入桃源的道路。于是淫欲虽息，恶念又生。持刀行凶，不顾投鼠忌器；穷寇无路，如急兔反咬一口。跳墙而入，本期望能张冠李借；夺刀杀人丢了绣鞋，以致使鱼儿脱网鸿雁遭难。风流场中才会有这样的恶魔，温柔乡里怎么出这样的鬼蜮！判处杀头，以快人心。

胭脂：已是十五、六岁的姑娘，还没定亲。长的象月宫嫦娥一样美丽，理应有年轻、漂亮的人匹配；本来是霓裳仙女，何愁找不到一个称心如意的丈夫？雎鸠声声引起的相思，谁知化成一场春梦；落梅惊心，相思成疾竟似倩女离魂。只为这一线情思，引来了浪子恶少。好色徒相争，唯恐有失"胭脂"；恶鸟纷纷而至，都是假托"秋隼"。绣鞋被抢，难保不受牵连；棍棒无情，几乎砸碎价值连城的美玉。把红豆嵌在骰子上，谁知相思骨却成了惹祸之端；亲生父死于刀下，心上人倒成了祸水。意志坚贞，保存了无瑕的白玉；囚牢受难，喜得冤清石出。可喜你能抗拒强徒，保持清白未受玷污；了结你终身心愿，也是一件风流雅事。命你们的县官作你们的媒人。

十二、抗不腾房案民事判决书

◎直隶高等审判厅

【评析】

　　此案的案情应当是宝兴成等二十六家商号租了广发源的房子。广发源要拆盖，所以想请这二十六家商号暂时搬离，待拆盖完毕再搬回，但要增加租金。二十六家商号后来拒绝搬迁，可能也含有拒绝加租之意。一审支持了二十六家商号的主张，理由主要是天津地方有"只许客辞主、不许主辞客"的交易习惯。就是只许承租户主动退租，不许出租人拒绝继续出租，这种交易习惯是保护承租人的。所以，不让广发源赶这些商号走。广发源的理由是双方签有协议，各商号已经同意搬迁，也就不再有交易习惯适用余地了。

　　如果案情像广发源说的这样，案件也就简单了。但本案广发源与二十六家商号的协议，用词有些歧义。"到本号面议"是什么意思？合同到底最终成立了没有？双方各执一词。判词对这个问题的解决还是比较有智慧的。它将面议问题作为了拆盖合同的附从问题来处理。认为拆盖合同已经成立，所需面议的只是租金增加多少。也就是拆盖合同成立后，租金问题只需双方补充协议就可以了。除了这个问题外，判词还论述了拆盖的必要性，这是该案二审意见的核心部分。不理解这个部分，就不能理解为何它将面议问题作为了拆盖合同的附从问题来处理。一审的意见认为拆盖是符合经济利益的，在要约、承诺已经完成的情况下，也就没有必要加以阻止了。

　　至于案件中涉及的其他一些问题，判词并没有一一作答，而是采用了照实列出双方意见的方法。这些意见有的很凌乱，在主要观点已经清楚的前提下，没必要再考虑了。

【正文】〔1〕

广发源与宝兴成因抗不腾房一案

【判决】

上告人广发源。

代理人杨文昭，年二十七岁，住法界六号路皮鞋庄。

代理律师岳秀华。

被上告人宝兴成等二十六商号，天津东马路。

代质人张效良，天津人，年三十八岁，福庆隆铺东。

上开上告人对于中华民国二年五月十七日天津地方审判厅就上告人控宝兴成等号抗不腾房一案所为第二审之判决声明不服上诉经本厅审理判决如下：

【主文】

原判撤销

宝兴成等廿六家商号自判决日起限一年内将广发源一百六十余间铺房一律腾清。俾上告人改良建筑工竣后，按市价妥为议订，尽该廿六家商号先为租赁。

讼费两造分担。

【理由】

综核上告人之意旨大致有三：

第一谓地方厅原判以"只许客辞主、不许主辞客"之契约为天津一种惯例。上告人取得所有权后收过两季租钱实已认旧契约为有效。抑知去年六月间购买该房时即声明拆盖。该二十六家请求展缓，遂将租价收至壬子年十二月底截止。既承认收至十二月为止，即表示承认拆盖该处房屋也。

第二谓旧历去年十一月一日准津埠习惯。发一通知声明全部从新拆盖求各租户承认。经各租户一一签字承认，并无何等异议。知单在卷是已明认拆盖。何原判又认许"客辞主、主不许辞客"之契约为有效，而不认主客间合意拆盖之契约为有效耶？况所争者非解约之问题乃拆盖之问题，面议者亦议起盖之形势非议增价也。

第三谓去年经各租户正式承认拆盖后，即在荣兴顺等号购妥木料。及至兴工，伊等反讦，出为阻挠。原判三年后再行拆盖，容忍之未常〔2〕不可，但恐届期则坚固之材料尽变腐朽矣。该二十六家均系小本营生，恐亦不能负此损害。

被上告人答辩意旨：

第一谓当时并无展缓之请求。房租收至十二月底其余不收者是上告人自抛弃其

---

〔1〕　选自直隶高等审判厅编：《直隶高等审判厅判牍集要》，天津商务印书馆1915年版。

〔2〕　应当是"尝"字。

权利，于〔他〕人何尤[1]？

第二谓承认其通知者承认其修盖房屋。第二次通知有"到本号面议"字样，实含有加租性质。如是即系"主辞客"之变面违约之事实。

第三谓此案之争点在该房之应拆与否。其应拆也即不买材料亦可以拆；如不应拆即买材料亦不能拆，此案实非买材料之问题。况彼时商〔号〕等既在地方厅起诉伊。为在案之人应候法庭判决。何能骤然采买材料？显系并无其事，故意案外牵扯。

按此案之争点在拆盖房屋之契约是否成立。

查契约原理，一方申达一方承诺，既得合意，即为成立。广发源旧历去年十一月一日发全部从新拆盖之通知，各租户一一书字认诺。是对于拆盖之契约完全成立。被上告人何得仍有不应拆盖之主张？且云所有权为赁借权所限制，并无拆盖权。况该房并不破坏亦无拆盖之必要。果如是言，是社会上之赁借物一经出赁即无改良建筑之一日，必至赁借者居住千百年腐朽而后已。实于经济上之原则有所背谬。未有违背经济上之原则而为法理所能承认者也。此其主张无理由者一。

至称第二次通知有"面议"等字样、含有增租意思，增租即不租之变面违约之事实。抑知增租乃拆盖契约之自然结果。断无所有者应社会上之需要费尽许多精神财力改良建筑，为租户者照旧居住只享利益而于租价毫不增加。核于法理习惯均有未协[2]。果不承认其增价，何不于第一次通知时申立异议而为条件附之承认？既经承认于前何得拒绝于后！此其主张不能成立者二。

惟上告人任意增长漫无限制亦非保护租户之道。准诸一般习惯，工竣后照市价妥为议订，而尽先租赁。且本埠铺房均以年计者较多，一时令租户一律迁移事实上亦甚不便。据以上理由，故为判决如主文。

中华民国二年八月二十六日

直隶高等审判厅民一庭

审判长推事　胡登第

推事　周景熏

推事　张尽臣

书记官　殷绳戊

---

〔1〕 过失。

〔2〕 协调。

【译文大意】

广发源与宝兴成因抗不腾房一案

【判决】

上告人广发源。

代理人杨文昭，年龄二十七岁，住法界六号路皮鞋庄。

代理律师岳秀华。

被上告人宝兴成等二十六商号，住天津东马路。

代质人张效良，天津人，年龄三十八岁，福庆隆铺东。

上告人对于中华民国二年五月十七日天津地方审判厅就上告控宝兴成等号据不腾房一案所作的第二审判决，声明不服上诉。经本厅审理判决如下：

【主文】

原判撤销。

宝兴成等二十六家商号在判决之日起的一年内将广发源的一百六十余间铺房一律腾清。等到上告人改良建筑竣工之后，按市场价格妥为议定租金，尽量先租赁给该二十六家商号。

诉讼费用双方分担。

【理由】

综合上告人的意见大致有三点：

第一点称，地方厅原判决以"只许客辞主、不许主辞客"之契约为天津的一种惯例。上告人取得所有权后收过两次租金，实际已经承认原契约为有效。怎知去年六月间购买该房时，即声明拆盖。该二十六家请求暂缓，遂将租价收至一九一二年十二月底截止。既承认收至十二月为止，即表示已经承认同意拆盖该处房屋。

第二点称，旧历去年十一月一日，按照天津当地的习惯，发了一份通知，声明全部从新拆盖，要求各租户承认。经过各个租户一一签字承认，并无任何异议。通知单在卷，这就证明已明确同意拆盖。为何原判决又认可"客辞主、主不许辞客"之契约为有效，而不认可主、客间合意拆盖之契约为有效呢？况且所争议的并非解约之问题而是拆盖之问题，"面议"也是商议起盖的形势问题，不是商议增价的问题。

第三点称，去年经各租户正式承认拆盖后，就在荣兴顺等号购买了木料，等到开工时对方反悔，出来阻挠。原判判决三年后再行拆盖，等到那时也未尝不可，但恐怕届期原本坚固的材料都要变得腐朽了。该二十六家均系小本生意，恐怕也不能负担这样的损害赔偿。

被上告人的答辩意见大致为：

第一点称，当时并没有暂缓的请求。房租收到十二月底，其余不收，是上告人自己抛弃权利，别人有什么过错？

第二点称，承认其通知，是承认其修盖房屋。第二次通知有"到本号面议"的字样，实际含有加租的性质。这就是"主辞客"之变相违约的事实。

第三点称，此案之争点在该房之应拆与否。如果应当拆，即使不买材料也可以拆；如不应当拆，即使买了材料也不能拆。此案实在不是买材料的问题。况且当时商号等既然已经在地方厅起诉，在案之人应当等候法庭的判决。怎能突然采买材料？显然是并没有这回事，故意牵扯案外的问题。

此案的争点在于拆盖房屋的合同是否成立。

查合同的原理，一方要约一方承诺，就达成了合意，合同即为成立。广发源旧历去年十一月一日发全部从新拆盖之通知，各租户一一书面同意。这说明对于拆盖的合同完全成立。被上告人怎么还会有不应当拆盖的主张呢？而且还提出所有权被租赁权所限制，所以并无拆盖权。况且该房也并不破损，也没有拆盖的必要。如果这样说，则社会上之租赁物一经出租就无改良建筑的时候了，必定要等到租赁者居住千百年腐朽之后才算完。实在违背经济上原则。没有违背经济上的原则而能被法理所承认的。这是其主张无理由的第一点。

至于所称第二次通知有"面议"等字样、含有增租意思，增租即不租之变相违约之事实。怎知增租乃拆盖合同的自然结果。绝无所有者应社会上之需要费尽许多精神财力改良建筑，承租者照旧居住，只享利益而于租价毫不增加。查这与法理、习惯都不合。真要是不承认其增价，为何不在第一次通知时就提出异议，作出附条件的同意？既同意于前何得拒绝于后！这是其主张不能成立的第二点理由。

惟有如果上告人任意增长漫无限制，也不是保护租户的方法。按照一般的习惯，竣工之后按照市场价格妥为议定价格，而且尽量先租给他们。并且本地的铺房都是以年来计算租期的居多，一时间令租户一律迁移，事实上也甚为不便。根据以上的理由，故为判决如主文。

中华民国二年八月二十六日

直隶高等审判厅民一庭

审判长推事　胡登第

推事　周景熏

推事　张尽臣

书记官　殷绳戊

十三、私揩[1]家产案民事判决书

◎直隶高等审判厅

【评析】

家务琐事，虽然简单却也难缠。李文年、李柏年分别是李郝氏的大伯子和小叔子。旧时兄弟往往一同度日，并不分家。李文年看来是家长。李郝氏丧父之后，全靠文年、柏年兄弟扶养。但因家产并未分割，尚有李郝氏丈夫李乔年一份。所以李郝氏及其子女也不算是寄食。而且可以理直气壮地找文年、柏年兄弟要日常的花销。该案的起因是李文年、李柏年因家里生意不景气，有一段时间未能给付李郝氏日常的花销，李郝氏自然生气。认为李氏兄弟侵吞了自己丈夫应有的那一份家产，于是起诉。一审判决双方按照原先的约定，即每月给10吊钱履行。李郝氏不服，干脆上诉请求分家。

一审判决并无不当之处。不过这种事情或因一时气恼，或因平时积怨，人心无形，最难调理。不是简单地履行原约定就能解决的。二审的任务是说服李郝氏以家庭和美为主，仍然安心伙度。这样对寡妇幼子最好。故二审将李郝氏要求的"衣食费"、学费、嫁妆等费用都一一列入主文，让其安心。并向其说明了"兄弟同居，困苦安乐自当共之"的道理。不能那里家道困顿，这里还是衣食如故。达到基本的生活水平就可以了，自己不当家，不要难为当家人。同时也预先警告李文年等不要欺负李郝氏。这也有让李郝氏安心，解除其心中隐忧的意味。该判词论理朴实但丝丝入扣，确属以理服人。

【正文】[2]

李郝氏与李文年因私揩家产一案

【判决】

控拆人李郝氏，年四十四岁，天津人。

---

〔1〕 意为私吞、侵吞。
〔2〕 选自直隶高等审判厅编：《直隶高等审判厅判牍集要》，天津商务印书馆1915年版。

被控拆人李文年，年五十三岁，天津人。

李柏年，年四十三岁，天津人。

上开控诉人对于本年六月十一号天津地方审判厅就控诉人诉李文年、李柏年私揩家产一案所为第一审判决不服上诉。经本厅审理判决如下：

【主文】

原判撤销。

被控诉人除给李郝氏及其子女相当衣食费，并其子之学费及其女之嫁奁费外，每月给李郝氏杂用费津钱十吊，仍按初一、十一、二十一三期交给。

讼费被控诉人负担。

【事实】

李郝氏之夫李乔年兄弟五人。李乔年位列行四。长门、次门均系前母所生，未与同居。及李乔年病故，李郝氏仍与其夫兄李文年、其夫弟李柏年同居伙度。经亲友协议，每月给李郝氏津钱十吊作为衣食零星等费。后以李文年等营业失败付款不免迟延。李郝氏遂以私揩家产等情诉，由天津地方审判厅，判令李文年等仍照原议每月给李郝氏衣食零用费津钱十吊，分初一、十一、二十一三期交给。

李郝氏不服，控诉来厅，并请求分产。

李文年等当厅答辩非不欲尽扶养之义务，除每月给李郝氏津钱十吊作为杂用外，所有李郝氏及其子女之衣食费并其子之学费其女之奁费均愿视家力之厚薄而负担之，并当庭具有切结。本厅遂予宣告判决。

【理由】

按兄弟同居，困苦安乐自当共之。李文年等非不欲尽扶养之义务，特以商业凋零力有未逮。李郝氏亦当稍事优容，以资家道之转园。况李文年等业已承认每月给津钱十吊作为杂用外，所有李郝氏及其子女之衣食费并其子之学费其女之奁费均愿一一担任。则李郝氏之要求业已圆满达到，夫复何言？如谓每日所食嫌其无味，每日所衣以为未华。人民度日，所食可充饥渴，所衣可御风寒，即可无患。何得以无厌分外之要求，尽令李文年等负担之也？惟李文年等亦不得借口家资不足推诿不办。阳托扶养之美名，阴为揩产之跕弛。至李郝氏请求分产一节。查，孀妇幼子独居度日绝非家道之福。况在第一审未有分产之请求，本厅不能以未经第一处之裁判越级受理，故不允其所请。特为判决如主文

中华民国二年九月八日

直隶高等审判厅民一庭

审判长推事　张荩臣

推事　胡登第

推事　胡凤起

书记官　刘锡恩

【译文大意】

李郝氏与李文年因私揢家产一案

【判决】

控拆人李郝氏，年龄四十四岁，天津人。

被控拆人李文年，年龄五十三岁，天津人。

李柏年，年龄四十三岁，天津人。

控诉人对于本年六月十一号天津地方审判厅就控诉人诉李文年、李柏年私揢家产一案所为第一审判决不服上诉。经本厅审理判决如下：

【主文】

原判撤销。

被控诉人除给付李郝氏及其子女相当的衣食费，和其儿子的学费及其女儿的嫁状费之外，每月给付李郝氏杂用费津钱十吊，仍按初一、十一、二十一三期给付。

诉讼费用由被控诉人负担。

【事实】

李郝氏之夫李乔年兄弟五人。李乔年行四。长子、次子都是前母所生，没有与他共同居住。到李乔年病故，李郝氏仍与其夫兄李文年、其夫弟李柏年共同生活，一起度日。经亲友协议，每月给李郝氏津钱十吊作为衣食零花等费用。后来李文年等因为营业失败，给付就不免有些迟延。李郝氏遂以私揢家产等情起诉，经过天津地方审判厅审判，判令李文年等仍按照原来的协议每月给李郝氏衣食零用费津钱十吊，分初一、十一、二十一三期交给。

李郝氏不服，控诉来本厅，并请求分家析产。

李文年等当厅答辩，不是不想尽扶养义务，除去每月给李郝氏津钱十吊作为杂用之外，所有李郝氏及其子女的衣食费和其子的学费、其女的嫁妆均愿意视家中财力的厚薄而负担，并且当庭写下保证书。本厅遂予宣告判决。

【理由】

按说兄弟同居，困苦安乐应当一起承担。李文年等并不是不想尽扶养的义务，只不过生意不好，财力达不到。李郝氏也应当稍微宽容一下，以便家道好转起来。况且李文年等已经同意每月给津钱十吊作为杂用外，所有李郝氏及其子女之衣食费、其儿子的学费和其女儿的嫁妆费均愿一一承担。则李郝氏的要求已经圆满达到，还有什么可说的呢？如果说嫌每天吃得不好，穿得不好。普通人过日子，吃的东西吃饱即可，穿的东西穿暖即可，就没有什么发愁的了。怎么能够以各种分外的要求，都让李文年等来负担呢？但李文年等也不得借口家里的钱不够推诿不办。表面上借着扶养的美名，暗地里肆无忌惮地揩产。至于李郝氏请求分产一节。查，孀妇幼子独居度日绝不是家道之福。况且在第一审也没有提出分产的请求，本厅不能以未经第一处之裁判越级受理，故不支持其请求。特为判决如主文。

中华民国二年九月八日

直隶高等审判厅民一庭

审判长推事　张荩臣

推事　胡登第

推事　胡凤起

书记官　刘锡恩

十四、批货不交案商事判决书

◎直隶高等审判厅

【评析】

保证关系涉及三方当事人：债权人、主债务人、保证人，其法律关系是比较复杂的。该案中福隆洋行是债权人，王清海（海兴隆）是主债务人，振兴益茶叶店是保证人。实体法律关系发生在这三者之间。判词中的"批票"就是福隆洋行与王清海订立的买卖合同。振兴益茶叶店应该是个合伙企业，订立保证合同的是合伙人之一的李桐坡，其他合伙人也要一起承担责任。所以控告人是另外两名合伙人（伙友）崔雅泉和徐赞亭。至于被控告人为什么不是福隆洋行，而是两名经理，原因并不清楚。可能是当时的诉讼制度比较粗略，不拘泥于这些细节吧。

案件中王清海是个中间商。他与福隆洋行约定一年内替后者买入猪肠 10 万根。每月大致交货 8000 根，定银为每批货的 1/10，提前支付。第一批货，福隆洋行应支付定金 1000 两，但福隆洋行只付了 200 两。王清海找了振兴益茶叶店的李桐坡作保证人。随后，王清海就到青岛去办货。其间有一些过程，福隆洋行也追加了 800 两银子，但最终货没办来，王清海也逃遁无音信。福隆洋行找振兴益茶叶店要求承担责任。由于福隆洋行是外国资本，所以先经过了德国领事及中国的涉外部门"交涉司"才起诉到地方法院。地方法院判决保证人振兴益茶叶店赔偿 1200 两银子。其中可能有部分利息。

案件中最有法律意义的一点是：福隆洋行只交付了 200 两定金，是否应由保证人振兴益茶叶店承担 1000 两的保证责任？根据双方的保证合同，振兴益只对定金提供保证，并没有对全部货款提供保证。因为福隆洋行与王清海约定的是货到付款，风险要小得多。也就没必要再设保证人了。

福隆洋行一共支付给王清海两笔钱：200 两和 800 两。前一笔确定无疑是定金，后一笔则存在争议。如果只有 200 两是定金，保证人的责任就是 200 两，如果两笔都是定金，保证人的责任就是 1000 两。"以后续交之银如果足以证明实系定银，即未同时并交，担保人亦应负完全责任。"判词是这样的态度。振兴益的愿望还不仅于此，他们希望全部免除保证责任。他们认为合同约定定金 1000 两，如果只支付 200 两就是违约，保证人也就不需要再承担保证责任了。因此请求判令他们免责。对此，判词给予了否定的回答："谓契约不完全履行则可；谓契约完全不成立则不可也"。这是正确的。振兴益茶叶店只保证定金，对完全给付负完全责任，部分给付负部分责任。多给少给定金对他的保证责任无实际损害，不应以此为由免责。

扫除了这个障碍后，判词就能够处理定金是 200 两还是 1000 两这个关键问题了。最后它认为是 200 两，而非 1000 两。因为随后福隆洋行给王清海的 800 两银子并不是定金，而是货款。证据主要有三个：①王清海 9 月 12 日电报、13 日信件称 800 两银子是买核桃和猪肠的，并不是单为猪肠生意的；②订货在 7 月，汇银已经是 9 月了。时隔这么长时间，货又没买来，不会再给定金了；③合同书上王清海的企业字号是"海兴隆"，所称的"德泰乾"与此不符。（这一点判词没有交代清楚，枝节问题也无所谓，可能是电报、信件上所说的王清海名下的另一个企业吧）这样，振兴益茶叶店的保证责任就被减免至 200 两银子。

支持这个决定的，还有一个因素。就是被控告人福隆洋行的态度。判词通过陈述福隆洋行的意见，说明福隆洋行也不坚持 1000 两定金。他们之所以提出这样的主张不过是想证明保证合同有效，是为了抵销对方保证完全免责的主张。所以，认定 200 两定金，福隆洋行也不会反对。

整篇判词思维很清楚。作者的理论功底很扎实。这样的水平，今天大陆绝大多数的商事判决书都难以达到。不过有一个地方的论理有些勉强。就是理由部分的"第二论点"项下，针对振兴益茶叶店说"该洋行不将原批票呈验，仅抄录原文可以随便改易"的意见。判词认为"查抄验既是原文，则已表明其无改易"。这恐怕有些过于苛刻。振兴益茶叶店的意思应当是批票是抄件，恐怕与原文不符。对方有随意改动的可能。它的用词不够严谨，易产生歧义。但判词应客观追溯其本意，予以驳斥，不应搞文字游戏。

【正文】[1]

崔雅泉与宣雅林因批货不交一案

【判决】

控告人崔雅泉，年三十五岁，故城县人，振兴益茶叶店伙友。

徐赞亭，年四十四岁，天津县人，振兴益茶叶店伙友。

代理律师张灼铣。

---

[1] 选自直隶等审判厅编：《直隶高等审判厅判牍集要》，天津商务印书馆 1915 年版。

被控告人宣雅林，年三十六岁，天津人，福隆洋行经理。

王秀峰，年三十岁，山东人，福隆洋行经理。

上开控告人对于中华民国二年一月十八日天津地方审判厅就福隆洋行具诉振兴益茶叶店东担保王清海批货不交一案所为第一审之判决声明控诉。经本厅审理判决如下：

【主文】

原判撤销。

崔雅泉等应照担保责任偿还福隆洋行交付王清海定银二百两。

其福隆洋行因王清海不交定货所受之损失应按已交定银两数目赔偿银八十两。

讼费崔雅泉担负。

【事实】

缘前清宣统三年七月，王清海批卖福隆洋行猪肠十万根，预支定银一千两，以振兴益茶叶店东李桐坡为保证人。订明由批定之日起至二年七月为满，每月交货八千根。以后交货一桶支银一次，定银按一成扣作。到期货不交齐，由见证人与铺保承管。立批票后仅支过定银二百两，王清海即往青岛办货。九月经由青岛电请该洋行汇银八百两。该行委派任某送银至青岛取货。因货未齐而归延至民国元年五月，仍无货交。王清海迄无音信。始据该洋行禀呈德领函，由交涉司照会地方审判厅诉追定银。经该厅传讯李桐坡屡限不交，旋以找王逃逸。即按诉追原数，判令该茶叶店认还银一千二百余两。该店伙崔雅泉等不服上诉。前分厅未及理结移交本厅续审。认定事实应即判决。

【理由】

控告意旨第一论点谓，批票上书明预支定银一千两，该洋行只交二百两。未经保人写给正式收据，当为无效。其余定银迟不找交，已声明退保。该洋行未经保人承认又电汇八百两，为违背批票之约言。

查王清海批卖福隆洋行货物由该茶叶店担保，立票乃一契约行为，况当事者双方缔结签名盖印即发生效力，原不以有无收据为契约之得为取消与否之原因。且何项为正式收据亦无一定明文，不得以此为抗辩。其退保之有无声明迭经口头审理，该洋行称无其事，控告人亦不能指出证据何得。因其向索保款而为事后之主张。至电汇银八百两与原保人有无关系乃另一问题，又何违约之可言？此第一理由不能成立也。

第二论点谓该洋行不将原批票呈验，仅抄录原文可以随便改易。而以见证人与原铺保原系两人，该洋行改为一人为其佐证。

查抄验既是原文，则已表明其无改易。所谓可以任意改易者乃一想象之词。至以见证与铺保以两人改为一人更有何据？查此票中间见证人与铺保承管是两人，后以见证人、铺保并列下盖天津振兴益茶叶店图章，签用李桐坡名，则又以一人而立于铺保、见证人之地位。批字尚在，何谓改为一人？且批字由该洋行呈交领事署抄，由交涉司送转地方审判厅存验，经过三个法定机关断无可以改易之事，亦无查验原文之必要。

乃控告人最后追加意旨，又主张原保系保王清海未保海兴隆。该批票上有"海兴隆"字样即系其改易原批票之确证，请求调查甚力。

及饬该洋行代理人宣雅林由领事署取出批字呈验。王清海果有海兴隆图章，乃据为改易原文之确证。不知该批票内容控告人即知之甚悉，而复为此攻击，其中必有留保意思。此理既可心证而得，此事亦可比例而明。王清海既与人订立买卖自必立有字号。王清海为商人，"海兴隆"即其商号。保王清海即保海兴隆，何得以此为脱卸免责之地步？即如该批票上铺保盖振兴益茶叶店图章，保人书李桐坡本名即是此例。何得以此攻击他人？此第二理由不能成立也。

第三论点谓电汇八百两错在该洋行不守约言。且既系直接电汇该洋行，即与王清海时通往来，必知王清海下落，应责成该洋行找交。地方审判厅判令找交王清海，实不应负此责任。

不知保人李桐坡原以出找王清海迄今尚未到案。是该保人已自认找交，何得再有推诿？况既保王清海支银交货即负连带责任。王清海之不交货言明有保人承管。此时但能代王还银自无另找王清海之必要。该洋行原有直接向保人请求履行之权利；该保人原有代王清海还定银之义务。此第三理由不能成立也。

洋行经理人宣雅林答辩意旨略谓：立批票时只交定银二百两，其余八百两王清海临行时与李桐坡亦有成约。今李桐坡既不出头，其如何预约原无可辩论之余地。该经理人等承认实交定银二百两，而仍主张一千两原数者不过证明批票之当为有效耳。该控告人既无二百两收据，而该洋行并不以持有批票为已交千两之证据，是该洋行已表示无向该保人多索八百两之意思。其为自己保存信用已见一斑。而该控告人欲并此已交之二百两定银从契约上根本取消殊属不合。不知约定预支千两实支只二百两谓契约不完全履行则可；谓契约完全不成立则不可也。地方厅判令保人先偿洋行银两，俟王清海找获后再为求偿本无不合。

惟所当研究者尚有二问题：

一、定银与货银之当有区别也。查原批票内开"定买小猪肠十万根，由今年七月起至明年七月内一年将货交齐，预支定银一千两以作信实"等语。当立票时支过定银二百两，两造均已供明，以后续交之银如果足以证明实系定银即未同时并交担保人亦应负完全责任。乃王清海九月十二日电及十三日信均称买妥核桃一万斤，猪肠二千条速汇银八百两。原批票并未订有核桃之事，当系另一交易。且定货在七月，汇银在九月，未有中隔两月之货未交而仍交定银之事。又批票上王清海字号为海兴隆，称德泰乾王亦属两歧，皆足为电汇系货银而非定银之明证。既为货银，无论此货已否收到，批票上无保人担负货银之条件，当然由王清海直接负责，保人自应按支付之部分担任偿还。地方应既未按所支付定银实数二百两，又未按票开定银整数一千两判断，徒以该洋行诉追书面所称一千二百四十两零判令保人全还，此属极端错误，宜撤销一也。

二、利息与赔偿之不能全免也。查批票有"逾期货不交齐，有见证人与铺保承管"之语。该货原订一年内交齐定银每月按一成扣作。该定银仅支过二百两，则所担保交货之责任自应担任该货十分之二之部分。应于其部分内定赔偿之限度。查该洋行在地方厅起诉原文，有现在该货行市增涨按四厘赔偿，计银四百两等语，乃系以所定全货数目为赔偿损害之请求。今所交定银既十分之二，则所认赔偿货价亦应按十分之二计算。以四厘核计合银八十两，即以此八十两定为保人赔偿之限度，乃为两得其平。至原文有"两次支银一千二百四十两一钱五分，应加利息结至去年五月，计八十一两，为数亦觉甚微"。然保人于赔偿之外加任利息受累又觉太重，此议应行作罢。地方厅于原定银数则加判二百余两，于偿赔、利息两项均置不理，亦有未当，宜撤销二也。

据以上各理由，特为判决如主文。

中华民国二年二月八日
直隶高等审判厅民一庭
审判长推事　周景熏
推事　胡登第
推事　张荩臣
书记官　杨寿岑

【译文大意】

崔雅泉与宣雅林因批货不交一案

【判决】

控告人崔雅泉，年三十五岁，故城县人，振兴益茶叶店合伙人。

徐赞亭，年四十四岁，天津县人，振兴益茶叶店合伙人。

代理律师张灼铣。

被控告人宣雅林，年三十六岁，天津人，福隆洋行经理。

王秀峰，年三十岁，山东人，福隆洋行经理。

上开控告人对于中华民国二年一月十八日天津地方审判厅就福隆洋行具诉振兴益茶叶店东担保王清海批货不交一案所为第一审之判决声明控诉。经本厅审理判决如下：

【主文】

原判撤销。

崔雅泉等应承担担保责任，偿还福隆洋行交付王清海的定金二百两银子。

福隆洋行因王清海未交付所定的货物所受的损失，应当按照已交定金数目赔偿八十两银子。

诉讼费用由崔雅泉负担。

【事实】

在前清宣统三年七月时，王清海约定成批卖给福隆洋行猪肠十万根，预先支取了定金一千两银子，由振兴益茶叶店东家李桐坡作为保证人。订明自定约之日起至第二年七月为期满，每个月交货八千根。以后交货一桶支取银子一次，定金每次按一成扣作（货款）。到期货不交齐，由见证人与铺保负责。批票订立后仅给付了定金二百两，王清海即前往青岛办货。九月经由青岛来电请求该洋行汇款八百两银子。该洋行委派了任某到青岛送银子并取货。因为货未到齐而迟延至民国元年五月，仍然没有货可交。而王清海杳无音信。才根据该洋行呈送德国领事的函，由交涉司照会地方审判厅起诉追讨定金。经该厅传讯李桐坡，屡次限期却不还钱，不久以找王清海为由逃逸了。即按照起诉的原数，判令该茶叶店归还一千二百余两银子。该店合伙人崔雅泉等不服上诉。前分厅未及审结移交本厅继续审理。认定事实应即判决。

【理由】

控告意见第一论点称，批票上写明预支定金一千两，该洋行只交了二百两。未经保人写给正式的收据，应当无效。其余定金迟迟不交，已经声明退保了。该洋行未经保人同意又电汇八百两银子，违反了批票的约定。

查王清海卖给福隆洋行货物由该茶叶店担保。订立批票乃一合同行为，况且当事人双方签字盖章即发生法律效力，本来不以有无收据为合同可以取消与否的原因。而且什么是正式的收据也没有一定的明文约定，不得以此为抗辩理由。所称的退保声明是否存在，经过几次的口头审理，该洋行称没有此事，控告人也不能指出哪里有证据。因为其一向被追索担保的款项而事后提出了这种主张。至于电汇八百两银子与原保人有无关系乃另一问题，又有什么违约可言呢？此第一理由不能成立也。

第二论点称，该洋行不将批票原件呈交法庭审验，仅仅抄录原文，可以随便涂改。而见证人与原铺保原来是两个人，该洋行改为了一个人作为其佐证。

查所抄验的既然是原文，则已表明其没有涂改。所谓可以任意涂改是一个想象得来的说法。至于见证人与铺保为两人改为一人，更有什么凭据？查此票的中间，见证人与铺保承管是两个人，后来以见证人、铺保并列下盖了天津振兴益茶店图章，签名用李桐坡的名字，则又以一个人而立于铺保、见证人的地位。批字还在，怎么说改为一个人呢？而且批字由该洋行呈交领事署抄录，由交涉司转送地方审判厅存验，经过了三个法定机关，绝没有可以涂改之事，也没有查验原文的必要。

于是控告人最后追加意见，又主张原保系保王清海未保海兴隆。该批票上有"海兴隆"字样就是其涂改原批票之确切证据，一再请求调查。

等到命该洋行的代理人宣雅林由领事署取出批字来呈验。王清海果然有"海兴隆"的图章，于是据此作为涂改原文的确切证据。岂不知该批票的内容控告人既然知道得甚为详细，还作这种攻击，其中必定有留保的意思。此理既可心证而得，此事亦可比例而明。王清海既与人订立买卖，自己必定有字号。王清海为商人，"海兴隆"即其商号。担保王清海就是担保海兴隆，怎么以此为理由推卸责任呢？就像该批票上铺保盖振兴益茶叶店的图章，保人写李桐坡的本名，即是此例。怎能以此攻击他人？第二理由不能成立。

第三论点称，电汇八百两错误在该洋行不遵守合同。而且既然是直接电汇该洋行，就证明与王清海时而还有联系，必定知道王清海的下落，应当责成该洋行找来交出。地方审判厅判决命令我方找来王清海，实在不应负此责任。

岂不知保人李桐坡原来就是以出去找王清海为由，迄今还未到案。是该保人自己承认找回，怎么还有推诿？况且既保王清海支钱交货，即应负连带责任。王清海之不交货说明有保人负责。此时一但能代替王清海还钱，自然没有另找王清海的必要。该洋行本来就有直接向保人请求履行的权利；该保人本来就有代替王清海偿还定金的义务。第三理由不能成立。

洋行经理人宣雅林答辩意见大略称：订立批票时只交了定金二百两，其余八百两王清海临行时与李桐坡也有约定。现在李桐坡既然不出头，他们是如何预约的本来无可辩论的余地。该经理人等承认实际交定金二百两，而仍主张一千两原数，不过是想证明批票应当有效罢了。该控告人既然无二百两收据，而该洋行并不以持有批票为已交一千两的证据，这是该洋行已表示没有向该保人多要八百两的意思。其为自己保存信用（的想法）已见一斑。而该控告人想将这已交的二百两定金从合同上根本取消，殊属不合。岂不知约定预支一千两，实际支付的只有二百两，说是合同不完全履行可以；说是契约完全不成立则不可以。地方厅判令保人先赔偿洋行银两，等王清海找到后再为求偿，本无不合。

所需要研究的还有两个问题：

一个是定金与货款应当有区别。查原批票内写有"定买小猪肠十万根，由今年七月起至明年七月内一年将货交齐，预支定银一千两以作信实"等语。当时订立票时支付过定金二百两，双方均已陈述明白。以后继续交付的钱如果足以证明是定金，即使未同时并交担保人也应负完全责任。就王清海九月十二日电及十三日信，均称买好了核桃一万斤，猪肠二千条，速汇银八百两。原批票并未有核桃之事，当是另一笔交易。而且定货在七月，汇款在九月，没有中间隔了两个月的货没交而仍交定金的事。另批票上王清海的字号是海兴隆，称"德泰乾王"也是不一样，都足以作为电汇系货款而不是定金的明证。既为货款，无论这批货是否收到，批票上无保人担负货款之条件，当然由王清海直接负责，保人自应按照支付的部分承担偿还责任。地方厅既未按照所支付的定金数二百两，又未按照票上的定金数一千两判断，只以该洋行起诉的书面所称一千二百四十两零判令保人全还，此属极端错误，应撤销的第一个理由。

一个是利息与赔偿不能全免。查批票有"逾期货不交齐，有见证人与铺保承管"之语。该货原订一年内交齐，定金每次按一成扣作（货款）。该定金仅支付过二百两，则所担保交货的责任自然应是负担该货十分之二的部分。应该在其部分内确定赔偿的限度。查该洋行在地方厅起诉书的原文，有"现在该货行市增涨按四厘赔偿，计银四百两"等语，就是以所定全部货物数目为赔偿损害之请求。现在所交定金既然是十分之二，则所认赔偿货价也应按十分之二计算。以四厘核计合银八十两，即以这八十两确定为保人赔偿之限度，使双方得以平衡。至于原文有"两次支银一千二百四十两一钱五分，应加利息结至去年五月，计八十一两为数亦觉甚微"。然而保人在赔偿数额之外又负担利息，受累又觉太重，这种主张应作罢。地方厅于原定银数加判了二百余两，对于赔偿、利息两项都置之不理，亦有未当，应撤销的第二点。

据以上各理由，特为判决如主文。

中华民国二年二月八日

直隶高等审判厅民一庭

审判长推事　周景熏

推事　胡登第

推事　张苌臣

书记官　杨寿岑

十五、窃盗及受赃案刑事判决书

◎直隶高等审判厅

【评析】

后面这三篇刑事判决书是要说明一个问题：判决书不堆砌材料也能使得刑事案件得到公正处理。有些总认为刑事案件事关生死，应当慎重。而慎重的方式就是在判决书中堆砌材料，让刑事判决书的篇幅越来越长。这三个案件都是比较普通的日常案件，也已经是现代判决书的写法，处理得也很公正。一个是有罪判决，一个是无罪判决，一个是被告人众多的案件，都没有堆砌材料的痕迹。可见，刑事判决书并不是非要以堆砌材料来达到公正。

虽然处理的是一个普通案件，但李金城这个案件的判词并不潦草。对于检察机关的抗诉意见给出了非常详细的解答。正确的支持，错误的反对。表现了较高的刑法理论水平。

检察官对李金城的犯罪性质有了异议，认为李金城的赃物卖了1500块，自己不是全数留下，而是留下850块，其余的都返还给了王洪儿。这应当是销赃的中介。不是接受别人赠与赃物，其罪应重。判词认为根据该案的情节，王洪儿是可怜李金城困于异乡才出手相助。主观上并不是为了销赃。正是由于这样的原因，才应该按照受人赠与赃物的罪定性。而该罪也不是必须取得全数赃款才能构成，所以定性是没有问题的。

关于量刑的处理，更加体现了判词的严谨。这样精到的分析与态度，在我们今天的判决书中极少见到。

【正文】〔1〕

李金城窃盗及受赃俱发一案

【判决】

控告人保定地方检察厅检察官。

被控告人李金城（直隶枣强县人，年二十二岁，务农，住县属辛村）

被控告人窃盗及受人赠与赃物案件由保定地方审判厅于中华民国二年十一月十四日为第一审之判决。保定地方检察官对于原判声明不服控告到厅，经本厅审理判决如下：

【主文】

原判撤销。

李金城窃盗一罪处四等有期徒刑一年；受人赠与赃物一罪处拘役二十日；应并执行有期徒刑、拘役一年零二十日并处夺新刑律〔2〕第四十六条第四款之资格终身。

【事实】

李金城于本年阴历九月间赴清苑县投其伯父不遇，资用断绝。有素识之王洪儿给与伊所窃得女坎肩一件，令其变钱花用。李金城携赴故物摊上，售得价京钱一千五百，留八百五十文自用，余钱仍还于王洪儿。嗣又于阴历十月初四日听王洪儿纠邀，伙窃兴盛工厂柳条花布一匹，卖价京钱三千五百文，分用。经警厅查获，送由保定地方检察厅起诉到地方审判厅。判处李金城三等有期徒刑三年，并科拘役二十日，罚金二元，褫夺全部公权终身。保定地方检察厅检察官对于原判事实点、法律点均有不服，提起控告到厅。案经开庭审理，李金城自白前情不讳，应认为确定事实。

【理由】

本案控告之理由有二：

（一）为关于事实点之理由。略谓：李金城若系受人赠与，则既卖之后应全数尽归李金城，何以仅分八百五十文？其为牙保无疑。乃原判认李金城系受王洪儿赠与赃物，是事实点之错误云云。

查受赠赃物者并不以赃物之全部为限，即收受其一部而反还其一部者亦当构成此罪。据李金城到庭供称"王洪儿因见我没有钱花，给我一件坎肩叫我卖了好用。我卖钱之后花了八百五十文"等语，是其二人之所为纯系出于赠与与受赠之意思。

---

〔1〕　选自直隶高等审判厅编：《直隶高等审判厅判牍集要》，天津商务印书馆1915年版。

〔2〕　《中华民国暂行新刑律》（以下简称《新刑律》）

其代价不全数尽归李金城者，则为一部收受而一部返还之行为。与牙保之居间获利者不同，原判本审理之结果认其事实为受人赠与赃物，其认定尚无错误。控告第一理由不能认为成立。

（二）为关于法律点之理由。略谓：《新刑律》第三百九十七条第三项之规定所谓"前项"云者，乃专指同条第二项而言，并不包括第一项在内。乃原判既认为第一项之罪而又并科以罚金，且本案俱发罪之刑当各科，不当并科。乃原判主文称"李金城处三等有期徒刑三年并科拘役二十日"显与刑律不合。是皆法律点之错误云云。

查赠与行为系无偿让渡行为，故《新刑律》第三百九十七条第三项获利之规定当然不包括第一项在内。且就"因犯前项之罪"一语为文理上之解释亦甚明了。又按《新刑律》第二十三条之规定，数罪具发应各科其刑，再依各款定其应执行者，方为合法。原判于上开各点均欠体会。原检察官关于法律点控告之理由甚为充分。自应将原判撤销，由本厅更为判决。李金城犯窃盗一罪、受人赠与赃物一罪系二罪俱发，应适用《新刑律》第二十三条，依第三百六十八条第一款、第三百九十九条第一项各科其刑。

惟该犯之犯行系因投亲不遇、资用乏绝所迫，与基于恶性者有别。且行窃及赃所获均为值较微，则审按心术与事实尚在情轻之列，应适用第五十四条，于其所犯之第三百六十八条、第三百九十七条本刑上各减一等处以四等有期徒刑及拘役。系有期徒刑、拘役各一罪互合之案件，更依第二十三条第六款之规定，定为并执行之。犯第三百六十八条之罪者，律应褫夺公权。适用第三百八十条及第四十六条褫夺之。特为判决如主文

右案由检察官黎炳文莅庭执行检察官之职务

中华民国二年十二月三十日

直隶高等审判厅刑庭

审判长推事　孙如鉴

推事　张梯云

推事　吴大业

书记官　鲁同恩

【译文大意】

李金城窃盗及受赃俱发一案

【判决】

控告人保定地方检察厅检察官。

被控告人李金城（直隶枣强县人，年龄二十二岁，务农，住县属辛村）。

被控告人盗窃及受人赠与赃物罪一案由保定地方审判厅于中华民国二年十一月十四日作出了第一审判决。保定地方检察官对于原判不服控告到厅，经本厅审理判决如下：

【主文】

原判撤销。

李金城犯盗窃罪判处四等有期徒刑一年；

受人赠与赃物罪判处拘役二十日；

应当合并执行有期徒刑、拘役一年零二十日并处剥夺《新刑律》第四十六条第四款之资格终身。

【事实】

李金城于本年阴历九月间赴清苑县投奔其伯父不遇，资用断绝。有素来相识的王洪儿给了他一件偷来的女坎肩，叫他卖了钱花用。李金城带到旧货摊上，卖了京钱一千五百文，留了八百五十文自己用，剩余的钱仍还给了王洪儿。随后又于阴历十月初四听从王洪儿纠集，一起盗窃了兴盛工厂的柳条花布一匹，卖了京钱三千五百文，各自分用。经警察厅查获，由保定地方检察厅起诉到地方审判厅。判处李金城三等有期徒刑三年，并科以拘役二十日，罚金二元，褫夺全部公权终身。保定地方检察厅检察官对于原判事实点、法律点均有不服，提起控告到厅。案经开庭审理，李金城对案情供认不讳，应认定为确定事实。

【理由】

本案中控告的理由有两个：

（一）关于事实的理由。主要称：李金城若系受人赠与，则卖了赃物之后赃款应全数尽归李金城，为何仅分得八百五十文？其无疑应当是牙保。原判认定李金城系受王洪儿赠与赃物，是认定事实上错误等等。

查受赠赃物的情况并不以赃物之全部为限，收受其中一部分而返还其中另一部分的情况也可以构成此罪。据李金城到庭供称"王洪儿因见我没有钱花，给我一件坎肩叫我卖了花用。我卖钱之后花了八百五十文"等语，则他们二人之所为纯粹系出于赠与受赠的意思。其代价不全数尽归李金城的情形，则属于一部分收受而一部分返还的行为。与牙保之居间获利的情况不同，原判决本着审理得出的结果认定其事实为受人赠与赃物，其认定尚无错误。控告第一理由不能认为成立。

（二）关于法律的理由。主要称：《新刑律》第三百九十七条第三项规定所谓"前项"的情况，是专门指同条第二项而言，并不包括第一项在内。原判决既认为第一项之罪而又并科以罚金，且本案俱发罪之刑应当各自科刑，不应当一并科刑。原判主文称"李金城处三等有期徒刑三年并科拘役二十日"显然与刑律不合。这些都是法律上的错误等等。

查赠与行为系无偿让渡行为，故《新刑律》第三百九十七条第三项获利之规定当然不包括第一项在内。且就"因犯前项之罪"一句作文理上的解释，意思也十分明确。又根据《新刑律》第二十三条之规定，数罪俱发应各自科以各自的刑罚，再依照各款确定其应当执行的刑罚，这才符合法律规定。原判对于上述各点均缺乏正确的认识。原检察官关于法律点控告之理由十分充分。自应将原判撤销，由本厅改判。李金城犯盗窃一罪、受人赠与赃物一罪系二罪俱发，应适用《新刑律》第二十三条，依第三百六十八条第一款、第三百九十九条第一项各科其刑。

惟该犯之犯罪行为系因投亲不遇、资用乏绝所迫，与基于恶性者有区别。且行窃及销赃所得均价值较小，则主观与事实尚属于情节较轻的情况，应适用第五十四条，在其所犯的第三百六十八条、第三百九十七条本刑上各减一等处以四等有期徒刑及拘役。判处有期徒刑、拘役相互重合的案件，还应依据第二十三条第六款之规定，定为合并执行。犯第三百六十八条之罪的，法律规定应褫夺公权。适用第三百八十条及第四十六条褫夺之。特为判决如主文。

此案由检察官黎炳文莅庭执行检察官之职务

中华民国二年十二月三十日

直隶高等审判厅刑庭

审判长推事　孙如鉴

推事　张梯云

推事　吴大业

书记官　鲁同恩

十六、李侃侵占案刑事判决书

◎直隶高等审判厅

【评析】

这是一个无罪的判决书。案件发生在天津的日租界内。租界里由外国警察进行执法。但案件中涉及的中国人还是要交给中国法院进行审判的。所以被告李侃由日本警察移交给了中国警方起诉到中国法院。同理，案件中法院要调查号簿盖戳的事实，也不能直接找日本邮局，而要通过中国交涉署与日本领事馆联系。

一般人可能比较津津乐道于冤案的平反。实际上警察执法就像坐飞机，虽然出事故的后果是灾难性的，但毕竟出差错的几率是比较小的。冤案只能是少数。宣告无罪的判决书必须要重点阐释清楚为什么这一次警察犯了错。判词考虑到了李侃的辩解可能是"狡展之词"，尽力去查清他的犯罪事实。但通过判词的叙述可以看出，法庭的调查已经是仁至义尽。说李侃犯罪的确是缺乏真凭实据。

李侃被判罪的证据就是他的自认。而且他和父亲还在日本警察局承诺退赃。但刑事被告人的自认必须有其他证据相佐证才能成立。"重捶之下，何求不得？"只凭口供定案，后遗症实在太大。宣判李侃无罪，就是因为只有口供，没有其他证据。

李侃提出失窃的小包邮件不是自己经手办理的。判词阐述了这个问题在案件处理中的轻重关系。"即假定控告人于关于此项小包之簿记上盖有戳记，苟无其他犯罪之证据，犹不能遽认为侵占行力。"现在，失窃的小包邮件压根不是李侃收发的，凭什么说李侃与此事有关呢？邮局的另一个职员武内诚介对此"词涉游移"，不能讲清楚。去日本邮局调查又拒不配合。中国法院对日本租界里的事情又能有什么办法呢？当然，也存在李侃直接窃取武内诚介保管的小包邮件和其他失窃物品的可能。日本邮局局长拒绝调查，认为号簿盖戳与案件无关，恐怕就是这个道理。但可能毕竟只是可能，没有证据不能凭猜想治人之罪。值得说明的是，调查号簿盖戳事实的重要性已经得到了检察官和律师的一致认可。

针对李侃的翻供情节，判词驳得也是合情合理。李侃是一到中国警局就开始翻供，并且一直坚持说自己是无辜的。并不是反复无常的小人。而且从法律的角度讲，对外国官吏所做的陈述，也不能在中国法庭上有绝对效力。

【正文】[1]

李侃侵占日本邮便局包裹一案判决书

【判决】

控告人李侃，天津县人，年二十三岁，住平安里，前充日本邮便局雇员。

辩护人赵世贤律师。

上述控告人对于中华民国三年五月十九日天津地方审判厅就该控告人侵占案件所为第一审之判决，声明不服，控告到厅。经本厅审理，判决如下：

【主文】

原判撤销。

李侃无罪。

【事实】

李侃于中华民国元年七月间，受雇于天津日本邮便局办理小包事宜。邮局于二年十二月中旬失去小包银元四十元，同月二十五日又失去银元九十五元。三年一月二日夜间被窃盗窃去货物多件，原价值银元七十三元七角九分。又窃去现银八元，并遗有手电灯一个，旧鞋一双。同月十日前后挂号口袋内失去北洋银元三十元。至是月十四日，日本警察署将李侃带署拘押讯供，并传讯伊父李殿元，均承认，照数赔偿。

嗣以日久未能缴款，日警署遂将李侃连同贼遗手电灯、旧鞋一并函送天津警察厅，请为追还款项。及警察厅提讯李侃，遂以前在日署畏刑，妄供为词。经警察厅历向追款，迄未就绪。于四月二十四日复将李侃连同灯、鞋各件，函送天津地方检察厅起诉到该同级审判厅，依侵占律将李侃判处徒刑。李侃不服，上诉到厅。

本厅公开审理。经日邮局员武内诚介及村尾克一两人到庭，均未能提出李侃犯罪之证据。本厅复拟派受命推事前赴日邮局调查簿记，复由该局以簿记上"已"、"未"盖戳等情与本案无甚关系等语拒绝调查。而此外又未举出何种证据。本厅因审理之结果，认定李侃犯罪不能证明是实。

【理由】

控告人上诉状略谓，原审宣告民在日本警署供明一节。查日警署对待华人向用毒打手段，民前在该署讯问，倘不承认，即行拷打，民不得已始承认赔款。至侵占

---

[1] 选自直隶高等审判厅书记室编：《华洋诉讼判决录》，何勤华点校，中国政法大学出版社1997年版。

财物，始终无此供词。今以该署之文引为犯罪之据，此不服者一。

又宣告民何以在中国警察厅承认赔款一节。查前据中国警厅审讯，面谕倘照数赔款，定保护汝之名誉等语，民始承认赔款并措交洋四十元在案。今竟引为罪证，此不服者二，云云。

本厅开庭审理，又据该控告人当庭声称，伊与日本人武内诚介同在日邮局管理小包事务。小包由何人收发，即由何人在号簿上盖戳。该局丢失钱包三次，均未盖伊戳记，非伊经手办理，不负责任等语。并据莅庭检察官李尧楷及辩护人赵世贤，均请求调查该局簿记，以资证明。

本厅犹恐控告人所称号簿盖戳等语，或系狡展之词，即函请交涉公署转致日领事转饬邮局员武内诚介到庭质证：据称小包处系伊与李侃共同办理，其簿记由经手人写明件数，盖用图章属实。询以失去钱包三次是否皆系李侃写簿盖章，而武内词涉游移，不能确指。复询以能否将簿记携带来厅，以便查考。武内乃请求直接赴局调查。及本厅订期派员前往，日邮局长复以盖戳等情与本案无甚关系，拒绝调查。

本厅查犯罪事实之认定须依证据，是为诉讼法上之通例。本案控告人是否构成《新刑律》第三百九十二条之犯罪，应以能否证明控告人有侵占行为为断。

兹就日邮局长所称李侃在厅供未盖戳与本案无甚关系等语考究之。是邮局经理小包原非控告人一人之事务，即假定控告人于关于此项小包之簿记上盖有戳记，苟无其它犯罪之证据，犹不能遽认为侵占行力。况控告人到庭坚称所失小包伊未尝经手盖戳，其同办小包事务之武内诚介又不能确指所失小包系由控告人单独经手办理，其局内簿记上图章笔迹并皆拒绝本厅调查，而此外又不能举出何种证据。则控告人有无犯罪之事实即属无从证明。

如谓控告人前在日警署业已供认不讳，然查阅天津警察厅卷，控告人初到该厅时，即以前在日警署畏刑妄供为词，及至地方检察厅侦查与地方审判厅公判时亦俱经陈述此旨。无论其言是否真实，但当事人对于外国官吏所作之文件既已声明异议，按照诉讼法例即当然不能为判决基础之资料。至于承认赔款或系控告人不得已之行为，尤不能认为罪证。

且就邮局被窃一节言之，其局员武内诚介及村尾克一两人对于贼人所遗鞋、灯两件均否认为控告人之所有物，则谓控告人偷窃货物尤为无据。原判以控告人为邮局管理邮件之人，遂不问其责任有何证明以及有无犯罪之意思与犯罪之行为，而遽以邮包之失灭推定为控告人所侵占，并以局内被窃财物亦认为控告人继续侵占。按照《新刑律》第三百九十二条论罪科刑，其认定事与适用法律均有不合。

自应认为本案控告为有理由，由本厅撤销原判更为判决。控告人李侃犯罪不能证明，应查照诉讼法例宣告无罪，特为判决如主文。

上案由直隶高等检察厅检察官李尧楷莅庭执行检察官之职务。

中华民国三年八月十日

直隶高等审判厅刑庭

审判长推事　孙如鉴

推事　张梯云

推事　赵之骙

书记官　鲁同恩

十七、群殴案刑事判决书

◎直隶高等审判厅

【评析】

被告众多不是堆砌材料的理由。

脚行就是以前的搬运公司。这个行业属劳动密集型，从业人员无需多少技术，任何人只要有力气就行。而且收入的多少几乎完全取决于对客源的垄断，所以成了帮会势力滋生的沃土。为争夺码头、地盘而聚众群殴算不上什么稀奇的事情。涉案的这两个脚行就是因此而打架的。双方各有人受伤。所以有的被告人也是被害人。但提起上诉的除了检察官外，只有一个汪得山。他的确是冤枉，当时根本没在场。其他人，包括韩云祥、陈德、于万顺、韩云波都没有提出上诉。可能对于这些人来说，"人生总不免抓进抓出"，这几个月刑期算不了什么。尤其是韩云波，原审将伤害曹后峰的罪名加在他身上，他也不上诉。这本来是个不白之冤，他当时并未在天津，去了东北。真正的打人者韩云清应当是他兄弟。可能他考虑到这层关系，觉得自己替兄弟坐几个月班房，这事也就了结了。但司法不应以当事人的意志为转移，尤其是刑事司法，有利于被告人的，一定要尽力维护他们的利益。警察由于工作性质，往往失之于过分暴力，司法应当中和这种状态，才能让法治不至于失衡。

检察官提出的两个上诉理由是两个纯粹的法律解释问题。判词对此分析得相当精当。

案件虽然被告众多，但整篇判词详略得当，重点突出。惟这些被告人的姓名不必每一次都一一列出，只需代以"大红桥脚行一方"、"梁家嘴脚行一方"既可，那样会让文章更加精炼。

【正文】[1]

汪得山等与韩云祥等互相伤害一案

【判决】

控告人天津地方检察厅检察官。

　　　　汪得山，直隶天津县人，年四十三岁，住梁家嘴脚行。

被告人韩云祥，直隶天津县人，年三十八岁，住大红桥脚行。

　　　　韩云波，直隶天津县人，年四十六岁，住大红桥脚行。

　　　　陈德，直隶天津县人，年三十五岁，住大红桥脚行。

　　　　王福祥，直隶天津县人，年四十岁，住大红桥脚行。

　　　　潘昌富，直隶天津县人，年三十七岁，住大红桥脚行。

　　　　谢光起，直隶天津县人，年二十八岁，住大红桥脚行。

　　　　王金梁，直隶天津县人，年二十三岁，住大红桥脚行。

　　　　刘万德，直隶天津县人，年二十三岁，住大红桥脚行。

　　　　王广来，直隶天津县人，年四十八岁，住大红桥脚行。

　　　　朱长有，直隶天津县人，年二十二岁，住大红桥脚行。

　　　　于万顺，直隶天津县人，年二十五岁，住梁家嘴脚行。

　　　　韩春华，直隶天津县人，年四十岁，住梁家嘴脚行。

　　　　邢玉生，直隶天津县人，年二十一岁，住梁家嘴脚行。

　　　　华凤林，直隶天津县人，年二十六岁，住梁家嘴脚行。

　　　　张万顺，直隶天津县人，年六十岁，住梁家嘴脚行。

　　　　熊振清，直隶天津县人，年三十六岁，住梁家嘴脚行。

　　　　吴长太，直隶天津县人，年五十三岁，住梁家嘴脚行。

　　　　华凤岗，直隶天津县人，年二十三岁，住梁家嘴脚行。

　　　　孙德有，直隶天津县人，年二十六岁，住梁家嘴脚行。

　　　　陈文元，直隶天津县人，年二十三岁，住梁家嘴脚行。

　　　　曲茂昌，直隶天津县人，年五十六岁，住梁家嘴脚行。

右列控告人对于中华民国三年一月十三日天津地方审判厅就被告人韩云祥等斗殴伤人案件所为第一审之判决均声明不服，上诉到厅经。本厅审理判决如下：

【主文】

原判撤销。

---

[1] 选自直隶高等审判厅编：《直隶高等审判厅判牍集要》，天津商务印书馆1915年版。

汪得山无罪。

于万顺、韩春华、邢玉生、华凤林、张万顺、熊振清、吴长太、花凤岗、孙德有、陈文元、曲茂昌共同伤害王福祥一罪各处五等有期徒刑两个月；伤害韩云祥一罪各处五等有期徒刑两个月；伤害陈德一罪各处五等有期徒刑两个月；伤害潘昌富一罪各处五等有期徒刑两个月；伤害谢光起一罪各处五等有期徒刑两个月。于万顺、华凤林、吴长太应各执行有期徒刑七个月；韩春华、邢玉生、张万顺、熊振清、华凤岗、孙德有、陈文元、曲茂昌应各执行有期徒刑六个月。

韩云祥、韩云波、陈德、王福祥、潘昌富、谢光起、王金梁、刘万德、朱长有共同伤害华凤岗一罪各处五等有期徒刑两个月；伤害华凤林一罪各处五等有期徒刑两个月；伤害韩春华一罪各处五等有期徒刑两个月；伤害陈文元一罪各处五等有期徒刑两个月。韩云祥、韩云波、陈德应各执行有期徒刑七个月；王福祥、潘昌富、谢光起、王金梁、刘万德、朱长有应各执行有期徒刑六个月。

王广来伤害汪德山之所为处五等有期徒刑六个月。

未决期内羁押日数均准以二日抵徒刑一日。

【事实】

大红桥脚行韩云祥、韩云波、陈德、王福祥、潘昌富、谢光起、王金梁、刘万德、朱长有等于民国二年十二月十日与梁家嘴脚行于万顺、华凤林、吴长太、曲茂昌、张万顺、华凤岗、陈文元、韩春华、邢玉生、熊振清、孙德有等为争却客货互相斗殴，两方各受微伤。大红桥一方受伤者为王福祥、韩云祥、陈德、潘昌富、谢光起五人；梁家嘴一方受伤者为华凤岗、华凤林、韩春华、陈文元四人。越二日，红桥脚行王广来又将梁家嘴脚行汪得山之鼻梁殴伤。由该管警署先后拘送天津地方检察厅验伤起诉。经地方审判厅审讯，除将王福祥等十八名均依《新刑律》第三百一十三条第三款科刑外，并以韩云祥供有屈大桐在场加害，陈德、于万顺有自残伤痕，认为兼触犯《新刑律》第十二章之诬告罪，又以韩云波前于民国元年二月二十二日曾将梁家嘴脚夫曹后峰腮颊殴伤逃逸，认为伤害罪之俱发，均依俱发罪之规定科刑。汪得山于判决后声明不服，原判原检察官亦提出控告意旨书控告到厅。案经开庭审理并复加调查，认定汪得山于脚行互殴之时并未在场。其韩云祥、陈德、于万顺、韩云波四人应与王福祥等均为本案共同正犯此外，别无犯罪事实是实。

【理由】

天津地方检察厅检察官控告意旨约分两点：（一）韩云祥等系二罪俱发，应各个宣告罪刑再合并定应执行之刑期。原判乃合并宣告之，核与法理未符；（二）原判不究律意，不按事实将王福祥等一律宣告第三百一十三条第三款最低度刑期，似不能维持刑法之效力。

本厅查韩云祥、陈德、于万顺、韩云波四名系原判认为二罪俱发之犯，乃于主文内并不依法宣告但浑言合并处刑，其办法殊属不合。原检察官控告第一论点自应认为正当。

又查共同伤人之罪，各国立法例虽有从其伤害之轻重科以独立之刑者，然《新刑律》则不采此主义。盖以群殴案件，彼此互受伤，夷其何伤为何人用何种手段所致，在加害者固不肯自白，即被害者亦未必能认别清楚。是以该律第三百一十六条第二项有同时伤害二人以上，以最重之伤害为标准，皆以共同正犯论之规定。详绎律意，盖谓共同，既出于故意则当然使负同一之责而不容有所轩轾于其间也。本案除汪得山证明无罪外，其王福祥等六名、刘万德等十名均系同时下手伤害人之犯，是无论其加害之手段或为刀斫或为石击或为拳殴、指抓而按诸第三百一十六条第二项之规定，该犯等之犯罪行为并无轩轾[1]。其王广来于互殴事件发生二日后拳殴汪得山成伤，系独立犯一轻微伤害罪，处以数个月之徒刑已足蔽辜而有余。原检察官乃以科刑同一及处刑太轻为控告论点，其理由不能认为充分。惟详按本案情节，除汪得山无罪、王广来仅犯一个伤害罪外，其它之共同被告人均系数个伤害罪之俱发，原判乃误认第三百一十六条第二项为吸罪主义，而以一罪科断，殊与法理不合。

汪得山上诉论点略谓：我于十二月九日曾以大红桥脚行越界却货等情在地方检察厅呈诉，并到中区警察署声请弹压。于十日早八钟即到中区警署厅候消息，于十一钟始经陈副官、刘巡长在该署面嘱：先往卸货地点等候，伊等随后骑马前往。而打架即在是日十一钟前，自可证明我并未在场打架各等语。经本厅函询该警署，据复是日午前汪得山实曾来署禀请弹压，于陈副官等起程之前十数分钟始先行离署。及该副官等到卸货处所时，即闻人云该两造已殴打一处，经西三分署带案矣云云。据此足证汪得山于互殴之时实未在场。且先事禀请弹压是有不欲启衅之心，其非教唆造意亦可证明。故其控告论点不得认为无理由。

又查，韩云祥、陈德、于万顺均系以被害人而兼立于被告人之地位。虽陈德、于万顺伤痕经检察厅验有自残部分，韩云祥供称有屈大桐在场加害亦经查系虚伪，然详核情节均系以被告人藉端抵制，彼方以为减免自己罪刑计，谓其防卫手段之不正常则可，谓为意图使人受刑事处分之独立告诉则不可。原判乃认韩云祥、陈德、于万顺于犯伤害罪处兼独犯新刑律第十二章之诬告罪未免错误。

又原判之认韩云波为伤害人二罪俱发，系以改组前地方厅之民国元年十二月间案卷为根据。讯据韩云波到庭供称：我于阴历壬子年八九月间即赴奉天谋事，至癸丑年腊月间始行回家。当日打架实未在场。地方厅亦未曾发票传我各等语。检查该

---

〔1〕 轩轾，这里作差异、不同讲。

厅元年旧卷，果无句传韩云波之票。又查卷载，验得曹后峰左腮颊指甲抓伤二点均皮破，此外别无伤痕。又载曹后峰十二月二十三日供："小民肋受踢伤是韩云波揪着辫子，他们共有好几个人打的"。又载韩云清于二年一月二十四日宣判时供：曹后峰称是小民抓伤，今蒙判罚拘役二十日候送执行云云。据此，是曹后峰所受抓伤，韩云清业已承认不讳。其所云被韩云波揪辫受有踢伤等语查与卷载伤单不符，则可证明其为虚伤之陈述，绝不能认为真实。原审衙门不加调查，仅凭旧卷所载、告诉人无据之词认韩云波于此次共同犯伤害罪外又曾犯过伤害曹后峰之罪，且又误曹为曾，实属谬误。

综上述论结，应将原判撤销由本厅更为判决。汪德山谕知无罪。其于万顺、韩春华、邢玉生、华凤林、张万顺、熊振清、吴长太、华凤岗、孙德有、陈文元、曲茂昌共同殴伤王福祥、韩云祥、陈德、潘昌富、谢光起之所为为五个轻微伤害罪之俱发；韩云祥、韩云波、陈德、王福祥、潘昌富、谢光起、王金梁、刘万德、朱长有共同殴伤华凤岗、华凤林、韩春华、陈文元之所为为四个轻微伤害罪之俱发，应均依暂行《新刑律》第三百一十三条第三款、第二十三条第三款处断，以符法意。其王广来伤害汪得山致轻微伤害之所为，系独立一罪，应依第三百一十三条第三款酌处以五等有期徒刑八个月。本案被告人未决期内羁押日数依第八十条均准予扣抵。特为判决如主文。

右案由检察官陈芝昌莅庭执行检察官之职务。

中华民国三年三月二十一日

直隶高等审判厅刑庭

审判长推事　孙如鉴

推事　张梯云

推事　吴大业

书记官　鲁同恩

【译文大意】

<h2 align="center">汪得山等与韩云祥等互相伤害一案</h2>

【判决】

控告人天津地方检察厅检察官。

汪得山，直隶天津县人，年龄四十三岁，住梁家嘴脚行。

被告人韩云祥，直隶天津县人，年龄三十八岁，住大红桥脚行。

韩云波，直隶天津县人，年龄四十六岁，住大红桥脚行。

陈德，直隶天津县人，年龄三十五岁，住大红桥脚行。

王福祥，直隶天津县人，年龄四十岁，住大红桥脚行。

潘昌富，直隶天津县人，年龄三十七岁，住大红桥脚行。

谢光起，直隶天津县人，年龄二十八岁，住大红桥脚行。

王金梁，直隶天津县人，年龄二十三岁，住大红桥脚行。

刘万德，直隶天津县人，年龄二十三岁，住大红桥脚行。

王广来，直隶天津县人，年龄四十八岁，住大红桥脚行。

朱长有，直隶天津县人，年龄二十二岁，住大红桥脚行。

于万顺，直隶天津县人，年龄二十五岁，住梁家嘴脚行。

韩春华，直隶天津县人，年龄四十岁，住梁家嘴脚行。

邢玉生，直隶天津县人，年龄二十一岁，住梁家嘴脚行。

华凤林，直隶天津县人，年龄二十六岁，住梁家嘴脚行。

张万顺，直隶天津县人，年龄六十岁，住梁家嘴脚行。

熊振清，直隶天津县人，年龄三十六岁，住梁家嘴脚行。

吴长太，直隶天津县人，年龄五十三岁，住梁家嘴脚行。

华凤岗，直隶天津县人，年龄二十三岁，住梁家嘴脚行。

孙德有，直隶天津县人，年龄二十六岁，住梁家嘴脚行。

陈文元，直隶天津县人，年龄二十三岁，住梁家嘴脚行。

曲茂昌，直隶天津县人，年龄五十六岁，住梁家嘴脚行。

控告人对于中华民国三年一月十三日天津地方审判厅就被告人韩云祥等斗殴伤人案件所作出的第一审判决均声明不服，上诉到厅。经本厅审理判决如下：

【主文】

原判撤销。

汪得山无罪。

于万顺、韩春华、邢玉生、华凤林、张万顺、熊振清、吴长太、花凤岗、孙德有、陈文元、曲茂昌共同伤害王福祥一罪各处五等有期徒刑两个月；伤害韩云祥一罪各处五等有期徒刑两个月；伤害陈德一罪各处五等有期徒刑两个月；伤害潘昌富一罪各处五等有期徒刑两个月；伤害谢光起一罪各处五等有期徒刑两个月。于万顺、华凤林、吴长太应各执行有期徒刑七个月；韩春华、邢玉生、张万顺、熊振清、华凤岗、孙德有、陈文元、曲茂昌应各执行有期徒刑六个月。

韩云祥、韩云波、陈德、王福祥、潘昌富、谢光起、王金梁、刘万德、朱长有共同伤害华凤岗一罪各处五等有期徒刑两个月；伤害华凤林一罪各处五等有期徒刑两个月；伤害韩春华一罪各处五等有期徒刑两个月；伤害陈文元一罪各处五等有期徒刑两个月。韩云祥、韩云波、陈德应各执行有期徒刑七个月；王福祥、潘昌富、谢光起、王金梁、刘万德、朱长有应各执行有期徒刑六个月。

王广来伤害汪德山之所为处五等有期徒刑六个月。

未决期内羁押日数均准以二日抵徒刑一日。

【事实】

大红桥脚行的韩云祥、韩云波、陈德、王福祥、潘昌富、谢光起、王金梁、刘万德、朱长有等于民国二年十二月十日与梁家嘴脚行于万顺、华凤林、吴长太、曲茂昌、张万顺、华凤岗、陈文元、韩春华、邢玉生、熊振清、孙德有等为争夺卸客货而互相斗殴，两方各受微伤。大红桥一方受伤者为王福祥、韩云祥、陈德、潘昌富、谢光起五人；梁家嘴一方受伤者为华凤岗、华凤林、韩春华、陈文元四人。过了两天，红桥脚行王广来又将梁家嘴脚行汪得山之鼻梁殴伤。由该管片的警察署先后拘押送到天津地方检察厅验伤并起诉。经地方审判厅审讯，除将王福祥等十八人均依据《新刑律》第三百一十三条第三款科刑外，并以韩云祥供述有屈大桐在现场参与加害，陈德、于万顺有自残伤痕，认为兼触犯《新刑律》第十二章之诬告罪，又以韩云波以前曾于民国元年二月二十二日曾将梁家嘴脚夫曹后峰腮颊殴伤后逃逸，认为属于伤害罪之俱发，均依俱发罪之规定科刑。江得山丁判决后声明不服，原判原检察官亦提出控告意见书控告到本厅。案件经过开庭审理并加以再次调查，认定汪得山于脚行互殴之时并未在场。韩云祥、陈德、于万顺、韩云波四人应与王福祥等均为本案共同正犯之外，确实不存在其他犯罪事实。

【理由】

天津地方检察厅检察官的控告意见大约分成两点：①韩云祥等系二罪俱发，应各个宣告罪刑再合并定应执行之刑期。原判合并宣告，经查不符合法理；②原判不审究法律的含意，不按照事实将王福祥等一律宣告第三百一十三条第三款最低度刑期，似乎不能维持刑法的效力。

本厅查韩云祥、陈德、于万顺、韩云波四名是原判所认为的二罪俱发之犯，于主文内并不依法宣告，只是浑言合并处刑，其办法与法律太不相符。原检察官控告第一论点自然应认为是正当的。

又查共同伤人之罪，各国立法例虽然有根据其伤害的轻重处以独立刑罚的情况，但《新刑律》不采此主义。因为群殴的案件，彼此互有受伤，至于什么伤是何人用何种手段所伤害的，加害者固然不肯自己招供，即使被害者也未必能够辨认清楚。因此该法律第三百一十六条第二项有同时伤害二人以上，以最重之伤害为标准，皆以共同正犯论之规定。深究法律的含意，所谓共同，既然出于故意则当然让他们负相同的责任而不许相互之间有所不同。本案除汪得山证明无罪外，其王福祥等六名、刘万德等十名均系同时下手伤害人之犯，是无论其加害之手段或为刀砍或为石击或为拳殴、指抓而按照第三百一十六条第二项之规定，该各个犯人的犯罪行为并无不同。其王广来于互殴事件发生两天后拳殴打伤汪得山，系独立犯一轻微伤害罪，处以数个月之徒刑已足以惩罚犯罪。原检察官乃以科刑同一，及处刑太轻为控告论点，其理由并不充分。惟详按本案情节，除汪得山无罪、王广来仅犯一个伤害罪外，其他之共同被告人均系数个伤害罪之俱发，原判乃误认第三百一十六条第二项为吸罪主义，而以一罪科断，很不符合法理。

汪得山上诉的主要论点是：我于十二月九日曾以大红桥脚行越界卸货等事在地方检察厅呈诉，并到中区警察署报案。于十日早八点就到另外中区警署厅等候消息，于十一点才经陈副官、刘巡长在该署当面嘱咐：先往卸货地点等候，他们随后骑马前往。而打架是在当日的十一点前，自可证明我并未在场打架等等。

经本厅发函询问该警署，据回复当日午前汪得山的确曾来署报案，在陈副官等起程之前十几分钟才先行离署。及该副官等到卸货处所时，就听别人说双方已经殴打在一起，经西三分署带来到案等等。据此足以证明汪得山在互殴的时候的确没有在场。且事先报案证明主观上不希望打架成为事实，他并非有教唆的意思也可以证明。所以其控告论点不能认为无理由。

又查，韩云祥、陈德、于万顺均系被害人而又兼处于被告人的地位。虽陈德、于万顺伤痕经检察厅检验有自残的部分，韩云祥供称有屈大桐在场参与加害，经查都不是事实，然详核案件情节都是因为被告人极端否认，该方为了减免自己的罪刑才这样做的，可以说这是防卫手段的不正常，但不可以说是为了使别人受刑事处分的独立告诉。原判竟然认韩云祥、陈德、于万顺在犯伤害罪处并单独触犯了《新刑律》第十二章之诬告罪未免错误。

另外，原判之所以认定韩云波是伤害人的二罪俱发，系以改组前的地方厅之民国元年十二月间案卷为根据。讯据韩云波到庭供称：我于阴历壬子年八九月间即赴奉天谋事，至癸丑年腊月间始行回家。当日打架实未在场。地方厅亦未曾发票传我各等语。检查该厅元年旧卷，果然没有传唤韩云波之牌票。又查卷载，验得曹后峰左腮颊指甲抓伤二点均为皮破伤，此外别无伤痕。又载曹后峰十二月二十三日供："小民肋受踢伤是韩云波揪着辫子，他们共有好几个人打的"。又载韩云清于二年一月二十四日宣判时供：曹后峰称是小民抓伤，今蒙判罚拘役二十日候送执行云云。据此，这曹后峰所受的抓伤，韩云清业已承认不讳。其所说的被韩云波揪辫受到踢伤等语查与卷载伤单不符，则可以证明其作了虚伪的陈述，绝不能认为真实。原审衙门不加调查，仅凭旧卷所载、告诉人无根据的供词就认定韩云波于此次共同犯伤害罪外又曾犯过伤害曹后峰之罪，且又误写曹为曾，实属谬误。

综上，应将原判撤销，由本厅重新判决。汪德山宣告无罪。其于万顺、韩春华、邢玉生、华凤林、张万顺、熊振清、吴长太、华凤岗、孙德有、陈文元、曲茂昌共同殴伤王福祥、韩云祥、陈德、潘昌富、谢光起的行为是五个轻微伤害罪之俱发；韩云祥、韩云波、陈德、王福祥、潘昌富、谢光起、王金梁、刘万德、朱长有共同殴伤华凤岗、华凤林、韩春华、陈文元的行为是四个轻微伤害罪之俱发，应均依据《新刑律》第三百一十三条第三款、第二十三条第三款定罪量刑，以与法律规定相符合。其王广来伤害汪得山致轻微伤害之所为，系独立的一个罪行，应依第三百一十三条第三款酌处以五等有期徒刑六个月。本案被告人未决期内羁押日数依第八十条均准予扣抵。特为判决如主文。

此案由检察官陈芝昌莅庭执行检察官之职务。

中华民国三年三月二十一日

直隶高等审判厅刑庭

审判长推事　孙如鉴

推事　张梯云

推事　吴大业

书记官　鲁同恩

十八、保险赔款案商事判决书

◎杨兆龙

【评析】

　　杨兆龙是我国著名的法学家。海牙国际法院评出的世界50位法学家，中国仅有两人，其中之一就是杨兆龙。这篇判词是他担任上海公共租界临时法院的推事（法官）时所写的。前面原来有一个"判决要旨"，应该为当时的《法学季刊》发表这篇判词时所加。这个案件不是大案，也不是奇案，只是一般的商事案件。但这个案件也并不简单，有相当的复杂程度。大案奇案，审判者会特别重视；遇到简单案件，审判者又无从发挥。这种复杂的普通案件正好试试身手。结果证明杨兆龙的水平的确了得！他写这篇判词时应该只有二十六岁。想来真是惭愧，二十六岁的我听别人谈论案件时还只会点头称是，而他已经可以如此娴熟地杀伐决断了！很多年前初读这篇判决书，正值炎炎夏日，酷热难耐。读的过程中就让我觉得仿佛是在喝一杯冰镇啤酒，清爽异常。读过之后竟有如沐春风之感。从那时起，我才知道判决书原来可以写得如此之好！多年以后再读此文，仍觉得杨兆龙之笔确实让人望尘莫及！

　　这篇判词好在哪里呢？对于一般人来说，海事保险类的案件可能离生活太远了。所以很难读懂这篇判词的妙处。如果你了解这个法律领域，就会发现判词的妙处就是两个字：合体。头脑将案件剪裁得合乎法律，心思将判词剪裁得合乎表达。它就像一件合体的西装，如此熨帖地敷在身上。既对身体有支撑感，又不障碍你的行动。整篇判词概念清晰，拿捏准确，让人窥得案件全貌又没有一句废话，作者丰富的学识挥洒自如又毫不卖弄，有理有力的论述使得阅读者不得不折服。

　　他的知识非常丰富。杨兆龙毕业于燕京大学的哲学系和东吴大学的法律系，还是哈佛的博士和柏林大学的博士后。而且据说会英、法、德、意等甚至捷克语！判词中对英国法熟悉的引用介绍，应该就得益于他纯熟的外语水平。但较之于丰富的知识，更令人惊奇的是他的法律天赋。学法律是需要天赋的，否则无论有多高的学历，无论多么勤奋努力也无济于事。杨兆龙写这篇判词的时候，司法实践经验并不多，但以我这样一个有着十几年司法实践经验的人看来，根本找不出任何毛病。他的法律概念清晰、思维缜密、处理问题时拿捏把握精准。除了先天的才华外，不可能有别的原因。

有知识的人容易卖弄，但杨兆龙毫不卖弄。判词中所有的知识展示都是真正出于观点表达的需要。如列举两种对立观点的判例，是为了向不太熟悉英国法的中国人如实地介绍情况，也是表明自己对这一法律问题了解的全面，从而让人对自己的判断更加信服。三个案例概况的介绍更是以例证的方法说明问题。现在有的判决书中，作者不是根据案情的需要运用知识，而是为了表现某方面知识的丰富强拉案情。

杨兆龙不仅有"理"，而且有"力"。"近因"是一个"仁者见仁，智者见智"的问题，英国法上既然有判例支持另一种"最终原因说"，就证明这种学说也有它自己的道理；至于货物被抢劫是否一定为触礁事故的必然发展，也不是板上钉钉的事情。对于这些需要法官作出决定的地方，杨兆龙敢于作出判断抉择，丝毫没有首鼠两端的迹象。于摇摆时作决断，在混沌处定黑白，这正是法官的责任，绝不应当一遇到疑难问题就各打五十大板。

判词结构规整。首部、主文、事实、理由、尾部五个部分清晰整齐。首部、尾部、主文简洁明确又不失要点。事实分案情、原告意见（五条）、被告意见（五条）。理由也分成了五个争议焦点，环环相扣。每一个争议焦点都是下一个争议焦点的前提条件。第一个争点"本案应否适用英国法"是整个案件的先决问题：只有确定了所适用的法律才能确定案件的其他争议焦点。第二个争议焦点"原告的货物在该轮上"如果不能认定，该案就与保险合同完全无关了，也就不会再考察"原告之货物是否损失"的问题了。而第三个争议焦点确定了货物全损后，才会有损失和触礁事故的因果关系问题。在第四个争议焦点肯定了"近因"和赔偿数额后，实际上就判决了被告败诉。这才有第五个争议焦点来讨论是否"假执行"（先予执行）的问题。

判词繁简得当。叙事非常简洁。案情总结得很精炼，没有拖泥带水的地方。如保险合同只叙述与案件有关部分的内容："因轮船搁浅沉没，及与其他船舶碰撞所受之损害，均由被告赔偿。惟被告对于该货物，因战争、暴动、内乱及海盗所受之损害，及因装载于船舶甲板上所受之损害，概不付填补责任。"其余内容因与案件无关一概舍去。对双方意见的总结也是精炼而不失本意。这使得判决书内容紧凑，争议焦点得以突出。

论理中"近因"问题最为关键。因为它在法律上尚无定论，法官的个案抉择最有意义。判决书在这个问题上花费的笔墨也最多。首先，明确指出英国法上存在的两种观点：最后原因说和主要有力原因说，并且分别列举了支持每一种观点的判例。接着，表明自己同意主要有力原因说并说明了理由。其中详细介绍了 Adersen v. Marten 一案的案情，以解释自己的观点。针对被告的意见，判决书指出了其中的错误：英国人阿纳尔特的《海上保险法》第十一版已经改变了原先的观点，不再支持最终原因说了。做到了既立且破。确立了"有力原因说"为处理案件的法律原则后，判决书转入了论证该原则如何具体适用于本案情况，即触礁事故是否为货物损失的有力原因？杨兆龙在此作了很细致的分析，结合当时当地的情形说明了他的观点，并再次详细介绍了英国法上的两个判例：Hahn v. Corbett 案和 Mancomunidad Del Vaper Frunia v. Royal Exchange Assurance 案，以便与本案情况相对照，增强自己的说服力。这样的浓墨重彩并没有使人生厌，反而让人觉得透彻。因为这是案件的关键之处，是作者最想说、阅读者最想知道的地方，当然应当详写。相反，对于比较明显的法律问题，判决书就只作一般性的论证。如因为依据合同的约定来确定准据法是一个普通的法律原理，而原告未能证明被告将来难于执行也是很明显的事实，所以对于"本案应否适用英国法"和"假执行"问题，都不需要作什么太深的论证，只要略写即可。正因为这篇判决书写得繁简得当，所以读起来让人很舒服。

如果对这段论理进行一下解析的话。它可分为确立原则和运用原则两部分。确立原则是确立主要有力原因为确定近因的原则。这一部分首先介绍了英国法上支持两种观点的各自判例（轻重）；然后通过分析和举例（Andersen v. Marten 一案）说明支持主要有利原因说的理由；再反驳被告的意见。另一部分运用原则首先说明具体这个案件中如何落实主要有力原因，就是"货物之全部损失是否为轮船触礁之当然的与可以预料的结果"（轻重）；然后又是分析和举例（Hahn v. Corbett 一案和 Mancomunidad Del Vaper Fmnia v. Royal Exchange Assurance 一案）。

最后，判词的语言做到了明、雅。虽然无华丽的词藻，但严谨而不失自然生动。

【正文】[1]

上海公共租界临时法院民事判决

（十八年总字第 6107 号）

原 告 大纶号（营业所上海福州路西中和里 77 号）

右诉讼代理人 沈越声律师

被 告 阿旭纶斯育宁保险公司（营业所德国享堡）

右法定代理人 柯门（住上海霞飞路 1409 号）

右诉讼代理人 魏律律师 陆聪祖律师

右两造因保险赔款涉讼一案。本院审理判决如下：

---

[1] 选自杨兆龙：《杨兆龙法学文选》，中国政法大学出版社 2000 年版，第 484 页。

【主文】

被告应赔偿原告银一万一千两，及自民国十八年六月二十二日起至执行终了日止，周年5厘之利息。

原告其余之请求驳斥。

诉讼费用归被告负担。

【事实】

缘原告于民国十八年一月二十八日，以装载于平福轮船上之疋头货物30件，向被告投保水险。保险金额为1.1万两。由被告出立保险单一纸，载明原告货物于自上海至四川重庆之程期内，因轮船搁浅沉没，及与他船舶碰撞所受之损害，均由被告赔偿。惟被告对于该货物，因战争、暴动、内乱及海盗所受之损害，及因装载于驳船甲板上所受之损害，概不负填补之责。嗣平福轮船于民国十八年二月十七日上午十一时四十分左右，行经宜昌上游峡领塘急流处，与石岛上珠（译音）相撞，损及船之右舷机器间及汽锅间。江水由损坏处涌入，将机器间及汽锅间之火扑灭。致船身不由司机者之指挥，而触于左近之石岛二珠（译音）上。尔时因前进之力甚强，该轮被二珠岛上之石侵入颇深，故与该岛相触后，船身之前部即坚贴其上，而不可脱。该轮之船长，以船身之后部（即机器间及汽锅间所在之处）沉没水中，深恐船身自石岛脱落后，乘客及海员有生命危险，当即嘱一切人等离船。附近居民目击此情，遂乘机登船劫取行李货物，劫取后复在船上放火，结果原告之货物全部损失。原告以该项损失应由被告负责，于民国十八年六月二十二日致函被告，要求给付1.1万两之保险金。嗣因被告拒绝该项要求，乃诉追该款，及自民国十八年二月十七日起至执行终了日止周年8厘之迟延利息，并请求宣示假执行到院。

原告辩论意旨约分五点：

1. 原告之货物于平福轮遇险时，确系在该轮上。关于此点有该轮所出之收单，及轮船公司所出之提单为凭。收单已由原告呈案。提单曾由原告于十八年七月十日函寄被告，可责令被告提出证明。

2. 触礁为保险契约内所称搁浅之一种。本案之危险为应由被告负责之危险。

3. 原告之货物，究系置于平福轮之何部，并是否因触礁或当地居民之劫取与放火行为而直接损失，虽不可必；但当地居民之劫取，与放火行为均系触礁之结果。原告货物之损失，实系因触礁而发生者。被告应负赔偿之责。

4. 保险法规系强制之性质，其适用与否，不容当事人任意以契约决定之。中国保险法及海商法均已颁布，本案应适用该二法之规定。

5. 被告一再拒绝付款，实属有意延宕。将来执行判决，必多困难。应请对于本案判决，宣示假执行。

被告辩论意旨亦分五点：

（1）本案应适用英国法律，为双方所约定，且为中国法律适用条例及国际私法所许。原告主张适用中国法，殊无理由。

（2）触礁虽为应由被告负责之危险，但原告应提出收单与提单，以证明其货物确曾于危险发生时装载于平福轮上。原告既未提出提单，其货物之是否遭遇危险，殊属可疑。至原告所称该提单现由被告收执一节，为被告所否认。原告不能免除提出该提单之责。

（3）原告之货物是否损失，未据证明，被告无赔偿之责。

（4）依照英国法律，赔偿责任之发生，以所保危险为保险标的损失之近因（Proximate Cause）为条件。所谓近因者，即照时间上距损害之发生最近之原因。故凡损害之发生，有二以上之原因时，应以最终之原因（Last Cause）为近因。本案原告货物损失之最终原因，系海盗而非触礁，被告不应赔偿该项损失。

（5）本案历次审讯时，被告均曾依法到法庭，被告之拒绝付款，并非故意延宕；原告关于假执行之声请，应请驳斥。

【理由】

本案应审究之点有五，兹分别说明于下：

1. 本案应否适用英国法。查契约当事人关于发生债权之法律行为之成立要件及效力约定适用外国法律者，除该外国法律与本国之公共秩序或善良风俗相抵触外应依约定适用之。此项原则，不仅为近世国际私法所承认，抑且为中国法律适用条例第1条及第23条第1项所规定。本案原告所填写而交与被告之要保险单（Application form），及被告所出之保险单上，均有适用英国法律之记载。是就双方之意思表示而论，英国法实为本案所约定适用之法律。本案系争之点，既因发生债权之法律行为，即保险契约而起；而英国关于本案之法律，又无与中国之公共秩序及善良风俗抵触之处，原告自无主张不适用英国法律之权。

2. 平福轮触礁时，原告之货物是否在该轮上。查轮船上所出之收单（Mate's receipt），为货物装上船后所发给。故该项收单为货物已上船之有力证据。本案原告关于被保货物确曾于平福轮触礁时在该轮上一点，既曾提出平福轮所出之收单为证，而该收单上所载之记号、数量、性质，又与被保险货物所有者相符，其主张之事实，自属可信。被告以原告未提出提单，而否认该项事实，难认为有理由。况据原告提出十八年七月十日致被告一函，及被告于同年同月十一日之复函，证明原告货物之提单，确曾于十八年七月十日由原告寄与被告，并经被告查收无误。该项提单纵为必要之证据，原告亦无将其提出之义务。被告关于本点之抗辩，显属毫无理由。

3. 原告之货物是否损失。查当事人对于所主张有利于己事实虽负举证之责，但此项原则之适用，除法律有特别规定外，以积极事实为限；至于消极事实，则此项原则不能适用。故系争之事实，如系消极事实，其主张之者，除法律有特别规定外，不负举证之责。易词言之，此项系争事实，于对造当事人无反对证据提出前，推定为真实。本案原告所主张货物之全部损失，自原告方面视之，根本为消极事实。其举证责任之归属，法律上并无特别规定。故在被告无反证前，原告毋须举证。被告关于此点所举出之证据，为那罗（Frank Laloe）之证言。惟该项证言所能证明者，无非平福轮上货物中曾有无记号之疋头货物 10 件，及无记号之绵纱 30 包（合 1206 索）被捞起。至该疋头货物 10 件究系何人所有，则未经证明。其不足推翻原告所主张之事实，甚为明显。故原告货物业经全部损失，应推定为可信之事实。

4. 被告对于原告货物之损失应否负责。查保险人损害赔偿责任之发生，依照英国法律，虽如被告所主张，以所保危险为损害发生之近因（Proximate Cause）为条件，但英国海上保险法之判例关于何为近因之解释并不一致。英国关于本点之判例分二种。依第一种之解释，近因乃最终原因（Last Cause）；依第二种之解释，近因乃主要有力原因（Predominating, efficient Cause）。前者之例如 1809 年 Livie v·Janson（12 East·648）一案；1863 年 Ionides v. The Universal Marine Jnsurance Company（I. ASP. p·356）一案；1883 年 Cory v·Bwrr（IV. ASP. M·L·C·l90）一案；1890 年 Pink v. Fleming（VI. ASP. M，L·C·，554）一案是。后者之例，如 1816 年 Bondreti v. Hentigg（IIolt N·p·149）一案；1824 年 Ilahn v. Corbett（2 Bing. 205）一案；1894 年 Reischer，v·Borwick（ZQ·B·548）一案；1908 年 Andersen v·Marten（XIII：Com. CAS. ，205and321）一案；及 1925 年 Mancomunidad Delvaper, Fmniz v. Royal Exchange Assurance（I R·B·of 1927，p·567）一案是。以上二种判例均有其赞同者，但第二种判例实较第一种判例为合于正义与理性；盖以时间上之次序决定近因往往与事实不符，根据该项标准所为之判决最难公平。此观点于 Andersen v. Marten 一案极易明了。该案被告保原告之船不受海上危险（Perils of the sea）。但声明对于因被捕及被夺等（Capture and seizure etc.）所遭受之损害不负责任。时当日俄战争，该船因装运违禁品，为日本巡洋舰捕获，旋经捕获裁判所宣告没收。于被捕之后，及宣告没收之前，该船因与大冰山相触，致破裂搁浅，全部遭受损害。英国上诉院（Court of appeal）审理结果，认该船遭受损害之近因为被捕。因一经被捕，该船即入于为日本捕获裁判所宣告没收之危险中；在船舶所有者视之，已等于全部之损失。此项损失，在英国保险法上谓之准全部损失（Constructive total loss）。以后因触冰搁浅等危险所生之损失，只能视为捕获者之损失，与船主并无关系。故该船损失之原因，自原告方面视之为被捕，并非触冰搁浅。按该案原告之船，在当时之特殊情形下，纵不遇触冰搁浅等危险，亦难免被没收。原告之损失，既非因轮船触冰搁浅而始发生，复不因遭受该项危险而加重。被告对于该项损失不负责任，自属当然之事。然英国上诉院之所以如是判决者，实因该院于决定该案原告损失之近因时，以原因之是否主要与有力为标准，而不以其发生之先后为标准。设该院舍主要有力原因说，而斥斥以最终原因说为正当解释，其判决必与正义理性大相背谬也。本案被告所引为根据者，为英人阿纳尔特（Arnould）所著第 9 版《海上保险法》一书。该书第 2 册第 783 节及第 818 节，虽主张近因为最终原因，但该书第 11 版对于第 2 节已加以改正，而主张近因为主要有力原因。及该书第 9 版第 820 节内曾采用上述 Andersen v. Marten 一案之原则，是即就该书而论，最终原因说亦不足取。故被告主张以最终原因为近因，不能认为正常。近因之解释问题，既经解决如上，则被告之应否负赔偿之责，不难迎刃而解。查被告之负担赔偿责任，以轮船触礁为货物全部损失之主要有力原因为条件。而轮船触礁之是否为货物全部损失之主要有力原因，须视货物之全部损失，在本案之特殊情形下，是否为轮船触礁之当然的与可以预料的结果（the natural and probable consequence）而定。本院按宜昌崆领塘急流处荒僻异常，居民稀少，生活艰苦，知识幼稚。平福轮与石岛二珠相触后，即坚贴其上而不可脱。当时因船身之后部沉没水中，乘客与海员之生命危如累卵。船长迫不得已，乃嘱一切人等离船登陆。在此情形之下，船上人员对于所装载之货物，不啻已失其管领之力。该处既无警察，或其他人员保护或监视，而船上货物又无其他可安放之处。当地无知贫苦居民之敢擅取货物，能在船上放火，自属当然的与可以预料的结果。申言之，原告货物之损失，虽不能断言直接发生于触礁，但无论如何，触礁确曾直接将货物置于船上人员管领权力之外，致不能避免当地居民之攫取毁损，而完全损失。当地居民之行为纵属海盗行为，原告货物之全部损失，纵系由该项行为，该项行为亦只能视为触礁危险之一部分，不能视为独立之危险。其所发生之结果，应认为触礁之结果。被告对于该项结果，不能免除责任。此项论断，在英国判例中非无根据。他且勿论，即就上述采取主要有力原因说之案件中，与本案情形相似者而言，本案论断之正当，已不容否认。兹将该数案之经过情形略述于后，以资比较。

（甲）Hahn v. Corbett 一案。按该案被告保原告之货物不遇海上危险，但被捕及被夺（Capture and seizure）不在此限。货船行抵马拿开波（Maracaybo）在近地方时，搁浅于沙滩上，致一部分货物遭受损失。时该处发生内战，为西班牙军队所驻。因船上货物系供敌军之用，船及货物均被没收。英国法院认原告货物损失之原因，完全为搁浅。盖货船一经搁浅，货物即入于全都损失之危险，而难以幸免。

（乙）Mancomunidad Del Vaper Fmnia v. Royal Exchange Assurance 一案。按该案原告保被告之船不受因与水以外之任何物碰撞所生之损害 ［damage received by collision with any Object（ice included）other than water］。但对于其他损害，绝对不负责任

(free of particular average absolutely)。该船行抵中途时，与苏格兰岛西岸之石相触，致被损坏，而搁浅该处。当其未脱险时，天气忽起变化，致其损坏部分加增。旋因将船身与所触之石离开，该船之他部又被损坏。原告请求判令被告对于全部损失负责。英国法院认因天气变化及与所触之石离开所增加之损害，在该案之情形下，无可避免，应认为搁浅之当然之结果。故被告对于该项损害，亦应负责。该案之审判长罗起（Roche J·）谓"吾人应查究损害发生之真原因，真原因一经发现，则凡自该原因所发生之当然的结果，亦应包括在内。"

被告对于原告之损失，应负赔偿责任，既如上述。次应研究者，为赔偿数额问题。按本案保险金额为 1.1 万两。原告之货物即已全部损失，被告应给付原告之赔款，自以该数额为标准。又原告货物损失后，被告须有调查真相及搜集证据之机会。故平福轮遇险之日，被告尚无给付赔款之义务。原告主张被告自十八年二月十七日即平福轮遇险之日起负迟延给付之责，未免近于苛刻，依法不应照准。顾原告于十八年六月二十二日致函向被告为给付之请求时，距平福轮遇险之日，已逾四月。被告对于本案事实，已有充分调查机会。当早知对于原告所受之损害，不能辞赔偿之责。其免除迟延给付责任之原因不复存在，故其迟延给付之责应认为自该日起发生。再原告所请求之迟延利息为周年 8 厘，此向请求与最近立法例未尽适合。被告应给付之迟延利息，应改依周年 5 厘计算。

5. 本判决应否宣示假执行。查判决之宣示假执行，除具备民事诉讼条例第 462 条第 1 项各款情形外，以债权人之声请，及判决在确定前不为执行。债权人有受难于抵偿或计算之损害之虑为条件。本案原告虽曾请求为假执行之宣示，但对于判决确定前不为执行、务受难于抵偿或计算之损害一点，未曾证明，故该项请求应予驳斥。

依上论断，并依民事诉讼条例第 97 条，特为判决如主文。

中华民国十九年二月一日

上海公共租界临时法院民庭推事　杨兆龙

十九、诚明文学院校产案判决书

◎上海高等法院

【评析】

这是一份民国后期的民事判决书。写作方法已经发生了重大变化。事实部分陈述上诉人、被上诉人的意见，不写法院认定的案情。理由部分才叙述法院认定的案情和相关的法律理由。这种方法同后面的"鳗鱼案"的判决书写作方法如出一辙。双方是有承继关系的。

案件是抗战胜利后，诚明文学院向伯大尼孤儿乐园要还校产的事情。它与抗战的政局变迁还有一定关系，因抗战诚明文学院部分人员内迁重庆，其余的校董也蛰居上海，该校恐怕也已经停课，所以才给了前校长之子得以盗卖校产的机会。但总体上讲，这还是一个普通的民事案件。诚明文学院原名正风文学院，涉案的校产是校舍及土地，这是该院自己购买建造的，但相关的凭证一直留在校长王西神手中。抗战中，王西神病故。其子王贞运将全部校舍土地卖给了另一个被上诉人黄仲明。黄仲明不到两个月就转卖给了被上诉人伯大尼孤儿乐园。抗战胜利后，诚明文学院返回上海要求返还校产。

这个案件有三个法律关系：诚明文学院与王西神之间的委托法律关系；王贞运与黄仲明的买卖关系；黄仲明与伯大尼孤儿乐园的买卖关系。判决书重点阐释的是前两个法律关系。诚明文学院是诉争财产的所有人，王西神不过是代管人。这一点判决书论述得很清楚。而且王西神与黄仲明的买卖合同是非常令人生疑的。由于种种原因，诚明文学院的校产在登记时使用的是王西神的个人名义。这不影响诚明文学院与王西神的法律关系，所有权真实的情况是什么，登记与否并不重要。但这影响与第三人的关系。当第三人与之交易时只能信任登记上的所有人。所以当黄仲明、诚明文学院要购买校产时，与王西神之子王贞运联系是没有错误的。但如果第三人知道这份财产真正的所有权人是谁，仍与错误的人交易，就不能受法律保护了。也就是说，知情的第三人不是善意第三人，交易要认定为无效交易。本案中要说明两个焦点问题，一是王西神与诚明文学院谁是真正的所有权人。这一点判决书阐释得还不错，通过几方面的证据分析，证明了诚明文学院是真正的所有权人。二是黄仲明、伯大尼孤儿乐园是否知情。黄仲明应当是知情的，这一点判决书阐释得还算成功。两个月就转手，串通的嫌疑较大。但对于伯大尼孤儿乐园，阐释得就有些单薄了。这个孤儿院是从黄仲明手中购得的，之前是什么情况，它很可能毫不知情。不能因为王贞运与黄仲明之间的交易有了什么问题，就自然推论伯大尼孤儿乐园也知情。恐怕这也是一审法院没有支持诚明文学院的原因吧。

【正文】[1]

上海高等法院民事判决

三十五年度上字第二零二号

上诉人诚明文学院，设北京路二六六号四楼

法定代理人吕思勉住同上。

奚玉书住同上。

诉讼代理人俞承修律师、朱启超律师、江一平律师。

被上诉人王贞运住居所不明。黄仲明住长乐路二四五弄十号。

诉讼代理人徐砥平律师、邹玉律师、奚肖若律师、吴鹏飞律师、祝匡明律师

被上诉人伯大尼孤儿乐园设泸北中山路交通路一九三三号

法定代理人钱团运住同上

诉讼代理人端木恺律师、王善祥律师、周静荣律师

右当事人间请求确认买卖契约无效，及返还校产事件，上诉人对于中华民国三十五年三月十九日上海地方法院第一审判决，提起上诉，本院判决如下：

【主文】

原判决废弃；

确认上诉人就闸北中山路西交通路、彭浦区、金二十二图、北道圩、壹号十五至十九丘、贰号乙至二丘、叁号壹至贰丘，共计地拾壹亩叁分零捌毫，及其上全部建筑物，有所有权。

被上诉人伯大尼孤儿乐园应将前项不动产返还上诉人。

第一第二两审诉讼费用，由被上诉人王贞运负担。

【事实】

上诉人代理人声明请求废弃原判决，确认被上诉人间就闸北中山路西交通路、彭浦区、金二十二图、北道圩、壹号十五至十九丘、贰号乙至二丘、叁号壹至贰丘，

---

[1] 该判决书抄件藏于上海图书馆。

共计地拾壹亩叁分零捌毫，连同地上建筑物九十二间，更迭移转之买卖契约，均无效。被上诉人伯大尼孤儿乐园，应将前述校产返还上诉人，并令负担两审诉讼费用。被上诉人黄仲明及伯大尼孤儿乐园代理人声明请求驳回上诉，并令上诉人负担第二审诉讼费用。

上诉人代理人陈述略称，"上诉人原名正风文学院，于民国二十一年呈准教育部立案。二十二年春购得闸北中山路西交通路、彭浦区、金二十二图、北道圩、壹号十五至十九丘、贰号乙至二丘、叁号壹至贰丘，共计地拾壹亩叁分零捌毫。二十三年春自建校舍九十余间。迨八一三抗战军兴，暂迁租界上课。二十七年秋前院长王西神变节，出任伪职，向校董会请辞，乃公推校董蒋维乔接任院长，呈部备案。二十九年奉令准予改名诚明文学院。当王西神移交时，备有清册，对于校产契据，据不交出，旋于三十一年七月间病故。既在渝陷区域，上诉人无从交涉。抗战胜利后，筹备复校，发现校产已被王西神之子，即被上诉人王贞运，擅以已故王西神私人名义，于三十二年五月二十九日盗卖与被上诉人黄仲明。黄仲明即于同年七月二十二日转售与被上诉人伯大尼孤儿乐园。查此项校产，为正风文学院所有，均有：①王西神所填报上海市高等学校二十一年度调查表册，及二十四年高等教育概况表册；②其移交卷内，所附校舍总地盘图，及土地证字号留底；③二十三年三月间，以正风文学院新址招生广告；④正风文学院一览校刊内，王西神所著校史，及校舍平面图等记载。此项校产之各项文件，暨上诉人于上年九月三十日，摄有校址大门上、办公室正面屋上及窗外墙基所嵌奠基石上，悉讲明正风文学院字样之照片，可资证明。更有王西神于二十八年十月间，以此项校产，向伪地政局陈报，填单存根上，亦载明正风文学院代表人王西神，可以覆按。乃被上诉人王贞运，利用已故王西神所据留之土地执业证，勾串被上诉人黄仲明，买受此项校产。故黄仲明买受后，以邵子民名义，登报征询。即使上诉人校董，有人在沪，亦无注意之可能。至被上诉人伯大尼孤儿乐园，明知校产，竟愿买受，其所凭土地执业证，系王西神以校长身份，用私人名义，代表换领，根本不能据为所有权之证明。原判决对于上诉人所有证据，未尽斟酌，还认此种互相勾串，更迭移转之买卖契约为有效，率将上诉人在原审之诉驳回，实有未合等语，提出校址照片、信件、报纸、移交清册、正风文学院一览校刊、及各项文件副本为证。"

被上诉人黄仲明代理人陈述略称："地产所有权之唯一证据，厥为土地执业证，与该证上所载户名。系争地产之土地执业证，所载户名为王西神，并无代表任何团体之记载，足证产权为王西神所私有。被上诉人王贞运，为王西神继承人，自有处分权利。被上诉人黄仲明买受立契时，王西神虽已故世，契上仍书王西神率子王贞运者，不过表明王西神遗产之意，实属无可非难。且黄仲明买受前，会登报征询第三人有无异议，上诉人在沪校董甚多，始终并无任何表示，如系校产，决不致漠然如是。当时登报用邵子民名义，因被上诉人与邵子民合伙承买，至上诉人所主张报纸、校刊、及各种文件内记载校产均系宣传文字，无足凭信。王西神向前工务局以正风文学院名义请领建筑执照之公函，揆诸上海市建筑规则第十六条规定，亦不得视为所有权之证明。又伪地政局土地陈报单存根之记载，决不能推翻抗战前合法领得之土地执业证。况此项存根上，王西神的盖图章，系属伪造，土地陈报，亦系冒名顶替，上诉毫无理由。"等语。

被上诉人伯大尼孤儿乐园代理人陈述略称："被上诉人王贞运与黄仲明间买卖讼争地产，合法有效，已如上述，则被上诉人伯大尼孤儿乐园，向黄仲明合法转买，当然有效。且此项王西神户名之土地执业证，初由王西神抵押与新华及浙江兴业各银行，足证系王西神所有。至王西神生前在各种文件中记载，此项地产系属校产，无非对外夸耀，以期增进其声誉，断不能作为正风文学院自身产权之确证。又建筑物上所铸正风文学院字样，纯系标识性质更不足以为所有权之证明"等语，提出契证照片、报纸、抵押借据及上海市建筑规则抄本为证。

被上诉人王贞运，应为送达之处所不明，经公示送达传票及上诉状本后，未经到场，亦未提出答辩状，故无声明陈述可记。

【理由】

本件被上诉人王贞运，未于言词辩论期日到场，查无修正民事诉讼法第三百八十六条各款情形，上诉人代理人声请，由其一造辩论而为判决，核与同法第三百八十五条第一项规定，尚无不合，应予准许，合先说明。

查上诉人原名正风文学院，于民国二十一年呈准立案。二十九年奉部领准予改名诚明文学院。业据上诉人提出与教育部往来文件，且为被上诉人所不争。兹上诉人主张，闸北中山路西交通路、彭浦区、金二十二图、北道圩、共计地拾壹亩叁分零捌毫，及其上全部建筑物，系正风文学院校产，为上诉人所有。不特已据其提出，前院长王西神所填报上海市高等学校二十一年度调查表，及二十四年五月间高等教育概况表副本，均有此项校产之记载。又王西神移交后任院长蒋维乔卷宗内，附有二十四年十月印会上海正风文学院校舍总地盘，及土地证字号留底，载明："该院基地，上海闸北交通路中山路西，坐落彭浦区，金二十三图，北道圩，总计地数拾壹亩叁分零捌毫"。"本户系正风文学院自购，用院长王西神名义向土地局登记"。及正风文学院一览校刊中，附校舍平面图。并王西神所亲撰校史，亦详细叙明："非自建校舍，则一切设备之改善，无从进行，爰于民国二十二年之春，相地于沪西中山路西交通路，计地十亩有余，兴工于二十三年春，承造者为顺兴泰建筑公司，都大礼

堂一、教室九、宿舍四十有六、办公室等八、图书馆藏书室各一、其余庖[1]、
湢[2]、溷[3]、藩之室称足，斥金都十三万有奇，预计六阅月而工竣，将以二十三
年秋季开学时迁入新校舍。"暨二十三年八月九日，及同年九月二日正风文学院新校
址招生广告等书证，可资证明；且此项校产：大门上面，办公室正面屋上，及室外
墙基所嵌奠基石等三处，悉铸有"正风文学院"字样，亦经上诉人摄有照片，举证
可凭。是此项基地，及其上全部建筑物，并非已故王西神所私有，洵堪认定！被上
诉人黄仲明，及伯大尼孤儿乐园，虽均以此项地产土地执业证上户名为王西神，并
非正风文学院，王西神又曾将该证，以私人名义，向各银行抵押借款，及被上诉人
黄仲明向王西神之子王贞运买受前，曾登报征询第三人有无异议，当时上诉人所有
留沪校董，始终并无任何表示，足见绝非校产，为抗辩论据。然不动产登记制度，
原为保护真正权利人而设；若登记当事人，本无真正权利，因持有不动产契据，即
冒名登记，致取得所有权保存登记之土地执业证，法律上仍不应予以保护，而认为
确有真正权利之唯一凭证。本院函向上海市地政局调阅此项登记簿册，既准复称：
"上开土地，于民国二十一年至二十五年间以赵秋人等户旧单，在前局先后换领王西
神户名土地执业证，此项换证档案，已因战事毁失，无法检送"云云。而此项不动
产契据，又向由王西神经手购置及掌管，从未交示正风文学院校董会，并私向银行
抵押借款。即民国二十七年，其向校董会辞职，备册移交后任院长时，亦并未列入；
且始终据不交出，则上诉人谓此项土地执业证，系当时王西神以校长身份，用私人
名义，代为换领，不能作为王西神个人所有产权之凭证；依上说明，自无不合！至
被上诉人黄仲明，于买受系争地产时，固曾登报通告第三人，征询有无异议，第用
邵子民名义登报，核与契载买受人名义不符。复不能提出相当证据，证明其与邵子
民合伙买受属实。系空言饰辩，自不得以如此登报经过，上诉人方面未曾表示异议，
即可反证系争地产，并非校产。况该被上诉人黄仲明，于三十二年五月二十九日买
受后，为期不及两月，即于同年七月二十二日，转卖与被上诉人伯大尼孤儿乐园。
且该地上建筑物，铸有正风文学院字样，其系校产，至为显著！乃被上诉人等，贸
然承买，毫无顾忌，所有举措，均不合情理！是上诉人攻击其更迭转买经过，系属
勾串，即非无因！加以该被上诉人等买卖，均在本市沦陷时期，向伪地政局纳税过
户，此种不动产物权移转之契约，不能对抗真正权利之上诉人，尤无可疑！再查被
上诉人以上诉人的举证，关于系争不动产，系属校产之各项文件，均系王西神对外
夸耀宣传之记载，藉以增进其个人及学院之声誉；而建筑物上所铸正风文学院字样，

---

[1] 庖：厨房
[2] 湢：浴室
[3] 溷：厕所

亦属通常标识，均不足以为校产之证明。殊不知上诉人所有举证文件，非为特向主管机关之正式报告，即为学校自身保存之记录，均有相当根据，乌得谓为夸耀宣传之文字！又建筑物之奠基石，铸明正风文学院字样，而谓为通常标识，更属比拟不伦！被上诉人此种论据，自无足采！又本件系属中，经本院向上海市工务局调阅请领建筑执照旧卷，附有正风文学院院长王西神公函，载明："敝院在闸北交通路口，建筑新校舍，所有一切请照手续，正在遵章办理，请求贵局先行发给临时执照，并盼迅行订立路界"云云；虽按诸上海市建筑规则，工务局核准发给执照，不得视为产业所有权之证明；但王西神以学校名义，向该管机关，请领建筑执照，并请订立路界，是此项不动产为校产，已属昭然若揭！再参以王西神于民国二十八年，向伪地政局陈报此项不动产，所填土地陈报单存根，亦经上海市地政局检送过院，载明："业主户名，正风文学院代表人王西神"等字样，并加盖西神两字，朱文细篆方形圆章，核与附卷王西神致蒋维乔信件，及移交清册内，所盖图章，除用印轻重，稍有区别外；形状大小，字体结构，刻划巨细，毫无二致。上诉人持此证明此项不动产王西神所私有，益属信而有征！被上诉人徒以图章伪造冒名陈报等，空言攻击，更不足采！从而上诉人主张系争不动产为校产，自非无理！惟查上诉人请求确认被上诉人间之买卖关系无效，其意实即求为判决所有权存在之诉。虽其声明用语稍欠妥洽，但其诉既应认为有理由，自当确认其就系争不动产有所有权。上诉人既有所有权，则其诉请无权占有该不动产之被上诉人伯大尼孤儿乐园返还，亦属有理。

　　据上论结，本件上诉为有理由。依修正民事诉讼法第四百四十七条，第八十七条第二项，第七十八条，第八十五条第一项但书为判决如主文。

中华民国三十五年十月八日

上海高等法院民事庭

审判长推事　李　良

推事　冯志栋

推事　高其迈

本件证明与原本无异

书记官

二十、陕甘宁边区判决书四篇[1]

◎陕甘宁边区高等法院

（一）

【评析】

判词短小精悍，一气呵成，确属上品。"亦何能弥补侯张氏终身幸福之缺陷"让人嗅到了新时代的气息。

【正文】

陕甘宁边区高等法院

民事判决书

上诉人：侯丁×，男，现年二十七岁，庆阳曹家嘴，农。

代理上诉人：侯贤儒，男，现年六十二岁，同。

被上诉人：侯张氏，女，现年廿五岁，同。

张明，男，现年三十岁，庆阳市西川暂家寨子，农。

【事实】

缘张明之妹侯张氏于民国廿二年，经媒说与侯贤儒之次子侯丁×结婚，婚后侯张氏始知侯丁×为神智不清之傻子，且有羊羔疯，初冀请医诊疗，病可痊愈。时经九年，医诊无效，侯张氏以侯丁×有不治之神经错乱病，不堪同居，要求离异，诉于庆阳地方法院。经判决侯张氏与侯丁×离婚。侯丁×不服，由其父侯贤儒代理上诉，主张侯丁×年轻力壮，并无不治症果，今后无子，亦可以侯丁×之侄为嗣，并诉张明从中唆使侯张氏诉请离婚，图另嫁贪财，要求废弃原判，经本院传讯两造，侯丁×确为不识五以上之数（在庭上数六个凳子为八件），不晓自己之年龄（二十一岁说十岁），不知农时（说正月可种谷粟子），更不知男女之乐（同床各睡，不省房事），神经错乱，而且有羊羔疯不治之恶疾，侯张氏以其空有夫妇之名，不能享天伦

---

[1] 这四篇判决书除第一篇外均由南开大学法学院侯欣一教授提供。

之乐，坚主离婚，自属人情之常，侯贤儒谓由于张明唆使，另嫁图财一节，殊属无据，案经讯明，记录在卷。

【理由】

查侯丁×神经错乱，不识五以上之数，不知自己之年龄，更不知男女之乐及夫妻之情，且患有羊羔疯病，既已当据讯明，上诉人谓侯丁×年青力壮，并无不治之病，显属遁词，而欲以侯丁×之侄与侯张氏为嗣子，亦何能弥补侯张氏终身幸福之缺陷，侯张氏结婚以来苦恼九年，侯丁×病愈无望，自念青春瞬逝，前途悲观，要求离婚，实出于不得已之衷心，更何得指为张明之唆使图财，原判依边区婚姻条例第十一条第二款第八项之规定，判决侯张氏与侯丁×离婚，于法于情均无不合，本件上诉为无理，故判决如主文。

中华民国三十一年九月廿八日

民事法庭

庭长　任扶中

推事　王怀安

书记员　李仲民

（二）

【评析】

男女暧昧之事，如非确属必要，尽量不要去触及。此案事涉暧昧，判词写得半明半暗，让人也颇知法院的苦心。惠思祥的说法看来法院是相信了。否则也不会在理由第三中指出"张白氏与人通奸是事实"。与人通奸，有一就有二，再多个惠思祥也不算奇怪之事。这也就解释了惠思祥平白无故地将自己的地提供给张海腾开窑洞居住的动机。但法院不愿去管这等事情，也不愿去调查。所以没有明确认定惠思祥与张白氏通奸的事实。这个事实是通过惠思祥的陈述阐释出来的。这样做既指出了背景，又避免法院对这一事实的最终认定。张海腾、张白氏怕家丑外扬不承认此事，也在情理之中。

判词最终没有理会惠思祥的各种主张，只以当初自愿为由让受了委屈的张海腾继续住在窑洞里。同时也判决张海腾一经离开，居住权即行消失。张白氏再与人通奸，居住权也消失。考虑得还是很周全的。

【正文】

陕甘宁边区高等法院民事判决书

字第 号

上诉人即原告：惠思祥，男，四十九岁，原籍清涧，现住延安市南门外，务农。

被告：张海腾，男，四十七岁，原籍米脂，现住延安市南门外，商人。

上诉人惠思祥为求偿窑洞一案，不服延安市地方法院六月二日之判决，提起上诉，经本院受理判决如下：

【主文】

原判撤销。

张海腾在惠思祥地上所开窑洞二座，仍由张海腾居住，如张海腾日后移居，在此窑洞之居住权即消灭。

张海腾之妻张白氏如再与人通奸生事，由当地政府驱逐其家出境，所开此二座窑即归惠思祥所有。

【事实】

据上诉人惠思祥称："伊于民国廿七年八月间与张海腾合伙在延安市内开设磨坊，尔时即与被告张海腾之妻张白氏通奸，及至是年冬被日寇飞机轰炸后，张海腾夫妻无处居住，伊当时为便利与张白氏通奸，自动提出要张海腾在窑背上掘窑洞二座，并帮助张海腾出资四十余元，并向张海腾声言：'住得好的话，可以常住。'并未提起居住期间及租金，更未提出任何条件，张海腾将窑洞造成后，于去年一月，伊即与张白氏感情破裂。以张白氏与人通奸生事（因此时张白氏又拒绝与胡玉林通奸而胡玉林竟把张海腾之驴杀死一个，该案正由延市政府交军法处处理），恐日后受累之词请求令张海腾将此二窑交还。"

被告张海腾答辩称："伊在惠思祥地上开掘窑洞两个，是经过惠思祥的允许，现在不愿交出窑洞者，因开掘窑洞时惠思祥曾允许可以长久居住，且开掘窑洞自己花费洋一百一十元，惠思祥并未出资，所以不愿交还窑洞。"至张白氏与惠思祥通奸，张海腾与张白氏均不承认有此事实。

【理由】

（一）张海腾在惠思祥地上开掘窑洞时，确经过惠思祥的允许，且未约定有任何条件，其口头契约自应成立。（二）张海腾开掘窑洞，惠思祥出资四十元相助，并无证据。即或惠思祥确曾资助，系出于自愿，未附任何条件，当然亦不能翻悔。（三）根据延安市地方法院调查，张白氏与人通奸是事实。本院根据以上理由及两造具体情形特为判决如主文。

中华民国廿九年七月廿八日

民事法庭兼庭长　雷经天

推事　任扶中

书记员　兰作馨

（三）

【评析】

"夏魏单"应该是地名，可能是陕北地区的习惯叫法。丁攀生与李刘氏二人都是地主。他们的土地在革命期间都被没收充公了，这就是民法上所有权消灭的原因。其后，再与这块土地有任何联系，都应当算是与原业主无关了。李刘氏咄咄于原来的所有权，自然法院要予以驳回。对这个案件的处理倒真能体现一些政治意识。在判词的原稿上，承办法官写了法律依据，是《中华民国民事诉讼法》等国民政府的法律。这些都被审批案件的人勾掉了。没收地主土地是中共政权的做法，为国民政府的法律所不容。虽然所引用的都是程序法的内容，但也属于同一法律体系。不好再依据这样的法律判案。

【正文】

陕甘宁边区高等法院民事判决书

第56号

上诉人李刘氏，女，定边人。

代理上诉人李秀林，男，六十二岁，定边一区六乡南园子，农民。

被上诉人丁攀生，男，五十八岁，定边市区四乡一村。

代理被上诉人丁兆模，男，二十五岁，同上，小学教师。

右当事人因土地涉讼一案，上诉人不服定边县司法处所为第一审判决，提出上诉。本院判决如左：

【主文】

上诉驳回。

丁攀生之地为政府所给予，与李刘氏无关，李刘氏不得再向丁攀生索地。

李刘氏现时分受之地如实过少不够生活，可向定边县政府申请救济，补给土地。

【事实】

缘民国十六年李刘氏之夫李尚财将本案系争之地名夏魏单出典于丁攀生，至民国十八年李尚财病故。据丁攀生称李刘氏即将此地全部出卖于彼（举有说合人石成福、丁正科、赵惠智、魏现均及王如意等为证）由其管业。民国廿五年土地革命，丁攀生原为地主，连同夏魏单之地共有土地三百余垧，按当时土地政策，地主之所有地及其典受地均在没收之列，已属全部归公。后丁攀生及当地居民以政府对土地未加管理，侵种一部分。李刘氏见丁攀生侵种地内有其原有之地，民国十六年出典于丁攀生并未出卖，因于廿九年投诉于定边县，要求回赎。该县政府当时未加细察，不知该地早已没收归公，曾判决以三分之二归李刘氏耕种，三分之一归丁攀生耕种。迄至今年，定边县政府不明该地早已经没收归公，丁攀生等所占土地，原系非法侵种，该县司法处因根据此项事实对廿九年所作判决进行再审，撤销原判，将判给丁攀生及李刘氏之地，复行一律收归公有。惟该县政府第一科为照顾各阶层利益计，念及丁攀生及李刘氏生计困难，又各补充土地一部分，李刘氏以补充土地过少，心甚不甘，又睹丁攀生补充土地内仍有其原有土地，不服判决，来院上诉。要求回复廿九年所分之地，并诉丁攀生霸占其地。本院传讯两造，讯明上列事实，记录在卷。

【理由】

查系争之地于土地革命时期按当时土地政策早经没收归公。李刘氏所称仅于民国十六年出典于丁攀生并未出卖一节，无论是否属实，不能阻挠土地政策已成之实效，自此业已收归公有之土地不能返还于旧有地主。定边县署于廿九年对本案系争土地判决以虽经判决以三分之一归丁攀生、三分之二归李刘氏，实因未调查土地真相所致，但于今年发现新事实，该地曾没收归公，并非私人之业，则原判认定之事实已属根本错误，依法进行再审，撤销原判，更将原判分给两造之地仍行一律收回归公，于法尚无不合。李刘氏请求废弃原判，回复其廿九年判决分种之地，实为无理。至丁攀生受政府所补充之地内中虽有李刘氏原种之一部分土地，但既经没收归公，后复由政府给予丁攀生，不得指丁攀生为霸占。李刘氏即不得要求分割丁攀生合法分得之地。若李刘氏自己的现时分地过少，无法维持生活，可将实际情形□□政府，请补给土地以资救济。依上论结，特判决如主文。

中华民国卅一年十二月三日

民事法庭

庭长　任扶中

推事　王怀安

（四）

【评析】

这是一个商事案件。虽然陕北贫困，但法律问题与江南等发达地区并无太大差异。人同此心，心同此理。认为落后地区法律适用就要特殊化，现代法治就不合适，是不对的。高金达、李贺氏、杨培彪三人合伙做生意。亏损之后，高金达反悔说自己不是入伙，而是帮工。投入的钱是借款，不肯承担损失。判词清晰地指出了案件的处理方向"查本案上诉人高金达对所卖货亏损有无责任，应以其与被上诉人李贺氏等是同入资与否为断，而其入资抑借款，则当从其资本证及原日营业账簿方面来判定是否。"高金达自己的证人杨培盛根本没有提供什么有利于她的证词。营业账簿和杨培彪（就是高金达介绍入伙的）的证词又都证明了高金达是合伙人。所以，判词干净利落地驳回了高金达的上诉。纵然是陕甘宁边区，也不可能事事调解。高金达是言而无信的小人，这样的案件要是不尽快判决，畏惧一面之词，反复和息，只会助长了她的气焰，徒增了当事人的烦恼。

【正文】

陕甘宁边区高等法院民事判决书

□□□□字第二十六号

上诉人高金达，女，年42岁，原籍横山县，现住延市新民村二组。

被上诉人李贺氏，女，年37岁，延长县人，现住新市场八号。

杨培彪，男，年38岁，绥德县人，现住延安县金盆区杨家峪村，商。

右当事人等因合伙纠纷事件，上诉人不服延市地方法院民国三十五年四月二十九日所为第一审判决提起上诉，本院判决如下：

【主文】

上诉驳回，维持延市地方法院原判。

【事实】

上诉人高金达与被上诉人李贺氏、杨培彪原本相识。于去年底即因李贺氏有市场铺房两间，高金达曾与李贺氏商量将此房抽回伙作生意。及今年古历正月间就由高金达招得杨培彪（由杨兄培盛说的）到李贺氏处赁李贺氏铺房一间，准备营业。但未正式开张之前，即陆续由李贺氏入了资金边币二百八十万元，高金达入了资金边币一百六十二万元，杨培彪入了资金边币八十六万○七百元，先买了一些布和染货销售，约五十余天结算，共亏损边币七十六万八千一百廿元（房赁、伙食等除外）。因高金达说她是入号揽工，是帮助号内借的款，掌柜是李贺氏，不能负亏赔责任。同时高金达于结帐后又私自扣用号款边币八十三万九千三百廿元，遂由李贺氏控告到延市地方法院。经审讯调查，复邀同市商会调解，李负算帐，证明高金达确属合伙入资，判决依所入资金之多寡分负亏赔责任；高金达负赔损边币廿三万八千

元，应分得现金及存货折边币一百三十八万二千元；李贺氏负赔损边币四十一万〇
一百廿元，应分得现金及存货折边币二百三十八万九千八百八十元；杨培彪负赔损
边币十二万元，应分得现金及存货折边币七十四万〇七百元。至高金达所取号款边
币八十三万九千三百廿元，应提出现款依资本多寡分配，如高无现金归还，以所分
货物抵付。高金达不服，又上诉本院，并举出证人杨培盛到案作证。经本院分别一
一讯问，并详核帐内项目如上，各情记录在案。

【理由】

　　查本案上诉人高金达对所卖货亏损有无责任，应以其与被上诉人李贺氏等是同
入资与否为断，而其入资抑借款，则当从其资本证及原日营业帐薄方面来判定是否。
人证方面就其所举杨培盛仅能说明原日做生意时高金达说她们已有七百万元，让杨
及其弟（即培彪）亦入三百万元，其他则声称不知；又并无第三人或字据可作佐证。
而在原日营业帐薄上从其立账第一日起三人同样入资，迄至结帐为止，并无借款字
样。尤其负营业责任之杨培彪系高所介绍入号，从其营业经过供述，证明原日三人
显然系同意出资营业，后以亏损了，高金达藉故抵赖，推卸责任，殊难推诿为借款，
而应认为是共同出资营业，故应共同负赔损之责任。至结帐后高金达擅自扣现款不
提出？公伙开支更属无理。根据法律原则及商业习惯，原判决并无不合，应认为上
诉无理，予以驳回。特为判决如主文。

中华民国三十五年五月十四日

院长　马锡五

副院长　乔松山

民事庭长　刘耀三

推事　叶映宣

右正本证明与原本无异

书记员　田少龙

中华民国三十五年五月十八日

二十一、五十年代判决书

◎北京市中级人民法院

【评析】

这是一份20世纪50年代的判决书。当时的诉讼制度、判决书格式与现在都有一些差别。起诉直接由公安机关进行，判决书中也不列公诉人。尽管如此，它与现在的判决书几乎完全相同，而且写得相当不错，真是值得我们学习。从表面上看，它也罗列了许多案件的证据，和现在堆砌型的判决书很相似。但仔细分析就会发现，它罗列这些证据是有实质用处的。对这些证据的分析也是言之有物，不是为了罗列而罗列。

被告人白××最后被宣告无罪，不仅对郭××的死不负刑事责任，而且不负民事赔偿责任。尤其特殊的是，他自己的供述还与法院认定的事实不符，这就不免让人生疑。此时就需要法院详细说明认定案情的原因，要说明从这些证据中为什么可以得出法院认定的案情。从判决书中可以看出，法院对案发时的情景描绘甚为详细。几乎对每一份证据不仅说明其内容，而且说明其用处。通过这样详细的分析，令人信服地还原了案发时的情景，让我们知道了郭××的确是由于自己不慎而误入车轮之下的。

另外，这个案子如果发生在今天，会是什么样的一个判决结果呢？恐怕至少会让他承担民事责任吧。那些与案件有些牵连的因素：超载、说不清当时的情景，恐怕都会成为他承担责任的理由。

【正文】

北京市中级人民法院

刑事判决书

×× 年刑×字第××号

被告人：白××，男，三十七岁，北京市人，住××街×号，××部水电建筑工程公司汽车司机。

附带民事原告：郭××，男，五十七岁，河北省冀县人，本市无住址。

右被告人因车祸一案，经本市公安局起诉到本院，本院审理终结，判决如下：

【主文】

被告人白××无罪；

附带民事原告请求赔偿之诉予以驳回。

事实及理由：

被告人白××在××年×月×日上午五时余驾驶十轮卡车一辆，上载砖二千余块（超载），行经崇内大街，由南往北行驶。当汽车开到一五五号门前时，突然有骑自行车人郭××由南往北骑来，朝西猛拐过去，前轮陷入电车轨道内，车身向左歪斜，这时被告人所驶汽车已经临近，因事出突然，紧急刹车已来不及，被告人遂改向左打轮，企图避过，但终因距离过近，自行车正在倾斜之际，汽车前部虽然躲过，车槽中部（靠前三分之一处）与自行车把挂碰，自行车向西南方歪倒，郭××摔在自行车北边，汽车后轮经其右脚踝部轧过。被告人发现轧了人，才采取刹车措施，汽车停于北边距肇事地点十五米多。郭××经急送市区第三医院抢救，因伤重于次日晨一时身死。

本院根据以下几点，认定上述事实。

（1）公安局调查材料，勘验现场图；

（2）死者郭××及其所骑自行车的受伤损坏程度部位及被轧当事人车倒的方向位置，说明郭××骑车向西斜进入快行线，接近电车轨道；

（3）汽车槽距前角九十六公分处有新擦蹭痕一处，距地面1.05米；

（4）现场勘查死者系被汽车右后轮轧过，前轮并未与郭接触，可以说明郭××在骑车拐入电车轨道内时，汽车逼近，刹车不及，汽车头部拐过时，郭××尚未倒地的情况；

（5）证人李××证明，郭××骑自行车由南向北行驶在慢行线内，在被告人汽车从其左方驶过时（在快行线内）郭××突然拐把向西，前轮陷入电车轨内（东边第一道轨）自行车尚未倒下，汽车已到，猛向左躲避，前部躲过，中部将郭挂倒，右后轮轧过。

被告人白××否认自行车在拐其右前方入电车轨内之事，供称在汽车行进中，忽然助手扭脸喊嚷，被告人认为一定是右边发生事故，因此急拐向左躲避，再回轮右转，发觉有人倒地声音，才做停车措施。但证人李××述说当时肇事情况甚详，而且与现场死者和自行车倒地的方向位置及被轧伤部位，都相吻合。当庭对质，被告人也未能提出其他根据。助手侯××前后证言都不一致，与被告人所谈亦不完全相符，因此被告人所谈情况，不能采信。

被告人在肇事前正常行车，路线速度都无违章情形，而死者郭××骑自行车不照顾周围情况，在后边汽车逼近时，突然拐入快行线内，又不小心，陷入电车轨道，事出突然，非被告人白××意料所及，虽采取紧急措施，打轮躲避，终因距离过近，自行车倾歪，未能躲过，肇此事故，非被告人白××所能预防。至于其车辆载货重量超过规定标准，虽属违章，但与肇事无关，故除对其超载应由交通机关照章处理，对其肇事部分判决如主文。

如不服本判决，可于送达判决书之次日起十日内，向本院提出上诉状及副本，由本院转送××市高级人民法院。

审判长　×××

××年×月×日

本件与原本核对无异

书记员　×××

二十二、"文革"期间的判决书

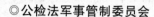

◎公检法军事管制委员会

【评析】

二十世纪六十年代后期到七十年代前期，政法机关陆续被军队接管。虽然这些机关经过长期的改造已经非常政治化，但它们毕竟还是正规的司法机构，还有着一套必须遵守的办事原则。在"文革"最疯狂的时期，这也不能容忍。于是，公安局、检察院、法院被合并进一个军事管制委员会。法院成了军事管制委员会下设的审判组或审批组。有的地方成立的是公安下设的审批组。中国法院长期不讲法律的结果就是法院本身已经没有了存在的必要，这倒也合乎逻辑。幸好，中国人的传统习惯还在起作用，判决书得以保留。让我们可以从中看一看那个年代的司法。

这份判决书是十六段判决的集合。十七名被告分属于十六个案件，相互之间没有关系。也就是说这些被告人牢狱加身，却无权得到一份专属于自己的判决书。他们还不算最委屈的。有的地区甚至只凭一张审批表就可以处决、监禁人犯。那些被告人连得到一份集合的判决书的权利都没有。也正因为是许多段判决的集合，所以每一段判决书都不太长。

虽然每一篇判决书都声称是"依法"判决，但从来没有引述过任何法律条文。在1979年之前，我国只有两部真正的法典："宪法"和"婚姻法"。刑事和民事领域绝大多数的法律规范都是以各种指令、文件、规章等形式存在的。到了"文革"的这个时期，这些成文法也被废止，只剩下一个"公安六条"在发挥作用。所以，这些判决书实际也无法律条文可以引述。那么，替代法律条文的又是什么呢？我总结有四个方面：

（1）政治。判决书开头和结尾引用了最高指示、毛主席语录和一些政治口号，这些使得判决表面上看起来像是政治路线的直接结果。而政治更为具体的表现则是根据被告人的出身决定他应受的刑罚。"出身"是指来自什么样的家庭；"成分"是指本人现在的身份。如"资本家出身，学生成份"就是说该人父辈是资本家，而本人现在是学生。"文革"时有一个叫遇罗克的人写了一篇"出身论"，主张不应以家庭出身决定个人的命运。他还为此付出了生命的代价。第一、二段判决书的被告人罗承明和陈英犯的本来就是个普通的刑事案件，却被称为"反革命"，并被重判，就是因为他们的出身是"资本家"和"反革命"。这些都是打入另册的人。而第十五段被告人田瑞交通肇事压死了人还逃逸，却只判处了有期徒刑二年，还只是交本单位革命群众监督执行，形同释放。恐怕就是因为他是"贫农出身，工人成份"。

（2）政策。"坦白从宽，抗拒从严，首恶必办，协从不问，受蒙蔽无罪，反戈一击有功"的政策在审判中强有力地发挥了作用。而且政策是比较明确的依据，有操作性。它不像家庭出身，虽然起作用但一般不便明说。在对这些被告的判决中，我们可以感觉到"认罪态度"是最大的量刑依据，随处可见。这种方法作为补充还可以，作为基本制度就流弊太大了。

（3）某些道德观念。在判决中，我们还可以明显感觉到，对被告人的处罚很多是缘于认为被告人道德有问题。对被告人的描述不乏"道德败坏"、"流氓成性"、"乱搞"之类的词语。有些恐怕已经成为了处罚、重判的原因。如第八段、第十二段的被告人刘业泉、王泉禄，都提到了他们乱搞两性关系，而正式的罪行提及的倒不多。

（4）原始的法律意识。虽然成文法的规定几乎为零，但并没有妨碍这份判决书将某些行为认定为犯罪。"公安六条"中只说了杀人、抢劫等犯罪行为，奸淫、诈骗等并未提及，但它们也照样处罚。它所依据的就是那些残存于人们头脑中的，类似于自然法的原始的法律意识。这些法律意识不会因成文法的缺失而消灭。

判决书的理由几乎千篇一律，十分笼统、公式化。对被告人的犯罪行为多牵强附会地上升至政治高度，视为敌对阶级。通观这十六份判决，量刑轻重很不协调。仅有的一些理由之间的转化也极为突然。如"性质极为严重，本应从严处理，但念其认罪较好，给予从宽处理"，缺少必要的过渡。只能证明当时的司法到了十分随意的地步。

这些判决书的绝大部分篇幅都用在了叙述事实上。但事实中没有审情，也没有证据，只有案情。这些案情叙述得普遍比较简略。在有的案件中能将案情叙述清楚，如第七、十一、十三等段。这些案件不过是比较单纯的青少年打架斗殴，这点儿篇幅足以叙述清楚。有的就让人疑窦丛生了。如第三段被告人何九兰，判决书说她"伙同付汝庚积极勾结百余名流氓盗窃分子，组织流氓盗窃集团"。这怎么可能？这两个人能够组织一百多名小偷形成盗窃集团？太不可信了！第八段刘业泉的判决，"先后拦路抢劫八次，盗窃二十余起"；"持刀行凶，打伤多人"。究竟都是什么事实？太过笼统了。第十二段判决，也看不出王泉禄有什么具体的犯罪事实，给人以冤案的感觉。

判决书的语言粗鄙，低俗的口语书面化。但较同时代的社会潮流，用语竟然还不能算极端。那时满街的大字报，"斗倒"、"斗臭"、"滚蛋"等等成为时髦的流行语。这份判决书的语言在那个时期再正常不过。

要说优点，也不能说全无。不考虑它结果的荒唐，这份判决书写得倒是干脆利落，穿透力很强。没有一点儿拖泥带水的地方。

【正文】〔1〕

最高指示

坚决地将一切反革命分子镇压下去，而使我们的革命专政大大地巩固起来，以便将革命进行到底，达到建成伟大的社会主义国家的目的。

为了维护社会秩序和广大人民的利益，对于那些盗窃犯、诈骗犯、杀人放火犯、流氓集团和各种严重破坏社会秩序的坏分子，也必须实行专政。

中國人民解放軍

北京市崇文區公檢法軍事管制委員會

判 决 书

我们伟大祖国首都的无产阶级文化大革命，在以毛主席为首、林副主席为副的无产阶级司令部的直接领导和亲切关怀下，和全国一样，已经取得了伟大的胜利，无产阶级专政更加巩固。当前，广大革命人民高举"九大"的团结旗帜，乘胜前进，争取更大的胜利。但是，一小撮阶级敌人并不甘心于他们的失败和灭亡，采取各种手段从事破坏和捣乱，妄图破坏无产阶级政权。为了保卫以毛主席为首、林副主席为副的党中央，保卫无产阶级文化大革命的伟大成果，维护首都的革命秩序，紧跟毛主席的伟大战略部署，实现"九大"提出的各项战斗任务。现将破坏首都革命秩序，直接危害国家和人民群众生命财产的安全，严重破坏抓革命、促生产、促工作、促战备的反革命、盗窃诈骗犯罗承明，流氓盗窃集团骨干分子陈英，教唆犯魏福臣等十七名罪犯判决如下：

一、反革命、盗窃诈骗犯罗承明，男，二十四岁，北京市人，资本家出身，学生成份，住崇文区河泊厂四十四号，清河化工厂劳改释放犯。罗犯于一九五九年至一九六一年期间，因偷窃、诈骗曾被公安机关拘留教育三次，但仍不悔改。于一九六一年九月因刻写反革命标语，被判刑五年。一九六六年十一月刑满释放，继续剥夺政治权利三年，留场劳动。

〔1〕 作者收集有该判决的原件。

罗犯思想极端反动，流氓成性，屡教不改。于一九六七年七月十三日由劳改农场逃跑后，又书写反动信件，冒充中国人民解放军诱骗妇女多人，并在北京、上海、杭州等地流窜，进行盗窃、诈骗活动。先后盗窃、诈骗进口照相机三架、手表四块、自行车一辆、半导体收音机一台等大量物品。

罗犯上述罪行，严重地危害了人民生命财产的安全，罪行严重，民愤极大，依法判处有期徒刑二十年，刑满后剥夺政治权利七年。

二、反革命、流氓盗窃集团骨干分子陈英，男，二十岁，反革命家庭出身，学生成份，北京市崇文区前门修缮合作社临时工，住崇文区草场五条横胡同三十五号。其父系军统特务，罪行累累，被政府镇压。其母系反革命分子，被政府判处无期徒刑，现在押。

陈犯系反革命、流氓盗窃集团骨干分子，思想极端反动，流氓盗窃成性。自一九六七年以来，伙同反革命盗窃集团首恶分子谭凤英勾结流氓、盗窃分子五十余人。组织反革命、盗窃集团。散布反动言论，抢劫、盗窃、教唆儿童犯罪，大量吃赃。仅一九六七年八月就吃赃达四百元之多。并在其策划下，先后伙同轮奸妇女多人。与此同时，持刀行凶进行阶级报复，打伤红卫兵小将及革命群众多人。

陈犯上述罪行，严重地危害了人民生命财产的安全，罪行严重，民愤极大，依法判处有期徒刑二十年，刑满后剥夺政治权利七年。

三、反革命、流氓盗窃集团骨干分子何九兰，女，二十一岁，河北枣强县人，业主出身，学生成份，宁夏农建十三师组织劳动人员，住崇文区营房东头条甲四号。

一九六五年七月因流氓乱搞，送宁夏农建十三师劳动，一九六七年底跑回北京。

何犯长期以来与反革命流氓盗窃首恶分子付汝庚（已判死刑）鬼混，散布反动言论，恶毒攻击无产阶级司令部，攻击无产阶级文化大革命。从宁夏跑回北京后，伙同付汝庚积极勾结百余名流氓盗窃分子，组织流氓盗窃集团，有组织有计划的进行流氓盗窃活动，从中大量吃赃达二千余元，手表两块、自行车等物，赃款全部由何犯掌管。并进行教唆犯罪活动。被捕后，拒不认罪，仍散布反动言论，表现极坏。何犯性质恶劣，罪行严重，民愤极大，依法判处有期徒刑二十年，刑满后剥夺政治权利七年。

四、流氓盗窃教唆犯魏福臣，男，二十四岁，山东省武城县人，伪职员出身，工人成份，北京第一机床厂戴帽坏分子，住崇文区北牛角湾二十九号。其父系伪铁路局电工所工头，国民党员，解放后因贩毒被判刑七年。

魏犯一贯流氓盗窃教唆青少年犯罪。长期以来，利用各种卑鄙手段，先后奸污妇女九人之多。冒充公安人员敲诈勒索外地来京农民，曾被公安机关多次拘留教育。一九六九年二月被戴上坏分子帽子后，仍抗拒改造，反而变本加利地继续教唆青少年四人之多，从中吃赃。该犯先后从中获得赃款四百八十四元，粮票四百六十五斤，布票一百八十三尺，中华、牡丹牌香烟五百八十盒以及服装等大量物品。不仅如此，魏犯本人自一九六九年三月以来又盗窃自行车四辆。

魏犯上述罪行，严重地危害了人民生命财产的安全，罪行严重，民愤极大，除追缴全部赃款赃物外，依法判处有期徒刑十八年，刑满后剥夺政治权利六年。

五、奸淫幼女犯陈玉林，男，五十六岁，北京市人，商贩出身，商贩成份，崇文区南岗子商店售货员，住崇文区西园子十四号。

陈犯道德败坏，一贯流氓成性。自一九六○年至一九六九年二月，陈犯利用各种卑鄙手段，诱骗猥亵奸淫八至十一岁的幼女七名，有的竟被奸淫长达四年之久，严重地摧残了幼女的身心健康。陈犯罪行严重，民愤极大，依法判处有期徒刑十年，刑满后剥夺政治权利三年。

六、奸淫幼女犯崇伟，别名崇桐波，男，二十六岁，资本家出身，学生成份，北京市密云县人，北京市五十二中教员，住崇文区蔡庆胡同八号。

其父系现管制历史反革命分子。六六年九月全家被轰回原籍。

崇犯一贯流氓成性，利用各种诱骗手段，多次猥亵奸淫十一岁的幼女×××，更为恶劣的是一九六八年八月六日崇犯对该幼女再次奸淫时，致使幼女大出血，当即休克，经医院抢救脱险，严重地摧残了幼女的身心健康，后果极为严重，民愤很大，本应依法严惩，但念其认罪较好，根据党的坦白从宽、抗拒从严的一贯政策精神，依法判处有期徒刑十年，刑满后剥夺政治权利三年。

七、行凶杀人犯谷光兴，男，十九岁，伪官吏出身，学生成份，住崇文区井儿胡同十六号，天坛中学六六届毕业生。

谷犯出身于反动家庭，仇视社会主义制度、拒绝接受改造、散布反动言论、扰乱社会秩序、多次行凶打人。六六年以来先后在天坛中学、龙潭湖等地行凶打伤多人，曾被公安机关拘留教育，但仍不悔改。于一九六九年六月九日上午八时又伙同一○八中学生××在东华门对素不相识的二十七中学生郇和平无故寻衅，用三角尖刀将郇胸部连刺三刀，经抢救脱险。谷犯当即被革命群众抓获。

谷犯在光天化日之下，竟敢持刀行凶杀人，严重地破坏了首都革命秩序和人民生命的安全，性质极为严重，依法判处有期徒刑六年。

受害者郇和平的一切医疗费用由谷犯家长负责。

八、反革命、流氓抢劫犯刘业泉，男，十八岁，北京市人，粪霸出身，学生成份，北京九十二中学生，住崇文区安乐林南里六条四号。

刘犯系反革命流氓抢劫集团骨干分子，思想极端反动，流氓盗窃成性，曾被公安机关多次拘留教育，但仍不悔改。自一九六七年以来，伙同该集团成员散布反动言论，教唆儿童犯罪。先后拦路抢劫八次，盗窃二十余起，获得大量赃款赃物。持刀行凶，打伤多人。同时与多人乱搞两性关系。

刘犯上述罪行，严重地危害了人民生命财产的安全，依法判处有期徒刑六年。

九、奸淫幼女犯刘庆余，男，六十四岁，河北省人，贫农出身，工人成份，退休工人，住崇文区东半壁街三十号。

刘犯流氓成性，道德败坏。于一九六八年以来用金钱食物等诱骗手段猥亵奸淫十岁幼女三名。严重地摧残了幼女的身心健康。罪行严重，本应依法严惩，但刘犯在押期间坦白交待较好，判处有期徒刑五年。

十、奸淫幼女犯范云清，男，四十岁，北京市人，贫农出身，工人成份，北京水磨石厂工人，住北京水磨石厂宿舍。

该犯流氓成性，道德败坏，长期以来乱搞两性关系。更为恶劣的是在一九六七年十二月用各种流氓诱骗手段，将十三岁的幼女×××进行多次奸淫，致使幼女怀孕。严重地摧残了幼女的身心健康，性质极为严重，本应从严处理，但念其认罪较好，给予从宽处理，判处有期徒刑五年。

十一、行凶杀人犯郭华平，男，十八岁，山东省人，业主出身，学生成份，北京五十九中学六八届毕业生，住崇文区西晓市大街一百三十一号。

郭犯一贯扰乱社会治安。于一九六九年四月一日中午在东珠市口伙同流氓×××、×××对路过的十一中学生郝绍武无故寻衅用砖头猛击郝的头部，头额骨被砸成粉碎性骨折，经抢救脱险。郭犯行凶后又穷凶极恶的跑到前门副食店，抢走卖肉刀一把，妄图再次行凶杀人，当即被群众抓获。郭犯竟在光天化日之下行凶杀人，严重地破坏了首都的革命秩序和人民生命的安全，性质严重，本应依法严惩，但念其认罪态度较好，判处有期徒刑五年。

受害者住院医疗费用全部由郭犯家长负责。

十二、反革命、流氓抢劫犯王泉禄，男，十八岁，北京市人，工人出身，学生成份，现做临时工，住崇文区龙须沟北一巷十一号。

王犯系反革命、流氓抢劫集团骨干分子，曾被公安机关多次拘留教育，但仍不悔改。自一九六七年以来，伙同该集团成员，散布反动言论，对红卫兵小将进行阶级报复，殴打事主多人。教唆儿童犯罪。共得赃款二百八十余元，并与多人乱搞两性关系。

王犯罪行严重，依法判处有期徒刑五年。

十三、行凶杀人犯冯秋义，男，十六岁，北京市昌平县人，业主出身，学生成份，北京十一中初中三年级学生，住崇文区清华街椅子圈四号。

冯犯流氓成性。一九六九年三月曾手持菜刀追赶同学打架行凶，为此曾被学校批评教育，但该犯仍不悔改。同年五月二十五日冯犯又于同校学生阎成业发生口角后即怀恨在心，准备了一把六寸长的匕首寻机报复。于一九六九年五月二十八日中午在清华街与阎成业相遇，口角时乘阎不备之机，冯犯即用早已准备好的匕首，猛刺阎的上肢部，将肝、胃穿透，经医院抢救脱险。

冯犯在光天化日之下，竟敢行凶杀人，严重地破坏了社会秩序和人民生命的安全，本应依法从严处理，但念其认罪较好，依法判处有期徒刑三年。

受害者阎成业的一切医疗费用完全由冯犯家长负责。

十四、持刀抢劫犯樊春利，男，十六岁，北京市人，工人出身，学生成份，北京五十中初中三年级学生。住崇文区幸福南五楼二十七号。

樊犯因流氓打架、偷窃，曾被公安机关、学校多次教育，但仍不悔改。于一九六九年一月九日上午八时许，十日下午二时许，先后两次持菜刀闯入幸福南四楼八号朴福顺家中抢劫，并持刀威逼朴福顺之母，抢走进口半导体收音机三台，照像机一架等物品。

该犯罪行严重，竟敢在光天化日之下持刀入户抢劫，严重地威胁人民生命财产的安全。情节严重，手段恶劣，本应依法严惩，但念其在押期间认罪较好，依法判处有期徒刑三年。

十五、交通肇事犯田瑞，男，三十七岁，北京市房山县人。贫农出身，工人成份，北京地下铁道运输大队三小队司机，住地下铁魏公庄宿舍。

田犯于一九六八年一月二十一日晚六时三十分违犯交通规则，酗酒后高速驾驶解放牌卡车在崇文门大街由北往南行驶，将正常骑自行车顺行的中国人民解放军某部干部吴德臣同志撞倒轧死。田犯停车后见吴德臣同志被轧死，为了逃避法律制裁即开车畏罪逃跑，态度极为恶劣，后果严重。但该犯在拘押期间认罪较好，予以从宽处理，依法判处有期徒刑二年，交本单位革命群众监督执行。

十六、持刀抢劫集团首犯王大芝，男，三十四岁，天津市人，工人出身，黑龙江省龙江县七一公社前进大队二队插队的劳改释放犯。自一九四九年以来因盗窃被少管一次，判刑两次，一九六八年十一月从劳改场戴着坏分子帽子放到农村监督改造，但王犯恶习不改，盗窃成性。于一九六九年四月中旬伙同劳改释放犯孙立华潜逃来京，在来京时骗得社员人民币二百七十五元，来京途中骗小偷手表一块。所获赃款均与男女流氓盗窃分子共同挥霍。

持刀抢劫集团骨干分子陈志远，绰号小胖子，男，十八岁，河北省人，工人出身，学生成份，一九六九年由北京回原籍插队。陈犯流氓盗窃成性。一九六六年曾因盗窃先后两次被开除，并多次被公安机关拘留教育，但仍不悔改。长期流窜北京、天津、保定等地区进行抢劫盗窃犯罪活动。自一九六八年以来，窃得自行车四辆以及衣物、人民币和各种票证等物。

以王犯为首，勾结盗窃分子陈志远等人结成持刀抢劫集团。于一九六九年五月十九日晚，王犯将已准备好的大三棱尖刀一把，交给陈犯做为抢劫凶器，随后到永定门护城河边，予谋抢劫自行车、手表等财物未遂。但王、陈等犯贼心不死，又进行策划，当晚深夜，由陈犯代领到安化楼存车处抢自行车。王、陈等犯越墙而入，陈犯手持尖刀威逼看车人员，强行抢走新自行车三辆，后逃至外地销赃，所得赃款全部挥霍。王、陈等犯被捕后，陈犯态度恶劣，经多次进行教育，才供认上述犯罪事实。王犯抗拒改造，于七月三日越狱潜逃，但在我无产阶级专政无比坚强和党的政策巨大威力之下，身感走头无路，于七月六日晚投案。

王、陈二犯上述罪行严重，民愤极大。为了维护首都的革命秩序，大力加强无产阶级专政，保障国家和人民生命财产的安全。根据党的"坦白从宽，抗拒从严，首恶必办，协从不问，受蒙蔽无罪，反戈一击有功"的一贯政策精神，依法判决如下：

持刀抢劫集团首犯王大芝判处有期徒刑十五年，刑满后剥夺政治权利五年。

持刀抢劫集团骨干分子陈志远判处有期徒刑八年，刑满后剥夺政治权利三年。

伟人领袖毛主席教导我们："**我们已经取得了伟大的胜利。但是，失败的阶级还要挣扎。这些人还在，这个阶级还在。**"广大革命人民一定要牢记毛主席"**千万不要忘记阶级斗争**"的伟大教导，更高地举起毛泽东思想伟大红旗，百倍提高革命警惕，积极维护首都革命秩序，大力加强无产阶级专政，稳、准、狠地打击一小撮阶级敌人，争取更大的胜利。

一九六九年八月九日

二十三、林彪、江青反革命集团案判决书

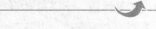

◎最高人民法院特别法庭

【评析】

"文化大革命"的结束对中国社会生活的各个方面都产生了巨大的影响。在经历了三十年的衰落直至衰亡的历程之后，法制重新受到重视，甚至被准备当做治国的基本方略。对"林彪、江青反革命集团案"的审理成了新中国司法史上少有的大事。我们必须要钦佩当时党和国家领导人的开明和勇气，让这些曾经也同样是位高权重的人公开站在被告席上，让"文革"隐秘的历史公开在世界面前，不是任何领导人都能做到的。只有坚信正义在手，坚信人心站在自己一边，才会让政治问题法律化，否则只会让法律问题政治化。但即使是三十年后，"文革"的历史依然不是普通人可以完全了解的。江华庭长当时就说过："这次审判只审理刑事责任问题，不审理其他问题。对于工作中的错误，没有审理的必要。对一些涉及党内机密的问题，更不宜审理。"[1] 所以我们也只能谈一谈对这篇判决书本身的感受。

这篇判决书明显以"国际军事法庭审判德国首要战犯判决书"为蓝本。它们的结构基本相同，首先都是对法庭组成和法律渊源作一个交代，然后是对多年的历史事件作一个整体的概述。纽伦堡判决书是回顾了自纳粹兴起到二战结束的历史；两案的判决书则是回顾了文革十年的历史。最后是针对每个被告人的具体罪行进行论述。我手头有一本纽伦堡判决书的大字本，没有出版单位但印刷质量极高，明显出自官方。封面上注明的日期是"1979 年 12 月"，而两案的审判是 1980 年 12 月开始的。看来就是为两案审理准备的资料。纽伦堡审判与两案的审判都是政治因素很强的案件，相互借鉴并没有什么不妥。政治因素强也不是说审判就一定不公正。这些大人物在政治上垮了台，早就应当进行的审判才有可能实现。公正不公正要看具体的审理情况，不可一概而论。

与纽伦堡判决书不同的地方有两个：

---

〔1〕 最高人民法院研究室编：《中华人民共和国最高人民法院特别法庭审判林彪江青反革命集团案主犯纪实》，法律出版社 1982 年版，第 463、464 页。

（一）只立不驳，多叙事少论理。这是两案判决书的主要特点。通篇都是在正面叙述法庭自己的观点认识。没有出现被告人、辩护人的意见，也不对他们的意见进行驳斥。对十名被告人的罪行的阐释主要是叙述他们的犯罪事实，不对这些事实进行分析论证，理由中只有最简单的定性。如"被告人张春桥，以推翻人民民主专政为目的，同江青一起组织、领导反革命集团，是反革命集团案的主犯"。

这种状况的形成与当时的社会、政治环境是相适应的。即使是现在恐怕也不会允许对这样高度政治性的案件进行公开深入的讨论。对于当时的人们来说，只是那些触目惊心、闻所未闻的案情就足以让大家相信十名被告人确实罪孽深重。另外，这种状况也与司法习惯有关，当时还不太习惯在判决书中进行公开的分析说理。审判是不可能离开分析说理的，只不过愿不愿意写进判决书中。江华庭长在宣判之后，有一个对旁听群众的讲话。其中就谈到了一些判决理由。"对联盟两个字，不要作机械的理解。有的是有纲领有计划的紧密联盟，有的是松散的联盟，有的是在某个问题或某几个问题上结成的联盟"。"说林彪一九六七年通过吴法宪把他的儿子安插到空军，是为了准备政变，这种分析是站不住脚的。一九六九年，吴法宪把空军的一切指挥权、调动权交给林立果，也不能说是准备政变。那时，林彪才确定为接班人嘛。"[1] 这样的论理还是很有说服力的。为什么不写进判决书中呢？恐怕还是习惯使然。

（二）纽伦堡判决书以无罪来证明它的公正；两案判决书以罪轻来证明它的公正。纽伦堡判决书最终将被告沙赫特、巴本、弗立茨三人宣告无罪，没有将德国内阁、参谋本部及国防军最高统帅部宣告为犯罪组织。这种结果恐怕不会在两案判决书中出现，中国当时毕竟有自己的情况。而判决书能够做到的就是尽量查清事实，不让被告人蒙受一些不白之冤。除前述对吴法宪的实事求是之外，还认定了姚文元没有参与策动上海的武装叛乱。还有，对李作鹏也是如此。起诉书原先认定了李作鹏的一个犯罪事实。一九七一年，李作鹏向黄永胜密报了毛主席武汉讲话的内容。黄永胜随即向叶群打了电话。林彪、叶群于是下决心杀害毛主席。判决书采纳了李作鹏辩护人的意见，没有认定这是李作鹏的犯罪事实。因为没有证据证明李作鹏将消息透露给黄永胜有谋害毛主席的目的。李作鹏听到武汉部队政委刘丰违反规定透露给他的毛主席武汉讲话的内容后，又告诉了黄永胜。这很可能只是好友之间的互通款曲，没有更大的政治目的。与之相比，武汉讲话是直接指向林彪的。黄永胜再将讲话内容透露给林彪的妻子叶群，性质就完全不同了。其主观目的与李作鹏比起来要危险得多。所以，判决书认定了这是黄永胜的犯罪事实，不是李作鹏的犯罪事

[1] 同前书，第468、474页。

实，还是比较恰当的。

另外，这份判决书有一处表述上的问题：

"1969 年，林彪被确定为毛泽东主席的接班人。1970 年，林彪意识到江青、张春桥等人的势力的发展有超越自己的趋势，图谋提前'接班'。林彪明知江青的野心决难得逞，但是要毛泽东主席支持自己提前'接班'是绝不可能的。因此，1971 年 9 月，林彪反革命集团决心撕破一切假面具，策动武装政变，阴谋杀害毛泽东主席。"

林彪图谋提前接班，是因为意识到江青、张春桥等人的势力的发展有超越自己的趋势。那么，既然知道江青、张春桥的野心决难得逞，又何必"决心撕破一切假面具"来实现提前接班呢？这话说得逻辑不通。不如将第三句删掉，语意就顺了。

【正文】[1]

中华人民共和国最高人民法院特别法庭判决书

特法字第一号

公诉人 最高人民检察院检察长兼特别检察厅厅长黄火青，副厅长喻屏、史进前，检察员马纯一、王文林、王芳、王振中、王瀑声、王耀青、冯长义、曲文达、朱宗正、江文、孙树峰、李天相、沈家良、张中如、张英杰、张肇圻、孟庆恩、图们、钟澍钦、袁同江、敬毓嵩。

被告人江青，女，现年六十七岁，山东省诸城县人。原任"中央文化革命小组"副组长，中共第九、十届中央政治局委员。现在押。

被告人张春桥，男，现年六十三岁，山东省巨野县人。原任"中央文化革命小组"副组长，中共第九届中央政治局委员、第十届中央政治局常务委员，上海市革命委员会主任。现在押。

被告人姚文元，男，现年四十九岁，浙江省诸暨县人。原任"中央文化革命小组"成员，中共第九、十届中央政治局委员，上海市革命委员会副主任。现在押。

被告人王洪文，男，现年四十六岁，吉林省长春市人。原任中共第十届中央委员会副主席，上海市革命委员会副主任。现在押。

被告人陈伯达，男，现年七十六岁，福建省惠安县人。原任"中央文化革命小组"组长，中共第八、九届中央政治局常务委员。现在押。

被告人黄永胜，男，现年七十岁，湖北省咸宁县人。原任中国人民解放军总参

---

[1] 选自最高人民法院研究室编：《中华人民共和国最高人民法院特别法庭审判林彪江青反革命集团案主犯纪实》，法律出版社 1982 年版。

谋长。现在押。

被告人吴法宪，男，现年六十五岁，江西省永丰县人。原任中国人民解放军副总参谋长兼空军司令员。现在押。

被告人李作鹏，男，现年六十六岁，江西省吉安县人。原任中国人民解放军副总参谋长兼海军第一政治委员。现在押。

被告人邱会作，男，现年六十六岁，江西省兴国县人。原任中国人民解放军副总参谋长兼总后勤部部长。现在押。

被告人江腾蛟，男，现年六十一岁，湖北省红安县人。原任中国人民解放军南京部队空军政治委员。现在押。

辩护人，律师韩学章、张中，为被告人姚文元辩护；律师甘雨霈、傅志人，为被告人陈伯达辩护；律师马克昌、周亨元，为被告人吴法宪辩护；律师张思之、苏惠渔，为被告人李作鹏辩护；律师王舜华、周奎正，为被告人江腾蛟辩护。被告人江青、张春桥、王洪文、黄永胜、邱会作没有委托律师辩护，也不要特别法庭指定辩护人为他们辩护。

中华人民共和国最高人民法院特别法庭，是根据 1980 年 9 月 29 日第五届全国人民代表大会常务委员会第十六次会议通过的《关于成立最高人民检察院特别检察厅和最高人民法院特别法庭检察、审判林彪、江青反革命集团案主犯的决定》成立的。这个决定规定本法庭的任务是审判林彪、江青反革命集团案主犯。

中华人民共和国最高人民检察院特别检察厅以林彪、江青反革命集团推翻无产阶级专政的政权案，对被告人江青、张春桥、姚文元、王洪文、陈伯达、黄永胜、吴法宪、李作鹏、邱会作、江腾蛟，于 1980 年 11 月 5 日向本庭提起公诉。

《中华人民共和国刑法》第九条规定："中华人民共和国成立以后本法施行以前的行为，如果当时的法律、法令、政策不认为是犯罪的，适用当时的法律、法令、政策。如果当时的法律、法令、政策认为是犯罪的，依照本法总则第四章第八节的规定应当追诉的，按照当时的法律、法令、政策追究刑事责任。但是，如果本法不认为是犯罪或者处刑较轻的，适用本法。"本庭根据《中华人民共和国刑法》和《中华人民共和国刑事诉讼法》，于 1980 年 11 月 20 日至 1981 年 1 月 25 日在北京对林彪、江青反革命集团案主犯进行审理，听取了公诉人支持公诉的发言；审问了各被告人，听取了被告人的供述、辩护和最后陈述；听取了辩护人的辩护；听取了证人的证言；听取了部分被害人的陈述；核实了各种与本案直接有关的证据。

本庭确认，以林彪为首的反革命集团和以江青为首的反革命集团，都是以夺取党和国家最高权力为目的而进行阴谋活动的反革命集团。这两个反革命集团有共同的推翻我国人民民主专政即无产阶级专政（包括国家机构、军事机关，在本案中也包括上述机构的领导力量中国共产党）的犯罪动机和目的，有共谋的犯罪行为，形成了一个反革命联盟。被告人江青、张春桥、姚文元、王洪文、陈伯达、黄永胜、吴法宪、李作鹏、邱会作、江腾蛟和已经死亡的林彪（原中共第八、九届中央委员会副主席，国防部部长）、康生（原"中央文化革命小组"顾问，中共第十届中央委员会副主席）、谢富治（原中共第九届中央政治局委员，公安部部长）、叶群（原中共第九届中央政治局委员，林彪之妻）、林立果（原中国人民解放军空军司令部作战部副部长，林彪之子）、周宇驰（原中国人民解放军空军司令部办公室副主任），都是林彪、江青反革命集团案的主犯。

林彪、江青反革命集团是在"文化大革命"十年动乱中进行反革命犯罪活动的。在"文化大革命"中，国家政治生活陷于极不正常的状态，社会主义法制受到严重破坏。林彪、江青反革命集团凭借他们当时取得的地位和权力，采取公开的和秘密的、文的和武的各种手段，有预谋地诬陷迫害国家领导人，诬陷迫害中国共产党和各民主党派的领导人，阴谋颠覆政府和破坏军队，镇压迫害广大干部、知识分子和社会各阶层群众，毒害广大青少年，危害各少数民族人民的生命财产和自治权。林彪反革命集团策动武装政变，阴谋杀害毛泽东主席。江青反革命集团策动上海武装叛乱。林彪、江青反革命集团的犯罪活动，前后共达十年之久，殃及全国各个地区各个领域，使我国人民民主专政制度和社会主义的社会秩序受到特别严重的危害，使国民经济和其他各项事业遭到极其严重的破坏，给各族人民带来极大的灾难。

林彪、江青反革命集团案主犯危害国家和社会的行为，无论按照当时的法律、法令，还是按照自 1980 年 1 月 1 日起施行的《中华人民共和国刑法》，都构成了犯罪。本庭的职责是严格依照《中华人民共和国刑法》，审理林彪、江青反革命集团案主犯的刑事犯罪，追究他们的刑事责任。本庭不审理各被告人的不属于刑事犯罪的其他问题。

林彪、江青反革命集团案主犯的犯罪事实如下：

林彪、江青反革命集团策划颠覆政府，推翻我国人民民主专政。1967 年 1 月 23 日，林彪确定夺取党和国家领导权的方针说："无论上层、中层、下层都要夺。有的早夺，有的迟夺"；"或者上面夺，或者下面夺，或者上下结合夺"。同年 1 月 22 日，张春桥说："我们对所有的权都要夺"。从 1967 年至 1975 年，张春桥多次宣称，"文化大革命"就是"改朝换代"。林彪、江青反革命集团的上述反革命目的，虽然由于党、政府、军队和人民的抵制，未能完全得逞，但是他们确实在一个相当长的时期内，严重地破坏了政府的机构，严重地妨碍了政府的工作，严重地破坏了人民公安保卫机关、人民检察院和人民法院，控制了中共中央的组织、宣传部门和国务院的文化、教育、卫生、民族等部门的领导权；夺取了多数省、自治区、直辖市的领导权；一度"砸烂"了中国人民解放军总政治部和夺取了一些军事机关的部分领导权。

林彪、江青反革命集团共谋诬陷迫害中华人民共和国主席刘少奇。1966 年 8 月，林彪让叶群把他们捏造的诬陷刘少奇的材料口授给总参谋部作战部副部长雷英夫，指使雷英夫写了诬陷刘少奇的材料。同年 12 月，张春桥单独召见清华大学学生蒯大富，指使他组织游行示威，首先在社会上煽动"打倒刘少奇"。1967 年 7 月，江青伙同康生、陈伯达决定对刘少奇进行人身迫害，从此剥夺了他的行动自由。从 1967 年 5 月开始，江青直接控制"刘少奇、王光美专案组"，伙同康生、谢富治指挥专案组对被逮捕关押的人员进行逼供，制造诬陷刘少奇是"叛徒"、"特务"、"反革命"的伪证。1967 年，江青为了制造诬陷刘少奇的伪证，决定逮捕关押河北省副省长杨一辰（原中共满洲省委组织部干事）、中国人民大学教授杨承祚（原辅仁大学教授，王光美之师）、天津市居民王广恩（原奉天纱厂协理）和刘少奇的炊事员郝苗等 11 人。在杨承祚病危期间，江青对专案人员说："要突击审讯，把我们所要的东西在杨死前搞出来"。江青的决定，使杨承祚被迫害致死。江青指挥的专案组也使得王广恩被迫害致死，江青伙同谢富治还指使对病势危重的河北北京师范学院教授张重一（原辅仁大学教授，王光美之师）多次进行逼供，致使他在一次逼供后仅二小时即死去。江青伙同康生、谢富治等人，指使专案组对 1927 年在武汉同刘少奇一起进行工人运动的丁觉群和 1929 年同刘少奇在沈阳同时被捕的孟用潜进行逼供，制造伪证，诬陷刘少奇是"叛徒"。由于林彪、江青等人的诬陷，致使刘少奇遭受监禁，被迫害致死。

林彪、江青反革命集团诬陷迫害党和国家其他领导人。1967 年 7 月，"中央文化革命小组"成员戚本禹在康生同意下，指使北京航空学院学生韩爱晶组织实施对中共中央政治局委员彭德怀的人身迫害，致使彭德怀被打断肋骨，造成重伤。1970 年 11 月 3 日，黄永胜同意彭德怀专案组提出要对彭德怀"判处无期徒刑，终身剥夺公民权利"的意见，对彭德怀进行迫害。由于林彪、江青反革命集团的诬陷迫害，彭德怀被折磨致死。1966 年 7 月，康生诬陷国务院副总理、中共中央军委副主席贺龙等人在北京"调动军队搞二月兵变"。同年 8 月，林彪指使吴法宪编造诬陷贺龙的材料，1968 年 4 月，李作鹏诬陷贺龙等人"篡军反党"。由于林彪、康生等人的诬陷，致使贺龙遭受监禁，被折磨致死。1967 年 6 月 23 日，黄永胜批准广州市公安局军管会负责人报送的《关于揪叛徒调查工作的请示》及所附的"第一号调查方案"，阴谋陷害中共中央军委副主席叶剑英为"叛徒"。1968 年 6 月，黄永胜把诬陷叶剑英"密谋发动反革命政变"的材料交给叶群。1968 年 8 月，黄永胜和吴法宪捏造事实，诬陷国务院副总理罗瑞卿是"罪大恶极的反革命分子"。1966 年底至 1968 年，陈伯达多次诬陷国务院副总理陆定一是"现行反革命"、"叛徒"、"内奸"，并决定对他进行人身摧残。

1968 年 7 月 21 日，江青、康生制造了一个诬陷中共第八届中央委员会成员的名单。同年 8 月，康生又制造了诬陷第三届全国人民代表大会常务委员会委员的名单和诬陷第四届全国政治协商会议常务委员的名单。同年 12 月，谢富治制造了"中国（马列）共产党"假案的名单。在这四个名单中，中共第八届中央委员会委员、候补委员一百零三人，第三届全国人民代表大会常务委员会委员五十二人，第四届全国政治协商会议常务委员七十六人，被分别诬陷为"特务"、"叛徒"、"里通外国分子"、"反革命分子"、"叛徒嫌疑"、"特务嫌疑"。这些被诬陷的人先后都受到了迫害，其中包括全国人民代表大会常务委员会委员长、副委员长八人，国务院副总理十二人，中共中央政治局委员、候补委员二十二人，中共中央总书记、书记处书记、候补书记十四人，中共中央军委副主席六人，各民主党派领导人十一人。1966 年至 1970 年，江青在各种会议上，点名诬陷中共第八届中央委员会委员、候补委员二十四人，使他们一一受到迫害。煤炭工业部部长张霖之被江青点名诬陷后，遭到非法关押，被打成重伤致死。

林彪、江青反革命集团诬陷迫害中国人民解放军的大批干部，企图使中国人民解放军完全受他们的控制。1967 年 7 月 25 日，林彪提出"彻底砸烂总政"。黄永胜、吴法宪、李作鹏、邱会作分别在中国人民解放军总参谋部、总政治部、总后勤部、空军、海军诬陷迫害了大批干部。林彪、江青反革命集团在中国人民解放军中制造了大批冤案，使八万多人遭到诬陷迫害，一千一百六十九人被迫害致死。

林彪、江青反革命集团诬陷迫害各级党政干部，以图夺取他们尚未夺取的部门和地区的领导权。1968 年 1 月，康生等人诬陷中共中央组织部的干部，直接控制了中共中央组织部的领导权。林彪、江青反革命集团诬陷迫害各级人民公安机关、人民检察院和人民法院的大批干部、民警，被他们迫害致死的一千五百六十五人。林彪、江青反革命集团诬陷迫害各省、自治区、直辖市的大批干部。在康生、谢富治等人的指使、策动下，夺取了北京市的领导权，北京市领导干部十三人遭到诬陷迫害，市委书记刘仁、邓拓和副市长吴晗、乐松生被迫害致死。在张春桥、姚文元的指使、策动下，夺取了上海市的领导权，上海市领导干部十二人遭到诬陷迫害，市长曹荻秋、副市长金仲华被迫害致死。1967 年至 1968 年，张春桥直接操纵、指挥上海的"游雪涛小组"，从事跟踪盯梢、绑架、抄家、拘禁、刑讯和捏造情报等特务活动，制造冤案，诬陷迫害干部和群众，诬陷华东地区领导干部在"长江以南搞一个地下武装"，"密谋兵变"。

林彪、江青反革命集团制造大量冤案，在全国范围内煽动"打砸抢"，迫害广大干部和群众。1967 年，康生等人制造了"新疆叛徒集团"冤案。1967 年至 1968 年，黄永胜等人先后制造了"广东地下党"和广州部队"反革命集团"冤案。1967年，由于陈伯达的煽动，使冀东冤案造成严重的后果，大批干部和群众受到迫害。1968年，康生、谢富治制造了云南"赵健民特务案"冤案。同年，由于康生、谢富治的煽动，使所谓"内蒙古人民革命党"的冤案造成惨重的后果，大批干部和群众被迫害致死致残。1967年至1969年，在林彪、江青反革命集团的煽动下，制造了"'东北帮'叛党投敌反革命集团"冤案。1966年10月，江青勾结叶群，指使江腾蛟在上海非法搜查郑君里、赵丹、顾而已、童芷苓、陈鲤庭五人的家，致使他们受到人身迫害。由于林彪、江青反革命集团的指挥和煽动而造成的冤案，使各级党政军机关、各民主党派、各人民团体和社会各界的大批干部和群众以及大批归国华侨遭受诬陷迫害。社会各界知名人士被迫害致死的有：著名作家、艺术家老舍、赵树理、周信芳、盖叫天、潘天寿、应云卫、郑君里、孙维世等人，著名教授熊庆来、翦伯赞、何思敬、王守融、顾毓珍、李广田、饶毓泰、刘盼遂、马特等人，著名科学家赵九章、叶渚沛、张宗燧、刘崇乐、陈焕镛、周仁等人，卫生界著名专家胡正祥、张昌绍、计苏华、陆瘦燕、叶熙春、李重人等人，体育界优秀教练员傅其芳、容国团、姜永宁、著名劳动模范孟泰、时传祥等人，侨务界知名人士方方、许立、黄洁、陈序经、黄钦书、陈曼云等人。林彪、江青反革命集团严重破坏民族团结，使各少数民族的大批干部和群众遭到残酷迫害，吉雅泰等人被迫害致死。

林彪、江青反革命集团在全国范围内挑动群众组织之间的大规模武斗，借此夺权和残酷镇压广大群众。1966年12月28日，在张春桥的指使下，制造了上海康平路武斗事件，打伤九十一人，在全国开创了利用武斗夺权的恶劣先例。1967年5月，张春桥、姚文元在济南支持山东省革命委员会主任王效禹制造了省革命委员会大院武斗事件，拘捕关押三百八十八人。同年8月4日，王洪文组织、指挥了围攻上海柴油机厂的武斗，关押和伤残六百五十人。

林彪反革命集团和江青反革命集团都各自图谋夺取党和国家的最高权力，它们在结成联盟的同时，又有尖锐的矛盾。1969年，林彪被确定为毛泽东主席的接班人。1970年，林彪意识到江青、张春桥等人的势力的发展有超越自己的趋势，图谋提前"接班"。林彪明知江青的野心决难得逞，但是要毛泽东主席支持自己提前"接班"是绝不可能的。因此，1971年9月，林彪反革命集团决心撕破一切假面具，策动武装政变，阴谋杀害毛泽东主席。早在1969年10月，空军司令员吴法宪把空军的一切指挥权、调动权交给林立果。1970年10月，林立果组成了武装政变的秘密骨干力量，取名为"联合舰队"。1971年3月，林立果、周宇驰等人在上海制订了武装政变计划，取名为《"571工程"纪要》。3月31日，林立果根据《"571工程"纪要》建立"指挥班子"的计划，在上海召集江腾蛟和七三四一部队政治委员王维国、七三五〇部队政治委员陈励耘、南京部队空军副司令员周建平秘密开会，指定江腾蛟为南京、上海、杭州"进行三点联系，配合、协同作战"的负责人。同年9月5日和6日，林彪、叶群先后得到周宇驰、黄永胜的密报，获悉了毛泽东主席察觉林彪在密谋夺权的谈话，决定对在旅途中的毛泽东主席采取谋杀行动，发动武装政变。9月8日，林彪下达了武装政变手令："盼照立果、宇驰同志传达的命令办"，并由林立果、周宇驰对江腾蛟和空军司令部副参谋长王飞以及"联合舰队"的其他骨干分子进行具体部署。正当林彪反革命集团紧张地策动武装政变的时候，毛泽东主席对他们的阴谋有所警觉，突然改变行程，于9月12日安全回到北京。

林彪反革命集团的谋杀计划失败后，林彪随即准备带领黄永胜、吴法宪、李作鹏、邱会作等人南逃到他当时准备作为政变根据地的广州，图谋另立中央政府，分裂国家。根据林彪的命令，空军司令部副参谋长胡萍安排了南逃广州的飞机八架，于9月12日将其中的256号专机秘密调往山海关供在北戴河的林彪、叶群、林立果使用。当晚10时许，周恩来总理追查256号专机突然去山海关的行动，命令将该机立即调回北京。胡萍一面谎报256号专机去山海关是飞行训练，并伪称飞机发动机有故障，拒不执行调回北京的命令；一面将周恩来总理追查飞机行动的情况报告周宇驰。周宇驰随又报告了林立果。当晚11时35分和13日零时6分，李作鹏两次向海军航空兵山海关场站下达命令时，将周恩来总理关于256号专机必须有周恩来和黄永胜、吴法宪、李作鹏"四个人一起下命令才能飞行"的命令，篡改为"四个首长其中一个首长指示放飞才放飞"。9月13日零时20分，海军航空兵山海关场站站长潘浩已经发现当时情况异常，打电话请示李作鹏：飞机强行起飞怎么办？这时李作鹏仍然没有采取任何阻止起飞的措施，致使林彪、叶群、林立果得以乘256号专机叛逃。林彪得知周恩来总理追查专机去山海关的情况后，判断南逃广州另立政府的计划已不可能实现，遂于13日零时32分登机强行起飞，外逃叛国，途中机毁人亡。

9月13日3时15分，在北京的周宇驰等人得到林彪外逃消息后，劫持3685号直升飞机外逃，被迫降。从直升飞机上缴获了林彪反革命集团窃取的大量国家机密文件和策划武装政变的材料。

林彪等人叛国外逃死亡后，江青反革命集团为了夺取党和国家领导权，继续进行诬陷迫害各级领导干部的犯罪活动。1974年至1976年，江青反革命集团指挥"梁效"、"池恒"、"罗思鼎"等写作班子进行反革命煽动，诬陷重新出来工作的各级领导干部是"从资产阶级民主派到走资派"，已经成为他们所谓继续革命的对象。1976年，江青、张春桥、姚文元、王洪文在全国制造新的动乱，诬陷迫害大批领导干部，图谋最终颠覆政府。3月，江青在对十二个省、自治区负责人的一次谈话中，点名诬陷中央和地方的一批领导干部。同年，张春桥指使上海市革命委员会副主任马天水、徐景贤在上海召开的万人大会上，诬陷重新出来工作的领导干部"从资产阶级民主派变成走资派"。同年，王洪文和姚文元指使《人民日报》总编辑鲁瑛派人到国务院一些部门和一些省，按照他们的意图编造材料，诬陷重新出来工作的老干部"组织还乡团"，"翻案复辟"，并且以此作为向他们尚未控制的部门和地区进行夺权的根据。1976年3月至5月，江青反革命集团捏造事实，诬陷南京、北京和其他各地悼念周恩来总理的群众是"反革命"，诬陷国务院副总理邓小平是天安门广场"反革命政治事件的总后台"，煽动镇压迫害广大干部和群众。

江青反革命集团主犯张春桥、王洪文以上海为基地，建立和扩大由他们直接控制的"民兵武装"。早在1967年8月，在张春桥审批的《上海市革命委员会关于成立"文攻武卫"指挥部的打算》的报告中，就提出所谓"以枪杆子保卫笔杆子革命"，积极建立他们控制的武装力量。王洪文从1973年至1976年多次对江青反革命集团在上海的骨干马天水、徐景贤和王秀珍说，"军队不能领导民兵"；"上海民兵是我和春桥搞起来的"；"你们可给我抓好"；"我最担心的是军队不在我们手里"；"要准备打游击"；要他们加紧发展"民兵武装"。江青反革命集团计划利用他们自认为属于己有的这支武装力量，在上海策动武装叛乱。1976年8月，投靠江青反革命集团的林彪余党、南京部队司令员丁盛到上海，对马天水、徐景贤、王秀珍说："驻在上海附近的六四五三部队"，"我最不放心"，"这个部队我指挥不动"，"你们要有所准备"。马天水随即决定由他们所控制的武器仓库中发给"民兵"枪七万四千二百二十支，炮三百门，各种弹药一千多万发。9月21日，张春桥在北京听取徐景贤汇报丁盛谈话和给"民兵"发枪的情况后，对徐景贤说："要注意阶级斗争的动向"。9月23日，王洪文在电话中对王秀珍说："要提高警惕，斗争并未结束，党内资产阶级他们是不会甘心失败的"。10月8日，徐景贤、王秀珍等人获悉江青、张春桥、姚文元、王洪文被拘禁的消息后，决定发动武装叛乱。他们所组织的武装叛乱的指挥班子进入了指挥点，架设了十五部电台，沟通了联络。他们还调集和部署了"民兵"三万三千五百名。10月9日，上海市民兵指挥部负责人施尚英命令"民兵"集中，携带各种枪炮二万七千余件。10月12日，上海市民兵指挥部另一负责人钟定栋制定了取名为"捍一"、"方二"的两个作战方案。当晚，上海市革命委员会副主任王少庸、上海写作组负责人朱永嘉、上海市革命委员会工交组负责人陈阿大等人开会，策划停产罢工、游行示威，提出"还我江青"、"还我春桥"、"还我文元"、"还我洪文"的反革命口号，宣称要"决一死战"。由于中央采取了有力措施和上海市人民的斗争，他们的武装叛乱计划未能实现。

本庭经过四十二次法庭调查和辩论，有四十九名证人和被害人出庭作证，对各种证据八百七十三件进行了审查。大量的物证、书证、鉴定结论、证人的证言以及被害人的陈述，充分证明林彪、江青反革命集团案主犯所犯的上述罪行，事实清楚，证据确凿。

林彪、江青反革命集团案十六名主犯中，林彪、康生、谢富治、叶群、林立果、周宇驰等六人已经死亡，最高人民检察院特别检察厅依照《中华人民共和国刑事诉讼法》第十一条规定，决定对他们不再追究刑事责任。特别检察厅并决定，对江青等十名主犯以外的本案其他人犯，另行依法处理。（(2)(3)）本庭确认，被告人江青、张春桥、姚文元、王洪文、陈伯达、黄永胜、吴法宪、李作鹏、邱会作、江腾蛟的犯罪事实和应负的刑事责任如下：

（一）被告人江青，以推翻人民民主专政为目的，为首组织、领导反革命集团，是反革命集团案的主犯。江青诬陷迫害中华人民共和国主席刘少奇。1967 年 7 月，江青伙同康生、陈伯达作出决定，对刘少奇进行人身迫害，从此剥夺了他的行动自由。自 1967 年 5 月开始，江青直接控制"刘少奇、王光美专案组"，伙同康生、谢富治指挥专案组对被逮捕关押的人员进行逼供，制造诬陷刘少奇是"叛徒"、"特务"、"反革命"的伪证。1967 年，江青为了制造迫害刘少奇的伪证，决定逮捕关押杨一辰、杨承祚、王广恩和郝苗等十一人。在杨承祚病危期间，江青决定对他"突击审讯"，使杨承祚被迫害致死。江青指挥的专案组也使得王广恩被迫害致死。江青伙同谢富治指使对病势危重的张重一多次进行逼供，致使他在一次逼供后仅二小时即死去。江青伙同康生、谢富治等人指使专案组对丁觉群、孟用潜进行逼供，制造伪证，诬陷刘少奇是"叛徒"。由于江青等人的诬陷，致使刘少奇遭受监禁，被迫害致死。

1968 年 7 月 21 日，江青伙同康生密谋诬陷中共第八届中央委员会委员和候补委员八十八人是"叛徒"、"特务"、"里通外国分子"。

1966 年至 1970 年，江青在各种会议上，点名诬陷中共第八届中央委员会委员、候补委员二十四人，使他们一一受到迫害。

1966 年 12 月 14 日，江青点名诬陷张霖之，使他被非法关押，并被打成重伤致死。同年 12 月 27 日，江青诬陷全国劳动模范、北京市清洁工人时传祥是"工贼"，使时传祥遭受严重摧残，被折磨致死。

1966 年 10 月，江青勾结叶群，指使江腾蛟在上海非法搜查了郑君里等五人的家，致使他们受到人身迫害。

1976 年，江青伙同张春桥、姚文元、王洪文在全国制造新的动乱。同年 3 月，江青在对十二个省、自治区负责人的一次谈话中，点名诬陷中央和地方的一批领导干部。

江青是林彪、江青反革命集团的首要分子。江青对她所组织、领导的反革命集团在十年动乱中危害中华人民共和国、颠覆政府、残害人民的罪行，都负有直接或间接的责任。

被告人江青犯有《中华人民共和国刑法》第九十八条组织、领导反革命集团罪，第九十二条阴谋颠覆政府罪，第一百零二条反革命宣传煽动罪，第一百三十八条诬告陷害罪，对国家和人民危害特别严重、情节特别恶劣。

（二）被告人张春桥，以推翻人民民主专政为目的，同江青一起组织、领导反革命集团，是反革命集团案的主犯。在十年动乱中，张春桥是向人民民主政权实行夺权的肇始者和自始至终的煽动者、策划者，对国家和人民造成了极其严重的危害。

1967 年 1 月，张春桥说："我们对所有的权都要夺"。1967 年至 1975 年，张春桥多次宣称，"文化大革命"就是"改朝换代"。张春桥伙同江青领导他们的反革命集团进行了夺取党和国家领导权的大量活动。

1966 年 12 月 28 日，张春桥为了夺取上海市的领导权，制造了上海康平路武斗事件，打伤九十一人。1967 年 5 月，张春桥在济南支持王效禹制造武斗事件，拘捕关押三百八十八人。

1966 年 12 月，张春桥单独召见蒯大富，指使他组织游行示威，首先在社会上煽动"打倒刘少奇"。

在张春桥的指使、策动下，夺取了上海市的领导权。上海市领导干部十二人被分别诬陷为"叛徒"、"特务"、"反革命"，曹荻秋、金仲华被迫害致死。

张春桥操纵、指挥"游雪涛小组"进行特务活动，制造冤案，诬陷迫害干部和群众，诬陷华东地区领导干部在"长江以南搞一个地下武装"，"密谋兵变"。

1976 年，张春桥伙同江青、姚文元、王洪文在全国制造新的动乱。同年 3 月，张春桥指使马天水、徐景贤在上海召开的万人大会上，诬陷重新出来工作的领导干部"从资产阶级民主派变成走资派"，是他们所谓继续革命的对象。

张春桥伙同王洪文等人，以上海为基地，建立由他们直接控制的"民兵武装"，策动上海武装叛乱。

被告人张春桥犯有《中华人民共和国刑法》第九十八条组织、领导反革命集团罪，第九十二条阴谋颠覆政府罪，第九十三条策动武装叛乱罪，第一百零二条反革命宣传煽动罪，第一百三十八条诬告陷害罪，对国家和人民危害特别严重、情节特别恶劣。

（三）被告人姚文元，以推翻人民民主专政为目的，组织、领导反革命集团，是反革命集团案的主犯。姚文元积极参与江青夺取最高权力的活动。

姚文元直接控制宣传舆论工具，长期进行反革命宣传煽动。1974 年至 1976 年，姚文元指挥"梁效"、"池恒"、"罗思鼎"等写作班子，诬蔑重新出来工作的各级领导干部是"从资产阶级民主派到走资派",已经成为所谓继续革命的对象,煽动对他们进行诬陷迫害。

1967年,姚文元积极参与夺取上海市领导权的活动。姚文元参与诬陷上海市领导干部曹荻秋等人。

1967年5月,姚文元在济南参与支持王效禹制造武斗事件。

1976年,姚文元伙同江青、张春桥、王洪文在全国制造新的动乱。同年1月至9月,姚文元指使鲁瑛派人到国务院一些部门和一些省,按照他们的意图编造材料,诬陷重新出来工作的领导干部。1976年3月至5月,姚文元捏造罪名,诬陷南京、北京等地悼念周恩来总理的群众是"反革命",诬陷邓小平是天安门广场"反革命政治事件的总后台",煽动镇压迫害广大干部和群众。

被告人姚文元犯有《中华人民共和国刑法》第九十八条组织、领导反革命集团罪,第九十二条阴谋颠覆政府罪,第一百零二条反革命宣传煽动罪,第一百三十八条诬告陷害罪。

(四)被告人王洪文,以推翻人民民主专政为目的,组织、领导反革命集团,是反革命集团案的主犯。王洪文积极参与江青夺取最高权力的活动。

1966年12月28日,王洪文参与制造了上海康平路武斗事件,打伤九十一人。1967年8月4日,王洪文组织、指挥了围攻上海柴油机厂的武斗,关押和伤残六百五十人。

1976年,王洪文伙同江青、张春桥、姚文元在全国制造新的动乱。王洪文指使鲁瑛派人到一些省,按照他们的意图编造诬陷重新出来工作的领导干部的材料。

王洪文伙同张春桥,以上海为基地,建立由他们直接控制的"民兵武装",多次指示马天水、徐景贤、王秀珍加紧发展"民兵武装",策动上海武装叛乱。

被告人王洪文犯有《中华人民共和国刑法》第九十八条组织、领导反革命集团罪,第九十二条阴谋颠覆政府罪,第九十三条策动武装叛乱罪,第一百零一条反革命伤人罪,第一百三十八条诬告陷害罪。

(五)被告人陈伯达,以推翻人民民主专政为目的,积极参加反革命集团,是反革命集团案的主犯。陈伯达积极参与林彪、江青夺取最高权力的活动。

陈伯达控制宣传舆论工具,进行反革命宣传煽动,1966年提出"横扫一切牛鬼蛇神"等口号,煽动对广大干部和群众的迫害镇压。

1967年7月,陈伯达伙同江青、康生决定对刘少奇进行人身迫害,从此剥夺了他的行动自由。

1966年底至1968年,陈伯达多次诬陷国务院副总理陆定一是"现行反革命"、"叛徒"、"内奸",并决定对他进行人身摧残。

1967 年 12 月，陈伯达在唐山说，中共冀东地区组织"可能是国共合作的党，实际上可能是国民党在这里起作用，叛徒在这里起作用"。由于陈伯达的煽动，使冀东冤案造成严重的后果，大批干部和群众受到迫害。

被告人陈伯达犯有《中华人民共和国刑法》第九十八条积极参加反革命集团罪，第九十二条阴谋颠覆政府罪，第一百零二条反革命宣传煽动罪，第一百三十八条诬告陷害罪。

（六）被告人黄永胜，以推翻人民民主专政为目的，组织、领导反革命集团，是反革命集团案的主犯。黄永胜积极参与林彪夺取最高权力的活动。

1970 年 11 月 3 日，黄永胜同意彭德怀专案组提出要"撤销彭德怀党内外一切职务，永远开除党籍，判处无期徒刑，终身剥夺公民权利"的意见，对彭德怀进行迫害。

1967 年 6 月，黄永胜批准广州市公安局军管会负责人报送的《关于揪叛徒调查工作的请示》及所附的"第一号调查方案"，阴谋陷害叶剑英为"叛徒"。1968 年 6 月，黄永胜把诬陷叶剑英"密谋发动反革命政变"的材料交给叶群。

1968 年，黄永胜伙同吴法宪捏造事实，诬陷罗瑞卿是"罪大恶极的反革命分子"。黄永胜还诬陷总参谋部的领导干部。同年 12 月，黄永胜诬蔑总政治部"招降纳叛"，积极参与林彪"砸烂总政"的犯罪活动。

1967 年 10 月至 1968 年 3 月，黄永胜提出审查中共"广东地下党"，决定对广州部队副司令员文年生等人进行"审查"，制造了"广东地下党"和广州部队"反革命集团"两个冤案，致使大批干部和群众遭到诬陷迫害，副省长林锵云和文年生被迫害致死。

1971 年 9 月 6 日，黄永胜向林彪密报了毛泽东主席察觉林彪在密谋夺权的谈话，致使林彪下决心采取行动谋杀毛泽东主席，发动武装政变。

被告人黄永胜犯有《中华人民共和国刑法》第九十八条组织、领导反革命集团罪，第九十二条阴谋颠覆政府罪，第一百三十八条诬告陷害罪。

（七）被告人吴法宪，以推翻人民民主专政为目的，组织、领导反革命集团，是反革命集团案的主犯。吴法宪积极参与林彪夺取最高权力的活动。

1966 年 8 月，吴法宪受林彪的指使，于 9 月 3 日写了诬陷贺龙在空军阴谋夺权的材料送给林彪。1968 年 8 月，吴法宪伙同黄永胜捏造事实，诬陷罗瑞卿是"罪大恶极的反革命分子"。

吴法宪在空军诬陷一些领导干部要"夺权"，批准关押、迫害空军干部和群众一百七十四人，致使南京部队空军司令部参谋长顾前和空军学院副教育长刘善本被迫害致死。

1969 年 10 月，吴法宪把空军的一切指挥权、调动权交给林立果，使林立果得以组成林彪反革命集团谋杀毛泽东主席、策动武装政变的骨干力量"联合舰队"。

被告人吴法宪犯有《中华人民共和国刑法》第九十八条组织、领导反革命集团罪，第九十二条阴谋颠覆政府罪，第一百三十八条诬告陷害罪。

（八）被告人李作鹏，以推翻人民民主专政为目的，组织、领导反革命集团，是反革命集团案的主犯。李作鹏积极参与林彪夺取最高权力的活动。

1968 年 4 月，李作鹏诬陷贺龙等人"篡军反党"。李作鹏在海军点名诬陷迫害一百二十名干部。

1971 年 9 月 12 日晚 11 时 35 分和 13 日零时 6 分，在林彪、叶群叛逃前，李作鹏两次篡改了周恩来总理的命令。13 日零时 20 分，海军航空兵山海关场站站长潘浩打电话紧急请示：飞机强行起飞怎么办？李作鹏没有采取阻止起飞的任何措施，致使林彪得以乘飞机叛逃。事后，李作鹏修改电话报告记录，掩盖罪行。

被告人李作鹏犯有《中华人民共和国刑法》第九十八条组织、领导反革命集团罪，第九十二条阴谋颠覆政府罪，第一百三十八条诬告陷害罪。

（九）被告人邱会作，以推翻人民民主专政为目的，组织、领导反革命集团，是反革命集团案的主犯。邱会作积极参与林彪夺取最高权力的活动。

1967 年，邱会作指使人窃取总政治部的档案材料，诬陷总政治部的干部，在林彪"砸烂总政"的犯罪活动中起了重要作用。

1967 年至 1971 年，邱会作在总后勤部私设监狱，刑讯逼供，直接诬陷迫害了干部和群众四百六十二人，致使汤平、周长庚、顾子庄、张树森、申茂兴、王述臣、张凌斗、华迪平八人被迫害致死。

被告人邱会作犯有《中华人民共和国刑法》第九十八条组织、领导反革命集团罪，第九十二条阴谋颠覆政府罪，第一百三十八条诬告陷害罪。

（十）被告人江腾蛟，以推翻人民民主专政为目的，积极参加反革命集团，是反革命集团案的主犯。1971 年 3 月 31 日，江腾蛟在上海参加林立果为建立武装政变"指挥班子"召开的秘密会议，被指定为南京、上海、杭州"进行三点联系，配合、协同作战"的负责人。9 月 8 日，江腾蛟接受林立果传达林彪发动武装政变手令，参与策划部署谋杀毛泽东主席，并担任上海地区第一线指挥。江腾蛟在杀害毛泽东主席的计划失败后，积极参加林彪、叶群准备南逃广州的反革命行动。

被告人江腾蛟犯有《中华人民共和国刑法》第九十八条积极参加反革命集团罪，第九十三条策动武装叛乱罪，第一百零一条反革命杀人罪（未遂）。

上列被告人王洪文、陈伯达、吴法宪、李作鹏、邱会作、江腾蛟各自供认了自己的犯罪事实。江腾蛟在林彪叛逃的第二天，交代了自己的罪行。吴法宪、邱会作、江腾蛟揭发了林彪、江青等同案犯的犯罪事实。黄永胜供认了自己的部分犯罪事实。姚文元把自己的犯罪行为说成是犯错误,不承认是犯罪。张春桥不回答法庭对他的审问。江青破坏法庭秩序。

本庭根据江青等十名被告人犯罪的事实、性质、情节和对社会的危害程度,分别依照《中华人民共和国刑法》第九十条、第九十二条、第九十三条、第九十八条、第一百零一条、第一百零二条、第一百零三条、第一百三十八条和第二十条、第四十三条、第五十二条、第五十三条、第六十四条,判决如下:

判处被告人江青死刑,缓期二年执行,剥夺政治权利终身。

判处被告人张春桥死刑,缓期二年执行,剥夺政治权利终身。

判处被告人姚文元有期徒刑二十年,剥夺政治权利五年。

判处被告人王洪文无期徒刑,剥夺政治权利终身。

判处被告人陈伯达有期徒刑十八年,剥夺政治权利五年。

判处被告人黄永胜有期徒刑十八年,剥夺政治权利五年。

判处被告人吴法宪有期徒刑十七年,剥夺政治权利五年。

判处被告人李作鹏有期徒刑十七年,剥夺政治权利五年。

判处被告人邱会作有期徒刑十六年,剥夺政治权利五年。

判处被告人江腾蛟有期徒刑十八年,剥夺政治权利五年。

以上判处有期徒刑的被告人的刑期,自判决执行之日起计算,判决执行以前羁押的日期,以羁押一日折抵刑期一日。

本判决为终审判决。

1981 年 1 月 23 日

中华人民共和国最高人民法院特别法庭

最高人民法院院长兼特别法庭庭长 江华

副庭长　伍修权　曾汉周　黄玉昆

审判员　王文正　王志道　王战平　甘 英　史笑谈　宁焕星
　　　　司徒擎　曲育才　朱理之　任成宏　任凌云　刘丽英
　　　　刘继光　许宗祺　严信民　苏子蘅　巫宝三　李明贵
　　　　李 毅　吴茂荪　沈 建　张世荣　张 敏　范 之
　　　　费孝通　骆同启　高朝勋　高 斌　黄凉尘　曹理周
　　　　翟学玺

本件证明与原本无异。

1981 年 1 月 25 日

书记员　郭志文　黄林昇

【余论】

今天法院审理个政治局委员都算不得了的事情了，可你看看两案中的被告都是些什么人：10 名被告，9 个职务在政治局委员以上。江青、张春桥、王洪文，再加上林彪、康生，都是何等人物！可他们都站在了法院的被告席上。新中国六十年，法院最风光的是什么时候？就是这审判"林彪、江青反革命集团案"的时候。

时下里法律界有一种法治民间化、基层化的呼声。来势颇为不小，认同者也是很多。这样的见解不能说没有道理，其来源也让人理解：毕竟三十年来让上层认可法治太难了！但我们可以想一想，法院审判"两案"的时候，中国法治有民间基础吗？那个时候，经过三十年的摧毁，法治的民间基础早已灰飞烟灭。人们有什么法律意识？可那些权倾朝野的大人物不是照样被押到法院来受审了吗？随后的三十年，中国法治的民间基础是越来越好，但"两案"或与"两案"类似的情景却再也没有出现过。二战结束时，英国和前苏联都主张不经审判直接处决纳粹领导人，只是因为有美国的坚持才让纽伦堡审判成为现实。要说前苏联的法治民间基础不好，可能还有人相信。要说英国的法治民间基础不好，恐怕谁也不会赞同，但丘吉尔同斯大林的主张却是一样的。

要说民间化、基层化，那些烧香画符、跳神念咒的巫婆神汉民间基础倒真是不错，我们将来的法治就要与他们等量齐观吗？基督教是因为取得了罗马贵族的支持才能够成为国教的。否则，罗马各地的小宗教和巫术多如牛毛，在民间喧嚣一时的也不见得没有，为什么只有基督教传遍了四海？沈家本说过：未见过上层不支持，下层却主动支持的。[1] 我们的目标如果是北京，道路再遥远、再曲折、再艰险，我们也要排除万难，努力地朝着这个目标前进。与此南辕北辙的道路虽然平坦、便利，我们却不应该走。民间基础不见得没有意义，但民间基础只具有间接的、或然的作用。主张法治民间化、基层化的人们，我只怕他们的心血和热情都作了无用功。

---

〔1〕 沈家本的《设律博士议》一文中有："必上以为重，而后天下群以为重；未闻有上轻视之，而天下反重视之者。"

二十四、九十年代判决书两篇

◎岳阳市、北京市人民法院

【评析】

　　这两篇判决书选自最高人民法院为配合"92样式"的颁布而公布的判决书范例。最高人民法院认为这是八九十年代的判决书中比较优秀的。事实也是如此。这两篇判决书的确写得还可以。它们也体现了那个时代我国判决书的价值取向，比较简短，语言平实，也反映了司法追求稳妥地从事基础的法律实务性工作。

　　第一篇刑事判决书主要是一个防卫过当的问题。从叙事中我们可以看出，被告王××是被迫还击，明显是正当防卫。所以判决书没有就此展开什么论述，只是告诉我们一个结论，这也就够了。剩下的力量用在了讨论王××的行为是否是防卫过当，详略比较得当。但有一个问题恐怕考虑不周，就是认定王××是防卫过当的第一个理由：使用铁棍来对付木棍。判决书认为王××用铁棍来对付木棍，打击强度比对方要大，所以是防卫过当。但王××突然被袭击，情急之下哪有时间仔细挑选防卫工具，判决书在叙事中也说"顺手抓起身边一根长50厘米、直径1.8厘米的铁棍朝李××的头部回击一棍"。既然是"顺手"，就是无心，再据此认定防卫过当就自相矛盾了。第二个理由还是恰当的。

　　第二篇民事判决书是一个再审案件，涉及的法律问题要稍微复杂一些。看来杨丙所遗留的68 000美元是否为赠与是原审和再审一致采纳的争议焦点。那么，再审认定这份赠与合同没有实际履行而改判也就比较正确了。因为存款的确没有实际转移，还在杨丙的控制之下。但如果将杨丙的书面文字看成是遗嘱呢？那情形就要变过来了。不知再审法院是否考虑了这个问题。这也是一个争议焦点转移，案件结果就应转移的例子。

　　这个判决书也有个问题说得不太清楚。原审认定68 000美元现在只剩下了2060美元。如何减少的？再审不是说68 000美元没有实际履行赠与吗？判决书没有再涉及这个问题，应当交代的问题交代得不清楚。

【正文】〔1〕

（一）

湖南省岳阳市南区人民法院

刑事附带民事判决书

（1992）南刑初字第 108 号

公诉机关岳阳市南区人民检察院。

附带民事诉讼原告人（被害人）李××，男，1962 年 3 月 4 日出生，汉族，湖南省岳阳市人，岳阳市氮肥厂第三车间工人，住该厂家属区第 5 栋 2 单元 3 楼 5 号。

委托代理人汤××，岳阳市南区律师事务所律师。

被告人王××，男，1961 年 2 月 3 日出生，汉族，湖南省岳阳市人，岳阳市氮肥厂第三车间工人，住该厂家属区第 20 栋 3 单元 4 楼 7 号，因故意伤害一案于 1992 年 3 月 17 日被拘留，同月 20 日被逮捕，现羁押在岳阳市公安局看守所。

辩护人杨××，岳阳市第四律师事务所律师。

岳阳市南区人民检察院于 1992 年 6 月 5 日，以被告人王××犯故意伤害罪，向本院提起公诉；同月 10 日，本案被害人李××又以要求被告人王××赔偿经济损失为由，向本院提起附带民事诉讼。本院受理后，依法组成合议庭，于 1992 年 7 月 15 日在本院审判庭公开开庭进行了合并审理。岳阳市南区人民检察院检察员方××出庭支持公诉，附带民事诉讼原告人（被害人）李××及其委托代理人汤××，被告人王××及其辩护人杨××，证人陆×、张×到庭参加诉讼。本案现已审理终结。

岳阳市南区人民检察院起诉书指控，被告人王××于 1992 年 3 月 4 日上午 9 时许，在岳阳市氮肥厂第三车间当班时，与同车间工友李××发生争吵。吵骂过程中李××先动手打了王××，继而互相殴斗时王××用一根铁棍对李的头部打了一棍，致李重伤。王××的行为已构成故意伤害罪。附带民事诉讼原告人（被害人）李××及其委托代理人汤××对被告人王××的伤害行为致其遭受的直接经济损失，要求赔偿人民币 1 万元。被告人对其致伤李××的事实供认不讳，但辩称他是在李××先动手打人的情况下所进行的还击，目的是制止李××的不法侵害，不过愿对被害人所受实际直接经济损失承担赔偿责任；其辩护人杨××辩护提出，被告人的行

---

〔1〕 两篇均选自最高人民法院办公厅秘书处编：《法院诉讼文书样式应用实例选编》，人民法院出版社 1993 年版。

为虽已构成了故意伤害罪，但其行为是为了使自己的人身权利免受正在进行的不法侵害所实施的正当防卫，只是防卫超过了必要的限度而造成了不应有的危害，因此在刑事责任方面应当减轻或免除处罚，在民事赔偿上亦应相应地减轻。公诉人方××认为，被告人王××身强力壮，在与李××的相互斗殴中，使用超过对方强力的工具，打击被害人的头部，造成严重后果，其行为显属故意报复伤害他人身体，不属于防卫过当的范畴。对其它情节控、辩双方均无异议。被害人要求被告人承担的民事赔偿，经本院调解，双方未能达成协议。

经审理查明，1992 年 3 月 4 上午 9 时许，被害人李××在车间上班时，对同车间工友陆×讲："昨天晚上我打麻将输了钱，就是由于王××在旁边多嘴。"王××听到此话后当即予以否认，因此二人发生口角。被害人李××先辱骂王××，王回骂，李即动手抓住王××的胸襟，挥拳朝王××的胸部打了一拳，并将王××摔倒在地，后被同车间工友张×和陈×拉开，王××即回到工作台上班去了。李××还不罢休，在车间内找来一根长 30 厘米、直径 2 厘米的小木棍，从王××的背后上来，趁王××不备用木棍朝正在岗位操作的王××左肩部打了一棍，王××即转身，见李××又举棍击来，便顺手抓起身边一根长 50 厘米、直径 1.8 厘米的铁棍朝李××的头部回击一棍，将李××打倒在地，致其昏述。王××见状，当即与工友陆×、张×一起将李××送到岳阳市第二人民医院治疗，并于当天上午到厂保卫科如实地交代了致伤李××的经过，并表示愿意听从处理。被害人李××的伤情经法医检验鉴定为凹陷性颅骨骨折，形成硬膜下血肿，引起部分神经功能障碍，属重伤。李××经住院治疗已用去医药费 3450 元、护理费 250 元、交通费 100 元、营养费 300 元、误工 3 个月的工资 900 元，共造成直接经济损失 5000 元。因李的伤情未完全治愈，还需治疗费约 1000 元。案发后，被告人王××已赔偿李××的经济损失 3000 元。上述事实的证据有：①被害人李××对事实经过的陈述；②在场目睹人陆×、张×对事实经过的证言；③缴获了被告人作案的工具铁棍，经辨认属实；④被害人的伤情有岳阳市第二人民医院病历记载和法医鉴定结论及其住院治疗用去的医药等费用的正式发票等书证；⑤被告人王××对伤害李××的事实供认不讳，所供事实经过、情节与其他证据证明的相一致，能够互相印证，足以认定属实。

本院认为，从上述事实看，纠纷是李××挑起的，王××并无报复李××的动机，也没有主动实施伤害李××的行为。在第一阶段的纠纷结束之后王××就已回到工作岗位上班了，但李××怒气未消而持棍偷袭正在工作的王××，其行为属不法侵害；王××在肩部被打后转身看到李××又举棍向他打来时，他才顺手捡起身边的铁棍予以还击，其行为符合《中华人民共和国刑法》第十七条规定的关于"正当防卫"的构成要件，但其行为显已超过了必要限度，构成防卫过当：第一，从双方所使用的工具看，李××使用的是较轻的木质棍棒，而王××使用的是较重的铁质棍棒，后者的打击力远比前者强烈；第二，从双方打击的部位看，李××在王没有任何防备的情况下打击的是王的肩部，王××却持铁棍打击李的头部，王××不应对准李的头部进行还击，辩护人杨××提出的王××的行为属防卫过当的意见是正确的，公诉人所指控被告人王××的行为是报复性的故意伤害是与客观事实不符的，应予否认。被告人王××在遭到他人的不法侵害时，为制止不法侵害，使用超过对方强力的工具，对他人头部进行回击，致人重伤，是一种防卫过当的行为，已构成故意伤害罪。但鉴于王××犯罪后能投案自首，认罪态度较好，结合本案的具体情节，可以酌情免除处罚。由于被告人的防卫过当行为使被害人遭受的直接经济损失应全部赔偿。依照《中华人民共和国刑法》第一百三十四条、第十七条第二款、第六十三条、第三十一条和《中华人民共和国民法通则》第一百一十九条之规定，判决如下：

一、被告人王××犯故意伤害罪，免予刑事处分。

二、被告人王××赔偿被害人李××的经济损失6000元（含已赔偿的3000元在内），限期在本判决生效后3日内付清。

如不服本判决，可在接到判决书的第二日起的10日内，通过本院或者直接向岳阳市中级人民法院提出上诉。书面上诉的，应交上诉状正本一份，副本三份。

审判长　潘××

审判员　卢××

审判员　陈××

1992年10月16日

书记员　万××

（二）

北京市高级人民法院

民事判决书

（1992）京高民再字第60号

原审上诉人王×，女，1944年2月3日出生，汉族，中国科学院化学研究所副研究员，住北京市海淀区中关村街60楼103号。

委托代理人李××，北京市××律师事务所律师。

原审被上诉人杨甲，女，1921年5月20日出生，汉族，北京市华升食品厂退休工人，住北京市通县城关镇南大街6号。

原审被上诉人（兼杨甲的委托代理人）杨乙，男，1927年8月30日出生，汉族，中国东风集团公司副总经理，住北京市海淀区复明路工号楼304号。

原审上诉人王×与原审被上诉人杨甲、杨乙继承纠纷一案，北京市中级人民法院于1992年3月6日作出（1991）中民终字第4941号民事判决，已经发生法律效力。1992年6月9日本院以（1992）高民监字第7号民事裁定，决定对本案进行提审。本院依法组成合议庭，公开开庭审理了本案。原审上诉人王×及其委托代理人李××、原审被上诉人杨乙到庭参加诉讼。原审被上诉人杨甲因事经法庭允许未出庭，其诉讼活动由杨乙代理。本案现已审理终结。

北京市中级人民法院判决认定，王×之夫杨丙所遗68 000美元中的65 940美元已在其生前赠与杨甲、杨乙及其他亲属，剩余2060美元为杨丙的个人遗产。故判决杨丙名下68 000美元存款中的2060美元及利息由王×继承；其余存款及利息由杨甲、杨乙等12人所有。判决生效后，王×以原审判决认定事实错误，杨丙名下的68 000美元应当属于杨丙的个人遗产为由，向本院申请再审，要求继承杨丙的这笔遗产。

经审理查明：杨丙与杨甲、杨乙系姐弟、兄弟关系。1986年4月8日杨丙从美国回北京定居后，于同年7月与王×相识，11月30日登记结婚。1986年4月16日，杨丙将其从国外带回的8万美元存入中国银行北京分行，因其当时尚无固定居所，便将存款单交给杨乙保管。1986年6月，杨丙曾以书面形式表示"这些带回的财产希望我们家族能够共享"，并开列了杨甲、杨乙等12人的家族成员名单。1986年8月，杨丙从存款中提取12 000美元花用。1987年4月9日杨丙去世。以上事实有双方当事人的一致陈述、杨乙向法庭提交的杨丙所遗书面文字、王×向法庭提交的结婚证和杨丙死亡证明为据。另查，杨丙为建造住房，应支付施工单位的10万元人民币已由杨乙垫付，王×亦承认这一事实。

本院认为：确认杨丙与其亲属之间的赠与关系是否成立，是解决本案争议的关键。最高人民法院《关于贯彻执行〈中华人民共和国民法通则〉若干问题的意见（试行）》第128条规定："公民之间赠与关系的成立，以赠与物的交付为准。"杨丙虽在生前表示愿将自己的财产由家庭成员共享，但并未以具体行为实现这一意愿，其表现为：（一）杨丙的存款仍在其个人名下；（二）杨丙将存款单放在杨乙处，并未表示要将存款全部赠与杨乙，也未委托杨乙代为分赠他人；（三）杨丙在以书面形式表示愿将个人财产分赠他人后，仍从中支取了部分个人花用。上述事实表明，杨丙并未打算立即实现赠与的愿望。存款单在杨乙处只能认为是杨丙委托其代为保管，故杨丙名下的 68 000 美元应属于其遗产。王×系杨丙唯一的第一顺序法定继承人，杨丙所遗存款依法应由王×继承。故王×请求合理合法，本院应予支持。根据《中华人民共和国继承法》的有关规定，王×在继承杨淀臣遗产后，有义务以继承取得的财产偿还杨丙生前因建房所欠的债务。综上所述，原终审判决依据对杨丙与其亲属之间赠与成立的错误认定，否定王×对杨丙全部遗产享有继承权是错误的，本院应依法予以纠正。依据《中华人民共和国民事诉讼法》第一百五十三条第一款第（三）项、《中华人民共和国继承法》第十条第一款第一项、第三十三条第一款的规定，判决如下：

一、撤销北京市中级人民法院（1991）中民终字第 4941 号民事判决；

二、杨丙所遗存款 68 000 美元及利息由王×继承；

三、杨丙生前所欠债务人民币 10 万元由王×偿还；

一审案件受理费 6720 元。由杨甲、杨乙负担；二审案件受理费 6720 元，由杨甲、杨乙负担。

本判决为终审判决。

审判长　王××

审判员　高××

审判员　刘××

1992 年 9 月 7 日

书记员　马×

二十五、褚时健等贪污案判决书

◎云南省高级人民法院

【评析】

这篇判决书出现于 1999 年，较之于在此之前的刑事判决书，它非常的公开透明，将大量的案件证据和理由尽显于判决书中。因为人们早已厌倦了先前判决书千篇一律的叙述和概念化的论理，所以对于褚时健案的改革非常欣赏，使得这篇判决书当时获得了一致的好评。但是，这篇判决书同时有着材料堆砌和叙述支离的特点。将这样的写作方法推广开来，就形成了我国近些年来判决书写作中"重形式、轻内容"的堆砌文风。

第一个毛病就是以审判规律代替写作规律。这篇判决书所做的最大变革是用"本院评判如下"取代了"经审理查明"。没有了法院查明的事实，而代之以"起诉书指控"、"公诉机关的证据"、"被告人和辩护人的意见"、"本院认为"几个部分。对该案的诸被告人共有三项指控，判决书也就将上述几个部分重复了三遍。这样做表面上看起来很有条理，也符合审判中法院根据公诉机关的指控和证据来确定被告人罪行的一般审理规律：先有公诉机关的起诉，证据审查，再听取被告人和辩护人的陈述，法院再作出认定。但问题是，审判规律不等于写作规律。写一份判决书是为了让别人看得懂，怎样易于为他人所理解就怎样写。如果违反了这一规律，写出来的判决书晦涩难懂，就是失败的判决书。褚时健案的判决书这样安排结构，让人费解正确的案情是什么。不如先明确法院认定的案情，再分析论证其中的争议之处的传统写作方法更加自然，效果更好。而且其中大量罗列的证据证明的都是些无异议的事实，列与不列没有什么影响，根本没有必要写出来，列了反而影响了人们阅读真正感兴趣的东西。

第二个毛病恐怕就是未能正确理解审判中证据与争议焦点的关系。审理案件是以争议焦点为中心运转的，不是以证据为中心运转的。在一个争议焦点之下重要的证据，换了另一个争议焦点就可能毫无意义；在一个争议焦点之下起某种证明作用的证据，在另一个争议焦点之下就可能起另一种证明作用。所以，只逐个分析证据不能有效地涵盖案件的问题，必须抓住案件的争议焦点才能够提纲挈领地把握整个案件，然后才是具体运用证据来分析论证问题。褚时健案就是过分看重了案件证据，而忽略了对案件争议焦点问题的把握。虽然内容很多，但对案件真正的"痛处"和"痒处"论述得还是显得肤浅。如褚时健、罗以军、乔科发三人并未实际占有贪污的款项，为什么不构成未遂，而构成既遂呢？乔科发在整个案发过程中都做了什么、说了什么，是否一言不发就成了贪污犯？说褚时健贪污1156万美元的主观故意不足，但这与贪污355万美元的行为是同一笔款项，同一个经办人，同一个钟照欣的账户，又都是从未动用过，为什么一个构成了贪污罪，一个却构不成呢？这样讲并不是说判决的结论有问题，而只是说在真正需要论述的地方论述得不够深入。其原因就是对证据迷信了。

说起这个毛病，还有另外一个失败的例子，就是"民事诉讼证据规则"。这个"规则"普及观念的价值远远大于实用价值。实际审判中，它的举证时限、证据失效根本发挥不了作用。就是因为在争议焦点不固定的情况下，强行固定证据是极不公正的，这时牺牲真实的案情去追求所谓的程序正义其实就是程序的不正义。但如果争议焦点固定了，当事人得到了充分的举证机会，一则今后再出现新证据的可能性很小；二则也好分辨故意拖延诉讼的情形，再采取一些严厉的措施推动诉讼的进行就显得合情合理了。所以，正确把握证据和争议焦点的关系非常重要。明白了这个道理之后，写判决书时就不会迷恋在判决书中罗列证据了，而应当将精力放到对真正有价值的问题的论述上去才对。

当然，任何变革都需要形式上作一定程度的创新，才会减少前进的阻力。褚时健案判决书所作的尝试让我们的裁判文书改革得以前进，有着相当积极的意义。只不过，它所走的堆砌的道路并不通向我们理想的终点。

该案中检察院共指控了褚时健等人三项罪名：两个贪污罪、一个巨额财产来源不明罪。褚时健的巨额财产来源不明罪比较明确，将褚时健历年的收入与查获的财产一一对照，结果自然知晓。褚时健及辩护人辩白了几句，都没什么力度。倒是这两个贪污罪一出一入，有些变数。

第一个355万美元的贪污罪整个过程一目了然，成立应该没有问题。有价值的争议焦点是犯罪形态：既遂还是未遂，抑或只是犯意表示。因为这笔钱表面上没有为被告人所掌控，而是进了一个案外人——新加坡商人钟照欣的账户。被告人完全可以讲自己贪污没有得手。其中乔科发只是参与了谋划，知情而已，更可以辩白自己"只动口、未动手"。何况这笔钱自1995年7月转入钟照欣的账户后就再也没有动用过，更使得被告人"未遂"的理论得到充实。原判决书在解决这一争议焦点时触及了问题的实质——"实际支配权在被告人"。但原判决书论述得并不充分。

【正文】

云南省高级人民法院刑事判决书

(1998) 云高刑初字第 1 号

公诉机关:云南省人民检察院。

被告人褚时健,男,1928 年 2 月 1 日生,汉族,高中文化,云南省华宁县人,原系云南玉溪红塔烟草(集团)有限责任公司董事长、总裁,住玉溪卷烟厂职工宿舍。1997 年 2 月 8 日因本案被监视居住,同年 7 月 10 日被逮捕。现羁押于云南省公安厅看守所。

辩护人马军、罗涛,云南震序律师事务所律师。

被告人罗以军,男,1953 年 6 月 13 日生,汉族,大专文化,云南省通海县人,原系云南玉溪红塔烟草(集团)有限责任公司总会计师,住玉溪卷烟厂职工宿舍。1997 年 8 月 8 日因本案被刑事拘留,同年 8 月 22 日被逮捕。现羁押于云南省公安厅看守所。

辩护人王北川、何京,云南北川律师事务所律师。

被告人乔发科,男,1938 年 9 月 5 日生,汉族,硕士研究生文化,云南省晋宁县人,原系云南玉溪红塔烟草(集团)有限责任公司副董事长、副总裁,住玉溪卷烟厂职工宿舍。1997 年 8 月 8 日因本案被刑事拘留,同年 8 月 22 日被逮捕。现羁押于云南省公安厅看守所。

辩护人宦锐,云南东陆律师事务所律师。

云南省人民检察院于 1998 年 8 月 6 日以被告人褚时健犯贪污罪、巨额财产来源不明罪,被告人罗以军、乔发科犯贪污罪向本院提起公诉。本院受理后,依法组成合议庭,公开开庭审理了本案。云南省人民检察院检察员朱建伟、毛健谊、郑波出庭支持公诉,被告人褚时健及其辩护人马军、罗涛,被告人罗以军及其辩护人王北川、何京,被告人乔发科及其辩护人宦锐,证人刘瑞麟等到庭参加诉讼。本案经合议庭评议并报本院审判委员会讨论决定,现已审理终结。

起诉书对被告人褚时健、罗以军、乔发科分别提出三项指控,法庭审理中,控、辩双方针对指控的事实、罪名及相关情节,当庭举证、质证和辩论,三被告人作了最后陈述。综合双方争议及各自理由,本院评判如下:

一、起诉书指控:1993 年至 1994 年,玉溪卷烟厂在下属的香港华玉贸易发展有限公司(简称华玉公司)存放销售卷烟收入款(也称浮价款)和新加坡卷烟加工利润留成收入款共计 28 570 748.5 美元。褚时健指使罗以军将该款截留到玉溪卷烟厂和华玉公司的账外存放,并规定由其签字授权后才能动用。1995 年 6 月,褚时健与罗以军、乔发科先后两次策划将这笔款先拿出 300 万美元进行私分。褚决定自己要 100 多万美元，给罗以军、乔发科每人 60 至 70 万美元，华玉公司总经理盛大勇（在逃）、华玉公司副总经理刘瑞麟（另案处理）也分一点，并把钱存放在新加坡商人钟照欣的账户上。1995 年 7 月 15 日，罗以军身带褚时健签字的四份授权委托书到达深圳，向盛大勇、刘瑞麟转达了褚的旨意，盛、刘亦同意。罗以军在授权委托书上填上转款数额，褚时健为 174 万美元，罗以军 681 061 美元，乔发科 68 万美元，盛大勇和刘瑞麟 45 万美元。罗将填好转款数额的授权委托书和向钟照欣要的收款银行账号交给盛大勇，叫盛立即办理。7 月 19 日，盛大勇将 3 551 061 美元转到钟照欣的账号上。罗以军返回玉溪卷烟厂后，将办理情况报告了褚时健、乔发科。上述款项案发后已追回。

对指控的这一事实，公诉机关当庭宣读和出示了下列证据：

1. 华玉公司的账页，以证明玉溪卷烟厂在华玉公司存放销售卷烟收入款（浮价款）和卷烟加工利润留成款共计 28 570 748.5 美元。褚时健等人汇出的 3 551 061 美元属上述款项中的一部分。

2. 被告人褚时健、罗以军、乔发科在侦查期间的陈述，以证明三被告人预谋私分美元的经过。

3. 华玉公司的调账凭证，华玉公司副总经理刘瑞麟记录的调账备注和刘瑞麟的证言，以证明被告人罗以军持被告人褚时健签字的授权委托书到华玉公司调账的经过。

4. 银行转款凭证和银行收款凭证，以证明从华玉公司汇出款项的时间、金额及收款银行和账号。

5. 新加坡商人钟照欣证言，以证明被告人褚时健等人将款汇到他在香港汇丰银行账户存放的经过。

6. 扣押款项凭证，以证明案发后款项已全部追回。

公诉机关认为，被告人褚时健、罗以军、乔发科利用职务之便，共同私分公款，数额特别巨大，均已构成贪污罪。在共同犯罪中，被告人褚时健提出犯意，起指挥作用，系主犯；被告人罗以军实施转款行为，被告人乔发科参与私分，均系从犯。

被告人褚时健、罗以军、乔发科当庭陈述的事实与指控事实基本一致。被告人褚时健提出，预谋私分美元的数额与指控贪污的数额有出入。

被告人褚时健的辩护人对指控提出三点异议：第一，各证据间反映出的数额与起诉书认定的数额存在矛盾；起诉书认定三被告人各自贪污的美元数额，只有罗以军的供述，没有其他证据证实。第二，三被告人私分的是销售卷烟价款，属账外资金，私分的决定是集体作出的，故应定集体私分国有资产罪，指控贪污的罪名不能成立。第三，款项转到新加坡商人钟照欣账户，被告人并未实际占有，属犯罪未遂。

被告人罗以军的辩护人提出，被告人褚时健指使被告人罗以军将 3 551 061 美元从华玉公司账上转到新加坡商人钟照欣在香港的银行账户存放，这一行为只为三被告人私分创造了条件，款项并未按预谋的份额为各人控制，公款的性质没有改变，事后也以玉溪卷烟厂的名义将款全部转回，故三被告人行为属犯罪预备。

被告人乔发科的辩护人提出，被告人乔发科仅有犯意表示，没有实施犯罪行为，也没有实际占有私分的美元，指控其贪污不能成立。

本院认为，指控被告人褚对健、罗以军、乔发科共同私分公款3 551 061 美元的基本事实清楚，基本证据充分，三被告人亦予供认。对争议的数额，本院确认三被告人在预谋私分美元时，商定褚时健100多万，罗以军、乔发科各60万到70万，最后实际转款3 551 061美元的事实。

关于被告人褚时健的辩护人提出应当定集体私分国有资产罪的观点，本院认为，集体私分国有资产罪属单位犯罪，犯罪的主体是单位，犯罪的客观方面表现为单位决定，集体私分。被告人褚时健、罗以军、乔发科以个人非法占有为目的，利用职务上的便利，采用秘密的方式私分公款，既不属单位行为，也不是集体私分，不符合集体私分国有资产罪的基本特征。因此，辩护人的这一意见不予采纳。

关于被告人褚时健的辩护人提出属犯罪未遂的观点，被告人罗以军的辩护人提出属犯罪预备的观点，被告人乔发科的辩护人提出乔发科属犯意表示的观点，本院认为，三被告人主观上有共同私分公款的故意，客观上已将公款从华玉公司的银行账户转到钟照欣的帐户，这一过程完成后，玉溪卷烟厂华玉公司都对该款失去了占有和控制，实际支配权在被告人，款项的所有权已被非法侵犯，三被告人的行为符合贪污罪的全部构成要件，属犯罪既遂，故三辩护人的意见均不予采纳。

综上所述，被告人褚时健、罗以军、乔发科利用职务之便，共同私分公款 3 551 061美元（按当日外汇牌价折合人民币 28 741 577 元），其行为均已构成贪污罪，且数额特别巨大。在共同犯罪中，被告人褚时健起主要作用，系主犯；被告人罗以军、乔发科系从犯。公诉机关指控的基本事实和罪名成立，本院予以确认。

二、起诉书指控：1995 年 11 月中旬，褚时健指使罗以军将华玉公司账外存放的浮价款银行账户及相关的资料销掉，把剩余的 1150 多万美元以"支付设备配件款项"的名义全额转出。褚决定自己要1150 多万美元，并拿给罗以军一个钟照欣提供的用英文打印的银行收款账号，叫罗把钱转存到该账户。罗以军在褚时健给的收款账号上注明1156 万美元，连同褚时健签字的授权委托书一起带上，到深圳找到华玉公司总经理盛大勇，叫盛立即办理。1996 年 1 月 23 日，钟照欣提供给褚时健的账户上收到了1156 万美元。上述款项案发后已全部追回。

对指控的这一事实，公诉机关当庭宣读和出示了银行转款凭证，银行收款凭证，证人罗以军、刘瑞麟、钟照欣的证言，以证明被告人褚时健指使罗以军将华玉公司银行账户上的1156万美元转到新加坡商人钟照欣在境外银行开设的账户的过程，被告人褚时健及其辩护人对转款的事实无异议。

被告人褚时健辩解：叫罗以军销掉存放浮价款的银行账户，并把账户上的余款1500多万美元全部转到钟照欣的账户上，是因为即将交工作，为了掩盖私分355万美元的事实；款转出后是为玉溪卷烟厂支付购买烟丝膨胀设备款，并不是自己要。

辩护人提出，指控褚时健主观上具有非法占有故意的证据不足。

公诉机关针对被告人褚时健的辩解和辩护人的意见，进一步宣读和出示了下列证据：

1. 罗以军证言，证明"褚时健说自己要1150万美元"；同时证明"褚时健给我一个用英文打印的银行帐号用以转款"。

2. 钟照欣证言，证明"褚对我说要转一笔款到我账上，向我要个账号，……，我专门买了个公司，开设了银行账户，把账户提供给褚款转到了这个账户上"。

3. 合同书、付款凭证，证明被告人褚时健辩解的购买烟丝膨胀设备的款项，是由其他途径支付的。

公诉机关认为，上述证据充分证实被告人褚时健主观上具有非法占有的故意，辩解不能成立。因此，被告人褚时健的行为已构成贪污罪。

被告人褚时健对罗以军、钟照欣的证言均存在重大矛盾，不能作为认定事实的根据。

法庭依法传罗以军出庭作证。罗以军在当庭作证时，证明褚时健说过转出的美元用作赞助款和其他开支。

本院认为，被告人褚时健指使罗以军将华玉公司账户上的1156万美元转到钟照欣在境外的银行账户上，这一事实清楚，双方并无争议。争议的焦点是指控被告人褚时健具有非法占有的主观故意，证据是否充分；争议的实质是被告人褚时健的行为是否具备贪污罪的主观要件，构成贪污罪。经审查：

1. 罗以军的证言不能作为认定事实的根据。罗以军直接实施转款行为，在这一指控中有利害关系，作为证人作证时，证言的内容前后不一，特别是出庭作证的内容与开庭前所作证言有重大变化，在重要情节上自相矛盾，对辩护人提出的质疑不能作出合理解释，没有其他证据相印证，故对罗以军的证言不予采信。

2. 钟照欣的证言亦不能作为证定事实的根据。证言中关于专门为被告人褚时健转款购买公司、开设银行账户一节，经查证，在时间上、用途上均存在矛盾；关于提供给被告人褚时健账号一节，有多种说法，前后不一，没有其他证据相印证，故对钟照欣的证言不予采信。

3. 公诉机关出示的合同书、付款凭证等证据仅能证明购买烟丝膨胀设备的款没有从转出的 1156 万美元中支付，不能直接证明被告人褚时健非法占有的故意。由于罗以军、钟照欣的证言不予采信，指控证据不能相互印证，形成锁链。

依照刑事诉讼法的规定，刑事诉讼中，控方负有提供证据证实犯罪的责任，证据不充分，指控不能成立。该指控中，证据反映出被告人褚时健转款行为的主观故意，同时存在非法占有、购买设备或其它目的的可能性，不具有充分的排他性，因此，指控被告人褚时健贪污 1156 万美元证据不充分，本院不予确认。

三、起诉书指控：1995 年 8 月至 1998 年 7 月，洛阳市公安局和云南省人民检察院在侦查本案过程中，先后在云南省昆明市、玉溪市和河南省偃师市等地，扣押、冻结了褚时健的货币、黄金制品、房屋以及其他贵重物品等财产，共折合人民币 521 万元，港币 62 万元。对此，褚时健能说明其合法收入来源经查证属实的为人民币 118 万元。其余财产计人民币 403 万元，港币 62 万元，褚时健不能说明其合法来源。经查证，也不无法来源的根据。

对指控的这一事实，公诉机关当庭出示和宣读了扣押的存款单 18 份，黄金制品 82 件，"劳力士"金表 2 块，港币 23 万元，人民币 9200 元，商品房 4 套的照片、购房协议、付款凭证及房产价值鉴定书，证人马静芳、马静衡、马静芬、李湘云、喻斌等人的证言，以及被告人褚时健合法收入的相关证明等。

公诉机关认为，被告人褚时健对其巨额财产明显超过合法收入的部分，不能说明其合法来源，经查证也无合法来源的根据，其行为已构成巨额财产来源不明罪。

被告人褚时健对指控证据无异议，但提出上述财产中有一部分是外商赠与的。

辩护人提出对被告人褚时健夫妇的共同财产中其妻子的合法财产应予扣除。

公诉机关针对被告人褚时健及辩护人的异议，进一步说明，被告人褚时健对辩解的外商赠与，未能准确地陈述事实，也未能提供外商姓名、住址等查证线索，不能查证属实，辩解不能成立。对被告人褚时健夫妇的共同财产中其妻子的合法财产，起诉书认定时已作扣除。

本院认为，依照法律规定，被告人褚时健对其财产明显超过合法收入的部分，负有说明的责任。被告人褚时健的说明和辩解没有可供查证的事实予以证明，其辩解不能成立。公诉机关的指控事实清楚，证据充分，罪名成立，本院予以确认。

此外，公诉机关还认定，被告人褚时健有自首和重大立功表现，被告人罗以军有立功和重大立功表现，并当庭出示了相关证据。

被告人褚时健、罗以军、乔发科及其辩护人对上述认定均无异议。

被告人褚时健的辩护人提出，褚时健对玉溪卷烟厂的发展和全省的经济发展作出过重大贡献，量刑时应充分考虑被告人褚时健的功劳，从宽处理。

被告人乔发科的辩护人提出，乔发科具有自首情节，过去曾对玉溪卷烟厂的发展作出较大贡献，应考虑从宽。

公诉机关针对辩护人提出的观点认为，被告人褚时健以及乔发科确实对玉溪卷烟厂作出重要贡献，但功不能抵刑，在法律适用上人人平等。被告人乔发科是在侦查机关已经掌握犯罪事实并向其讯问的情况下供述犯罪，不能以自首论。

本院审查认为：被告人褚时健因涉嫌其他犯罪被采取强制措施期间，在司法机关尚未完全掌握被告人褚时健、罗以军、乔发科共同贪污 3 551 061 美元的事实前，交待了这一犯罪事实，应按自首论；在侦查期间，检举他人重大犯罪线索，经查证属实，有重大立功表现。被告人罗以军在侦查期间检举他人侵占公共财产线索，但检举的事实未按刑事追究，立功不能成立；关于重大立功表现，指被告人罗以军检举被告人褚时健贪污1156万美元的重大犯罪事实，因对被告人褚时健的这一指控本院不予确认，故被告人罗以军重大立功表现亦不能成立，但该行为使检察机关及时追回流失在境外的巨额国有资产，可在量刑时作为酌定从轻情节。被告人乔发科在同案人已经向检察机关供述了共同犯罪事实后，侦查人员向其询问时作如实供述，不属主动投案，自首不能成立，可作为认罪态度较好的情节，酌定从轻。

关于辩护人提出的被告人褚时健以及乔发科曾对玉溪卷烟厂作出重大贡献，应从轻处罚的辩护意见，本院认为，被告人褚时健以及乔发科在担任玉溪卷烟厂领导期间，为"玉烟"发展作出了贡献，对此，党和政府给予了政治上、物质上的荣誉和待遇，但无论功劳多大，都不因此而享有超越法律的特权。在法律面前人人平等，任何公民犯罪都应依法受到刑事追究。我国刑法第六十一条规定，对于犯罪分子决定刑罚的时候，应当根据犯罪的事实、犯罪的性质、情节和对于社会的危害程度，依照本法的有关规定判处。被告人褚时健以及乔发科利用职务之便侵吞公款，数额特别巨大，属情节特别严重，这是被告人承担刑事责任的基础，确定刑罚必须与所犯的罪行相适应。至于被告人的历史表现反映出的主观方面的情节，可在量刑时酌情考虑。

综上所述，本院认为，被告人褚时健、罗以军、乔发科利用职务之便，私分公款 3 551 061 美元，折合人民币2870万元，其行为均已构成贪污罪，且数额特别巨大，情节特别严重。被告人褚时健在共同犯罪中起决定、组织的作用，系主犯，应对组织、参与的全部犯罪负责，论应依法判处死刑。但鉴于其有自首和重大立功表现，以及赃款全部追回，经济损失已被挽回和其他情节，依法应当减轻处罚。被告人褚时健同时犯有巨额财产来源不明罪，依法应当数罪并罚。被告人罗以军积极参与犯罪，具体实施转款行为，作用明显，但鉴于其系从犯，案发后如实供述犯罪事实，并揭举他人的违法事实，认罪态度较好等情节，依法可以减轻处罚。被告人乔发科受邀约参与犯罪，系从犯，在共同犯罪活动中情节较轻，案发后如实供述犯罪事实，认罪态度较好，依法可以减轻处罚。据此，本院为保护公共财产不受侵犯，维护社会主义经济秩序，严惩严重经济犯罪，根据本案各被告人犯罪的事实、犯罪的性质、情节和对社会的危害程度，依照《中华人民共和国刑法》第十二条、第三百八十二条第一款、第三百八十三条第一款第一项、第二十六条第一款、第四款、第二十七条、第五十七条第一款、第六十七条、第六十八条、第六十九条和全国人大常委会《关于惩治贪污罪贿赂罪的补充规定》第十一条第一款之规定，判决如下：

一、被告人褚时健犯贪污罪，判处无期徒刑，剥夺政治权利终身，并处没收财产人民币 20 万元；犯巨额财产来源不明罪，判处有期徒刑五年；数罪并罚，决定执行无期徒刑，剥夺政治权利终身，并处没收财产人民币 20 万元。

二、被告人褚时健巨额财产中明显超过合法法入的差额部分，价值人民币 403 万元，港币 62 万元的财产依法没收。

三、被告人罗以军犯贪污罪，判处有期徒刑十四年，并处没收财产人民币 13 万元。

四、被告人乔发科犯贪污罪，判处有期徒刑五年，并处没收财产人民币 5 万元。

如不服本判决，可在接到判决书的第二日起十日内，通过本院或者直接向中华人民共和国最高人民法院提出上诉。

审判长　郑蜀饶

审判员　田　波

审判员　吕新华

审判员　张迎宪

代理审判员　黄为华

人民陪审员　倪慧芳

人民陪审员　杨润新

一九九九年一月九日

书记员　庆　文

顾　蕊

【改写】

云南省高级人民法院

刑事判决书（改写）

公诉机关云南省人民检察院。

被告人褚时健，男，71 岁，汉族，高中文化，云南省华宁县人，原系云南玉溪红塔烟草（集团）有限责任公司董事长、总裁，住玉溪卷烟厂职工宿舍。现在押。

辩护人马军、罗涛，律师。

被告人罗以军，男，46 岁，汉族，大专文化，云南省通海县人，原系云南玉溪红塔烟草（集团）有限责任公司总会计师，住玉溪卷烟厂职工宿舍。现在押。

辩护人王北川、何京，律师。

被告人乔发科，男，61 岁，汉族，硕士研究生文化，云南省晋宁县人，原系云南玉溪红塔烟草（集团）有限责任公司副董事长、副总裁，住玉溪卷烟厂职工宿舍。现在押。

辩护人宦锐，律师。

云南省人民检察院以三被告人犯贪污罪、褚时健单独犯巨额财产来源不明罪向本院提起公诉。本院受理后，依法组成合议庭，公开开庭审理了本案。检察员朱建伟、毛健谊、郑波出庭支持公诉，三被告人及其全部辩护人以及证人刘瑞麟等到庭参加了诉讼。经合议庭评议并报审判委员会讨论决定，现已审理终结。

公诉机关指控被告人犯有以下三项罪行：

（一）1995 年 6、7 月，三被告人共同贪污了玉溪卷烟厂在其下属的香港华玉贸易发展有限公司（简称华玉公司）存放的公款3 551 061 美元。其中，褚时健预谋分得 174 万美元，罗以军预谋分得681 061 美元，乔发科预谋分得 68 万美元。

（二）1995 年 11 月中旬，褚时健又单独贪污了华玉公司存放的玉溪卷烟厂公款1156 万美元。

（三）褚时健有价值人民币 403 万元，港币 62 万元的个人财产不能说明合法来源。

三被告人及其辩护人辩称：

（一）355 万余美元转到了新加坡商人钟照欣的账户上，并未为三被告人实际占有，所以只是犯罪未遂或犯罪预备而并非既遂；乔发科更因此辩称自己只有犯意表示，并无贪污行为。另外，私分的决定是集体作出的，涉案的款项也是帐外资金，被告人的行为只是集体私分国有资产罪，不能构成贪污罪。此外还有具体数额也有出入等等抗辩。

（二）褚时健称，将1156万美元从华玉公司转走并非想贪污，而是为了掩盖私分前面355万余美元的事实。该款转出后也是准备为玉溪卷烟厂购买烟丝膨胀设备，个人没有贪污的主观故意。

（三）褚时健提出其财产中有一部分属于外商赠与，其妻的合法财产也应予以扣除。

经审理查明：

（一）1993年至1994年间，玉溪卷烟厂在其下属的华玉公司存放有帐外公款28 570 748.5美元，包括销售卷烟收入款（也称浮价款）和新加坡卷烟加工利润留成收入款。当时，褚时健指示罗以军该款必须由其签字授权后才能动用。1995年6月，褚与罗以军、乔发科先后两次策划拿出其中的300万美元进行私分。褚决定自己要100多万美元，给罗以军、乔发科每人60至70万美元，华玉公司总经理盛大勇（在逃）、华玉公司副总经理刘瑞麟（另案处理）也分一点，并把钱存放在新加坡商人钟照欣的账户上。1995年7月15日，罗以军身带褚时健签字的四份授权委托书到达深圳，向盛大勇、刘瑞麟转达了褚的旨意，盛、刘亦同意。罗以军于是在授权委托书上填上转款数额：褚时健174万美元，罗以军681 061美元，乔发科68万美元，盛大勇和刘瑞麟45万美元，并且吩咐盛立即办理。7月19日，盛大勇将3 551 061美元转到了钟照欣的账号上。罗以军返回后将办理情况报告了褚时健、乔发科。案发后，上述款项已追回。

（二）1995年11月中旬，褚时健又叫罗以军将华玉公司账外存放的浮价款银行账户及相关的资料销掉，把剩余的1150多万美元全额转出。褚拿给罗以军一个英文打印的银行收款账号（系钟照欣提供），叫罗把钱转存到该账户。罗以军在褚时健给的收款账号上注明1156万美元，连同褚时健签字的授权委托书一起带上，到深圳叫盛大勇办理。1996年1月23日，1156万美元转入了该账户。上述款项案发后亦已全部追回。

（三）另外，洛阳市公安局和云南省人民检察院在侦查本案过程中，先后在云南省昆明市、玉溪市和河南省偃师市等地，扣押、冻结了褚时健的存款单18份，黄金制品82件，"劳力士"金表2块，港币23万元，人民币9200元，商品房4套，共折合人民币521万元，港币62万元。对此财产，褚时健能说明合法收入来源的为人民币118万元。其余价值人民币403万元，港币62万元的财产，褚时健不能说明合法来源。

上述事实有公司账册、合同书、付款凭证、照片、购房协议、房产价值鉴定书、被告人陈述及证人刘瑞麟、钟照欣、马静芳、马静衡、马静芬、李湘云、喻斌等的证言在案佐证。

本院认为：

（一）被告人褚时健、罗以军、乔发科三人图谋私分355万余美元公款的主观犯罪故意非常明显，也有相应的证据支持。但因为该款是转到新加坡商人钟照欣的账户上，所以被告人对犯罪是否既遂的问题提出了各种抗辩意见，但这些意见都不能够成立。首先，该款转到钟照欣的帐户后，玉溪卷烟厂或华玉公司都已经失去了对该款的占有和控制，而该款的实际支配权又显然不在钟照欣手里。从钟照欣的证言及三被告人的陈述中都可以得到一个清晰的证明：能够实际支配该款的是被告人。所以，三被告人的贪污行为已经得手，不过是将这355万余美元暂时寄放于钟照欣处罢了，认定他们贪污既遂，是没有问题的。

至于乔发科，虽然未亲自进行转款活动，但事先参与共谋不表示反对，事后得知转款事实不提出异议，与褚时健、罗以军二人明显是共同犯罪关系，故褚时健、罗以军二人的行为，乔发科亦不能免责。

至于每一个被告人贪污的具体数额。因为三被告人并未实际分配赃款，故以他们共谋时商定的分赃数额定案，即褚时健100多万，罗以军、乔发科各60万到70万。其中或有的差异对于定罪量刑已经没有实质的影响，故不再深究。

关于被告人褚时健的辩护人提出应当以集体私分国有资产罪定罪的观点。因为集体私分国有资产罪是单位犯罪，与本案不符，故不予采纳。

综上所述，三被告人利用职务之便，共同私分公款3 551 061美元（按当日外汇牌价折合人民币28 741 577元），其行为均已构成贪污罪。其中，褚时健为主犯；罗以军、乔发科为从犯。

（二）对被告人褚时健贪污1156万美元的指控，因主观故意方面的证据不足，不能予以认定。

公诉机关为此提供的两份证人证言不能证明褚时健有贪污的意图。证人罗以军虽然庭前的证言中证明"褚时健说自己要1150万美元"，但当庭的证言却有了重大变化：说褚时健说过转出的美元是用作赞助款和其他开支；他对辩护人提出的质疑也不能作出合理的解释；而且罗以军直接实施的转款行为，在这一指控中也有利害关系。证人钟照欣有关专门为褚时健转款购买公司、开设银行账户一节的证言，经查证在时间上、用途上均存在矛盾；关于提供给褚时健账号一节，有多种说法，前后不一致。况且，这两份证言均无其他证据相印证，故不能作为定案证据。

而公诉机关提供的合同书、付款凭证等证据虽然能够证明最终购买烟丝膨胀设备的款项是由其他途径支付的，与褚时健所说的该款是用于购买设备的陈述不符，但这也并不能说明褚时健有个人占有这1156万美元的目的（购买计划后来起了变化也有可能），所以褚时健贪污1156万美元的指控不能成立。

（三）褚时健对于自己财产中明显高于收入的部分无法说明来源，公诉机关的指控证据充分，足以认定巨额财产来源不明罪。

其夫妇的共同财产中妻子的部分起诉时已作了扣除。褚时健所说的外商赠与，因未能准确地陈述事实，也未能提供外商姓名、住址等查证线索，无法查证属实，故辩解不成立。

量刑部分。

褚时健主动交待了与罗以军、乔发科共同贪污3 551 061美元犯罪事实的行为，应以自首论。因为这一行为是发生在褚时健因涉嫌其他犯罪被采取强制措施、司法机关尚未完全掌握该事实前。褚时健还有检举他人重大犯罪线索的行为，经查证属于重大立功。

罗以军在侦查期间提供了他人侵占公共财产的线索，但所检举的事实未按刑事追究，所以立功不能成立。而检举被告人褚时健贪污1156万美元的事实，因本院对这一指控不予确认，故重大立功表现亦不能成立。但该行为使检察机关及时追回流失在境外的巨额国有资产，可在量刑时作为酌定从轻情节。

乔发科的自首不能成立。因为他只是在同案人已经供述了共同犯罪事实后，侦查人员向其询问时作了如实供述，不属于主动投案，但可作为认罪态度较好的情节，酌定从轻。

辩护人还提出了褚时健和乔发科曾对玉溪卷烟厂作出重大贡献，应当从轻处罚的意见。这两个人在担任玉溪卷烟厂领导期间，确实为"玉烟"的发展作出了贡献（对此，党和政府已经给予了政治上、物质上的荣誉和待遇），但这些都不成为享有法律特权的理由。二人的历史表现本院在量刑时会酌情考虑。

综上，被告人褚时健、罗以军、乔发科利用职务之便，私分公款3 551 061美元，折合人民币2870万元，其行为均已构成贪污罪，且数额特别巨大，情节特别严重。被告人褚时健在共同犯罪中起决定、组织的作用，系主犯，应对组织、参与的全部犯罪负责，依法应判处死刑。但鉴于其有自首和重大立功表现，以及赃款全部追回，经济损失已被挽回和其他情节，故减轻处罚。褚时健同时犯有的巨额财产来源不明罪，与贪污罪并罚。被告人罗以军积极参与犯罪，具体实施转款行为，作用明显，但鉴于其系从犯，案发后如实供述犯罪事实，并揭举他人的违法事实，认罪态度较好等，减轻处罚。被告人乔发科受邀约参与犯罪，系从犯，在共同犯罪活动中情节较轻，案发后如实供述犯罪事实，认罪态度较好，依法可以减轻处罚。据此，本院为保护公共财产不受侵犯，维护社会主义经济秩序，严惩严重经济犯罪，根据本案各被告人犯罪的事实、犯罪的性质、情节和对社会的危害程度，依照《中华人民共和国刑法》第十二条、第三百八十二条第一款、第三百八十三条第一款第一项、第二十六条第一款、第四款、第二十七条、第五十七条第一款、第六十七条、第六十八条、第六十九条和全国人大常委会《关于惩治贪污罪贿赂罪的补充规定》第十一条第一款之规定，判决如下：

一、被告人褚时健犯贪污罪，判处无期徒刑，剥夺政治权利终身，并处没收财产人民币20万元；犯巨额财产来源不明罪，判处有期徒刑五年；数罪并罚，决定执行无期徒刑，剥夺政治权利终身，并处没收财产人民币20万元。

二、被告人褚时健巨额财产中明显超过合法收入的差额部分，价值人民币403万元，港币62万元的财产依法没收。

三、被告人罗以军犯贪污罪，判处有期徒刑十四年，并处没收财产人民币13万元。

四、被告人乔发科犯贪污罪，判处有期徒刑五年，并处没收财产人民币5万元。

如不服本判决，可在接到判决书的第二日起十日内，通过本院或者直接向中华人民共和国最高人民法院提出上诉。

审判长　郑蜀饶

审判员　田　波

审判员　吕新华

审判员　张迎宪

代理审判员　黄为华

人民陪审员　倪慧芳

人民陪审员　杨润新

一九九九年一月九日

书记员　庆　文

顾　蕊

【余论】

这篇褚时健案的判决书出现在一九九九年，已经是十年前的旧物了。当时正是中国司法改革最为热火朝天的时期。各种新的举措不断出台，明显的变化随处可见。但为什么十年后的今天，曾经被我们否定的旧体制又大规模地回潮了呢？那些改革措施不是被搁置就是被扭曲。难道我们深信不疑的法治真的不适合中国吗？

西方法治并不是中国人擅长的东西。如同"邯郸学步"中讲的一样，燕国人觉得赵国人走路的样子好看，就到赵国的首都邯郸去学，结果赵国人走路的方法没学会，倒把自己走路的方法忘记了，最后只好爬着回来。十年司法改革所坚持的一些东西，自以为是来自西方，实际上根本没有把法治的精髓学习透彻，不是在"走"，而是在"爬"。中国社会虽然不了解西方法治，但有基本的辨识能力。这种东西不可能为中国社会接受。旧体制虽然走的不好看，但至少是在走，不是在爬。它的回潮当然是有必然性了。

失败的原因在于我们对理论的轻视。这不只是司法界的问题，更是法学理论界的问题。只不过最直接地反映在司法改革的失败上。我们现在的法律理论水平太一般了！美国大法官霍姆斯有一句名言："法律的生命是经验，不是逻辑"。这句话被很多的中国法律人奉为圭臬，作为自己行动的指南，身体力行。所以我们盲目地一头扎进所谓的"实务"中，轻视理论。即使是从事理论研究的，也有相当多的人将研究浮在实务的表面，不进行"深求其源"、"精思其理"的钻研。大家还以为法律是实践性的学科，这就是它的特点。其实，这是误解了霍姆斯的这句话。法律的生命的确是经验，但经验不是"经历"，经验是需要人的理性加以提升的。只有具备了相应的理论基础，才能将经历上升为经验，成为法律的生命。不具备这种理论能力，经历就永远只能停留在经历的层面。许多人对经验的理解就局限在"经历"的阶段，作过学者、作过法官、作过律师、作过检察官，在很多部门工作过，在校的学生去社会实践，这就是他们头脑中的经验。以为凭着这些东西就能逐渐地懂得法律了。

法院现在录用人员的标准是法学院的毕业生。二十年前，法院还是从社会、军队中招录没有法学理论基础的人直接充实到审判第一线的。这些人中有一部分凭着自身的努力成为了合格的法官，但大多数人开始审判时是什么水平，退休时基本上还是什么水平。一生审理案件无数，只是一个"办案匠"。这就是因为他们普遍没有法学理论基础，无法将自己丰富的审判经历转化为审判经验，白白地在审判第一线走了一遭。对中国法治发展有帮助的只能是那些在深厚理论基础上取得的经验。现在许多人所谓的"实务"，不过是一些聊天时的谈资罢了。

现在中国的法律人强调实务也是有自己的历史原因的。改革开放之初，法治在中国面临的是生存问题，只能以经济发展的跟班的角色出现。一些边缘的、技术性较强的法学学科担当了先锋的作用。通过他们在实务中的作用才让法治逐步站稳了脚跟，得以发展起来。没有这些边缘学科的开拓，法治在中国可能就被否定了。但这种实务优先的历程也让中国法律染上了坏习气，就是不重视法学的基础理论，不重视西方的历史、哲学、宗教，甚至不重视自己的罗马法。只是一味地求新求异，追逐新领域、前沿问题。这种态度，当法治解决了生存问题，需要进一步深入发展的时候，就十分有害了。前些年，《南方周末》上有一篇小文章，问为什么在我们讨论当前重大的社会问题的时候，很少见到法学家的身影呢？我想，这就是因为我们的理论水平不足，无法透过现象看到社会问题的本质，也就只能困守于自己的小圈子了。于是，体系混乱、概念不清的法典；宛若天书的司法解释；内容肤浅、表面玄虚的著述；再加上这只知堆砌材料的判决书，就成了这个时代中国法治的面貌。

实务只能告诉我们表象，理论才能告诉我们本质。中国的法律界没有扎实的理论基础，法院在"乱花渐欲迷人眼"的司法实践中，不断地为表象所迷惑，东支西补，穷于应付。最终的法治效果当然要为人所诟病了。再加上一些外在的因素，旧体制的回潮也就难以抵挡了。

二十六、邱兴华杀人案判决书

◎安康市中级人民法院

【评析】

　　堆砌型的判决书能不能够保证审理的公正？邱兴华案的判决书清楚地告诉我们：不能！这是一个轰动一时的案件。首先是邱兴华杀人手段的异常残忍和案发前后的行为怪异；其次就是他的精神病鉴定问题了。他的行为的确太像疯子，很容易让人联想起精神病来。但也不是所有行为怪异的人都是法律意义上刑事责任能力有缺陷的人。按照司法实践的一贯作法，这种判断都要作一个精神病鉴定。由专家出具意见，法院予以采纳。这种未免太普通的作法，在邱兴华案件中就是做不到。为什么？因为一旦鉴定出邱兴华有精神病，就要免除他的刑事责任，不能将他处决了。这也就不能收到为民除害，大快人心的效果了。最高法院收回死刑核准权的日子马上就要到了。到了那时，最高法院是不会为这个案件"埋单"的。在物议沸腾的情况下，肯定会让邱兴华去作精神病鉴定。所以，邱兴华就在最高法院收回死刑核准权四天前被执行了枪决。这样的决绝真有道理，人一死，精神病鉴定就永无可能，也就永远不会有翻案的可能了。

　　一个并不复杂的案件，判决书写了一万多字。其中罗列了这么多的证据：证明案件来源的证据、证明在铁瓦殿发现10具尸体和遗留物以及死者死亡身份和死亡原因的证据、证明现场遗留烟头系邱兴华所留以及硬纸板和塑皮笔记本内的借据为邱兴华书写的证据、证明邱兴华有作案动机和作案时间的证人证言等等，还详细列举了每一份证据的内容和作用。但就是偏偏没有邱兴华精神状况方面的论述。是法院没有意识到这个问题吗？不是。检察机关的办案人就曾经告诉过一审的主审法官王晓，"觉得邱兴华有些神经不正常"[1]，即使王晓通过自己的观察有把握认为邱兴华精神没有问题，那么在这份事无巨细、面面俱到的判决书中也应该有这方面的论述呀！可我们偏偏就是找不到这方面的只言片语！原因呢？邱兴华一审的律师说他"不敢冒天下之大不韪"来提出精神病鉴定。我想，如果连律师都不敢这么做，一审

---

〔1〕　摘自《法律与生活》半月刊，2006年11月下半月刊。

法官更没必要自寻多事了。

可见，人对案件材料的主观加工是一个客观需要，无论是堆砌还是表意都不可能排除这个过程。要求在判决书中堆砌再多的东西，也不能阻止办案人员留下"有用"的，去掉"没用"的。

【正文】

安康市中级人民法院

刑事判决书

（2006）安中刑初字第 43 号

公诉机关陕西省安康市人民检察院。

被告人邱兴华，出生于 × 年 × 月 × 日，汉族，初中文化程度，陕西省石泉县人，户籍所在地石泉县后柳镇一心村二组，案发前租住陕西省汉中市佛坪县大河坝乡五四村三组，农民。2006 年 8 月 20 日因涉嫌故意杀人罪被陕西省汉阴县公安局刑事拘留，同月 29 日经汉阴县人民检察院批准，由汉阴县公安局执行逮捕，现羁押于汉阴县公安局看守所。

辩护人张勇、周正军，陕西理衡律师事务所律师。

陕西省安康市人民检察院以安检诉字（2006）第 40 号起诉书指控被告人邱兴华犯故意杀人罪、抢劫罪，于 2006 年 9 月 30 日向本院提起公诉。在诉讼过程中，被害人家属韩传鹏、陈洪巧、蒋定秀、熊辉佑、罗德福向本院提起附带民事诉讼。依照法律规定，附带民事诉讼部分另行审理。本院依法组成合议庭，公开开庭审理了本案。安康市人民检察院指派副检察长李德才、检察员杨小明依法出庭支持公诉。被告人邱兴华及其辩护人张勇、周正军均到庭参加诉讼。现已审理终结。

陕西省安康市人民检察院指控：2006 年 6 月 18 日至 7 月 2 日被告人邱兴华与其妻何冉凤先后两次到汉阴县铁瓦殿道观抽签还愿。其间，因邱兴华擅自移动道观内两块石碑而与道观管理人员宋道成发生争执。加之邱兴华认为道观主持熊万成有调戏其妻的行为，由此心生愤怒，遂产生杀人灭庙之恶念。2006 年 7 月 14 日（农历 6 月 19 日），被告人赶到铁瓦殿，见道观内主持熊万成及其他人员宋道成、王保堂、陈世秀、程仕斌和另外五个香客吴大地、熊辉寿、韩扬富、罗朝新、罗土生（12 岁）等人都在火炉房烤火，便从道观柴堆处拿了一把砍柴用的弯刀放在道观内自己以前睡觉的地方。当日深夜，被告人邱兴华趁道观内诸人熟睡之机，拿起弯刀到各寝室依次向管理人员熊万成、宋道成、王保堂、陈世秀、程仕斌和香客吴大地、熊辉寿、朝扬富、罗朝新、罗土生等头部各砍数刀，随后，被告人邱兴华又找来斧头，再次向每人头部砍击，致其十人全部死亡。尔后，被告人邱兴华又将熊万成的眼球、心肺、脚筋挖出，炒熟喂狗。次日天亮后，被告人邱兴华从熊万成的房内搜出一黑色帆布包，将里面的零钱清点，在一笔记本上写下："今借到各位精仙的现金柒百贰拾元贰角正，借款人：邱金发"的字条后将钱拿走。随后又将道观内一只白公鸡杀掉，用鸡血在一硬纸板上写到："古仙地 不淫乱 违者杀 公元06"和背面"圣不许 将奸夫淫婆以〇六年六二十晚"的字样，放在正殿门口，然后将易燃物牛毛毡和柴抱到陈世秀的寝室，将作案工具弯刀、斧头等物放入火炉及柴堆上，放火燃烧后逃离现场。

被告人邱兴华杀人后于2006年7月20日晚从安康乘火车逃至湖北省随州市曾都区万福店农场一带，因其身上无钱，遂产生抢劫之恶念。7月30日晚11时许，被告人邱兴华窜至万福店武安（武汉至安康）铁路复线施工工地一临时工棚内，见棚内有人，便持一把铁铲劈向照看工地材料的周建平，周建平见状躲避，背部被铁铲划伤。被告人邱兴华在工棚内将一黑色旅行包抢走，因包内无钱，遂将包丢弃。

2006年7月31日上午，被告人邱兴华又窜至随州市曾都区万福店农场魏岗村二组村民魏义凯家，以帮魏义凯家补盆子和合伙做干鱼生意为名，骗取魏的信任，并在其家用餐，其间发现魏义凯家有钱。当日下午，被告人邱兴华再次来到魏义凯家，吃完晚饭后趁其家人休息之机，用斧头和弯刀向魏之妻徐开秀、魏义凯、魏之女魏金梅的头部连砍数刀，将三人砍伤后，抢得现金1302元及雨伞、手提灯等物，后逃离现场。8月1日凌晨，被告人邱兴华乘K357次列车返回安康。2006年8月19日被告人邱兴华潜逃回家时被公安机关抓获归案。魏义凯因抢救无效，于2006年9月9日死亡，徐开秀、魏金梅经鉴定系重伤。

为了证明上述指控，公诉机关提供了相应的证据。公诉机关认为被告人邱兴华杀死十人后潜逃，在潜逃期间，使用暴力抢劫财物，致一人死亡、二人重伤，应当以故意杀人罪和抢劫罪追究其刑事责任。

被告人邱兴华辩称：熊万成有调戏其妻何冉凤的不检行为；铁瓦殿内管理不严，是其杀人犯罪的诱因；其对犯抢劫罪一节有自首情节。

被告人邱兴华的辩护人对公诉机关指控被告人邱兴华犯故意杀人罪和抢劫罪的事实和证据无异议，但认为被告人邱兴华在故意杀人罪中有良好的认罪态度，具有酌定的从轻处罚情节；被告人邱兴华就抢劫罪一节构成自首，对抢劫罪具有法定的从轻处罚情节。

经审理查明：一、2006年6月18日至7月2日被告人邱兴华因为怀疑其女儿不是其亲生，遂与其妻何冉凤两次到陕西省汉阴县铁瓦殿抽签求卦，并留宿殿内。在此期间，因邱兴华私自移动殿内两块石碑与殿内管理人员宋道成发生争执。且邱兴华怀疑殿内主持熊万成有调戏何冉凤的行为，遂对熊万成和铁瓦殿心怀怨恨，产生杀人灭殿之恶念。2006年7月14日（农历6月19日），被告人邱兴华乘铁瓦殿内举行观音会，殿内的管理人员均留在殿内之机，于当晚赶到铁瓦殿。乘主持熊万成等五名殿内管理人员和吴大地等五名香客在火炉房烤火之机，从厨房柴堆处拿了一把砍柴用的弯刀，放在自己曾睡觉的男香客房床下。当日深夜，被告人邱兴华等10人熟睡后，持事先准备的弯刀到各寝室，依次向管理人员熊万成、宋道成、王保堂、陈世秀、程仕斌和香客吴大地、熊辉寿、朝扬富、罗朝新、罗土生（12岁）的头部各砍数刀。随后，被告人邱兴华又找来斧头，再次向每人头部砍击，致十人全部死亡。尔后，被告人邱兴华又将熊万成的眼球、心、肺、脚筋剜出，将心肺烹炒。次日天亮后，被告人邱兴华从熊万成的房内搜出一黑色帆布包，将里面的钱清点。在一笔记本的末页上写下署名为"邱金发"的借据，后将722.2元钱拿走。又将道观内一只白公鸡杀掉，用食指蘸鸡血在一硬纸板的两面分别写到："古仙地 不淫乱 违者杀 公元06"、"圣不许 将奸夫淫婆以〇六年六二十晚"的字样，放在正殿门口。然后将牛毛毡和柴等易燃物抱进厨房旁边陈世秀的寝室，将杀人工具弯刀、斧头及小刀等物放在柴堆上，放火燃烧。被告人邱兴华于7月15日下午7时许逃离铁瓦殿。

上述事实有公诉人分别宣读和出示的下列证据予以证实：

1. 证明案件来源的证据：

（1）证人兰本华系汉阴县林特局护林员，其证实，7月15日晚上约10点钟，他发现铁瓦殿方向着火后就给林场报告。第二天早上约6点钟组织人救火，10点钟到达着火处，1个小时后将火扑灭。因为口渴，他们到铁瓦殿内找水喝。喊门但无人应答。进殿后发现厨房有火烧痕迹，在殿内的房间里发现了四具尸体。于是立即给林场打电话报案。

（2）证人兰宗根系汉阴县平梁镇西岭村一组村民、证人丁仕伟系凤凰山林场场长，此二人证实的情况和证人兰本华证实的一致。

2. 证明在铁瓦殿发现10具尸体和遗留物以及死者死亡身份和死亡原因的证据：

（1）现场勘查笔录证实，发案现场位于汉阴县平梁镇五爱村凤凰山顶铁瓦殿道观，在铁瓦殿内发现10具尸体，在正殿门前的台阶上发现写有"古仙地"、"不淫乱"、"违者杀"、"公元06"、"圣不许"、"将奸夫淫婆以〇六年六二十晚"字样的硬纸板，正殿前的空地上发现一末页写有署名为"邱金发"借据的塑皮笔记本等情况。

（2）辨认尸体笔录，证实被害人的亲属和证人廖德生从铁瓦殿内的10具尸体中分别辨认出10名被害人系熊万成、宋道成、王保堂、陈世秀、程仕斌和香客吴大地、熊辉寿、朝扬富、罗朝新、罗土生。

（3）十名被害人的户籍证明，证实被害人的身份和死亡年龄。

（4）尸检报告证实被害人死亡原因以及致死凶器。

①汉阴县公安局刑事科学技术法医鉴定书（2006）45 号证实，死者熊辉寿右额部、枕部有 4 处长 10 cm 左右深达颅内脑组织的砍创，其死亡原因为重度开放性颅脑损伤致脑功能障碍。其伤符合刃长 10 cm 左右或以上、有一定重量和厚度且易挥动的金属锐器砍击形成。结论：熊辉寿系被他人持锐器砍击头部致重度开放性颅脑损伤脑功能障碍死亡。

②汉阴县公安局刑事科学技术法医鉴定书（2006）46 号证实，死者陈世秀头部 5 处砍创符合刃长 10 cm 左右或以上、有一定重量和厚度且易挥动的金属锐器砍击形成；其右颞顶部二处头皮挫裂伤符合钝器打击形成。结论：陈世秀系他人用锐器砍击头面部致重度开放性颅脑损伤脑功能障碍死亡。

③汉阴县公安局刑事科学技术法医鉴定书（2006）47 号证实，死者程仕斌头面部有 6 处砍创，深达颅内脑组织，其死因为重度开放性颅脑损伤、脑组织功能障碍。其伤符合刃长 10 cm 左右或以上、有一定重量和厚度且易挥动的金属锐器砍击形成。结论：程仕斌系被他人持锐器砍击头部致重度开放性颅脑损伤脑功能障碍死亡。

④汉阴县公安局刑事科学技术法医鉴定书（2006）48 号证实，死者韩阳富头面部有多处数量不等、长 10 cm 左右深达颅内脑组织的砍创，其死因为重度开放性颅脑损伤致脑组织功能障碍。其伤符合刃长 10 cm 左右或以上、有一定重量和厚度且易挥动的金属锐器砍击所致。结论：韩阳富系被他人持锐器砍击头部致重度开放性颅脑损伤脑功能障碍死亡。

⑤汉阴县公安局刑事科学技术法医鉴定书（2006）49 号证实，死者吴大地头面部有 4 处砍切创，深达颅内，其死亡原因为重度开放性颅脑损伤致脑功能障碍。其伤符合刃长 10 cm 左右或以上、有一定重量和厚度且易挥动的金属锐器砍击形成。结论：吴大地系被他人持锐器砍击头部致重度开放性颅脑损伤脑功能障碍死亡。

⑥汉阴县公安局刑事科学技术法医鉴定书（2006）50 号证实，死者王保堂头面部有 6 处砍创，深达颅内，其死因为重度开放性颅脑损伤致脑功能障碍；其双上肢多处非致命性损伤，符合抵抗时形成。其伤符合刃长 10 cm 左右或以上、有一定重量和厚度且易挥动的金属锐器砍击形成。结论：王保堂系被他人持锐器砍击头面部致重度开放性颅脑损伤脑功能障碍死亡。

⑦汉阴县公安局刑事科学技术法医鉴定书（2006）51 号证实，死者熊万成头面部有多处砍伤，深达颅内，剥开其胸腹腔、剜除其左眼球、切割其足底软组织均在其死后完成。其伤符合刃长 10 cm 左右或以上、有一定重量和厚度且易挥动的金属锐

器砍击所致；剥开其胸腹腔的工具为金属锐器；剜除其左眼球的工具为一小刀。结论：熊万成系被他人持锐器砍击头面部致重度开放性颅脑损伤脑功能障碍死亡。

⑧汉阴县公安局刑事科学技术法医鉴定书（2006）52号证实，死者宋道成头面部有多处长10 cm左右砍创，深达颅内脑组织，其死因为重度开放性颅脑损伤致脑功能障碍，其伤符合刃长10 cm左右或以上、有一定重量和厚度且易挥动的金属锐器砍击形成。结论：宋道成系被他人持锐器砍击头面部致重度开放性颅脑损伤脑功能障碍死亡。

⑨汉阴县公安局刑事科学技术法医鉴定书（2006）53号证实，死者罗朝兴面部两处挫裂伤，颜面部塌陷变形，枕部有8处砍创、深达颅内脑组织，全颅崩裂，脑组织广泛挫碎出血，为重度颅脑损伤脑功能障碍死亡。其伤符合刃长10 cm左右或以上、有一定重量和厚度且易挥动的铁质锐器砍击形成；面部挫裂伤周围伴有表皮剥脱的方形皮下出血，斧背可以形成。结论：罗朝兴系被他人持斧类器具砍击头部致重度开放性颅脑损伤脑功能障碍死亡。

⑩汉阴县公安局刑事科学技术法医鉴定书（2006）54号证实，死者罗土生右颞部、额部有两处砍创，深达颅内，硬脑膜破裂，右颞叶脑挫伤，其伤符合刃长12.5 cm以上、有一定重量且易挥动的铁质锐器砍击形成。结论：罗土生系被他人持锐器砍击头部致重度开放性颅脑损伤脑功能障碍死亡。

3. 证明现场遗留烟头系邱兴华所留以及硬纸板和塑皮笔记本内的借据为邱兴华书写的证据：

（1）陕西省公安厅公（陕）鉴（法医）字（2006）442号鉴定书证实，铁瓦殿内案板东侧地面烟头、灶台南侧地面烟头、男道士宿舍前地面烟头非10名死者所留。

（2）陕西省公安厅公（陕）鉴（法医）字（2006）443号鉴定书证实，案发现场遗留的烟头检测结果与邱兴华之妻、之子、之女进行DNA亲子鉴定，证实为邱兴华所留。

（3）陕西省公安厅公（陕）鉴（法医）字（2006）457号鉴定书证实，邱兴华血样、唾液斑与案板东侧地面烟头基因分析结果一致。

（4）陕西省公安厅公（陕）鉴（文检）字（2006）456号文件检验鉴定书证实，从案件现场提取的硬纸板其中正、反面写有"古仙地"、"不淫乱"、"违者杀"、"公元06"、"圣不许夸好夫淫婆以"、"〇六年六二十晚"字样，和从案件现场提取的末页有署名为"邱金发"的借据的塑皮笔记本，与被告人邱兴华的样本笔迹进行比较检验，根据书写水平、文字布局、笔顺、错别字、笔划搭配、运笔、起收笔位置、阿拉伯数字的写法和日期落款等方面特征反映系被告人邱兴华书写。

（5）公安部公物鉴字（2006）3958号物证检验报告证实，现场提取的留言板上可疑血迹不是人血。

4. 证明邱兴华有作案动机和作案时间的证人证言：

（1）证人廖德生系汉阴县平梁镇五爱村支部书记，负责铁瓦殿内的治安，其证实，7月14日（农历6月19日）观音会是每年铁瓦殿上人最多的时候，他忙完后当天下午5时30分离开铁瓦殿。当时殿里的工作人员有五个，熊万成系殿上总管，宋道成、王保堂是内当家，陈世秀负责做饭，程仕斌负责运送东西。还有几个香客。下午7点左右走到"懒板凳"（小地名）时遇到一个姓邱的人牵了一条狗。他问邱到哪去，邱说上铁瓦殿。姓邱的人7月1日（农历6月6日）曾和一妇女上殿烧香。此证言证实邱兴华于7月14日下午在上铁瓦殿的路上。

（2）证人阮英莲系被告人邱兴华的岳母。其证实邱兴华7月13日晚牵了一条狗到她家，吃过饭后睡在她家，半夜她起来见门开着，不见邱兴华。此证言证实邱兴华于7月13日离开岳母家。

（3）证人何冉凤系被告人邱兴华的妻子，其证实她与邱兴华曾于6月18日和7月2日两次上铁瓦殿。第一次上铁瓦殿是因为邱兴华怀疑女儿不是他亲生的。第二次上铁瓦殿时因为移动殿内的石碑与宋道成发生争吵。二人从铁瓦殿到李如衣家时，邱兴华流露杀人语言。并否认熊万成对她有不轨行为。

（4）证人李如衣系被告人邱兴华表兄、证人李相福系证人李如衣的儿子，此二人证言证实在李如衣家邱兴华叙述因为移动铁瓦殿石碑与殿上的人发生争执，邱兴华并流露要杀殿内的人的语言。与何冉凤关于此节的证言内容一致。

（5）证人李昌莲系汉阴县平梁镇五爱村村民，其证实邱兴华和何冉凤于2006年6月18日至7月2日两次到铁瓦殿抽签求卦。与何冉凤关于此节的证言内容一致。

（6）证人成章伟、袁涛系平梁中学学生，证实7月15日早9点多他们和同学到达铁瓦殿，见大门从内顶着，敲门无人应答。玩了二个多小时再敲门，仍无人应答，他们随后下山。

5. 物证：

（1）公诉人当庭出示的黑色帆布包、装有食糖的塑料袋、红色印泥、手电筒、钥匙、泡沫印油盒、银色钢笔、三个多用灯头、未启封的四把竹筷、银色灯泡、褐色女式短大衣，经邱兴华当庭辨认系其杀人后从铁瓦殿上拿走、后又丢弃在石泉县后柳镇老家屋后的承包地中的物品。

（2）公诉人当庭出示的没有手柄的砍柴弯刀、斧头，经被告人邱兴华当庭辨认系其在铁瓦殿内杀死10人时使用的工具，带折叠的水果刀、菜刀是其挑剔、切割死者熊万成眼球、心、肺、脚筋时使用的工具。

6. 书证：

（1）公诉人当庭出示一本塑皮笔记本，在日记本的末页上写有署名为"邱金发"的借据，经邱兴华辨认系其于7月14日杀人后书写，并放置在铁瓦殿前空地上。

（2）公诉人当庭出示的书写有"古仙地不淫乱违者杀公元06"、"圣不许将奸夫淫婆以〇六年六二十晚"字样的硬纸板，经邱兴华辨认系其于7月14日杀人后用鸡血书写并放置在铁瓦殿正殿前台阶上。

二、2006年7月30日晚11时许，在湖北省随州市曾都区万福店农场，武汉至安康铁路复线施工地一临时工棚内，被告人邱兴华持一把铁铲劈向照看工地材料的周建平，周建平见状躲避，背部被铁铲划伤。被告人邱兴华将棚内的一黑色旅行包抢走。因包内无钱，遂将包丢弃在路边棉花地里。

上述事实有公诉人分别宣读和出示的下列证据予以证明：

1. 被害人周建平系湖北省随州市曾都区万店镇槐东村8组人，其陈述，2006年7月30日晚上11点钟左右，他在万福店工地的工棚内照看材料时，一个年约50岁，身高在1.65米左右的陌生男子走进工棚，该男子持工棚内的一把铁铲将他后背划了一条红印。他跑到杨代兵处求救，后随杨返回工棚时，不见该男子。棚内的黑色旅行包不见，包内有建行卡一张、存折一份、两本笔记本、充电器、圆珠笔等物。

2. 证人杨代兵系被害人周建平的同村村民，其证言证实的情况和被害人周建平陈述的一致。

三、2006年7月31日上午，被告人邱兴华逃至随州市万福店农场魏岗村二组村民魏义凯家，以帮魏义凯补盆和合伙做干鱼生意为名，骗得魏的信任。后在其家用餐时，发现魏家有钱。当日下午，被告人邱兴华再次来到魏家，吃完晚饭后趁魏义凯、徐开秀夫妇和女儿魏金梅休息之机，用斧头和弯刀向三人的头部连砍数下。将三人砍伤后，抢得现金1302元及雨伞、手提灯，后逃离现场。8月1日凌晨，被告人邱兴华乘K357次列车返回安康。2006年8月19日被告人邱兴华潜逃回家时被公安机关抓获归案。魏义凯因医治无效，于2006年9月9日死亡，徐开秀、魏金梅的伤情经鉴定系重伤。

上述事实有公诉人分别宣读和出示的下列证据予以证明：

1. 被害人陈述

（1）被害人徐开秀系湖北省随州市曾都区万福店镇魏家岗村二组村民，其陈述，7月31日早一个自称"四川人"的男子给她家补盆后和他家人一起吃饭时，见到丈夫魏义凯从家里取钱。该男子于中午离开后，下午又到她家。晚上11点多，该男子用刀砍她夫妇和女儿魏金梅，并把家里的1400元钱拿走后将堂屋从外反锁。被害人徐开秀对公安机关出示的10张不同人物照片中，辨认出被告人邱兴华系当日自称

"四川人"，并砍杀她们一家三口，抢走1400元钱的人。

（2）被害人魏金梅系被害人徐开秀的女儿，其陈述，7月31日上午10点多有一个40多岁的男人，在她家门口小井边洗手时见一个洋瓷盆破了，就把盆补好。和她们吃早饭时，男子说要和她父亲做腌鱼生意。饭后离开，傍晚又在她家吃晚饭。她和女儿睡觉时，该男子还未走。她不知睡到什么时候，感觉一个黑影将她砍倒。被害人魏金梅从公安机关出示的10张不同人物照片中，辨认出邱兴华系当日自称"四川人"的男子。

2. 证人证言

（1）证人王玉丽系被害人徐开秀的儿媳，其在8月1日证实7月31日早在婆婆家吃早饭时，有一个给其婆婆家补盆的人也和其一起吃饭。并从公安机关出示的十张照片中辨认出邱兴华即是当日补盆的人。

（2）证人刘雨晴系被害人魏金梅的女儿，其证实7月31日早上有一个补盆的人，晚上在她家吃饭，她睡觉时那人还没走。早上她起来时门从外面锁了，她从抽屉里拿出钥匙，手从门缝处伸出将门打开。

（3）证人徐开炎系被害人魏义凯的邻居，其证实7月31日早看到魏义凯家有人补盆子，徐开秀告诉他那人是四川人。并从公安机关出示的十张照片中辨认出邱兴华系那个补盆子的人。

（4）证人朱美银系万福店魏家岗村二组村民，其证实：7月31日（农历7月8日）中午11点多，一个50岁左右的自称是四川达县的老头，在他家睡觉，后把汗衫和裤子脱下清洗。当时此人内穿红短裤。下午四点多离开他家。并从公安机关出示的10张不同人物照片中，辨认出邱兴华即当日的男子。

（5）证人周光斌系万福店玉黄庙村1组村民，其证实，7月30日下午5点多，一个自称四川口音50岁左右的男人，睡在他鱼棚草堆上。晚上8点他发现那个人走了。并从公安机关出示的10张不同人物照片中辨认出邱兴华即当日的男子。

（6）证人朱道军系随州市万福店农场居委会五组人，其证实，8月1日凌晨有一男子让他带路找旅社，他带该男子找旅社时遇到一大学生，便将二人一起带到万福店农场招待所。并将当晚从该男子给他的一把雨伞向公安机关提交。

（7）证人万朝娥、王兵系万福店宾馆老板，证实的情况和朱道军一致。

（8）证人何耀系随州市西城通建桥人，其证实，7月31日晚因坐错车，在万福店下车找旅社时，遇见一自称是陕西安康人的男子，并与该男子在万福店农场招待所的一房间待了一个小时。大约凌晨一点多，他父亲和姐夫开车来接他，该男子和他们一起乘车离开招待所。两点十五分左右到达随州火车站时该男子下车。并从公安机关出示的10张不同人物照片中，辨认出邱兴华系当日自称陕西安康人的男子。

（9）证人何家勤系证人何耀的父亲、证人姚仁贵系证人何耀的姐夫，其二人证实 8 月 1 日凌晨去万福店接何耀时，有一男子和他们一同坐车。大约于凌晨 2 点 15 分左右在随州火车站下车。证人何家勤、姚仁贵从公安机关出示的 10 张不同人物照片中，辨认出邱兴华是当日乘坐他们的车，并在随州火车站下车的人。

（10）随州市火车站售票厅的售票记录证实，在 8 月 1 日 2 时 31 分曾出售一张 K357 次从随州到安康的火车票。

3. 现场勘查笔录证实，发案现场位于湖北省随州市万福店农场魏岗村二组村民魏义凯家及屋内情况和在屋外西侧的棉花地里发现一把弯刀和一把斧头，斧头上沾附有毛发等情况。

4. 随州市公安局曾都分局随曾公刑技法字第（2006）0239 号刑事科学技术鉴定书证实被害人魏义凯，徐开秀、魏金梅的损伤属重伤。

5. 曾都分局的办案说明材料及死亡证明书证实魏义凯于 2006 年 9 月 9 日死亡。

6. 被告人邱兴华从公安机关出示的 10 不同人物照片中，辨认出魏金梅、徐开秀是他抢劫魏义凯家时用弯刀、斧头砍伤的人。

7. 公诉人出示的物证斧头、弯刀经被告人邱兴华当庭辨认是砍杀魏义凯一家人时使用的工具，绿底白花长把雨伞、黑色皮包经被告人邱兴华当庭辨认是将魏家人砍伤后，从魏家拿走的。

8. 2006 年 8 月 20 日公安机关在抓获邱兴华时，法医对邱兴华做的人身检查记录，证明邱兴华被抓获时身穿红裤衩，与证人朱美银证实的内容一致。

对于公诉机关当庭出示的上述证据，被告人邱兴华仅对证人何冉凤关于熊万成没有调戏自己的证言内容提出异议，并称他曾亲眼目睹熊万成有调戏何冉凤的行为。经查，邱兴华此节质证意见仅有其本人的供述，无其他证据印证。故对其此节质证意见不予采信，对何冉凤证言的此节内容予以确认。对于公诉机关当庭出示的其他证据，被告人邱兴华及其辩护人均无异议，本院予以确认。被告人邱兴华当庭对其于 2006 年 7 月 14 日在陕西省汉阴县铁瓦殿内杀死熊万成等 10 人，并于同年 7 月 30 日在湖北省随州市曾都区抢劫周建平，7 月 31 日抢劫魏义凯家 1302 元，致一人死亡、二人重伤的犯罪事实亦供认不讳，且与公诉机关当庭出示的其他证据相印证，本院对被告人邱兴华的供述予以确认。

本院认为，被告人邱兴华因移动陕西省汉阴县铁瓦殿内的石碑遭到殿内管理人员拒绝，心怀不满，后又无端怀疑殿内主持熊万成调戏其妻，竟持械将殿内的管理人员和无辜香客 10 人残忍杀死，并将熊万成的器官眼球、心、肺、脚筋剔除，将心肺烹炒，其行为已构成故意杀人罪。邱兴华杀人犯罪手段十分凶残，情节特别恶劣，罪行极其严重，依法应予从严惩处。被告人邱兴华杀人后在潜逃期间，以非法占有为目的，在采用暴力手段劫取他人财物未果后，又入户劫取他人钱财，并致一人死亡、二人重伤，其行为又构成抢劫罪，依法应予惩处，并与故意杀人罪数罪并罚。安康市人民检察院指控被告人邱兴华的犯罪事实清楚、正确，证据确实、充分，指控的罪名成立。关于被告人邱兴华提出的铁瓦殿管理不严是其犯罪诱因的辩解，经查，即便铁瓦殿的管理不严，也不能成为促使邱兴华实施杀死殿内五名管理人员和五名无辜香客的理由。故被告人邱兴华的此节辩解不能成立。关于被告人邱兴华辩解及其辩护人提出的邱兴华抢劫犯罪一节有自首情节，对抢劫犯罪的行为依法可以从轻处罚的意见，经查，被告人邱兴华在公安机关已经掌握了其抢劫犯罪的事实后，才向公安机关供述了其在湖北省随州市曾都区两次抢劫的犯罪事实，其行为不符合自首的成立条件，不构成自首。故被告人邱兴华的此节辩解不能成立，对辩护人的此节意见不予采纳。关于被告人邱兴华的辩护人提出的邱兴华对故意杀人罪有良好的认罪态度，具有酌定从轻处罚情节的意见，经查，被告人邱兴华虽承认其犯故意杀人的犯罪事实，但不悔罪。且邱兴华将 10 人残忍杀死，犯罪手段特别凶残、罪行极其严重。因此对邱兴华犯故意杀人罪依法不予从轻处罚。故辩护人的此节意见不予采纳。依照《中华人民共和国刑法》第二百三十二条、第二百六十三条第（一）、（五）项、第八十九条、第六十四条、第五十七条·款之规定，判决如下：

一、被告人邱兴华犯故意杀人罪，判处死刑，剥夺政治权利终身；犯抢劫罪，判处死刑，剥夺政治权利终身，并处没收财产人民币五千元。数罪并罚，决定执行死刑，剥夺政治权利终身，并处没收财产人民币五千元。

二、随案移送的作案工具予以没收。

如不服本判决，可在接到判决书的第二日起十日内通过本院或直接向陕西省高级人民法院提出上诉。书面上诉的，应当提交上诉状正本一份、副本两份。

审判长　赵晓旭

审判员　杨康波

审判员　王　晓

二〇〇六年十月十九日

书记员　张教辉

任玉梅

【改写】

安康市中级人民法院

刑事判决书（改写）

（2006）安中刑初字第 43 号

公诉机关陕西省安康市人民检察院。

被告人邱兴华，47 岁，汉族，初中文化，陕西省石泉县人，农民，住陕西省汉中市佛坪县大河坝乡五四村三组。现在押。

辩护人张勇、周正军，律师。

公诉机关以被告人邱兴华犯故意杀人罪、抢劫罪，向本院提起公诉。本院依法组成合议庭，公开开庭审理了本案。副检察长李德才、检察员杨小明依法出庭支持公诉。被告人邱兴华及其辩护人张勇、周正军到庭参加了诉讼。现已审理终结。

公诉机关指控：因为无端猜忌和日常琐事，被告人邱兴华于 2006 年 7 月 14 日（农历 6 月 19 日）残忍地杀害了熊万成、宋道成等十人，又将熊万成的部分器官挖出，炒熟喂狗。作案后放火焚烧了现场，逃至外地。外逃过程中，邱兴华因身上无钱又在湖北省境内抢劫了被害人周建平和被害人魏义凯一家，致魏义凯死亡，周建平、徐开秀、魏金梅重伤。公诉机关要求以故意杀人罪和抢劫罪追究被告人邱兴华的刑事责任。

被告人邱兴华辩称：熊万成有调戏其妻何冉凤的不检行为；铁瓦殿内管理不严，是其杀人犯罪的诱因；在犯抢劫罪中还有自首情节。

辩护人对公诉机关指控被告人邱兴华犯故意杀人罪和抢劫罪的事实和证据无异议，但认为被告人邱兴华在故意杀人罪中有良好的认罪态度，具有酌定的从轻处罚情节；在抢劫罪中构成自首，且具有法定的从轻处罚情节。

经审理查明：

2006 年 6 月 18 日至 7 月 2 日被告人邱兴华因为怀疑其女儿不是亲生，与其妻何冉凤两次到陕西省汉阴县的铁瓦殿抽签求卦，并留宿殿内。在此期间，因邱兴华私自移动殿内两块石碑与殿内管理人员宋道成发生争执。后邱兴华又怀疑殿内主持熊万成有调戏何冉凤的行为，遂对熊万成和铁瓦殿心怀怨恨，产生杀人灭殿之恶念。2006 年 7 月 14 日（农历 6 月 19 日）晚，铁瓦殿内举行观音会，殿内的管理人员均留在殿内。被告人邱兴华赶到铁瓦殿，趁主持熊万成等五名殿内管理人员和吴大地等五名香客在火炉房烤火之机，从厨房柴堆处拿了一把砍柴用的弯刀，放在自己曾睡觉的男香客房床下。当日深夜，邱兴华乘众人熟睡后，手持事先准备的弯刀到各寝室，依次向管理人员熊万成、宋道成、王保堂、陈世秀、程仕斌和香客吴大地、熊辉寿、朝扬富、罗朝新、罗土生（12 岁）的头部各砍数刀。随后，又找来斧头，再次向每人头部砍击，致十人全部死亡。尔后，被告人邱兴华又将熊万成的眼球、心、肺、脚筋剜出，将心肺烹炒。天亮后，邱兴华从熊万成的房内搜出一黑色帆布包，将里面的钱清点。在一笔记本的末页上写下署名为"邱金发"的借据，将 722.2 元钱拿走。又将道观内一只白公鸡杀掉，用食指蘸鸡血在一硬纸板的两面分别写到："古仙地 不淫乱 违者杀 公元 06"、"圣不许 将奸夫淫婆以〇六年六二十晚"的字样，放在正殿门口，然后将牛毛毡和柴等易燃物抱进厨房旁边陈世秀的寝室，将杀人工具弯刀、斧头及小刀等物放在柴堆上，放火燃烧。作案后，邱兴华于 7 月 15 日下午 7 时许逃离铁瓦殿。

外逃途中，邱兴华进行了两次抢劫。7 月 30 日晚 11 时许，在湖北省随州市曾都区万福店农场，武汉至安康铁路复线施工地一临时工棚内，邱兴华持一把铁铲劈向照看工地材料的周建平，意欲劫取财物。周建平见状躲避，背部被铁铲划伤。邱兴华将棚内的一黑色旅行包抢走。因包内无钱，遂将包丢弃在路边棉花地里。7 月 31 日上午，被告人邱兴华逃至万福店农场魏岗村二组村民魏义凯家，以帮魏义凯补盆和合伙做干鱼生意为名，骗得了魏的信任（在其家用餐时，发现魏家有钱）。当日下午，邱兴华再次来到魏家，吃完晚饭后趁魏义凯、徐开秀夫妇和女儿魏金梅休息之机，用斧头和弯刀向三人的头部连砍数下。将三人砍伤后，抢得现金 1302 元及雨伞、手提灯。后逃离现场。魏义凯因医治无效，于 2006 年 9 月 9 日死亡，徐开秀、魏金梅的伤情经鉴定系重伤。

8 月 1 日凌晨，被告人邱兴华乘 K357 次列车返回安康，19 日潜逃回家时被公安机关抓获归案。

上述事实，有证人证言、被害人陈述、被告人供述、勘验、检查笔录、检验报告、法医鉴定报告及一系列书证、物证在案佐证，足以认定。

本院认为：被告人邱兴华因移动铁瓦殿内的石碑遭到殿内管理人员拒绝，心怀不满，又无端怀疑殿内主持熊万成调戏其妻，竟持械将殿内的管理人员和无辜香客 10 人残忍杀死，其行为已构成故意杀人罪。杀人后又将熊万成的眼球、心、肺、脚筋剜除，并将心肺烹炒，其杀人犯罪手段罕见、凶残，属于情节特别恶劣，罪行极其严重，应予从严惩处。他在潜逃期间又以非法占有为目的，暴力抢劫、入户劫取他人财物，并致一人死亡、二人重伤，其行为构成抢劫罪，应与故意杀人罪数罪并罚。邱兴华对上述罪行供认不讳。安康市人民检察院的指控犯罪事实清楚、正确、证据确实、充分，指控成立。

被告人邱兴华提出被害人熊万成有调戏其妻何冉凤的行为，所以他才杀人报复。

关于这一点，其妻何冉凤向法庭明确陈述熊万成对她并无不轨行为。邱兴华对此事也无其他证据加以证明，显然属于无端猜忌。况且即使真有此事，也不能成为邱兴华进行如此残忍的杀人行为的借口。关于被告人邱兴华提出的铁瓦殿管理不严是其犯罪诱因的辩解，非常荒唐，不值一驳。关于辩护人提出邱兴华抢劫犯罪一节有自首情节，对抢劫犯罪的行为依法可以从轻处罚的意见。经查，被告人邱兴华是在公安机关已经掌握了其抢劫犯罪的事实后，才向公安机关供述了其在湖北省随州市曾都区两次抢劫的犯罪事实，其行为不符合自首的成立条件，不构成自首。辩护人还提出邱兴华对故意杀人罪有良好的认罪态度，具有酌定从轻处罚情节。经查，邱兴华虽承认了故意杀人的犯罪事实，但并不悔罪，很难讲认罪态度良好。且邱兴华一次杀死 10 人，手段又特别凶残、罪行极其严重，所以对邱兴华不以从轻处罚。综上，依照《中华人民共和国刑法》第二百三十二条、第二百六十三条第（一）、（五）项、第六十九条、第六十四条、第五十七条一款之规定，判决如下：

一、被告人邱兴华犯故意杀人罪，判处死刑，剥夺政治权利终身；犯抢劫罪，判处死刑，剥夺政治权利终身，并处没收财产人民币五千元。数罪并罚，决定执行死刑，剥夺政治权利终身，并处没收财产人民币五千元。

二、随案移送的作案工具予以没收。

如不服本判决，可在十日内向陕西省高级人民法院提出上诉。

审判长　赵晓旭

审判员　杨康波

审判员　王　晓

二〇〇六年十月十九日

书记员　任玉梅

张教辉

二十七、许霆盗窃案重审判决书

◎广州市中级人民法院

【评析】

这同样是一个名案。一个广州的打工仔偶然发现了一个天大的秘密：他只要喊一声"芝麻开门"就可以从银行的提款机里不停地取钱。经过激烈的思想斗争，他决定抓住这次机会，疯狂地取了十七万元，然后逃回了家乡。检察院以最严厉的刑罚起诉他，广州中院也判了他无期徒刑。他吓坏了，社会舆论也感觉有些不合适。毕竟是银行的提款机先出了毛病。于是破例由最高法院下旨在法定刑之下处罚，判了他五年徒刑。

这样的结果较之于原先的无期徒刑令人欣慰，但判决书一样写得不令人满意。除了堆砌材料的通病外，论理的肤浅和详略失当表现出我们现在的法院遇到了复杂的问题还只能凭感觉，而不是凭理性来审判。

（一）论理笼统。这个案件给我们提出的法律问题是有相当的理论深度的。焦点问题主要有三个：有罪还是无罪？此罪还是彼罪？为何在法定刑之下量刑？这些问题都处于模糊地带。特别需要判决书加以澄清。但判决书论理的笼统肤浅与这个案件法律问题的复杂性并不相适应。我们可以想像，如果许霆所面对的不是一部出了毛病的机器，而是一名"出奇愚蠢"的营业员。而许霆同样是从这名总是犯下同样错误的营业员手中一共接过了十七万元不属于自己的钱。我们还会认为他是秘密窃取，还会判他有罪吗？在这个问题上，人和机器之间不具有根本的差别。这个案件中的提款机是专门为提款设计的，与人的作用并无区别。而且它的设计中也加入了人的意志。为什么说许霆是秘密窃取呢？而且，如果一部机器被认为是金融机构，经过了这部机器的"同意"而取款为什么又被认为是盗窃呢？判决书对于许霆为何有罪的论述是非常不充分的。对于另外两个焦点问题，判决书也只列举了事实细节和一些法律规定，还有犯罪事实、犯罪情节、危害程度等一些要件。但对于这些事实与法律规定、要件之间是如何相匹配，如何上升到法律的高度都没有详细的论述。这也就失去了判决理由最重要的作用。当然，判决书还是一定程度上表明了自己的观点，但这种表达总让人觉得不过是泛泛而谈，缺乏应有的说服力。

（二）详略失当。案件中的两个问题：（1）辩护人提出无法得出许霆账户中只有176.97元及每取款1000元尽扣划1元的必然结论；（2）许霆案发后的表现。本来这是两个次要的一般问题，判决书却给予了比较详细的论述。对于案件的焦点问题却论述得较少。这两个一般问题中，一个纯粹是律师在履行职责时提出的小问题，没有人会相信许霆卡里本来是有十七万元，他并不是利用提款机的故障来获得款项的。这个问题在办案中应当审查，但在判决书中只需作简要的叙述即可。而另一个似乎判决书是想通过许霆案发后的表现证明他自己都已经认为这种行为是犯罪，从而证明判决书的判断。但被告人对自己的行为的认识可能是错误的。这并不能成为审判的依据。所以同样可以简要叙述。判决书对焦点问题和一般问题论述上的详略失当从一个侧面说明审判者有能力处理简单问题，却不擅于处理复杂问题。

这个案件我不大同意判许霆的罪。即使判有罪，也可以有另一种思路。可以认定许霆从提款机里取钱不构成犯罪，但他事后拒不归还欠款，还潜逃不归就使得事情的性质发生了变化。从这时开始他就是在犯罪了。这就使得对许霆的定罪变得令人理解了。让最为敏感的取款问题得以回避。也会使得判决书容易变得有说服力。至于是否为盗窃金融机构，因为取款不是犯罪也就不存在了。许霆的量刑就会轻很多。而且要说明如果数额比较少即使拒不归还也不构成犯罪。只因为许霆的数额巨大，取款次数太多，这才要定他的罪。这样就划分了几条界限：从发生故障的取款机里取款不是犯罪；取钱比较少而拒不归也只是民法上的责任；只有取的数额太大拒不归还才是犯罪。本来，判决书讨论许霆犯罪的问题仅在社会危害的角度上，有罪论不大占理。毕竟提款机出故障这种情况太少见了，没有什么普遍意义。而且这种事太诱人，不能抵抗也可以理解。如果我们把战场引到"拒不归还"和"数额巨大"上就有利得多了。

就这个案件，我曾经请教过刑事审判的专业人员，他们反映给许霆定罪，而且定盗窃金融机构的重罪，没什么问题。从技术的角度讲，广州中院第一次的一审判决是可以理解的。但我觉得，这里面要涉及的不是一个技术层面的问题，而是一个理念层面的问题。

中国人观念中的法治是与诸子百家中的法家相联系的。在中国古代王朝中，以法家哲学为治国理念的只有秦朝。秦始皇的暴政让中国人一向将法治与暴政相联系。对于法治多少是加以否定的。中国基本的统治哲学是儒家的仁政。但法律作为统治工具又不能没有，于是儒家引经入法，将法治驯化成了仁政的工具。阅读一下古代的判词，时刻可以感受到中国古代司法对法律的僵化、机械倾向和暴政倾向的提防。这种态度是正确的。"仁政"是包括西方在内的全人类共同的愿望，但与中国不同，法治在西方本身就是代表了仁政的思想，这可能是东西方法治观念的重大区别。近代中国西风渐进，同时也引进了西方的现代法治。但我们对西方的法治一知半解，头脑中最具影响力的还是韩非子的法家。于是，很多人误以为现代法治的特点就是机械僵化、不讲情理，并且将这样的特点认为是法治的优点严格遵循。认为西方就是这样发达的，中国只要也这样做也能发达。能判十年的不判五年，能判五年不判一年，能定罪的不免刑，能枪毙的绝对要枪毙。不经意间将现代法治变成了暴政。这绝不是我们需要的法治。我们要学习的西方法治是仁政的法。它在技术层面上可能与古代的法家有相通之处，但在理念层面上却是与古代的儒家相通的。现代的法治就是中国的新仁政。

错误的观念影响着我们大批的司法人员。有些司法人员每天总是将把人判处死刑、抓进监狱作为信条，千方百计地达到这样的目的。他们认为这就是严格执法，这就是法治的必然要求。殊不知，越是这样的严格执法，我们离真正的法治目标就越远。现代法治应当宽容，应当懂得教化。否则，法治就要走向暴政。

中国古代的法是不含有"经"的法，所以要引经入法。现代法治本身就是含有"经"的法。我们在执法时不应作一个法匠，而应当意识到法条背后的理念问题。这种问题无论当事人是否提出，法官都要考虑。在判决书写作中，它就属于"自争"的范畴。

许霆这个案子，各级法院都已经意识到判处无期徒刑量刑过重。最后法外超生，破例以五年刑期结案。这已经是非常难得的了。但我们为什么非要把一个人想方设法地送进监狱呢？为了几个钱毁掉一个人的一生，这恐怕不是仁政。这也不是现代法治应有的精神。这样的法治不仅不能够让中国强大，反且会让中国更加衰弱。这样的法治宁可不要。

【正文】

广东省广州市中级人民法院

刑事判决书

（2008）穗中法刑二重字第 2 号

公诉机关广东省广州市人民检察院。

被告人许霆，男，1983 年 2 月 7 日出生，汉族，出生地山西省襄汾县，文化程度高中，住山西省临汾市尧都区郭家庄社区向阳路西 4 巷 3 号。因涉嫌犯盗窃罪于 2007 年 5 月 22 日被羁押，同年 6 月 5 日被刑事拘留，同年 7 月 11 日被逮捕。现羁押于广州市天河区看守所。

辩护人杨振平、吴义春，广东经纶律师事务所律师。

广东省广州市人民检察院以穗检公二诉（2007）176号起诉书指控被告人许霆犯盗窃罪，于2007年10月15日向本院提起公诉。本院依法组成合议庭，公开开庭审理了本案，于2007年11月20日作出（2007）穗中法刑二初字第196号刑事判决，被告人许霆提出上诉。广东省高级人民法院于2008年1月9日作出（2008）粤高法刑一终字第5号刑事裁定，撤销原判，发回重审。本院依法另行组成合议庭，公开开庭审理了本案。广州市人民检察院指派检察员谭海霞、代理检察员王烨出庭支持公诉，被告人许霆及其辩护人杨振平、吴义春到庭参加诉讼。现已审理终结。

广东省广州市人民检察院指控：2006年4月21日，被告人许霆伙同郭安山（另案处理）窜至广州市天河区黄埔大道西平云路的广州市商业银行ATM提款机，利用银行系统升级出错之机，多次从该提款机取款。至4月22日许霆共提取现金人民币175 000元。之后，携款潜逃。该院当庭宣读、出示了受害单位的报案陈述，证人黄某某、卢某、赵某某等人的证言，公安机关出具的抓获经过，受害单位提供的银行帐户开户资料、交易记录、流水清单、监控录像光碟，郭安山和许霆的供述等证据，据此认为被告人许霆以非法占有为目的，盗窃金融机构，数额特别巨大，其行为已触犯《中华人民共和国刑法》第二百六十四条第（一）项之规定，构成盗窃罪，提请本院依法判处。

被告人许霆在本次庭审中对公诉机关指控的事实无异议，但辩解：一、其发现自动柜员机出现异常后，为了保护银行财产而把款项全部取出，准备交给单位领导。二、自动柜员机出现故障，银行也有责任。

辩护人提出的辩护意见是：一、本案事实不清，证据不足。理由如下：①被告人许霆只记得其银行卡内有170多元，具体数额记不清楚，证实其帐户余额为176.97元的证据只有银行出具的帐户流水清单，无其他证据印证。②帐户流水清单记录的时间、次序有误。③银行的自动柜员机为何出现错误、出现何种错误不明确。因此，本案无法得出许霆帐户只有176.97元及其每取款1000元帐户仅扣1元的必然结论。二、被告人许霆的行为不构成犯罪，重审应当作出无罪判决。理由如下：①许霆以实名工资卡到有监控的自动柜员机取款，既没有篡改密码，也没有破坏机器功能，其行为对银行而言是公开而非秘密。许霆取款是经柜员机同意后支付的，其行为是正当、合法和被授权的交易行为。因此，许霆的行为不符合盗窃罪的客观方面特征，不构成盗窃罪。②许霆通过柜员机正常操作取款，在物理空间和虚拟空间上都没有进入金融机构内部，因此，许霆的行为不可能属于盗窃金融机构。③许霆的占有故意是在自动柜员机错误程序的引诱下产生，有偶然性；自动柜员机出现异常的概率极低，因而许霆的行为是不可复制、不可模仿的；本案受害单位的损失已得到赔偿,许霆的行为社会危害性显著轻微;现有刑法未对本案这种新形式下出现的行为作出明确的规定,法无明文规定不为罪,应对其作出无罪判决。④许霆的行为是民法上的不当得利,因该不当得利行为所取得财产的返还问题,应通过民事诉讼程序解决。

经审理查明:2006年4月21日晚21时许,被告人许霆到广州市天河区黄埔大道西平云路163号的广州市商业银行自动柜员机(ATM)取款,同行的郭安山(已判刑)在附近等候。许霆持自己不具备透支功能、余额为176.97元的银行卡准备取款100元。当晚21时56分,许霆在自动柜员机上无意中输入取款1000元的指令,柜员机随即出钞1000元。许霆经查询,发现其银行卡中仍有170余元,意识到银行自动柜员机出现异常,能够超出帐户余额取款且不能如实扣帐。许霆于是在21时57分至22时19分、23时13分至19分、次日零时26分至1时06分三个时间段内,持银行卡在该自动柜员机指令取款170次,共计取款174 000元。许霆告知郭安山该台自动柜员机出现异常后,郭安山亦采用同样手段取款19 000元。同月24日下午,许霆携款逃匿。

广州市商业银行发现被告人许霆帐户交易异常后,经多方联系许霆及其亲属,要求退还款项未果,于2006年4月30日向公安机关报案。公安机关立案后,将许霆列为犯罪嫌疑人上网追逃。2007年5月22日,许霆在陕西省宝鸡市被抓获归案。案发后,许霆及其亲属曾多次与银行及公安机关联系,表示愿意退赔银行损失,但同时要求不追究许霆的刑事责任。许霆至今未退还赃款。

另查明,2006年4月21日17时许,运营商广州某公司对涉案的自动柜员机进行系统升级。4月22日、23日是双休日。4月24日(星期一)上午,广州市商业银行对全行离行式自动柜员机进行例行检查时,发现该机出现异常,即通知运营商一起到现场开机查验。经核查,发现该自动柜员机在系统升级后出现异常,1000元以下(不含1000元)取款交易正常;1000元以上的取款交易,每取款1000元按1元形成交易报文向银行主机报送,即持卡人输入取款1000元的指令,自动柜员机出钞1000元,但持卡人帐户实际扣款1元。

上述事实,有公诉机关提交,并经法庭质证、认证的下列证据予以证实:

1. 广州市商业银行出具的报案陈述,证实:2006年4月24日(星期一)上午,广州市商业银行恒福支行ATM管理中心在对全行离行式自动柜员机交易情况进行电脑监控时,发现安装在黄埔大道西平云路163号的离行式自动柜员机在4月21日晚出现取款交易异常,经通知运营商一并到现场开机清点查验和查看监控录像,发现自动柜员机短款196 004元。经查看日志,发现该自动柜员机在1000元以下(不含1000元)取款交易正常,但对超过1000元的取款交易,自动柜员机则按1元的金额形成交易报文向银行主机报送，造成上述情况的原因是运营商于 2006 年 4 月 21 日 17 时对该机进行系统升级后出现异常。经核查，发现 4 月 21 日 21 时 56 分至 4 月 22 日 12 时 34 分，有人持卡号为 6224673131003233003 和 6224673131008621707 的广州市商业银行借记卡以及卡号 9559982409453469513 的农业银行卡，连续恶意操作，取款 186 次，共涉及多占金额 193 806 元，其中卡号为 6224673131003233003 的银行卡户名为许霆。另有卡号为 6224673131003532503 和 9559980081451094718 的两名客户取款 2 笔，涉及多占金额 2198 元。该行监察保卫部接报后，即根据开户资料查找许霆，找到其工作单位，该单位保安部负责人反映许霆已于 4 月 24 日下午突然请假回山西老家，拨其手机无人接听，随即联系许霆的求职担保人要求协助通知许霆退款，亦未果，因而报案。

2. 广州市公安局经济犯罪侦查支队出具的接受刑事案件登记表、广州市公安局天河分局冼村派出所出具的接受刑事案件登记表、立案决定书及侦办广州市商业银行柜员机内现金被盗窃案件情况说明，证实：广州市商业银行于 2006 年 4 月 30 日向广州市公安局经济犯罪侦查支队报案，同年 5 月 26 日此案转由广州市公安局天河区分局办理，该局于同月 30 日立案后，于次月 19 日对犯罪嫌疑人许霆办理上网追逃。同年 11 月 12 日，该局侦查员到山西临汾市找到许霆的父亲许某某，许某某称许霆未回家，只与家中通过一次电话，但未说自己在哪里，该局侦查员向许某某说明了许霆盗取银行柜员机内款项的情况，并让其劝许霆早日投案并退还款项，其当时提出能否在退还款项后不再追究许霆的法律责任，侦查员说明帮助退清赃款及投案自首后可以减轻处罚，但拒绝其提出的退款后不再抓捕、不追究法律责任的要求。许霆被抓获后，许霆的父亲曾致电该局侦查员表示愿意帮许霆退款，但要求公安机关不追究许霆的法律责任，释放许霆，侦查员拒绝了许霆父亲的要求。许霆被带回广州市后，许霆的母亲也曾联系侦查员表示愿意为许霆退赃，但几天后又称许霆的行为不是盗窃，拒绝退还赃款。此后许霆的亲属未再联系为许霆退还赃款之事。

3. 西安铁路公安处宝鸡车站公安派出所出具的抓获经过、广州市公安局天河分局冼村派出所出具的抓获情况说明，证实：被告人许霆于 2007 年 5 月 22 日在陕西省宝鸡市火车站进站时被公安人员抓获，后被广州市公安局天河区分局带回审查。

4. 证人黄某某（广州市商业银行监察保卫部副经理）的证言，证实：2006 年 4 月 24 日，广州市商业银行恒福支行 ATM 管理中心在对全行离行式自动柜员机交易情况进行例行检查时，发现安装在平云路 163 号的自动柜员机在 4 月 21 日晚上的取款交易出现帐户扣帐为 1 元的情况。因为该行自动柜员机取款金额为 100 元或者 100 元的整数倍，不可能出现 100 元以下的数额，所以恒福支行马上将情况通报了自动柜员机的运营商。随后运营商与商业银行个人银行部一起派人到平云路 163 号的自动柜员机现场开机查验，发现柜员机的现金已经全部被取光。随即查看自动柜员机流水日志，发现自动柜员机在不超过 1000 元的取款交易时正常（不含 1000 元），而 1000元以上的取款交易则出现异常，对 1000 元以上的取款交易，自动柜员机按 1 元的金额形成交易报文向银行主机报送，即持卡人指令取款 1000 元，自动柜员机亦出钞1000 元，但持卡片人实际扣帐为 1 元。造成这种情况的原因是运营商于 2006 年 4 月21 日 17 时对平云路 163 号的自动柜员机系统升级后出现异常。4 月 21 时 17 时许，该行放入该自动柜员机 20 万元人民币，在案发前几个客户取款属于正常取款。经查帐，自动柜员机总共短款达 196 004 元。经核查，发现 4 月 21 日 21 时 56 分至 4 月 22日 12 时 34 分，有客户拿着卡号为 6224673131100323303 和 6224673131008621707 的商业银行借记卡、卡号为 9559982409453469513 的农行卡在该柜员机恶意取款。经查询开户资料，卡号为 6224673131100323303 的银行卡户名是许霆，开户日期是 2006 年 2月 6 日。根据许霆的开户资料，时任个人银行部经理的卢某找到许霆的工作单位，该单位的赵部长反映许霆在 2006 年 4 月 23 日晚曾跟他说过要回家考公务员，并收拾衣服之类的东西走了，连手续都没办。于是他们请求赵部长联系许霆，但赵部长打了电话之后说许霆已关机，并说之前曾和许霆有短信联系，大概内容是赵部长让许霆回来把手续办了，另外还有一些钱要结算给他，但许霆说不要了，他们就请求赵部长联系到许霆的入职担保人刘先生，对方在电话里答应见面谈，但后来拒绝见面，并说不想插手此事。他们联系许霆的担保人时已告知许霆恶意提款的事。其从未接到过许霆本人或其家属表示退赃的电话，也没有人和其联系过此事。4 月 30 日，其代表银行向广州市公安经济侦查支队报案。

5. 证人卢某（广州市商业银行营业管理部副总经理）的证言，证实：2006 年 4月 24 日上午，广州市商业银行发现有人在 2006 年 4 月 21 日晚利用该行位于平云路163 号的离行式柜员机的故障，进行多次恶意提款，通过核查该机流水帐的持卡人资料，发现其中一名持卡人为许霆。柜员机出现的异常情况是超过 1000 元的取款交易，柜员机只按 1 元的金额形成交易报文向其主机报送。即持卡人输入取款 1000 元，柜员机也出钞 1000 元，但是持卡人帐户实际扣帐 1 元。出现上述异常是运营商于 2006年 4 月 21 日 17 时许对该柜员机系统进行升级造成。2006 年 4 月 24 日下午其和本行保卫部的黄某某根据开卡资料找到许霆的工作单位，该单位的保安部赵部长反映许霆已回家考公务员，期间赵部长拨了许霆的电话，许霆未接，但给赵部长发短信表示已回家。案发后约一个月，一自称是许霆的人打电话给其商量如何处理此事，并说因为钱被人偷了，没有这么多钱还，只还一半左右行不行，其当时说希望全部还清，对方说肯定还不清了，最多只有一半左右，其就跟对方说希望他早日到公安机关自首，把事情处理好，之后对方就将电话挂了。在 2007 年 2 月或 3 月份，有自称是保安部长的人打电话说要商量许霆的事，其当时就向对方说明自己已调离原工作岗位，让对方与银行保卫部联系。

6. 证人赵某某（广州市某物业公司保安部部长）的证言，证实：许霆是其单位的保安员。2006年4月24日上午许霆向其提出辞职，理由是回山西老家考公务员。4月24日下午广州市商业银行的工作人员向其了解许霆的情况，其记得当时好像拨了许霆的电话没人接，随即用手机发了短信给许霆，要他回来结算工资或留下联系方式以便将工资寄给他，当时许霆回复了短信称工资不要了。约一个月后，许霆来电话说生活全乱套了，弄得家不能回，表示还是想退钱给银行，但又说钱被偷了五万，又花掉了一万多元，如果银行愿意，他愿意退回这些钱。其就把银行卢经理的电话给了许霆，但过了约二十分钟，许霆又打来电话，内容大概是说银行方面说了已经报案，钱就算退回也要坐牢，跟着就说那就算了，等抓到再说吧，后挂了电话。此后许霆未再与其联系。2007年上半年，许霆的担保人刘某某找到自己表示许霆家人想退钱，希望能给一次机会，自己当时说此事要和银行联系，刘某某当即和银行的卢某取得联系，卢某讲已调离原部门，要刘某某到商业银行总部找人，刘某某问了怎么去就离开了，后来有无找银行不清楚。此外，许霆在2006年4月24日已经用了一个新手机号码发信息给其，后来两次来电话，也是用该号码。

经辨认照片，赵某某指认出被告人许霆就是其所在单位的保安员。

7. 广州市商业银行提供的被告人许霆的开户资料，证实：许霆的帐户于2006年2月6日开立，帐号为1024570231000018，预留了身份证复印件。

8. 广州市商业银行提供的完整流水记录数据和涉案帐户取款交易明细，证实：卡号为6224673131003233003的银行卡于2006年4月21日21时56分03秒插卡，21时56分16秒查询，21时56分41秒取款1000元，21时57分09秒再次查询；21时57分21秒至22时20分21秒共指令取款55次，每次1000元，其中最后一次交易失败，共计取款54 000元；23时12分57秒插卡，23时13分23秒至23时19分59秒共取款16次，每次取款1000元，共计取款16 000元；23时23分05秒插卡，23时23分33秒指令取款1000元，交易失败，未取出款项；次日凌晨0时26分04秒插卡，0时26分22秒至1时06分22秒共取款100次，前96次每次取款1000元，后4次每次取款2000元，共计取款104 000元。

9. 广州市商业银行提供的帐户流水清单，证实：2006年4月21日，卡号为6224673131003233003的银行卡（户名为许霆，帐号为1024570231000018）原有存款余额176.97元，于2006年4月21日至4月22日期间，在涉案自动柜员机上先后取款171次，其中167次每次扣帐1元，4次扣帐2元帐户最后余额为1.97元。

10. 广州市商业银行科技研发部出具的关于该行综合业务系统交易日期切换机制

说明，证实：该行综合业务系统在每日晚 23 时左右开始进行日终处理，同时切换系统会计日期，在进行系统会计日期切换后，把新的会计日期作为交易日期进行记帐。

11. 位于广州市黄埔大道西平云路 163 号的广州市商业银行自动柜员机的照片，经被告人许霆指认，确认是其取款地点。

12. 广州市商业银行提供的银行监控录像光碟及经被告人许霆签认的银行监控录像截图，证实：许霆及郭安山于 2006 年 4 月 21 日、22 日在涉案自动柜员机上取款。

13. 广州市天河区人民法院于 2007 年 5 月 21 日作出的 (2007) 天法刑初字第 560 号刑判决书，证实：郭安山与许霆于 2006 年 4 月 21 日至 22 日期间，利用广州市商业银行自动柜员机系统出错之机，连续多次分别提取银行款项 19 000 元和 17 万余元，事后郭安山向公安机关自首并退出赃款 18 000 元，天河区人民法院以盗窃罪判处郭安山有期徒刑一年，并处罚金 1000 元。

14. 山西省临汾市公安局经济技术开发区分局北城派出所出具的常住人口详细信息、调查回复表，证实：被告人许霆的身份情况。

15. 郭安山的供述及对被告人许霆的辨认笔录，证实：2006 年 4 月 21 日晚 21 时许，许霆到广州市平云路的商业银行自动柜员机取款，其在马路对面等候，但隔了很久也没见许霆回来，很纳闷就过去找许霆，见到许霆后喊他的名字，许霆吓了跳，很惊恐的样子，还满脸是汗，问他怎么那么久，许霆也没说什么，其和许霆就一起回到宿舍。在宿舍见到许霆钱包里塞满钱，衣服兜里也都是钱，很奇怪，因为之前许霆说他卡中只有 100 多元，只能取出 100 元，就问他，开始许霆不肯说，后来才讲他只想取 100 元，但多按了一个 "0"，那取款机就真的吐出 1000 元来，可能是那台柜员机出错才会这样。其看许霆取出的钱大约有四、五万元，也很心动，就和许霆回到那台柜员机取钱。去到后，许霆先取钱，因为自己很少用自动柜员机，就让许霆教如何用，许霆又取出一、二万后，其就用自己的一张农业银行卡插进柜员机取钱，许霆在一旁教其取款，果真取出了 3000 元，但自己卡中只有 860 多元，第四次要取 1000 元却无法取出。之后两人又回去拿了塑料袋再次回到现场，其先用自己的农业银行卡取出 5000 元，之后又无法取出了，许霆就接着取，取了好多钱，差不多一个小时才停下来，之后其试了几次，但都取不出钱，就回去休息。第二天，其用假名刘阳办了一张假身份证，以该身份证开了一张商业银行卡。当天中午 12 时许，其去到上述柜员机用商业银行卡取款，取出 10 000 元左右，之后无法再取出钱就走了。后来见到许霆，许说要辞职不干，留下来太危险，自己后来也辞职回湖北老家。其和许霆原来都做保安，许霆取了大约十七、十八万，没有分给其赃款。

经辨认照片，郭安山指认了被告人许霆就是 2006 年 4 月 21 日晚与其在平云路 163 号的商业银行自动柜员机取款的人。

16. 被告人许霆的供述及对郭安山的辨认笔录，证实：2006年4月21日晚21时许，其和郭安山结伴外出，自己去广州市平云路附近的商业银行自动柜员机取款，郭安山在附近等候。其广州市商业银行卡是工资卡，卡中只有100多元。其插入自己的商业银行卡，想取出100元出来，但不知怎么多按了一个"0"，那柜员机竟真的吐出1000元，其当时觉得不可思议，就立即查询自己卡中的余额，但钱还是那么多，于是就又连续以每次1000元取了许多次，总共取出55 000元。由于取钱花了很长时间，郭安山等不及就过来找，见到其取了那么多钱，就很奇怪，问怎么回事，自己就把事情的原委告诉他，之后两人回到单位宿舍，其把钱拿出来，郭安山见了很心动，就让其帮他取钱。于是当晚23时许，其和郭安山回到那台自动柜员机，用自己的商业银行卡又取出一万多元，之后郭安山用他的农业银行卡取出3000元，后因交易限制取不出钱，两人就又回到宿舍。次日零时许，其拿了一个塑料袋和郭安山又回到那台柜员机处，郭安山用他的卡取出几千元无法再取出钱，其接着用自己的银行卡取钱，一直取了很长时间，取出10万元左右，之后郭安山又用他的卡试着取钱，还是取不出钱，于是两人就回到宿舍。其一共取了17.4万元。其从未试过有这么多钱，头都蒙了，知道这样做不对，但又心存侥幸，做完这件事就一直很后悔。其在取款的第二天还正常上班，到了4月24日下午3时许坐车回山西，没和公司领导打招呼就不辞而别了，回到山西省临汾后，发现原来用报纸包着塞在被子里的5万元不见了，就没有回家，到一家酒店住下。后来也一直不敢回家，在临汾呆了一个月，然后去太原，和朋友合伙开了一间网吧，其投资10万元，后来这网吧亏本了。

经辨认照片，被告人许霆指认了郭安山就是2006年4月21日与其在广州市平云路的自动柜员机取款的人。

对被告人许霆及其辩护人的辩解、辩护意见，本院评判如下：

1. 关于辩护人提出本案事实不清，证据不足的意见，经查，第一，完整流水记录数据和涉案账户取款交易明细以及账户流水清单，证实被告人许霆的银行卡账户在案发前余额为176.97元，案发期间共成功取款171次，其中167次每次取款1000元，账户实际每次扣款1元，4次每次取款2000元，账户实际每次扣款2元。许霆共取款175000元，账户实际共扣款175元。银行监控录像证实许霆及郭安山在涉案自动柜员机取款，记录的时间与完整流水记录数据及账户流水清单记录的时间相对应。此外，许霆及郭安山的供述，亦证实许霆取款前账户余额只有170多元，但在涉案自动柜员机共取款17万余元。第二，广州市商业银行出具的情况说明，证实该单位每天23时以后切换会计日期记账，导致账户流水清单将23时以后的取款日期记录为次日，因而记录的部分时间和次序有误。第三，广州市商业银行的书面报案陈述及其工作人员黄某某、卢某的证言，证实涉案自动柜员机的异常是由于系统升级造成，出现的异常情况是持卡人指令取款 1000 元，自动柜员机也出钞 1000 元，但持卡人账户实际扣账为 1 元。上述证据在账户余额、取扣款金额、取扣款次数以及柜员机出现的异常情况等方面均能相互印证，足以证实因涉案自动柜员机出现异常，许霆持本人仅有 176.97 元的银行卡，在该自动柜员机上 171 次取款 175 000 元，账户实际仅扣 175 元的事实。辩护人提出本案事实不清，证据不足的辩护意见不能成立。

2. 关于辩护人提出被告人许霆的行为不构成盗窃罪，是民法上的不当得利，应对其作出无罪判决以及许霆提出其是保护银行财产而取款的意见，经查，许霆是在正常取款时，发现自动柜员机出现异常，能够超出余额取款且不能如实扣账之后，在三个时间段内 170 次指令取款，时间前后长达 3 个小时，直至其账户余额仅剩 1.97 元为止，然后携款逃匿，其取款的方式、次数、持续的时间以及许霆关于其明知取款时"银行应该不知道"、"机器知道，人不知道"的当庭供述，均表明许霆系利用自动柜员机系统异常之机，自以为银行工作人员不会及时发现，非法获取银行资金，与储户正常、合法的取款行为有本质区别，且至今未退还赃款，表明其主观上具有非法占有银行资金的故意，客观上实施了秘密窃取的行为。许霆的行为符合盗窃罪的主客观特征，构成盗窃罪。许霆关于是为保护银行财产而取款，并准备把款项交给单位领导的辩解，缺乏事实根据，不能成立。辩护人关于许霆的行为不构成盗窃罪、属于民法上的不当得利、应对许霆作出无罪判决的辩护意见亦不能成立。

3. 关于辩护人提出被告人许霆的行为不属于盗窃金融机构的意见，本院认为，自动柜员机是银行对外提供客户自助金融服务的专有设备，机内储存的资金是金融机构的经营资金，根据最高人民法院《关于审理盗窃案件具体应用法律若干问题的解释》第八条"刑法第二百六十四条规定的盗窃金融机构，是指盗窃金融机构的经营资金、有价证券和客户的资金等，如储户的存款、债券、其他款物，企业的结算资金、股票，不包括盗窃金融机构的办公用品，交通工具等财物的行为"的规定，许霆的行为属于盗窃金融机构。辩护人关于许霆的行为不属于盗窃金融机构的辩护意见于法无据，不予采纳。

本院认为，被告人许霆以非法占有为目的，采用秘密手段窃取银行经营资金的行为，已构成盗窃罪。许霆案发当晚 21 时 56 分第一次取款 1000 元，是在正常取款时，因自动柜员机出现异常，无意中提取的，不应视为盗窃，其余 170 次取款，其银行账户被扣账的 174 元，不应视为盗窃，许霆盗窃金额共计 173 826 元。公诉机关指控许霆犯罪的事实清楚，证据确实、充分，指控的罪名成立。许霆盗窃金融机构，数额特别巨大，依法本应适用"无期徒刑或者死刑，并处没收财产"的刑罚。鉴于许霆是在发现银行自动柜员机出现异常后产生犯意，采用持卡窃取金融机构经营资金的手段，其行为与有预谋或者采取破坏手段盗窃金融机构的犯罪有所不同；从案发具有一定偶然性看，许霆犯罪的主观恶性尚不是很大。根据本案具体的犯罪事实、犯罪情节和对于社会的危害程度，对许霆可在法定刑以下判处刑罚。依照《中华人民共和国刑法》第二百六十四条、第六十三条第二款、第六十四条和最高人民法院《关于审理盗窃案件具体应用法律若干问题的解释》第三条、第八条的规定判决如下：

一、被告人许霆犯盗窃罪，判处有期徒刑五年，并处罚金二万元。

（刑期从判决执行之日起计算。判决执行以前先行羁押的，羁押一日折抵刑期一日，即自 2007 年 5 月 22 日起至 2012 年 5 月 21 日止。罚金自本判决发生法律效力的第二日起一个月内向本院缴纳）。

二、追缴被告人许霆的犯罪所得 173 826 元，发还受害单位。

如不服本判决，可在接到判决书的第二日起十日内，通过本院或者直接向广东省高级人民法院提出上诉，书面上诉的，应当提交上诉状正本一份，副本二份。

本判决依法报请最高人民法院核准后生效。

审判长　郑允展

审判员　钟育周

代理审判员　聂河军

二○○八年三月三十一日

本件与原本核对无异

书记员　王泽楷

廖燕洁

曹治华

【改写】

广东省广州市中级人民法院

刑事判决书（改写）

（2008）穗中法刑二重字第 2 号

公诉机关广东省广州市人民检察院。

被告人许霆，男，25 岁，汉族，山西省襄汾县人，高中文化，住山西省临汾市尧都区郭家庄社区。现在押。

辩护人杨振平、吴义春，律师。

广东省广州市人民检察院因被告人许霆犯盗窃罪，向本院提起公诉。本院判决后，被告人许霆提出上诉，广东省高级人民法院将案件发回重审。本院另行组成合议庭，公开开庭审理了本案。检察员谭海霞、代理检察员王烨出庭支持公诉，被告人许霆及其辩护人杨振平、吴义春到庭参加诉讼。现已审理终结。

经审理查明：2006年4月21日晚21时许，被告人许霆到广州市天河区黄埔大道西平云路163号的广州市商业银行自动柜员机（ATM）准备取款100元，同行的郭安山（已判刑）在附近等候。许霆所持的银行卡余额仅为176.97元，而且没有透支功能。但当晚21时56分许霆在自动柜员机上无意中输入取款1000元的指令时，柜员机却出钞1000元。经查询发现他的银行卡中仍有170余元余额。许霆于是意识到自动柜员机出现了异常：能够超出账户余额取款且不能如实扣账。于是在21时57分至22时19分、23时13分至19分、次日零时26分至1时06分三个时间段内，许霆持银行卡在该自动柜员机反复取款170次，共计取款174 000元。许霆告知郭安山柜员机出现异常后，郭安山亦采用同样手段取款19 000元。同月24日下午，许霆携款逃匿。

广州市商业银行发现被告人许霆账户交易异常后，联系许霆及其亲属要求退还款项，未果，遂于4月30日报案。至2007年5月22日，许霆才在陕西省宝鸡市被抓获归案。案发后，许霆及其亲属曾多次与银行及公安机关联系，表示愿意退赔银行损失，但要求不能追究刑事责任。未果，所以许霆至今未退还赃款。

另查明，自动柜员机的异常是系统升级所致：1000元以下（不含1000元）取款交易正常；1000元以上的取款交易，每取款1000元按1元形成交易报文向银行主机报送，即持卡人输入取款1000元的指令，自动柜员机出钞1000元，但持卡人账户实际扣款1元。在许霆作案当日的17时许，运营商广州某公司刚刚对涉案的自动柜员机进行了系统升级。4月22日、23日是双休日。4月24日（星期一）上午，银行进行例行检查时，发现该机出现异常，即通知运营商到现场开机查验，案发。

广州市人民检察院据此认为被告人许霆以非法占有为目的，盗窃金融机构，数额特别巨大，其行为已触犯《中华人民共和国刑法》第二百六十四条第（一）项之规定，构成盗窃罪，提请本院依法判处。

被告人许霆在本次庭审中对公诉机关指控的事实无异议，但辩解：一、其发现自动柜员机出现异常后，为了保护银行财产而把款项全部取出，准备交给单位领导。二、自动柜员机出现故障，银行也有责任。

辩护人提出的辩护意见是：一、本案事实不清，证据不足：①被告人许霆只记得其银行卡内有170多元，具体数额记不清楚，证实其账户余额为176.97元的证据只有银行出具的账户流水清单，无其他证据印证。②账户流水清单记录的时间、次序有误。③银行的自动柜员机为何出现错误、出现何种错误不明确。因此，本案无法得出许霆账户只有 176.97 元及其每取款 1000 元账户仅扣 1 元的必然结论。二、被告人许霆的行为不构成犯罪，重审应当作出无罪判决：①许霆以实名工资卡到有监控的自动柜员机取款，既没有篡改密码，也没有破坏机器功能，其行为对银行而言是公开而非秘密。许霆取款是经柜员机同意后支付的，其行为是正当、合法和被授权的交易行为。因此，许霆的行为不符合盗窃罪的客观方面特征，不构成盗窃罪。②许霆通过柜员机正常操作取款，在物理空间和虚拟空间上都没有进入金融机构内部，因此，许霆的行为不可能属于盗窃金融机构。③许霆的占有故意是在自动柜员机错误程序的引诱下产生，有偶然性；自动柜员机出现异常的概率极低，因而许霆的行为是不可复制、不可模仿的；本案受害单位的损失已得到赔偿，许霆的行为社会危害性显著轻微；现有刑法未对本案这种新形式下出现的行为作出明确的规定，法无明文规定不为罪，应对其作出无罪判决。④许霆的行为是民法上的不当得利，因该不当得利行为所取得财产的返还问题，应通过民事诉讼程序解决。

本院认为：该案的犯罪事实非常清楚，被告人对此也没有异议。银行完整的流水记录数据和涉案账户取款交易明细以及账户流水清单、郭安山的供述都明白无误地证明了全部事实，所以辩护人提出本案事实不清，证据不足的辩护意见不能成立。许霆提出是为保护银行财产而取款，并准备把款项交给单位领导的辩解，与事实严重不符，不能成立。

民法上的不当得利与刑事责任并不矛盾，它不是免除刑事责任的理由。不当得利要承担民事责任，如果符合了刑法的条件也还要承担刑事责任。所以，该案的重点在于认定许霆的行为是否符合刑法的构成要件。经查，许霆在发现自动柜员机出现异常后，于三个时间段内反复取款达 170 次，时间前后长达 3 个小时，直至其账户余额仅剩 1.97 元为止，然后携款逃匿。其取款的方式、次数、持续的时间以及许霆关于明知取款时"银行应该不知道"、"机器知道，人不知道"的当庭供述，均表明许霆是利用了自动柜员机的异常，以为银行工作人员不会及时发现，非法获取银行的资金，与正常、合法的取款行为有本质区别。而且至今未退还赃款，表明其主观上具有非法占有银行资金的故意，客观上实施了秘密窃取的行为，符合盗窃罪的主客观特征，构成盗窃罪。

关于许霆的行为是否属于盗窃金融机构。自动柜员机是银行提供金融服务的专有设备，机内储存的资金是金融机构的经营资金。根据最高人民法院《关于审理盗窃案件具体应用法律若干问题的解释》第八条"刑法第二百六十四条规定的盗窃金融机构，是指盗窃金融机构的经营资金、有价证券和客户的资金等，如储户的存款、债券、其他款物，企业的结算资金、股票，不包括盗窃金融机构的办公用品、交通工具等财物的行为"的规定,许霆的行为属于盗窃金融机构。辩护人的辩护意见不予采纳。

综上,被告人许霆以非法占有为目的,采用秘密手段窃取银行经营资金的行为,已构成盗窃罪。第一次取款的 1000 元,是无意中提取的,不应视为盗窃;其余 170 次取款是盗窃。但取款时被扣账的 174 元,应从中剔除,所以许霆盗窃金额共计173 826元。公诉机关指控许霆盗窃金融机构,事实清楚,证据确实、充分,指控的罪名成立。许霆盗窃的数额特别巨大,依法本应适用"无期徒刑或者死刑,并处没收财产"的刑罚。但鉴于许霆是在发现银行自动柜员机出现异常后产生犯意,采用持卡窃取金融机构经营资金的手段,其行为与有预谋或者采取破坏手段盗窃金融机构的犯罪有所不同;案发具有一定偶然性,许霆犯罪的主观恶性也不是很大。根据本案具体的犯罪事实、犯罪情节和对于社会的危害程度,许霆可在法定刑以下判处刑罚。依照《中华人民共和国刑法》第二百六十四条、第六十三条第二款、第六十四条和最高人民法院《关于审理盗窃案件具体应用法律若干问题的解释》第三条、第八条的规定判决如下:

一、被告人许霆犯盗窃罪,判处有期徒刑五年,并处罚金二万元。

(刑期从判决执行之日起计算。判决执行以前先行羁押的,羁押一日折抵刑期一日,即自 2007 年 5 月 22 日起至 2012 年 5 月 21 日止。罚金自本判决发生法律效力的第二日起一个月内向本院缴纳)。

二、追缴被告人许霆的犯罪所得 173 826 元,发还受害单位。

如不服本判决,可在十日内向广东省高级人民法院提出上诉。

本判决依法报请最高人民法院核准后生效。

审判长　郑允展

审判员　钟育周

代理审判员　聂河军

二○○八年三月三十一日

书记员　王泽楷

廖燕洁

曹治华

二十八、彭宇人身损害赔偿案—审判决书

◎南京市鼓楼区人民法院

【评析】

这个案件与前面的几个案件一样，都是名案。它们都引起了很大的法律争议。与前面几个案件不同的是，彭宇案有争议的不仅仅是案件本身，它的判决书一经面世也引起了很大的争议。前面说过，判决书中的论理要"明法以文"。这份彭宇案的判决书就是最好的反例。判决书中的道理不是算出来的，指望靠一种数学或物理的方法代替对公正之心的拷问，注定要失败。这种拙劣的表达效果也绝不仅仅是表达上的问题。可以负责任地讲，这份判决书在写的时候，就没打算过公正处理案件，它只是要想方设法地把责任推到彭宇那里去，让难缠的原告"息诉服判"。如果是过去，审判者可能只用一两句话敷衍过理由，就直接判决了，就像许霆案中一样。但这个案件的审判者还是很有进取心的，他想要用"公正论理"来证明那并不公正的结论。我怀疑，他自己本心也不相信这样的结论。不过是想将公正附于某些外化的东西罢了。"欲正其心，先诚其意"。没有真心实意，是得不到公正的表达的。

《清明集》卷五《物业垂尽卖人故作交加》中有一句话"一时官司又但知有怜贫扶弱之说，不复契勘其真非真是，致定夺不当，词诉不绝，公私被扰，利害非轻。"大意就是讲审理案件时只知道"怜贫扶弱"，看谁可怜就偏向谁，根本不想去调查真相是什么，致使处理不当，诉讼不已，对公对私都危害无穷。八百年前的话真是犹在眼前！听说，现在有老人倒在马路上，根本就没人敢去扶助，不知是不是这个案件的后遗症。法院只知自保，向社会推卸责任，还有什么良好的社会风气可言。

这种拙劣的判决书公诸于世后，指责声不断。甚至有人打电话辱骂法官。其实这样的判决书能够问世，尽管有审判者的责任，但主要责任不在审判者。

【正文】

南京市鼓楼区人民法院

民事判决书

（2007）鼓民一初字第212号

原告徐××，女，汉族，1942年8月9日生，住本市×××12号。

委托代理人唐宁，南京×××律师事务所律师。

被告彭宇，男，汉族，1980年7月2日生，江苏×××有限公司职工，住本市×××2×3－1号。

委托代理人李舒，女，汉族，198×年8月8日生，住本市×××19号。

委托代理人高式东，江苏××××律师事务所律师。

原告徐××与被告彭宇人身损害赔偿纠纷一案，本院受理后，依法组成合议庭，公开开庭进行了审理，原告徐××及其委托代理人唐宁，被告彭宇及其委托代理人李舒、高式东到庭参加诉讼。本案现已审理终结。

原告徐××诉称，2006年11月20日上午，原告在本市水西门公交车站等83路车。大约9点半左右，2辆83路公交车进站，原告准备乘坐后面的83路公交车，在行至前一辆公交车后门时，被从车内冲下的被告撞倒，导致原告左股骨颈骨折，住院手术治疗。因原、被告未能在公交治安分局城中派出所达成调解协议，故原告诉至法院，请求判令被告赔偿原告医疗费40 460.7元、护理费4497元（住院期间护理费897元、出院后护理费3600元）、营养费3000元、伙食费346元、住院期间伙食补助费630元、残疾赔偿金71 985.6元、精神损害抚慰金15 000元、鉴定费500元，共计人民币13 6419.3元，并由被告承担本案诉讼费。

被告彭宇辩称，被告当时是第一个下车的，在下车前，车内有人从后面碰了被告，但下车后原、被告之间没有碰撞。被告发现原告摔倒后做好事对其进行帮扶，而非被告将其撞伤。原告没有充分的证据证明被告存在侵权行为，被告客观上也没有侵犯原告的人身权利，不应当承担侵权赔偿责任。如果由于做好事而承担赔偿责任，则不利于弘扬社会正气。原告的诉讼请求没有法律及事实依据，请求法院依法予以驳回。

经审理查明，2006年11月20日上午，原告在本市水西门公交车站等候83路车，大约9时30分左右有2辆83路公交车同时进站。原告准备乘坐后面的83路公交车，在行至前一辆公交车后门时，被告第一个从公交车后门下车，原告摔倒致伤，被告发现后将原告扶至旁边，在原告的亲属到来后，被告便与原告亲属等人将原告送往医院治疗，原告后被诊断为左股骨颈骨折并住院治疗，施行髋关节置换术，产生了医疗费、护理费、营养费等损失。

事故发生后，南京市公安局公共交通治安分局城中派出所接到报警后，依法对该起事故进行了处理并制作了讯问笔录。案件诉至本院后，该起事故的承办民警到法院对事件的主要经过作了陈述并制作了谈话笔录，谈话的主要内容为：原、被告之间发生了碰撞，原告对该份谈话笔录不持异议，被告认为谈话笔录是处理事故的民警对原、被告在事发当天和第二天所做询问笔录的转述，未与讯问笔录核对，真实性无法确定，不能作为本案认定事实的依据。

案件审理期间，处理事故的城中派出所提交了当时对被告所做讯问笔录的电子文档及其誊写材料，电子文档的属性显示其制作时间为2006年11月21日，即事发后第二天。讯问笔录电子文档的主要内容为：彭宇称其没有撞到徐××，但其本人被徐××撞到了。原告对讯问笔录的电子文档和誊写材料不持异议，认为其内容明确了原、被告相撞的事实。被告对此不予认可，认为讯问笔录的电子文档和誊写材料是复制品，没有原件可供核对，无法确定真实性，且很多内容都不是被告所言。本案是民事案件，公安机关没有权利收集证据，该电子文档和誊写材料不能作为本案认定事实的依据。

被告申请证人陈二春出庭作证，证人陈二春证言主要内容：2006年11月20日其在21路公交车水西门车站等车，当时原告在其旁边等车，不久来了两辆车，原告想乘后面那辆车，从其面前跑过去，原告当时手上拿了包和保温瓶。后来其看到原告倒在地上，被告去扶原告，其也跑过去帮忙。但其当时没有看到原告倒地的那一瞬间，也没有看到原告摔倒的过程，其看到的时候原告已经倒在地上，被告已经在扶原告。当天下午，根据派出所通知其到派出所去做了笔录，是一个姓沈的民警接待的。对于证人证言，原告持有异议，并表示事发当时是有第三人在场，但不是被告申请的出庭证人。被告认可证人的证言，认为证人证言应作为本案认定事实的依据。

另查明，在事发当天，被告曾给付原告二百多元钱，且此后一直未要求原告返还。关于被告给付原告钱款的原因，双方陈述不一：原告认为是先行垫付的赔偿款，被告认为是借款。

审理中，对事故责任及原、被告是否发生碰撞的问题，双方也存在意见分歧。原告认为其是和第一个下车的被告碰撞倒地受伤；被告认为其没有和原告发生碰撞，其搀扶原告是做好事。

因原、被告未能就赔偿问题达成协议，原告遂诉至法院，要求被告赔偿原告医疗费、护理费、营养费、住院伙食补助费等损失，并承担本案诉讼费用。

审理中，原告申请对其伤情的伤残等级进行司法鉴定，本院依法委托南京鑫盾司法鉴定所进行鉴定，鉴定结论为：被鉴定人徐××损伤构成八级伤残。

因双方意见不一，致本案调解无效。

上述事实，有双方当事人陈述；原告提供的住院记录、医疗费票据；被告申请的证人陈二春的当庭证言；城中派出所提交的对原告的询问笔录、对被告讯问笔录的电子文档及其誊写材料；本院委托鉴定的鉴定报告、本院谈话笔录以及本院开庭笔录等证据证实。

本院认为，当事人的合法权益受法律保护。对于本案的基本事实，即2006年11月20日上午原告在本市水西门公交车站准备乘车过程中倒地受伤，原、被告并无争议。但对于原告是否为被告撞倒致伤，双方意见不一。根据双方诉辩观点，本院归纳本案的争议焦点为：一、原、被告是否相撞；二、原告损失的具体数额；三、被告应否承担原告的损失，对此分别评述如下：

一、原、被告是否相撞。

本院认定原告系与被告相撞后受伤，理由如下：

1. 根据日常生活经验分析，原告倒地的原因除了被他人的外力因素撞倒之外，还有绊倒或滑倒等自身原因情形，但双方在庭审中均未陈述存在原告绊倒或滑倒等事实，被告也未对此提供反证证明，故根据本案现有证据，应着重分析原告被撞倒之外力情形。人被外力撞倒后，一般首先会确定外力来源、辨认相撞之人，如果相撞之人逃逸，作为被撞倒之人的第一反应是呼救并请人帮忙阻止。本案事发地点在人员较多的公交车站，是公共场所，事发时间在视线较好的上午，事故发生的过程非常短促，故撞倒原告的人不可能轻易逃逸。根据被告自认，其是第一个下车之人，从常理分析，其与原告相撞的可能性较大。如果被告是见义勇为做好事，更符合实际的做法应是抓住撞倒原告的人，而不仅仅是好心相扶；如果被告是做好事，根据社会情理，在原告的家人到达后，其完全可以在言明事实经过并让原告的家人将原告送往医院，然后自行离开，但被告未作此等选择，其行为显然与情理相悖。

城中派出所对有关当事人进行讯问、调查，是处理治安纠纷的基本方法，其在本案中提交的有关证据能够相互印证并形成证据锁链，应予采信。被告虽对此持有异议，但并未提供相反的证据，对其抗辩本院不予采纳。根据城中派出所对原告的询问笔录、对被告讯问笔录的电子文档及其誊写材料等相关证据，被告当时并不否认与原告发生相撞，只不过被告认为是原告撞了被告。综合该证据内容并结合前述分析，可以认定原告是被撞倒后受伤，且系与被告相撞后受伤。

2. 被告申请的证人陈二春的当庭证言，并不能证明原告倒地的原因，当然也不能排除原告和被告相撞的可能性。因证人未能当庭提供身份证等证件证明其身份，本院未能当庭核实其真实身份，导致原告当庭认为当时在场的第三人不是出庭的证人。证人庭后第二天提交了身份证以证明其证人的真实身份，本院对证人的身份予以确认，对原告当庭认为当时在场的第三人不是出庭的证人的意见不予采纳。证人陈二春当庭陈述其本人当时没有看到原告摔倒的过程，其看到的只是原告已经倒地后的情形，所以其不能证明原告当时倒地的具体原因，当然也就不能排除在该过程中原、被告相撞的可能性。

3. 从现有证据看，被告在本院庭审前及第一次庭审中均未提及其是见义勇为的情节，而是在二次庭审时方才陈述。如果真是见义勇为，在争议期间不可能不首先作为抗辩理由，陈述的时机不能令人信服。因此，对其自称是见义勇为的主张不予采信。

4. 被告在事发当天给付原告二百多元钱款且一直未要求原告返还。原、被告一致认可上述给付钱款的事实，但关于给付原因陈述不一：原告认为是先行垫付的赔偿款，被告认为是借款。根据日常生活经验，原、被告素不认识，一般不会贸然借款，即便如被告所称为借款，在有承担事故责任之虞时，也应请公交站台上无利害关系的其他人证明，或者向原告亲属说明情况后索取借条（或说明）等书面材料。但是被告在本案中并未存在上述情况，而且在原告家属陪同前往医院的情况下，由其借款给原告的可能性不大；而如果撞伤他人，则最符合情理的做法是先行垫付款项。被告证人证明原、被告双方到派出所处理本次事故，从该事实也可以推定出原告当时即以为是被被告撞倒而非被他人撞倒，在此情况下被告予以借款更不可能。综合以上事实及分析，可以认定该款并非借款，而应为赔偿款。

二、原告损失的范围和具体数额。

1. 医疗费。根据原告提供的住院记录、伤残鉴定书等证据，原告主张的医疗费用均是治疗事故造成的有关疾病所必需，且有相应医疗票据加以证明，故原告主张医疗费 40 460.7 元，符合法律规定，本院予以确认。

2. 护理费。原告主张的护理费为 4497 元，包含住院期间护理费 897 元以及出院后护理费 3600 元。由于本案原告为六十多岁的老人，本次事故造成其左股骨颈骨折且构成八级伤残，其受伤后到康复前确需护理，原告主张该 4497 元护理费用，符合法律规定，本院予以确认。

3. 住院伙食补助费。原告住院共计 35 天，原告主张该费用为 630 元，符合法律规定，本院予以确认。

原告另主张伙食费 346 元，并提供了住院记录和票据予以证明。由于该费用在住院伙食补助费范围内，该346元与上述630元住院伙食补助费的主张重复，故本院不予支持。

4. 鉴定费。原告主张伤残鉴定费为500元，有鉴定费发票予以证明，本院予以确认。

5. 残疾赔偿金。原告主张的残疾赔偿金71 985.6元。但根据原告病历及伤残鉴定报告，原告伤病为八级伤残，根据相关规定，该费用应依法确定为67 603.2元[14084 ×（20－4）×30%]。

6. 营养费。结合原告伤情，本院酌定1000元。

综上，原告各项损失合计为114 690.9元。

三、被告应否承担原告损失。

根据前述分析，原告系在与被告相撞后受伤且产生了损失，原、被告对于该损失应否承担责任，应根据侵权法诸原则确定。

本案中，原告赶车到达前一辆公交车后门时和刚从该车第一个下车的被告瞬间相撞，发生事故。原告在乘车过程中无法预见将与被告相撞；同时，被告在下车过程中因为视野受到限制，无法准确判断车后门左右的情况，故对本次事故双方均不具有过错。因此，本案应根据公平责任合理分担损失。公平责任是指在当事人双方对损害均无过错，但是按照法律的规定又不能适用无过错责任的情况下，根据公平的观念，在考虑受害人的损害、双方当事人的财产状况及其他相关情况的基础上，判令加害人对受害人的财产损失予以补偿，由当事人合理地分担损失。根据本案案情，本院酌定被告补偿原告损失的40%较为适宜。

关于原告主张的精神损害抚慰金问题。本次事故虽给原告的精神上造成了较大痛苦，因双方均无过错，故原告要求赔偿精神损害抚慰金15 000元的诉讼请求于法无据，本院不予支持。

综上，为维护当事人的合法权利，依据《中华人民共和国民法通则》第九十八条、第一百一十九条、最高人民法院《关于审理人身损害赔偿案件适用法律若干问题的解释》第十七条之规定，判决如下：

被告彭宇于本判决生效之日起十日内一次性给付原告徐××人民币45 876.36元。

被告彭宇如果未按本判决指定的期间履行给付金钱义务，应当按照《中华人民共和国民事诉讼法》第二百三十二条之规定，加倍支付迟延履行期间的债务利息。

本案受理费890元、其他诉讼费980元，合计1870元由原告徐××负担1170元，彭宇负担700元，已预交，故由被告在履行时一并将该款给付原告。

如不服本判决，可在判决书送达之日起十五日内，向本院递交上诉状，并按对方当事人的人数提出副本，上诉于江苏省南京市中级人民法院。

审 判 长　×　×

代理审判员　×　×　×

代理审判员　×　　×

二〇〇七年九月三日

见习书记员　×　　×

二十九、金弗企业发展公司毁约案

◎香港高等法院

【评析】

这是一份香港法院普通的判词，写得入情入理。我最大的感受是它与内地判决书的区别。这份判决书态度谦逊，坦诚地陈述自己的意见，以一种近乎协商的口吻叙事论理。但在关键的、需要法官作出判断的问题上绝不犹豫，毫无迟疑之处。而内地的某些判决书则正相反，色厉内荏。在普通问题、次要的部分、无争议的问题上，虚张声势，非常地专横。但在疑难的、争议很大的、需要它作出判断的问题上，畏首畏尾，说不出个所以然来。最后总是以双方均有过错，各打五十大板了事。另外，这份判词中情理运用得非常好，对事实的认定、对证据的审查判断让人十分信服。知无不言，言无不尽。将法官的心证全面地表现出来。这一点也是我们内地判决书应当学习的。

这份判词给每一段都加了编号，表面上有些类似于堆砌型的判决书。但仔细阅读就会发现，全篇判词均以观点来统率，并无废话、套话。第一段是案情概述；第二段是主文；第三段是原告的陈述，同时也是认定的基本案情，因为法院认可原告的陈述为事实，所以二者合而为一；第四段是被告的陈述；第五、六段则描述了本案最关键的一份证据："1998 年 9 月 29 日的信"及被告对此的解释；第七～二十二段都是理由；第二十三段则是一项对后续判决的指令。

根据事实部分的叙述可以看出，原告的处境并不太妙。原告要证明它与被告之间存在着一份合同，但名片、办公室电话、印章、信用证申请表，这些原告借以证明合同存在的证据都被对方一一矢口否认。甚至连合同书，都加以否认。恐怕香港没有印章登记制度，所以被告说合同书上的印章是原告自己雕造的，也很难查证。这就说明被告已经决意抵赖到底。通过这样的叙事，就让我们明白，原告唯一的希望就在被法院称为"本案关键"的"1998 年 9 月 29 日的信件"上，这是该案审理的重点。成立则原告胜诉，不成立则原告败诉。幸好，这份证据被告很难赖掉，因为这是一份有他自己亲笔签名的书面材料，说明了他与整个事件的关系。但被告也不是完全无话可说，判词针对他的争辩，给予了入情入理又十分有力的驳斥。被告何海英千方百计地将这份文件推到李先生那里，并编造了一个故事。但通过判词的分析可以看出，何海英的故事不能合情合理地解释为什么李先生非要找别人代笔。他的故事完全不可信，信件上含义模糊的"代行"二字是被告何海英真正可以利用的一点。但判词认为这个"代行"并不一定说明何海英只是个局外人，共同的交易人也可以用"代行"二字。而且根据双方电传往来的事实印证了何海英不仅仅是个局外人。

到十二段为止，判词分析论证了本案最为关键的这份证据，驳斥了被告的争辩，确定了这份证据对原告主张的支持。并且在十三、十四段结合这份证据对案件中的一些其他事实进行了解释，使之顺理成章。从十五段开始，判词主要认定了一个背景事实，即何海英有偿出借他的金弗公司给李先生的事实。这个事实说明了为什么何海英会极力否认与这笔交易的关系，却又有那么多的迹象指向他和他的金弗公司。他把公司借给了别人，现在当然不大乐意替别人背黑锅。这个背景事实合理地说明了整个事件的来龙去脉，使得判词对案情，尤其是对关键证据的判断变得牢不可破。判词随后指出何海英贪图一时小利，现在难逃法律上的责任。

第二十二段则再给判词的结论加上一道"保险"。追认的理论虽然已经无需用于本案，但从另一个角度支持了判词的结论。第十七段中提到的则是一个替代性答辩的问题。

【正文】[1]

香港特别行政区高等法院原讼法庭

民事司法管辖权

案件编号 1999 年第 16979 号

原告人　天津食品工贸公司
(TIANJIN GENERAL FOODSTUFFS INDUSTRIAL & TRADE COMPANY)
对被告人　何海英经管金弗企业发展公司
(HO HOI YING TRADING AS KUM BULL ENTERPRISE COMPANY)
主审法官：高等法院原讼法庭法官任懿君
审讯日期：2005 年 11 月 8、9 及 14 日
宣判日期：2006 年 2 月 14 日

---

[1]　该判决书由南开大学法学院高尔森教授提供。

判 案 书

1. 本案原告人天津食品工贸公司控告金弗企业发展公司（金弗公司）未能履行两份分别于 1995 年 5 月 10 日及 7 月 10 日签订的成衣生产合约，因而追讨毁约赔偿。被告人何海英先生乃经管金弗公司的独资者，他的主要答辩是他公司并没有与原告人签订该两份成衣生产合约。

结论

2. 本席听罢控辩双方证人的口供及双方大律师的结案陈词，裁定何海英先生败诉，即何先生所经管的金弗公司其实与原告人签订该两份成衣生产合约。理由如下：

案情处理

3. 原告人的证供乃基于刘惠洁女士（即原告人总经理助理兼进出口部经理）的证供。根据原告人大律师的结案陈词所指，控辩双方在书面供词及庭上所作的证供，以及提交的文件，在下列数点是没有争议的：

（1）何先生最先在 1987 年 9 月 1 日注册成立金弗公司，并在 1995 年 5 月 30 日结束业务。

（2）何先生其后在 1998 年 5 月 19 日再次注册成立金弗公司，并注明开业日期为 1998 年 3 月 1 日，业务性质则为进出口贸易。

（3）在提交的文件中，有一张印有李豪先生（简称"李先生"）名称的名片，上面表示李先生为金弗企业发展公司（简称"金弗公司"）的"CHINA DEPT MANAGER"及印有联络电话及传真号码。

（4）名片上的电话号码"2789 – 2374"和传真号码"2391 – 7670"均属何先生所经管的金弗公司所有。

（5）李先生 1998 年 5 月 10 日及 1998 年 7 月 10 日的确以金弗公司签订了该等合约。

（6）在该等合约的买方一栏上，均显示了李先生的签名及盖有金弗公司的印章。

（7）在 1998 年 4 月 20 日，亦有两张表面上看来是金弗公司的信用证申请表，该等文件均说明受益人为原告人公司。

（8）在 1998 年 9 月 29 日，何先生用金弗公司的信笺向原告人发出了一封传真。

（9）该封传真上是由何先生发出及盖上了金弗公司的印章。

（10）在该等合约、信用证申请表以及 1998 年 9 月 29 日的传真上，均显示了金弗公司的电话及传真号码，而该等号码亦的确属于何先生所经管的金弗公司。

4. 对于原告的指控，何先生解释如下：

（1）任何人均可印制名片，李先生的名片是他自己印制的。何先生说他并没有同意李生生代表金弗公司，亦没有委任李先生为中国贸易部经理。

（2）何先生说他只是李先生没有找到合适写字楼作办公室前，可借用他的电话号码及传真号码给李先生使用。

（3）李先生在合约上所盖上的金弗公司印章，只是他自己雕造的，并非何先生的金弗公司印章。

（4）任何人均可在信用证申请表内填上金弗公司为申请人及原告人为受益人。事实上，该份申请表并非一份已提交银行的申请表。换言之，银行并无收到该份日期为1998年4月20日的信用证申请表，只是李先生填上然后传真给原告人的。后来所发出的信用状并非以金弗公司为申请人，仅是李先生找到某公司发出的信用状，何先生对此并不知情。

5. 至于何先生用金弗公司的信笺向原告人发出的1998年9月29日的信件，并传真给原告人的刘经理，何先生的解释乃是当日李先生来电说他需要紧急地回复刘经理的信，何先生于是根据李先生的指示代行，将李先生的回复用金弗公司的信笺写下并传真致刘经理。何先生亦在其传真的原稿上签上"EDWARD HO 代行"。并慎重其事，以金弗公司的盖章盖上。

6. 本案的关键在于何先生亲自书写日期为1998年9月29日的信，其内容如下：

"刘惠洁经理：您好。昨天来了几次电传已全收到得悉你们的情况。李豪先生本已约同外商代理'K'唛派人前来验货由于厂现在所做妥的第一张信用证内而第二张你们还没有进行这批订单是需要一起转运不能分批装运若是先收第一批货我们不能出口相反收不到钱因李豪先生和外商有协议一定完成两信用证内的所有彼此都能收到货款但你们的 L/C 第一张已到期及第二张也快到期故此我答应你们将上述两信用证延期最少一月让两批货完成一起运走希望你努力帮忙尽快办好有劳费神。谢谢。

（金弗企业发展公司盖印）

EDWARD HO（签署）

代行

一九九八年九月二九日"

7. 本席认为何先生的解释并不可信，理由如下。

8. 当被问及有关传真时，何先生辩称因当日李先生要赶赴新加坡，故在早上致电给他要求他代其发出该份传真予原告人。但若如何先生所说他对李先生与原告人之间的合约全不知情，则上述信件决无法撰写自何先生本人。若何先生只是依李先生所指示的内容，搬字过纸，或由李先生口述、何先生笔录的话，何以李先生不亲自撰写该信？若当日李先生真要赶赴机场，他何来时间前往何先生在砵兰街的办事处收取该信件？

9. 何先生在被盘问时，解释指当时李先生刚巧在中环午膳，故可顺道到其兰街办事处收取。但本席质疑，若李先生有足够时间到何先生的办事处，何不在何先生办事处内撰写只有一页纸的传真？又或李先生可在午膳的地方或机场内取得笔墨纸张撰写自己的信件，和利用机场内的传真服务将信传送给原告人，而毋须要求何先生代写及传送。更重要一点是，信件内所涉及的合约内容，据何先生所指，是李先生在没有得到何先生同意下，以金弗公司的名义与原告人签订的。故此，李先生理应不会求助于何先生而令其得悉有关事宜。

何先生同意的合约

10. 在信件的内容，李先生竟然没有向何先生说明他是用什么身份进行有关交易，例如是以个人或是某某公司的名义，但何先生竟如原告大律师所说，出奇地没有向李先生问明此事而发出这封传真。

11. 再者，何先生对"代行"二字的倚赖并不能解释为何他慎重其事盖上金弗公司的印章，这样做不止是如何先生所说一种尊敬的表示，而是慎重地以金弗公司的名义发信。

12. 另一方面，"代行"的意思可解作在同一公司或机构内由某人代表另一个原先处理合约的人，而某人并不是直接处理的经手人，只是在同一公司或机构代替同事发出信件。这是在听罢何先生解释之后而判定为一个合理的解释。况且，信件中何先生承认因刘经理在日前来了几次电传而得悉他们的情况。如信中所说属实，正如刘经理的证供指出，刘经理在此段时间有与何先生直接在电话上接触，故此何先生指没有接触的讲法并不可信，因信中已经清楚表明何先生收到刘经理的几次电传。

13. 刘经理在同一天内几次用电传与何先生接触，可证明当时情况紧迫、信用状将会到期，这点亦可从刘经理给李豪先生的信件看到。刘经理并要求金弗公司将第一、二张信用证延期一个月及修改信用证内容，以至他们的订单可以分批装运。

14. 文件证据亦显示到，刘女士一向是与李先生接触，故此来往信件每次都只写上李先生及金弗公司的名字。但在1998年9月29日的传真以后，刘女士开始将部分传真的收件人改为何总经理，并传真至何先生的传真机。何先生在收到这些信件后，从没有书面反对或指出他们的错误。换句话说，整个交易虽然是李先生负责，但李先生是由何先生的金弗公司批准和认可与原告人签订合约，对此何先生最终便要因金弗公司违约而须承担法律后果。

2002年2月25日由李豪先生致何先生的信件

15. 在本案初期，何先生在2000年8月15日作了一份誓章，反对原告人在申请简易程序下胜诉令。在该誓章里，何先生呈送一封由李先生写给何先生的中文信件。

16. 李先生在该信中提及他用了金弗公司的名义去签订该合约，并说明他需要何先生的协助，而何先生可以从中获得益处。以上种种，清楚地反驳何先生指他对该等合约毫无知情的说法。当何先生被问及李先生其后写信给他的内容，何先生只能支吾以对，没有合理的解释。他承认对此信的内容虽然并不同意，但从没有写信给李先生驳斥其信中内容，只是归咎于未能找到李先生，所以不能写信给他。此点实不可信。

17. 虽然李先生指出原告人生产的成衣有大部分不合格，但原告人在此案证供中已作出否认。何先生既指合约与他公司无关，亦以此为唯一的答辩，故此不能作出一交替性的答辩，即若何先生的公司与原告人有合约的关系，他才可作出原告人所生产的成衣货不对办等的指控。

18. 再者，何先生指出他只收取李先生1,000元以借用他公司的地址、电话及传真机服务，而他已将1,000元全数给予他的雇员王先生，以提供处理李先生的来往信件，传真及电话服务。但他从没有传召王先生出庭作供。

19. 案情亦显示金弗公司很凑巧地在1998年3月1日重新启业，这正是李先生回港及借用地方的时间。由此可见何先生说他已经年纪老迈，最近几年亦没有生意活动，他重新开业很可能是因为李先生要借用他公司的名义与原告人进行买卖，而何先生相信李先生可以从这买卖中给他益处，正如李先生向何先生在后期信中所提及的。

20. 综观原告人的所有证据，本席接纳原告人刘女士是一名诚实可靠的证人，她的供词亦有文件互相配合及支持。反观何先生并非可倚赖及可信的证人，他只是对这宗没有履行的合约作出诸多解释，藉词狡辩他与合约没有关连。当然，当初何先生借用他公司的名义时，并没有清楚想到日后若合约不能履行，是需要付出庞大的赔偿。但作为一个生意人，理应清楚慎思而行，不能因眼前的好处而进行一项贸易活动，他应该知道，没有履行合约的一方是要负上法律责任的。

21. 故此，本席接纳原告人认为他们已成功证明：
（1）原告人与金弗公司签订了该等合约；
（2）原告人根据该合约而制造了所需成衣；
（3）金弗公司并未能履行该等合约及其后的附加备忘录的责任；
（4）原告人因此而蒙受损失；
（5）何先生乃金弗公司的独资经营人；
（6）何先生需为违约一事而负上法律责任。

22. 因本席已接纳原告人以上的陈词。故此并毋须考虑何先生会否在李先生没有授权下以金弗公司名义与原告人签订该合约，而在后来得悉此情况下作出追认（ratification）的行为。虽然本席在处理本案的证据上，亦同意原告大律师的陈词，设若何先生在早期是不知悉李先生没有在他授权下以金弗公司的名义与原告人签订合约，他后来的行为亦可算为追认行为，应因此而负责没有履行该合约的后果。因所有传真信件都是发送至何先生公司的办事处的，故此，他后期亦理应知道有关的生意来往，亦应知道李先生与原告公司的生意来往。在9月29日的传真及早前的电话对话中，原告人刘经理亦与何先生有联络，而原告人亦在10月份发送传真给何先生，此等行为已构成一个追认的行为。

【最后结论】

23. 本席判原告人胜诉，何先生需要负上毁约的法律责任。双方在此次诉讼中都同意先审理被告人与原告人有否合约关系及被告人有否毁约，判定后才作赔偿的鉴定。本席指示双方在高院聆案官席前进行鉴定毁约的金额。而今次的诉讼费应由被告一方付予原告一方。若双方不能同意，则由高院聆案官鉴定。

（任懿君）

高等法院原讼庭法官

控方：由简松年律师行委派李树恒大律师代表原告人

辩方：无律师代表，亲自出庭

三十、赌场内部盗窃案刑事判决书

◎澳门高等法院

【评析】

　　这是一篇澳门法院的判决书。英美法系与大陆法系的划分在我们头脑中根深蒂固。实际上，大陆法系可以再细分成德国法系和法国法系。法国法影响了伊比利亚半岛上的西班牙和葡萄牙，而西班牙和葡萄牙对拉丁美洲的殖民又让所有的拉丁美洲国家成了法国法系的成员。虽然同属大陆法系，但德国法系与法国法系还是有很大区别的。法国法系受罗马法的影响更深，法国的判决书就直接继承了古罗马没有判决理由的传统。它的判决书只在"考虑了应当考虑的各点后"就直接判决了。中国可能比较熟悉德国法，对法国法还是比较陌生。幸运的是，我们在自己的家门口就可以接触到属于法国法系的澳门法。

　　这份判决书有一个显著的特点，就是大规模地引述了学者的著述，这应该和法国法系比较重视学理有关。更重要的原因是本案中关键的法律概念：连续犯罪，是一个在葡萄牙法、澳门法中都尚未成熟的法律概念，这需要进行详细的理论分析，甚至要从历史演变的角度论述。在葡萄牙法律界，连续犯罪是一个普遍认可的概念，但没有统一的确切概念。司法实践倾向于认为"刑法典"四百二十一条第三段引入了连续犯罪的概念。它所指的可能是这样一种情况，比如某甲家门前有一段单行路，机动车不得逆行。但某甲每天开车上班逆行走这段路最为方便，于是他每天都这样上班，也没人来处罚他。突然有一天，警察要处罚他的数百次违章，并让他交纳天文数字的罚款。这种事若发生在犯罪领域就是连续犯罪。有合理的外因诱使他多次过失地犯同一个罪行，就要减轻处罚，这是很合理的一种制度。像某甲的处罚如果机械累加就显得不大公平，毕竟警察没有早处罚他，放纵了他。一般人都会对这种违规行为习以为常。本案中的被告 Lee Ka Man 以这种理由要求减轻处罚。

　　本案中，与连续犯罪概念同样重要的另一个因素是内部盗窃。内部盗窃通俗地说就是"家贼"，它比外鬼更加可恶。从法律上讲，雇主与雇员之间有信任的关系，"家贼"违背了这种信任关系，更应当严厉处罚。本案的被告就是一个内部盗窃犯。对于内部盗窃能否成立连续犯罪，是本案的另一个焦点问题。检察机关认为，内部盗窃根本就不能成为连续犯罪。《刑法典》第四百二十一条独一段的规定也似乎将盗窃从连续犯罪的情况中剔除了出来。判词在进行了详细的分析后认为虽然在理论上不否认内部盗窃可以成立连续犯罪，但要能够证明有足以减轻被告行为的外部条件，如雇主的松懈。本案被告没有这样的情节。尤其是倾向认为连续犯罪是一种过失，本案被告完全是故意犯罪。在法律要对内部盗窃从严处罚的情况下，也不宜随便以连续犯罪减轻被告责任。

判词还通过几方面的比较详细阐释了量刑的理由，认为原审对被告已经够仁慈了。论述得入情入理，值得我们学习。

判决书最先是一个摘要，简要叙述了这个判决书对重要的法律问题的观点。

【正文】[1]

澳门高等法院第389号裁判

一九九五年十二月十三日

内部盗窃

连续性质犯罪

分别以连续多次进行的内部盗窃犯罪的惩处

一、《刑法典》第四百二十一条独一段可适用于内部盗窃个案。

二、只有当多次进行同一罪行或进行本质上为保障同一法益而设立的多种罪行时各次犯罪性质相同，而且都是基于同一个、能够一定程度上减轻犯罪者过失的背景因素推动的犯罪行为，方可构成连续性质犯罪。

三、连续性质犯罪单一性的实质依据，就是其作为界限整体刑罚的行为人的过失。

四、《刑法典》第四百二十一条独一段中，并无载入连续性质的犯罪概念，它们两者之间并没有任何关系。

五、连续内部盗窃罪行和连续盗窃罪行，都是有可能发生的。

六、《刑法典》第四百二十一条各款中所载的金额虽已不合时宜，但却不可作为独立量刑的因素，它只能在衡量不法性的严重程度时，加以考虑。

七、一名赌场"荷官"，在其执行职务的背景条件没有变更的情况下，于数天里分别地向其雇主盗取有价品，就触犯了《刑法典》第四百二十一条独一段罚则的特别规范中所指的内部盗窃罪。

---

[1] 选自唐文：《法官判案如何讲理》，人民法院出版社2000年版，第529页。

第一分庭　　　　　　　　　　　李明训（裁判书制作人）

卷宗编号第 389 号　　　　　　　白富华

开庭日期：13/12/95　　　　　　　飞文兆

澳门高等法院合议庭裁判

资料载于本案的被告 Lee Ka Man 向本院上诉普通管辖法院的有罪裁判决定。事缘该法院合议庭《刑法典》第四百二五十五条三款及四百二十一条四款、五款所指罪行正犯为由，对被告判处二年半重监禁刑罚及二个半月的罚金，但准以每日澳门币十五元即共澳门币一百二十五元代替，又或多监禁五十天。

除此之外，上诉人更被判缴付最低司法费用和港币 4000 元的赔款。

被告在其陈述中结论如下：

一、上诉人的各项偷窃行为，其被害人始终为同一人，而且各偷窃之间的时间相近，同时也是利用相同的机会进行——由此可见，案中是存有一种案情以外可减轻犯罪过失的因素——这就构成了一种连续犯罪情况，故应采用连续偷窃中最大的一宗来作量刑的基准。

二、当法院以其他方法判决，当法院适用《刑法典》第四百二十一条独一段的规则来确定偷窃品价值时，已错误地适用法律。被上诉的法院由于没有把显示出连续犯罪迹象的事实列入待决疑问表中，而且在选取别的决定时，也没有提出适当理由，所以就违反了"存疑时有利于被告"（in dubio pro reo）原则。

三、总而言之，无论从已证实的减轻刑罚情节来看，抑或按《刑法典》第四百二十一条计算的盗窃价值与现实不符的事实，和考虑到现行法律制度对盗窃的刑罚制度过严，所科处的刑罚均显得不适度，故有必要把有关刑罚降至二年以下，并缓期执行。

辅助人（受害人）就维持有关的判决，作了答辩的陈述。

检察官亦主张维持被上诉的判决。而且，检察官公署再向本院重申这立场。

经各助理法官的审阅后，现进行有关判决。

合议庭经调查得出的案情事实部分如下，由于其内容跟第一结论中案情所考虑到的事实大致相同，所以不需要进行任何更改。

内容大致为：

"一九九四年十月一日，被告当时为澳门娱乐有限公司职员，担任葡京赌场'荷官'（Ceoupier）的职务。当约四时左右，当被告于百家乐 CL67 号赌桌履行其'荷官'职务时，被告人盗去桌面上的一个面额为港币 10 000 元的筹码，并暗藏于自己的鞋内。

不久前，于一九九四年九月二十八日，被告又以相同的手法，盗去一个面额为港币 5000 元的筹码。随后，于一九九四年九月三十日，被告再以相同手法，盗去两个面额均为港币 5000 元的筹码。

就以此手法，被告把上述筹码均据为己有。

被告是在自愿和有意识的情况下犯罪，而且知道自己的行为违反有关规定，他亦知道所窃取的筹码不属他本人所有，而是属于其雇主即澳门娱乐有限公司的。而且知道窃取这些筹码是违反公司意愿的。

面额港币 10 000 元的筹码已取回，并存于本案卷宗内作证物。

另起回港币 11 000 元，亦存于卷宗内，是被告以其他筹码换来的，其中港币 4000 元已为被告所用。

被告为首次犯罪（见本案附件刑事纪录证明），而且自发承认有关犯罪事实；同时，也表现出悔过之意。

他现在的工作收入比于餐厅内工作还要高，月入大约澳门币 5000 元正。

被告有一母亲需供养。"

正如上诉人的陈述书中所说，核心问题已获得解决，余下要解决的就是知道究竟以当时法院即被上诉法院所提出的事实，是否适用《刑法典》第四百二十一条独一段的规定，抑或如上诉人所指，属于一种连续犯罪的情况。

在本案中有三种对立的观点：

一、被上诉原判决的观点，认为本案适用《刑法典》第四百二十一条独一段的规定，并且适用同条第五款的刑罚制度，所以最后从这条第四款规定的范围内，定出了具体的刑罚。

二、上诉人的观点，力主不适用上述条款的独一段，且认为其所犯罪只属一项连续性质的盗窃，根据第四百二十一条三款所定的刑罚判处，实际上应处以缓期执行的惩教性质刑罚。

三、检察官公署代表先生则认为，在这宗内部盗窃案中，并不存在连续犯罪的案情以外且能减轻犯人过失的情节。相反，由于授任职务的人，干出了破坏雇主对其信任的事，过失较大，相对来说是应该加重论处的。

我们对检察官公署认为内部盗窃的罪行决不可理解为连续性犯罪，这种界定刑事违法行为的方式，将会作出分析然后发表我们的意见。

且看以下分析。

若果我们假定《刑法典》第四百二十一条独一段亦适用于内部偷窃的话，那么，我们的问题首先就是要知道，除了独一段的问题外，是否即使被害人是同一人，也可以构成盗窃的连续犯罪。

若果可以的话，那便必需著手研究，本案有否存在着构成内部盗窃的连续犯罪，即究研检察官公署所提出的立场。

最后，要看从事实的资料来分析，是否容许推定出一项连续的犯罪活动。若然可以的话，在这个案中，以连续违法行为在法律上的刑罪制度来量刑，应适用何种实际的刑罚。

当然，如果我们采纳建议的反方向找寻答案的话，我们可以更简易地找到答案的路向。不过，这样我们便得援引连续犯罪的概念，来与事实的资料比对，而且我们必然不能对所提出的一些问题，一一作答。

那么，我们就从第二个建议的路向分析吧。

有些作者认为犯罪概念的历史原因，是源自十六世纪时期（意大利和法兰西共和国时期）学术思潮的忧虑：当时一些学者尝试借此舒缓对"同一人三次犯盗窃需判处死刑"的过严刑法法律规定（见特雷莎·皮萨罗·贝来扎 Tereza Pizarro Beleza 的《刑法》一书第二册第 615 页及库凌·卡隆 Cuello Calon《刑法》第一册第 642 页）。

虽然今天学术界在分析这概念的特点部分时，仍未能找出争议较少的答案。可以说，这概念自从经受德华多·科雷亚（Eduardo Correia）教授引入葡萄牙法律体系以来，一直受到司法解释按该名教授一九四五年发表的最新作品《违法行为的单一和多重性》一书的见解多番雕琢，在葡萄牙已渐形成一个实在的概念。

这位教授的论点，随后一直获得发扬，终于促成了一九八二年葡萄牙刑法典的产生。该法典第三十条二款规定，"以本质上相同的方式，多次进行同一罪行或进行基本上是为保障同一法律财产而制定的多种类罪行，且受到相同的能一定程度上减轻行为人过失的外来情况递增所推动者，仅构成一项连续犯罪。"

这亦正是澳门九五年十一月十四日第 58/95/M 号法令所通过的《刑法典》当中第二十九条二款的内容。而据法规第 12 条第 1 款的规定，该法令将于一九九九年一月一日生效。

倘若说连续犯罪概念的划定，对学术界中曾经大受争议的（见特雷莎·皮萨罗·贝来扎 Tereza Pizarro Beleza 上述作品第六百二十页）连续犯罪概念难准确界定的问题，作出了极大贡献的话，那么，当中最大的贡献，就是使这概念不再受到"为犯罪者而设的法律虚想"称谓的批评。一些学者如库陵·卡隆（Cuello Calon），就在一九六三年已提出，把犯罪连续性列作由法官自由裁量的一项加重刑罚因素。（见上述作品第 645 页）

使之免受批评，是因为从这个概念中，可以从中找到这概念的实质依据，即作界限整个罚则的过失。这项原则今已被宪法法院理解为最新的共和国宪法第一条及

第二十五条一款所载的规定。（见第 411 期《司法部公报》第 56 页所载的合议庭于十一月六日所作的第 426/91 号判决）

因此，对我们来说，过失就是连续犯罪单一性质的依据。

除此之外，因为外来背景因素推动行为人多次连续犯罪行为，使同一人多次的决定相对有着连系，同时也造成吸引地作出多次续渐不能自持的行为。这种情况在连续犯罪中，只视作一项罪行。

爱德华多·科雷亚（Eduardo Correia）教授甚至向我们提供了四种典型例子，去解释这足以减轻行为人过失的推动背景因素。（见《刑法》，第二册，第 210 页）

从这种角度去理解，葡国学术界和司法界均不约而同的承认在连续犯罪的个案中各违法行为的单一性，而且也都认同该罪行刑罚是应该以最显著的即严重的违法行为做基准衡量。

然而，在盗窃犯罪方面，却出现了《刑法典》第四百二十一条独一段的规定。根据该规定，同一行为人，在不同的时间同一人多次盗窃取财物各次总和，将被视作一项盗窃罪处理，这规定使连续罪概念的偷窃罪的个案中，一直争议不休。

不过，正如爱德华多·科雷亚（Eduardo Correia）教授讲道，这规定不妨碍我们去接受连续犯罪概念，也不是孕育这概念的一种形式。他们两者（这规定与概念）完全是两码子的事。

事实上，《刑法典》第四百二十一条独一段的内容，早在一九三一年已经被引入《刑法典》中，不过当时它是第三段的规定。虽然在上述作品中，同一教授也曾经对这规定作过演绎解释，但当时的司法见解，均认为这规定引入了连续犯罪的概念。

最重要的是，若果他们认为是《刑法典》第四百二十一条第三段引入了连续犯罪概念的话，那么在相应的刑罚规定中，便必然会产生与连续犯罪原有相反的效果。（见《违法行为的单一性和多重性》一书第 284 页）

事实上，连续犯罪的产生，是基于行为人的过失存在减轻刑罚的情节。自然而然，与连续犯罪相适应的刑罚，就定必比引用犯罪竞合一般规则所定出适用的刑罚规则为低。而且可以肯定的是，适用第四百二十一条独一段的规定，即适用相应于各盗窃价值总和违法行为的处罚制度，也定必然比犯罪竞合规定为高。（见上述作品）

这规定的产生，追溯其历史，最初也好像其他很多国家的立法规定一般，是为了使刑罚由机械式地划分出来的损失价值级别去确定。这种观点可以解释为对客观责任的某种不自觉的认识：认为在侵犯财产的罪行中，所造成损害价值，就是界定出轻重刑罚的客观条件。

也有学者认为，上述以盗窃价值总额量刑的法律规定，就是作为行为人处罚的界限标准。这是因为透过偷窃价值总额，可以揭示行为人的犯罪能力的大小或"他倾向犯罪能达到的界限"。但从这个角度来看，再已不是以客观责任量刑，而是以行为人犯罪决定量刑，相对来说，就是我们所指的以行为人犯罪决定单一地论处的情况。

同时，爱德华多·科雷亚（Eduardo Correia）教授的理论还指出，这是为了使这思想指引能够成为该规定本身的条文内容。因为，在这思想指引中同时也规定了受害人需为同一人。

因此，该位教授提出了对多次偷窃罪行处罚的三种方式：

一、当各违法行为互相独立，则适用多项犯罪竞合的一般规定量刑；

二、当反复盗窃行为是对同一被害人的责任，则适用第四百二十一条独一段；

三、当具备构成连续犯罪的前提条件，则科处相应于其中价值额最高盗窃的刑罚。

这些结论，后来被特雷莎·皮萨罗·贝来扎（Tereza Pizarro Beleza）采纳。她以多次行为来实现对同一被害人的一项侵犯行为情况作示例，来解释第四百二十一条的适用范围。那就是我们所说的，一行为人决定以连续多次偷取一定数额的金钱，来达到其最终的计划者。（见上述作品第 619 页）

可以说，由于学术界这些解释。自六十年代以来，在司法见解中已开始接受盗窃的连续犯罪存在的可能性（例如第 157 期《司法部公报》第 151 页所载的高等法院合议庭于六六年五月十八日的裁判和第 169 期《司法部公报》第 224 页所载另一高等法院合议庭于六七年七月五日的裁判）。有时甚至清楚地肯定，第四百二十一条独一段，并未载有一种连续犯罪的形式。（见第 167 期《司法部公报》第 368 页所载高等法院合议庭于一九六七年五月三日裁判。）

至此，根据上述有关学术界的思想指引，以及司法见解中对盗窃连续犯罪独立性的认同，可见，以连续形式的内部盗窃是可能存在的，一切皆视乎各个案中的个别情况。

这就是说，以连续犯罪形式多次的盗窃罪行是存在的。而最终种种因素都视乎一个情况：案情以外能够在一定程度上减轻行为人过失的环境条件。

所以，就不能够接受基于存有信任关系加重处罚内部盗窃罪，继而不可以连续犯罪者藉内部盗窃所固有的信任关系连续地犯罪，就断定存有连续性罪行的情况。

可能会出现内部盗窃犯罪的日常生活中，包含着各样的情况。这些情况往往就是侵犯《刑法典》第四百二十五条规定的信任关系的情况，导致罪刑本身被加重的先天环境。

而在每个侵犯信任关系具体个案中，要找出行为是否因这些环境变化而犯罪，借此解释行为人犯罪是受到一个能够减轻其人过失的外来特别环境因素影响。

例如：当雇主对监督条件松懈的情况。（见特雷莎·皮萨罗·贝来扎 Tereza Pizar-ro Beleza 上述作品第 615 页）

当然，正如以上所说，也不能够以一个内部盗窃罪本身已假定存在的信任关系，视作引致连续多次犯罪的外来环境因素，来证明存有一项连续犯罪。因为，若论据本身不反驳，最少也会使这类盗窃罪行本身的加重刑罚因素，变得无所适从。

在本案中，上诉人一直认为存有犯连续罪的可能性，而且相信事实亦如此。不过，上诉人却未能在法律上最为关键之处，提出任何能够证明其见解的重要事实依据；因为他并不能提出任何事实资料去令我们相信，本案存有任何值得我们考虑的案情以外背景因素，继而重新考虑其过失，并作出一个对行为人较为仁慈的判决。

我们所知道的，就只有被告为一"荷官"且在担任职务期间，以欺骗的手段把赌场筹码据为己有；随后，又多次以相同的手法收藏筹码等事实。

就这样，没有任何特别的资料显示，被告即本案上诉人的第二次和第三次的盗窃行为，是受到促使他连续违法的外来环境因素影响。相反，却有资料显示被告有意图地违法犯罪，这就否定了连续犯罪概念的本质。

不过，姑勿论怎样也好，可以肯定结论的是，在本案卷宗内所载的证据不足以向我们提供任何指示，使我们相信被告即本案上诉人，是在一种能够减轻其人过失的背景因素影响下犯罪。

而且，案情事实部分亦无任何遗漏之处。

事实上，我们已分别出上诉人各次盗窃行为，每次盗窃的价值，我们也知道被害人为同一人，得悉时间关系的连续性，以及确定了被告在其严格的职业环境下的"作案方式"。

所以，已清楚地描绘出所有与事件有关的时间、方式和地点的情形，而上诉人也没有提出新的待决问题。因此，亦无任何需要扩大案情事实部分理由。

被告认为存有连续犯罪的结论，是由于他把事实直接套进法律所定情况所得。以这种思考的判断这案，这些事实无疑是足够的。

不过，若以我们所述构成连续犯罪的结论去分析，就必然得出，本案最大的缺欠，就是没有提出在被告重复多次盗窃行为中，一定程度上统一减轻其行为过失的案情以外背景因素。

在上诉人盗取上述有价品的数天期间，其人所担任的赌场"荷官"职务上，并没发生任何变化。

在该段期间，上诉人的工作上并没有发生任何改变。

可见，上诉人在陈述书拟证明本为内部盗窃的连续犯罪，理由并不充分。

从事实中可得出以下的结论：被告在很短的期间，并以经常相同的掩饰手法，分别三次欺骗性地盗取其雇主的有价品。

在这个情况中，我们遇到的连续多次行为，并非单一性的连续犯罪行为，而是一项法律规定以一项盗窃罪论处的情况。即适用由各次不同盗窃行为价值总和而定出的刑罚制度。（见《刑法典》第四百二十一条独一段）

又或者，既然本个案并非一定连续性的单一多项违法行为的个案，那么就是多项违法行为竞合的情况。基于被害人为同一人的原因，其刑罚是特别根据上述第四百二十一条独一段的规定来确定的。

这刚好就是被上诉合议庭裁决中的结论，也符合司法见解中的思想指引。

因此，我们必然得出结论，被告是没有违反《刑法典》第四百二十一条独一段的规定。

现在，我们可以分析上诉人以上陈述中的最后一个结论，就是看现具体科处的刑罚，是否该规定适用本个案不当的结果。也就是说，看科处的刑罚是否如上诉人所述，有不适度的情况。

要对裁定被告有罪的合议庭判决作出适当批评，我们不能够提出第四百二十一条价值与现况不符或盗窃刑罚制度在现行法制过严为理由，因为从一个完善的系统角度来说，这两项因素应由立法者慎重考虑，法官是不可单独以此作为量刑的标准。

而最重要的，就是要知道按照《刑法典》对法官量刑的指引机制；法官是否需要考虑所有犯罪行为的外在因素，以及与犯罪者本身有关的因素，来具体衡量犯罪者过失，使刑罚经常维持在已规定的界限之内。

在本案中，可以说合议庭在不可以忽略到法律所定的刑罚制度的情况下，已采取了对被告较仁慈的标准，方得出了原判中的刑罚。

例如

根据《刑法典》第四百二十五条三款、第四百二十一条独一段和同条第五款的规定，可科处刑期为八到十二年的重刑监禁。

但现在法院却考虑到《刑法典》中第八十四条所建议的全部情节，然后如明文规定般引用《刑法典》中第九十四条，而把刑罚定为二年半。很明显在考虑事件的严重程度和不法程度时，法官已无可否认的考虑到盗窃物本身的价值了。

当然，有时候刑事法院可以以因应金额而定的刑罚制度与实际不符合为由，而适用《刑法典》第九条一款后部分所定的法律演绎规则量刑，也就是说，考虑到法律适用的时候（环境因时代而变化问题）。

只有这样方能有效运用第九条一款的演绎法律"更新适用"法则，而不会造成不按明文规定量刑成为合法化的情况。

所以，正如之前所讲，以上述法律所定的刑罚制度，对本案具体判处二年半的重刑监禁，必然是经过对所有情节慎重考虑以后较平衡的刑罚。

对上诉人有利的惩罚刑罚，无疑最为重要。但适用的重刑监禁刑罚，是不可转以罚金代替的，因为这种额外减刑的做法，必须根据《刑法典》第五十五条五款规定而量处的。

既然是重刑监禁刑罚的，自然就不可被宣告暂缓执行。

因此，上诉部分理由得席，现重定科处上诉人刑罚为二年半的监禁刑罚。其余事项，均以原审合议庭判决为据。

司法税项澳门币两千元正，由辅助人（受害人）支付。

一九九五年十二月十三日于澳门。

李明训（裁判书制作人）
白富华
飞文兆

三十一、"鳗鱼案"判决书

◎台湾高等法院台南分院

【评析】

　　些许小事，长篇累牍。台湾地区现在的判决书真让人受不了！就养鱼池进点儿污水的事儿，怎么写得这么复杂呀！而且论理也未见得有多透彻。案件一共有三个焦点问题：①市公所对垃圾管理不善；②鳗鱼的死亡是否与污水有关；③赔偿的数额。判决书论述的最为详细的是第一个问题。通过很多证据反复证明了市公所对垃圾的管理确有不善之处，确实让张骂的养鱼池进了污水，但通过判决书我们可以觉察出这个焦点在案件中没那么重要。虽然市公所上诉争辩这个事，但污水流入了养鱼池是显而易见的，市公所也曾经于诉讼之外承认过这个事情，否认不过是诉讼中的一种策略罢了，大可不必将主要篇幅花在这个问题上。案件真正麻烦的是第二个焦点，污水流入了养鱼池，但鳗鱼的死亡与污水的流入是无关、有关还是部分有关呢？判决书认定鳗鱼的死亡除了与污水的流入有关外，还可能与台风大雨和由此引起的水温变化有关。认定这一事实的根据有两个，一是鳗虾生产合作社及台湾省水产实验所鹿港分所的函，说明"台风水灾、气候水温变化、水质恶化、饲料品质不良、水中有毒及鳗苗罹病均能引起死亡"；二是张骂自认在台风之后鳗鱼才开始死亡的。由此认定鳗鱼的死亡是多种因素合力的结果，但在张骂的陈述中提到邻居们的鳗鱼都没有死亡，唯独他的鳗鱼死了。这就奇怪了，台风大雨波及的同一地区为何只有张骂的鳗鱼死亡了呢？如果这个情节属实，市公所就应当为鳗鱼的死亡负全责，而不是部分责任，判决书的论述就站不住脚了！再加上判决书原先的判断不过是推断了一种可能性，就让它的论断十分可疑。其实，案件的结论不一定不对，只不过没有给予有说服力的论述。水产养殖是风险很大的行业，各种事故都会导致血本无归，有时甚至说不清是什么具体原因。市公所的这点儿污水不一定就必然引起了鳗鱼的死亡，鳗鱼死亡的主因可能是其他的原因。对于邻居的鳗鱼是否发生了死亡事故，可能法院不大方便调查，也不大调查得清楚。但判决书不应在这个问题上含糊，要坦率地说明台风会引起的垃圾污水流入，会导致鳗鱼死亡，但台风本身也会引起鳗鱼死亡，不好归结为一种原因。现在既然原因已经很难彻底查清，市公所又确实有会导致鳗鱼死亡的过错，所以由市公所负部分责任也是公平的，这样就让道理比较清晰透彻地呈现于阅读者面前了。至于第三个焦点问题，比较繁琐，判决书处理的还是很细致得当的。

【正文】[1]

嘉义县朴子市公所与张骂赔偿事件上诉案二审民事判决

台湾高等法院台南分院[2]民事判决

股别：长

公元一九九五年度上国字第六号 C

上诉人兼附带被上诉人 嘉义县朴子市公所设嘉义县朴子市光复路三四号。

法定代理人 吴国祯 住嘉义县朴子市光复路三四号

诉讼代理人 陈昭峰 律师

复代理人 高原茂 律师

被上诉人兼附带上诉人 张骂 住嘉义县朴子市大乡里人糠榔二三九号

诉讼代理人 吴炳辉 律师

颜志铭 律师

上述当事人间请求"政府"赔偿事件，上诉人对于台湾嘉义地方法院一九九五年六月五日第一审判决提起上诉，被上诉人提起附带上诉，本院判决如下：

【主文】

上诉及附带上诉均驳回。

第二审诉讼费用关于上诉部分，由上诉人负担；附带上诉部分，由被上诉人负担。

【事实】

甲、上诉人即附带被上诉人方面：

一、声明、为求判决：

（一）上诉部分：（1）原判决关于上诉人败诉部分废弃。（2）上废弃部分，被上

---

[1] 选自周道鸾编：《民事裁判文书改革与实例评析》，人民法院出版社 2001 年版，第 767 页。

[2] 根据 1989 年 12 月 22 日修正公布的台湾"法院组织法"的规定，台湾普通法院分为三级，即地方法院、高等法院和"最高法院"；高等法院可设分院，行使高等法院的职权。台湾实行"三审终审制"，"最高法院"为第三审，高等法院为第二审。但又规定，对于某些轻微的民事、刑事案件，高等法院的判决即为终审判决。

诉人在第一审之诉驳回。

（二）附带上诉部分：（1）附带上诉驳回。（2）附带上诉诉讼费用由附带上诉人负担。

二、陈述：除与原判决书记载相同者，兹予以引用外，另补称：

（一）被上诉人于原审系依"'政府'赔偿法"第三条第一项起诉请求，惟依该项请求者，必须具备（1）公有公共设施之设置或管理有欠缺。（2）受损害；（3）受损害与公有公共设施之设置或管理欠缺有因果关系等三要件。上诉人否认公有公共设施之设置或管理有任何欠缺，且纵上诉人之公有公共设施之设置或管理有欠缺，被上诉人鳗苗之死亡与上诉人公有公共设施设置或管理之欠缺亦无因果关系，被上诉人应不得为请求。

（二）被上诉人既依"'政府'赔偿法"第三条第一项为请求，依"民事诉讼法"第二百七十七条之规定，依法自需由其证明其请求存在，被上诉人既未能证明上诉人之公有公共设施之设置或管理有任何欠缺，更未有任何证据证明上诉人公有公共设施设置或管理之欠缺与其鳗苗之死亡间有因果关系，原审在被上诉人未有任何证据证明之情况下，准被上诉人之请求，其认事用法，显有违误。

（三）被上诉人提出之照片无日期，不能证明系当时所照，惟现场情形如照片没错。对台湾省水产试验所鹿港分所函没意见，然纵使污水之渗入也不能证明和鳗苗死亡有直接关系，系和被上诉人养殖技术、饲料、气候等有关。

乙、被上诉人即附带上诉人方面：

一、声明：求为判决：

（一）被上诉部分：（1）上诉驳回。（2）第一、二审诉讼费用由上诉人负担。

（二）附带上诉部分，（1）原判决不利于被上诉人之部分废弃。（2）前项废弃部分，上诉人应给付被上诉人新台币（下同）起至清偿日止，按年息百分之五计算之利息。

二、陈述：除与原判决书记载相同者，予以引用外，另补称：

（一）被上诉人于一九九四年四月十四日向诉外人林东和购买鳗鱼苗（每公斤五十尾）六万尾，放养于被上诉人所有东北角小鳗鱼池，因上诉所有之垃圾场污水流入，造成大量死亡，经将放养四、五个月后之鳗鱼移入西南角之大鳗鱼池续养，经于一九九五年四月十一日将所移池续养之大鳗鱼出卖，经点算全部鳗鱼池尚已达出卖规格者二万零四尾，未达规格需继续放养者五千零七十五尾，亦即被上诉人所放养之六万尾鳗苗，与邻近周遭所放养之鳗鱼并无二样，然因上诉人垃圾场污水流入死亡者，共计三万四千九百二十一尾，然因上诉人起诉仅请求以三万尾计算赔偿损失，原审仅以五千零七十六尾计算即未洽。

　　（二）上诉人借用被上诉人所有鱼堰场地二十公分宽建造混凝土挡土墙，墙上并有铁丝网，但因垃圾堆积超过围墙，加诸垃圾积极压之重力。陆陆续续有污水渗流而出，若遇大雨则垃圾污水更是大量从铁丝网沿墙壁下流至小步道区，再流入被上诉人鳗鱼池内，污染水之痕迹在围墙及小步道上处处可见。上诉人围墙等公共设施之管理维护自有疏失，业经其于××年八月十九日嘉义县环境保护局所召开"研商朴子市垃圾场渗出改善适宜协调会"会议记录中坦承无误，并作成以下结论之内容："（一）朴子市公所所借用业主张骂君所有鱼堰池地二十公分宽建造混凝土挡土墙，上缘并建造成四十公分之步道，请朴子市公所尽速办理施工、监工，施工前需通知业主，并请业主配合办理。（二）请朴子市公所尽速修复废水处理场，并恢复正常操作。（三）垃圾场其他应改善事项请一并整修"等语。

　　（三）被上诉人相邻近之其他养鳗人家，于同时期并无鳗鱼大量死亡之结果，且据嘉义县鳗虾生产合作社函称："水中有毒等皆能导致死亡"，请函鹿港水产试验所鉴定即可明了确为垃圾污水流入渗杂而成，其与鳗鱼因水中有毒无法生存而死亡，实有相当因果关系存在，上诉人所辩鳗鱼死亡与污水无关，显系推卸责任之词。

　　三、证据：援用原审立证方法外，另提出照片九张、嘉义县环境保护局一九九五年八月十六日八四嘉环二字第六七八七号开会通知单及同局一九九五年八月二十三日九九七号函等影本各一件为证。

　　丙、本院依职权函询台湾省水产试验所鹿港分所及讯问证人林宏龙。

【理由】

　　一、被上诉人即附带上诉人起诉主张伊于一九九四年四月二十四日在嘉义县朴子市下竹围段佳禾小段第一〇一二号田地伊所有之鱼池内，放养六万尾鳗苗，因与上诉人所有同小段第一〇一一号土地之垃圾场相邻，讵[1]上诉人之公设垃圾场设置管理欠缺，未注意污水处理，致于同年八月间台风大雨时，垃圾场污水被大雨冲刷大量溢流至被上诉人鳗鱼池内，使鳗鱼死亡逾半，被上诉人以鳗鱼死亡一半即三万尾，每尾四十八元五角计算，计一百四十五万五千，另自放养至死亡时，饲料费每日一千元，人工每日五百元计算，计二十二万五千元，共计损失一百六十八万元，被上诉人于一九九四年十一月十八日依"政府"赔偿法第三条第一项之规定向上诉人请求"政府"赔偿被拒，爰提起本诉请求上诉人赔偿前揭一百六十八万元及法定迟延利息（原审准上诉人赔偿二十五万四千二百十七元及法定迟延利息，上诉人提起上诉，被上诉人就败诉部分提起附带上诉）。上诉人则以其所设置管理之垃圾场并无任何欠缺，且纵有设置或管理有欠缺，被上诉人亦不能证明其鳗鱼之死亡与上诉

_____

〔1〕作"岂，怎"讲。

人公有公共设施设置或管理之欠缺有因果关系，被上诉人应不得为请求等语，资为抗辩。

二、查被上诉人主张其于一九九四年四月二十四日在其所有坐落嘉义县朴子市下竹围段佳禾小段第一〇一二号鱼池放养六万尾鳗苗，设鱼池与上诉人于原审提出买卖契约书，地籍图誊本及土地登记簿誊本附卷可稽，并据出售鳗苗之证人林东和于原审到庭供证属实。上诉人之垃圾场与鱼池相邻，中间仅隔一小土岸，垃圾场虽有水泥围墙，墙上并有铁丝网，但因垃圾堆高超过围墙，若大雨垃圾之污水从铁丝沿墙壁下流至小土岸再流入被上诉人鳗鱼池内，有污水痕迹及在墙壁及小土岸可循，业经原审勘验现场无讹，有勘验笔录在原审卷可稽。并有一九九四年八月八日发生时之照片四张及被上诉人于本院另提出垃圾场全县及污水流出流入之照片九张可资佐证，及嘉义县环保局勘验记录与该局勘察人员林宏龙迭次于原审及本院供证属实。且就本件据一九九四年十月二十九日嘉义县环保局陈情案件处理电脑查询单记载"一九九四年八月八日会同朴子市公所及陈情人勘查，该鱼池确有鳗鱼大量死亡现象，垃圾场亦有污水溢流至鱼池之痕迹（已拍照存证），朴子市公所清洁队长承认过失并将报告市长进行协调事宜"；而上诉人于一九九四年十月六日八三市民字第八三〇一二〇一四号函复嘉义县环境保护局"复贵局函办市民字第八三位于朴子市竹围段佳禾小段之鳗鱼池，疑因本市垃圾掩埋场污水渗出导致鳗鱼死亡，请办理善后事宜，因被害人所要求赔偿金额过高达一百六十八万元，一时无法商洽处理"云云，均未否认该垃圾市场之设置或管理有欠缺，且承认有过失。复据一九九五年八月十九日嘉义县环境保护局与两造研商朴子市垃圾场渗出水改善事宜协调会达成结论："（一）朴子市公所借用业主张骂君所有鱼塭地二十公分宽建造凝土挡土墙，上缘并建造成四十公分之步道，请朴子市公所尽速办理施工、监造、施工前须通知业主，并请业主配合办理。（二）请朴子市公所发送改善事宜请一并整修，"有该协调会议记录在卷可稽，依该内容亦足见上诉人之该垃圾市场之废水处理及其他应改善事项，依当时并未整修修复，上诉人否认其垃圾管理并无欠缺，自不足枹。

三、次查养鳗死亡因素很多，据台湾省水产试验所鹿港分所及嘉义县鳗虾生产合作社函称："台风水灾、气候水温变化、水质恶化、饲料品质不良、水中有毒及鳗苗罹病均能引起死亡。"而垃圾场之污水持续流入养鳗池时，水质易恶化，会导致鳗鱼死亡，复为前揭鹿港分所一九九五年十月三十日水试鹿字第七五七号函复本院在卷。参诸前述电脑查询单所载及被上诉人所提出照片，及证人嘉义县环境保护局勘查人员林宏龙于原审勘查现场照片并其证述垃圾有污水溢流入系争鳗鱼池及鳗鱼有死亡之情形，足见上诉人所辩鳗鱼死亡与污水无关，亦即上诉人垃圾场管理之欠缺与被上诉人之鳗鱼死亡无因果关系，亦无可枹。

四、按公有公共设施因设置或管理有欠缺，致人民生命、身体或财产受损害者，"政府"应负损害赔偿责任，"'政府'赔偿法"第三条第一项定有明文。又依法该条规定，并非以过失为必要，系枘无过失责任。本件上诉人之公设垃圾场既因堆积过高，致污水流入被上诉人鳗鱼池，因水质恶化导致鳗鱼死亡，自应负"政府"赔偿责任。兹将被上诉人请求审核如下：

（一）被上诉人请求鳗鱼损失虽以三万尾计算，以每尾四十八元五角购入，共一百四十五万五千元。但据被上诉人于一九九五年四月十一日首次出售成鳗，有会同上诉人于原审委任之诉讼代理人侯茂在鳗鱼池现场点算结果，大鳗有二万零四尾，小鳗五千零七十五尾，共二万五千零七十九尾，有侯茂于原审出具之证明书在卷可稽，且依上述嘉义县鳗虾生产合作社于原审函称：在正常情形下，鳗苗至成鳗存活率为百分之七十。复据前揭台湾省水产试验所鹿港分所亦函称：日本种鳗苗养至成鳗在正常情形一般存活率为百分之七十至八十等语，则六万尾之百分七十为四万二千尾，自四万二千尾减二万五千零七十九尾为一万六千九百二十一尾，始为被上诉人鳗鱼之因不正常情形所致损失。况查前述鳗虾生产合作社及台湾省水产试验所鹿港分所函称，养鳗死亡情形，除水中有毒、水质恶化外，尚有台风水灾、气候水温变化、鳗苗罹病等因素。被上诉人于原审自认系台风大雨后始发现鳗鱼死亡，又台风除造成鳗鱼流失，亦可能起水温变化，因此上述，鳗鱼死亡，自不能单独归咎于垃圾场污水流入所致，被上诉人认全系污水流入所致死亡，亦有未合。综合上述因素，应认污水所致死亡，只占十分之三，以此推算一万六千九百二十一尾之十分之三为五千零七十六尾始可认系污水所致死亡数目，每尾以四十八元五角计算，为二十四万六千一百八十六元，自应由上诉人赔偿，被上诉人请求逾此部分自不应准许。

（二）饲料费部分：被上诉人于原审自认初期仅养一个月，即每日一包，每包一千元计三万元，中期二个半月（一九九四年四月二十四日放养至同年八月八日死亡，全部三个半月），以每天一包半每包五百九十元计算为六万六千三百七十五元，合计为九万六千三百七十五元，再依五○七六尾与六万尾比例为十二分之一计算为八千零三十一元应由上诉人赔偿，被上诉人逾此部分之请求，不应准许。

（三）被上诉人另请求其本身之工资每日五百元，计算五个月共七万五千元部分，查被上诉人未提出确据足资证明其每日均在鱼池工作整天，且上诉人应负责之鳗鱼死亡数与六万尾比率甚少，其余大部分鳗鱼仍需由被上诉人照顾，此部分请求非有理由，亦不应准许。

五、综上所述，本件被上诉人依据"'政府'赔偿法"第三条第一项请求上诉人赔偿二十五万四千二百十七元（即二四六一八六元加八○三一元）及自原审起诉状缮本送达翌日即一九九五年二月二十三日起之法定迟延利息，即无不合，应予准许，逾此部分之请求，非有理由。原审命上诉人如前述金额给付，并依两造陈明愿供担保准免假执行宣告，而驳回被上诉人其余之请求及假执行之声请，经核均无不合。两造各就其败诉部分上诉及附带上诉，指摘原判不当，求予废弃，均无理由，均应驳回其上诉及附带上诉。

六、据上论结：本件上诉及附带上诉均无理由，依民事诉讼法第四百四十九条第一项、第七十八条，判决如主文。

公元一九九五年十二月十八日

台湾高等法院台南分院民事第一庭

审判长法官　梁孟珍

法官　王惠一

法官　杨明章

〔改写〕

嘉义县朴子市公所与张骂赔偿事件上诉案二审民事判决

台湾高等法院台南分院民事判决（改写）

股别：长

公元一九九五年度上国字第六号 C

上诉人兼附带被上诉人 嘉义县朴子市公所设嘉义县朴子市光复路三四号

法定代理人 吴国祯 住嘉义县朴子市光复路三四号

诉讼代理人 陈昭峰 律师

复代理人 高原茂 律师

被上诉人兼附带上诉人 张骂 住嘉义县朴子市大乡里大糠榔二三九号

诉讼代理人 吴炳辉、律师。

颜志铭 律师

上述当事人间请求"政府"赔偿事件，上诉人对于台湾嘉义地方法院一九九五年六月五日第一审判决提起上诉，被上诉人提起附带上诉，本院判决如下：

【主文】

上诉及附带上诉均驳回。

第二审诉讼费用关于上诉部分，由上诉人负担；附带上诉部分，由被上诉人负担。

【事实】

张骂位于嘉义县朴子市的养鱼池与朴子市公所之垃圾场为邻。该垃圾场虽建有混凝土之挡土墙，墙上并有铁丝网。但因垃圾堆高超过围墙，若遇大雨垃圾之污水可流入张骂之养鱼池内。一九九四年四月二十四日，张骂在该养鱼池内放养了六万尾鳗苗。至八月八日遇台风大雨，垃圾场之污水随之流入，致使鳗鱼苗大量死亡。张骂于一九九四年十一月十八日依"'政府'赔偿法"之规定向市公所请求"政府"赔偿被拒，遂以市公所之公设垃圾场设置管理欠缺，未注意污水处理，致使鳗鱼死亡逾半为由起诉至原审法院，要求赔偿鳗鱼苗三万尾之损失以及饲料费、人工费共计一百六十八万元及法定迟延利息。原审准市公所赔偿张骂二十五万四千二百十七元及法定迟延利息。双方均不服，向本院提起上诉。

市公所上诉称：否认公有公共设施之设置或管理有任何欠缺，且纵然有欠缺，鳗苗之死亡与此亦无因果关系。原审在对方未有任何证据证明之情况下，准其请求，其认事用法，显有违误。张骂提出之照片无日期，不能证明系当时所照，惟现场情形如照片没错。对台湾省水产试验所鹿港分所函没意见，然纵使污水之渗入也不能证明和鳗苗死亡有直接关系，系和被上诉人养殖技术、饲料、气候等有关。请求驳回诉讼请求。

张骂则上诉请求改判支持其全部诉讼请求。

【理由】

经过原审勘察现场：垃圾场虽有水泥围墙，墙上并有铁丝网。但因垃圾堆高超过围墙，若大雨垃圾之污水可从铁丝沿墙壁下流至中间小土岸再流入张骂鳗鱼池内，有污水痕迹及在墙壁及小土岸可循。并有照片可资佐证，及嘉义县环保局勘验记录与勘察人员迭次于原审及本院供证也均证实。且本件纠纷发生后，张骂向市公所请求"政府"赔偿过程中，市公所不仅均未否认该垃圾市场之设置或管理有欠缺，而且也承认有过失。有嘉义县环保局陈情案件处理电脑查询单、市公所给嘉义县环境保护局之复函为证。而嘉义县环境保护局还曾与两造协调此事，根据所达成之结论，亦可足见上诉人对该垃圾市场之废水处理及其他应改善事项，依当时并未整修修复。故上诉人否认其垃圾管理并无欠缺，自不足枏。

次查养鳗死亡的因素。据台湾省水产试验所鹿港分所及嘉义县鳗虾生产合作社函称："台风水灾、气候水温变化、水质恶化、饲料品质不良、水中有毒及鳗苗罹病均能引起死亡。"由此可见，污水持续流入养鳗池，水质易恶化，会导致鳗鱼死亡。上诉人所辩称无因果关系，亦无可枏。但同时亦应注意，污水之流入并非鳗鱼死亡之唯一原因。尚有台风水灾、气候水温变化、鳗苗罹病等因素可导致鳗鱼苗死亡。

"'政府'赔偿法"第三条第一项定有明文，公有公共设施因设置或管理有欠缺，致人民生命，身体或财产受损害者，"政府"应负损害赔偿责任。又依法该条规定，并非以过失为必要，系枏无过失责任。本件上诉人自应负"政府"赔偿责任。

张骂之请求主要谓原审判决之赔偿数额过少。兹将该请求审核如下：

（一）张骂请求鳗鱼损失以三万尾、每尾四十八元五角计算，共一百四十五万五千元。但据原审在鳗鱼池现场点算结果，大鳗尚存二万零四尾，小鳗五千零七十五尾，共二万五千零七十九尾。且依台湾省水产试验所鹿港分所、嘉义县鳗虾生产合作社函称：正常情形下，鳗苗至成鳗存活率为百分之七十。则六万尾之百分之七十为四万二千尾，自四万二千尾再减二万五千零七十九尾为一万六千九百二十一尾，始为鳗鱼之损失。况根据前述，养鳗死亡情形，除水中有毒、水质恶化外，尚有台风水灾、气候水温变化、鳗苗罹病等因素。张骂于原审自认系台风大雨后始发现鳗鱼死亡。台风除造成鳗鱼流失，亦可能起水温变化。因此，鳗鱼死亡自不能单独归咎于垃圾场污水流入所致。综合上述因素，应认污水所致死亡只占十分之三。以此推算，只有五千零七十六尾始可认系污水所致死亡数目。每尾以四十八元五角计算，共计二十四万六千一百八十六元，应由上诉人赔偿，逾此部分自不应准许。

（二）饲料费部分。全部六万尾的饲料费自放养至死亡合计为九万六千三百七十五元。五〇七六尾为六万尾之十二分之一，计八千零三十一元应由上诉人赔偿，逾此部分之请求，不应准许。

（三）张骂另请求其本身之工资。查张骂未提出确据足资证明其每日均在鱼池工作整天，且上诉人应负责之鳗鱼死亡数与六万尾比率甚少，其余大部分鳗鱼仍需由被上诉人照顾，此部分请求非有理由，亦不应准许。

综上所述，本件被上诉人赔偿上诉人二十五万四千二百十七元及法定迟延利息，即无不合，应予准许。而驳回被上诉人其余之请求及假执行之声请，经核亦无不合。两造各就其败诉部分上诉及附带上诉，均无理由，应予驳回。

据上论结：本件上诉及附带上诉均无理由，"依民事诉讼法"第四百四十九条第一项、第七十八条，判决如主文。

公元一九九五年十二月十八日
台湾高等法院台南分院民事第一庭
审判长法官　梁孟珍
法官　王惠一
法官　杨明章

〔余论〕

台湾民事判决书的这股堆砌之风，直接继承于民国时期的文风。与前面的诚明文学院的判决书进行一下比较，就会发现二者是完全相同的类型。我总有一种感觉，如今台湾地区法律水平和民国时期的法律水平比较起来，并没有什么进步。甚至还有所退步。大陆的法律发展经历过严重挫折，有一个中断的阶段。台湾地区虽然没有过这样的阶段，但几十年来似乎在原地踏步，所以也不见得比大陆高多少。

现在这股堆砌的文风已经严重影响到了刑事判决书的写作。最明显的例子就是台北地方法院关于陈水扁案的一审判决书。这份判决书长达1400多页，即使是正文也有500页。堆砌的材料太多了，给阅读造成了巨大的困难。好像堆砌了这么多的材料，案件就一定公正似的。要是按照这种逻辑，纽伦堡审判的判决书不得罗列到天上去。纽伦堡审判有20多名被告，审理了纳粹德国十几年的历史，涉及了西方几乎所有主要国家，可它的判决书才二三百页。别的不说，被告接到这样的判决书，他能在上诉期内读完吗？即使读完，他能有时间仔细考虑吗？

说实话，这篇堆砌出来的判决书我甚至没有耐心仔细通读一遍。从一段被广泛传播的论理中已经看出它的理论水平并不太高。通读也不会发现什么精彩之处。这是一段有关量刑的理由。从积极的意义上说，它的作用就像一个休憩的凉亭。在经历了将近五百页幽暗的文字森林之后，我们可算见到了一块可以歇脚的地方。它是量刑的理由，也更像全篇对陈水扁、吴淑珍罪行的总结。这恐怕也是这段论理的作用之一。但这段论述的理论水平超不过古代的公案小说。人们稍微有点儿义采，再加上些热情都能达到这样的水平。判决书中不能只唱这种道德高调。正气要与智慧同行，不能正气太多，智慧太少。否则只能让社会上真正有水平的人嘲笑法治的无知。其次也离题。论理以法律上的需要为标准。如果法律上没有这种需要，或者我们的论述体现不出法律上的需要，就是论理失败。这段论理是要说明对陈水扁的量刑原因，虽然没有一句话错误，却也少有几句话有用。陈水扁作为一个"国家元首"，吴淑珍作为一个"总统夫人"，贪污腐化，指使人在司法中作假证，这些行为的恶劣性不用特别强调，谁都知道。假使将这段话从判决书中删去，或者只缩略为几句话，也不大会影响对量刑决定的理解，不必如此铺陈。这些道德高调唱过之后，到了真正法律上的要件如犯罪手段、违法义务之程度、犯后态度等就没有了什么内容。这种方式其实与前面提到的"文革"中的判决书异曲同工。将罪行在政治上、道德上无限上纲，却缺少与法律的联系。

"爰审酌被告陈水扁曾任律师、立法委员，受外界誉为正义象征、形象良好，有幸获取人民信赖，荣登元首之位，担任我国第十、十一任'总统'，现仍享有卸任总统礼遇条例之各项尊崇，本应将'作之君、作之师'铭刻于心，秉持总统高度、为民表率、殚心竭虑、以福国淑世为己任，然而却为一己之私，纵容家人与身旁亲信，以权生钱，致未能秉持廉洁自守、忠诚国家之初衷，将总统有权动支，须用于国家政经建设访视、军事访视、犒赏及奖助、宾客接待与礼品致赠等之'国务机要费'，任意挪取、占用，甚至以不法方式诈领，致立意良善之国务机要费，至此竟沦为总统之家族零用金。又被告陈水扁身为一国元首，当知'一家仁，一国兴仁；一家让，一国兴让；一人贪戾，一国作乱'、'风行草偃、上行下效'不变之理，却公开高举改革大旗，私下行贪腐之实，滥用总统职权，上从假借国家经济科技发展政策，下至公股投资职位，均能以金钱交易牟利私囊；被告陈水扁此举，公私不分、知法犯法，不但有违法律人之良知，且已背弃人民之托付与期待，难为表率。亲信权贵有样学样，官箴日渐败坏，主管机关配合浪费公款仅为解决私人财务，财政部长必须戒慎恐惧安排私人职位，内政部长配合提供标案数据，可见一斑。嗣又知法犯法，以空前繁复手段将不法所得洗至国外。又被告吴淑珍身为被告陈水扁之妻，因意外受有身体上之残疾，固甚可悯，然其曾任立法委员，当知国家公帑分毫，均源自人民血汗，却于被告陈水扁获选担任'总统'后，以'总统夫人'之尊，非但不能力持清廉，反而每每借权势地位，获取巨额私利，公款私用，又与民间企业主往来，失所分际，将被告陈水扁之'总统'职位限缩于财团豪阀之服务，身为台湾三大家之鹿港辜家，尚需以贿赂维系家业，其余企业更不必书，已然反背人民之殷殷期盼，且其二人于95年间'国务机要费案'爆发争议后，不知以民意为圭臬，反省自躬，反而穷尽总统之权力，以可操纵之国家行政及党政之力，大肆进行全面性之灭证、伪证、串供。被告陈水扁明知已咎，却以前朝不法在先，发动转型正义攻势，企图合理化自己恶行，藉以逃避司法之侦查及诉讼进行，即便卸任之后，仍以过往丰厚人脉及残存权力继续为之，从不间断，又被告陈水扁秉其权势，视社会基柱之法律为无物，再肆意冠以政治干预，不愿循正当诉讼程序，每每以政治干扰司法，不论法律、证据，不提自家异于正常收支之巨额资产，言却必称司法迫害云云，显然对犯罪明确已然自知，仅侥幸图政治势力介入解决而已，身为法律人，却视司法为玩物，甚属不该，其二人行止均对司法信誉破坏至深，及其二人之素行、生活状况、智识程度、犯罪不法所得之高令人咋舌（详如前述）、犯罪之手段及违法义务之程度，犯后态度等一切情况，量处如主文所示之刑，并科罚金部分，并谕知如易服劳役，以罚金总额与6个月之日数比例折算，并定其应执行之刑，另依'贪污治罪条例'第17条、修正前'刑法'第37条第1项规定，褫夺公权终身。"

我们可以比较一下罗伯特·杰克逊在纽伦堡审判的起诉书中一段精彩的论述。看一看出众的文采是如何与高超的法律理论水平相结合的。

"第二号人物，他对他创造的盖世太保的暴行一无所知，虽然他是20多条实施种族迫害法令的签署者，但是，他并不清楚有迫害犹太人的计划；

第三号人物，他只是一个不知情的希特勒下达命令的传令兵，他甚至没有看过这些命令，就像是一个送信的报童；

外交大臣，他竟然对外事及外交政策全然不知；

陆军元帅，他给武装部队发布了命令，却不知道这些命令被实施后所产生的后果；

保安负责人给人的印象是：盖世太保和党卫队保安处的功能仅仅是维持交通秩序；

一个纳粹党的理论家，感兴趣的仅仅是历史研究，而对由其理论在 20 世纪所煽起的暴力却根本不了解；

波兰总督，在那儿称王，但却没有实施统治；

弗朗哥勒的地方长官，其工作竟只是写那些抨击犹太人的文章，但他却并不知道有谁读这些文章；

内务部长，此人甚至不知道自己办公室内发生的事情，他对自己部门内发生的事知道的也很少，对于整个德国发生的事更是全然不知；

帝国银行的总裁，他对银行屋顶内外发生的事一概不知；

战时经济全权大使，为重新武装秘密安排了整个经济，但却不知道它与战争有关。

上述这些说法，看起来简直就像是一出想入非非的轻喜剧，但是，如果你们准备宣判这些被告无罪，那么，这出轻喜剧就被你们变为了现实。”

在纽伦堡审判中，这些纳粹的最高级官员们都否认自己有罪，并将责任一概推给了他们的元首希特勒，只说自己在执行希特勒的命令。从某个角度讲，这也有道理。他们毕竟都是希特勒的下属。如何证明“二战”的罪行不仅是希特勒的罪行，也是这些被告与希特勒“共谋”的罪行就成为起诉方必须完成的法律任务。罗伯特·杰克逊通过上面这一段生动、机智的论述，形象地告诉人们，这些高级官员绝不是执行简单任务的“传令兵”、“报童”，他们是有相当自主性的高级官员。他们虽然受希特勒的指挥，但他们完全知道自己在干什么，他们自己实际也是希特勒阴谋的组成部分，不能让他们逃脱罪责。精妙的构思与出众的表达相辅相成，智慧与正气合二为一，让人们在赞叹其文采的同时更加易于接受他的法律观点。

三十二、马伯里诉麦迪逊案判决书

◎美国联邦最高法院

【评析】

这个案件本身已经被很多人讨论过无数次了。现在我们来看看它的判词。撰写判词的大法官马歇尔几乎是美国历史上最重要的大法官。为他赢得这个声誉的除了这份判词外，还有他奠定了美国联邦最高法院的基础。在他之前的几任首席大法官任期都不长且无建树，他不仅在最高法院任职长达三十年，而且让最高法院在美国联邦体制中确立了自己的地位。其中，他为最高法院的判决书带来的一项变化就是，以往的判决书都是沿用英国的习惯，法官们逐一陈述自己的意见，马歇尔让判决书有了一个统一的法院意见，并沿用至今。在他任首席大法官之前，他有一个更重要的职务：亚当斯总统的国务卿。亚当斯是美国第二任总统，夹在第一任华盛顿和第三任杰斐逊中间。亚当斯作总统本来就不十分出色，夹在这两个伟大的总统中间就更显得逊色。他是联邦党人，与杰斐逊所属的共和党成见很深。随着他的离任，联邦党人也失去了对国会的控制权，亚当斯就把目光投向了原本并不重要的法院系统，想要保住这一阵地与杰斐逊抗衡。他的举措之一就是任命马歇尔为最高法院首席大法官，另外又抓紧任命了大批法官。本案原告马伯里就是这一政策的受益者。这一大批法官都是经过了当时还是国务卿的马歇尔签署的委任状任命的。由于人数太多，离职的时间又紧迫，有一部分已经签署的委任状没有发出，还放在国务卿的办公室里。当杰斐逊的国务卿麦迪逊，就是本案的被告到任之后，命令扣留这些委任状，不予发出。根据当时美国的一个法律：1789 年《司法法》，最高法院有向各级官员发出强制令的权力。所以，马伯里请求最高法院给麦迪逊下达强制令，让他交出委任状。美国最高法院和马歇尔当时的情况有些尴尬：即使下了强制令，也还要杰斐逊政府来执行。而杰斐逊的国务卿麦迪逊也正等着最高法院的这份强制令。不是等着遵照执行，而是等着把它扔进字纸篓，以便羞辱和贬低最高法院，让这个联邦党人控制的堡垒在政治上丢丑。除了成见之外，亚当斯对这些法官的委任确实有可指摘的地方。就连任命这些法官的法律依据都是在亚当斯即将下台的那一年抓紧颁布的，急就章的色彩重了一些。难怪杰斐逊、麦迪逊有恃无恐。这也是麦迪逊接到法院通知后置之不理的原因：他们在看马歇尔如何收场。

判词首先简要回顾了案件的事实。说来也有趣，需要证明的重要案情是马伯里的确曾经被任命过。最好的证人就是马歇尔本人，因为这些委任状都是他签署的。但法官对于法庭之外的事实还是要有证据才能认定，马歇尔不好自己直接当证人。最后由马歇尔的弟弟出面证明看到了马歇尔签署马伯里的委任状，才解决了这个问题。

在事实确定无疑之后，判词将案件分成了三个焦点：①原告对委任是否有权利？②这项权力受到侵犯，国家应否提供补救？③这项补救应否是法院的强制令？

这三个焦点问题可以说是层进关系。马伯里首先要对委任有权利才会有权利被侵犯时应否获得补救的问题，而有了权利应有国家补救才会有法院的强制令适当与否的问题。后人说这是马歇尔的一个花招。因为如果你知道最后一个焦点问题是法院没有管辖权，不能发出强制令，前两个焦点问题根本就不应当提出。马歇尔这样做的目的是在驳回马伯里的请求的同时也明确麦迪逊政府应当向马伯里发放委任状。但也有人说对国会立法的否定毕竟是比较谨慎的事情。只有论述了前两个焦点才可以表明最高法院是考虑了所有的问题，迫不得已才进行司法审查的。这也有一定道理。这里选录的是一个节选，第三个焦点是重点问题，篇幅最大。完整的判词，第一焦点与第三焦点的篇幅差不多，也还算均衡。

一、原告对委任是否有权利？对这个问题，判词的论述实际是两大自由。政府对已经完成的委任状有没有不送达的自由？有没有撤回的自由？对于已经完成的委任状，政府必须送达。因为送达"是一种便利而非法律所要求的行为"。接受的人可以辞职、也可以拒绝（这应该是有人提出的送达后两种可能出现的情况，借以加强送达的法律意义），但任命仍然存在。也就是法律没有给官员以不送达的自由。我们可以比较一下民法上的意思表示。意思表示生效，除内心意思，还要有表示行为，也就是要将内心意思送达到别人。为什么委任状无需送达就可生效呢？可能是内心意思不"送达"不能为人所知，委任状一经完成就能为人所知了吧。那么，已经完成的任命有没有撤回的自由呢？判词认为这要看是什么样的官员。如果是法律上可以随意罢免的官员，即使任命已经完成，也可以径行收回任命；如果是不能随意罢免的官员，任命一经完成就不能撤回了。马伯里被任命为法官，这不是可以随意罢免的，所以他的任命不能撤回。

二、这项权利受到侵犯，国家应否提供补救？对这个问题，判词的主要观点是识别这种任命是不是政治行为。统治行为中并不是所有瑕疵都要受到追究。统治国家需要随时应付无数莫测的挑战，不可能要求事事毫无过错。外交、军事、人事、财政等都只能进行政治审查，而不能进行司法审查。如果对马伯里的任命属于这种情况，他的权利即使被侵害，也不能要求国家补救。但对马伯里的任命不是政治行为，而是在法律的保护下，他有权要求补救。

第三个问题就是最受关注的司法审查问题。但判词还是先谈了另一个前提：强制令的性质——该案中的强制令在普通法上是可以适用的。然后才开始讨论法院是否有权力发布这样的强制令。这份强制令的法律依据是《司法法》（法院组织法）中授予最高法院向政府官员发布执行命令的权限。判词认为，这与美国宪法中"在所有有关大使、公使、领事及一州为当事人的案件里，最高法院有最初审判权；在所有其他案件里，最高法院有上诉审判权。"的规定相冲突。这是一个"自争"的问题：马伯里不会提出这样的问题；麦迪逊根本对最高法院不予理睬。这是马歇尔自己发现的。如果没有这个问题，美国最高法院根本无法在这个案件中"说出来法律是什么"。在这里，判词进行了一段法律条文解释分析。认为宪法规定的最高法院和下级法院的管辖权分工是明确固定的，即使是立法机关也无权改变，除非改变宪法本身。对这一段解释不是没有争议，但判词认为其他的解释将使得宪法其他的条文失去意义。这是不能允许的。通过这样一段论述，判词就将《司法法》的规定与宪法对立起来，引出了最后的问题：与宪法抵触的法律是否有效？与它的判决结果比起来，理由中的一句话："说出来法律是什么，这正是司法机关的职掌和责任"[1]，更加重要。这句话被刻在美国联邦最高法院的墙上。

"争名于朝，争利于市"，这个判词让法律在美国得以与政治并驾齐驱。"说出来法律是什么"成了美国最高法院的护身符。在人类的历史上，法律第一次能够与国王无异。这肯定是空前的，估计也不会有后来者超越了。所以，即使对它的具体内容还有争议，但它带给全世界法律界的影响却肯定是不可估量。

【正文】[2]

马伯里诉麦迪逊

Marbury v. Madison, 5 U.S. (1 Granch) 137 (1803)

（1）在上次开庭期，也就是1801年12月的那一期，马伯里［和其他人］提出动议，请求法院对合众国的国务卿麦迪逊下达决定（rule），要求他证明为什么不应

---

〔1〕 这句话在这篇译文中被译成了"阐明何为法律是司法部门的职权与责任"。

〔2〕 选自［美］保罗·布莱斯特等编著：《宪法决策的过程：案例与材料》（上册），张千帆等译，中国政法大学出版社2002年版，第81页。

下达强制令（mandamus），命令他得以向他们送交其作为哥伦比亚特区的治安法官的委任状。该动议（motion）为下列事实的宣誓书（affidavits）所支持：动议的通告已被送给麦迪逊先生；合众国上届总统亚当斯先生任命申请人为哥伦比亚特区的治安法官，并提交参议院以获得其建议与同意，参议院建议并同意了这些任命；适当形式的委任状已被任命他们为治安法官的上述总统所签署，且国务卿已经以适当方式对上述委任状盖上了合众国印章；申请人请求麦迪逊先生向他们送交其上述委任状，而他没有履行其请求，他们的上述委任状受到扣留，而没有送给他们；申请人向合众国国务卿麦迪逊先生的办公室递交了申请，查询关于委任状是否像上述那样获得签署与封印之信息；国务卿或外交部（department of state）的任何官员都没有对这一问询给予明确与满意的答复；申请人还向参议院秘书递交了申请，请求获得其任命以及参议院建议与同意的证明，而秘书拒绝提供这类证明。因此，在本开庭期第 4 日下达了要求证明诉因的决定。……此后，在 2 月 24 日，首席大法官传达了下列法院意见。

（2）在上个开庭期，宣誓书在读过后被上交给法院书记员，本案授予一项决定，要求国务卿出示证据，说明为何不宜下达强制令，以指示他把哥伦比亚特区华盛顿县的治安法官的委任状送交威廉·马伯里。

（3）［国务卿］未出示任何证明，现在的动议是请求［法院下达］强制令。本案所特有的敏感性质、新颖形式及其所涉及的切实困难，要求法院对其意见书所基于的原则作出完整的阐述……

（4）在审查这个议题的过程中，［本院］考虑并决定了下列问题：

第一，原告对他所要求的委任是否具有权利？

第二，如果他有权利，并且这项权利受到侵犯，其国家的法律是否能为他提供补救？

第三，如果［法律］确实能提供补救，它是否应该是本院所下达的强制令？

（5）探讨的第一个对象首先是：原告对他所要求的委任是否具有权利？

（6）他的权利来自国会在 1801 年 2 月通过的一项关于哥伦比亚特区的法案，……［它］规定："如果合众国总统不时认为便利，应任命……一定数量的考虑周全的人作为治安法官，任期 5 年。"

（7）从宣誓书的整卷看来，授予威廉·马伯里为华盛顿县治安法官的委任，已被当时的总统约翰·亚当斯按照法律而签署，然后又被盖上合众国的印章。但该委任书从未到达受委人。

（8）必须确定某个时间点，在此之后在官员之上且不为其意见所转移的执法权就停止了。这个时间点必须是在任命的宪法权力被行使之后。且在最后一项拥有权力的人被要求作出的行为获得履行之后，这项权力就获得了行使。这项最后行为就是委任状的签署。

（9）一旦委任被［总统］签署之后，国务卿的责任即被法律所规定，且不受总统意志的左右。他必须对委任书盖上合众国的印章，并记录之。这项程序是不可更改的。［它］是受到法律准确刻画的确切过程，并必须被严格执行。……

（10）另外一个勉强成立的可能性是委任状的送交及其接受可被认为对完成原告的权利是必要的。委任状的送交是一种为便利而非法律所要求的行为。因此，它不可能对构成任命是必要的。……任命是纯粹由总统作出的行为；委任状的送交是纯粹由义务受到分配的官员所作出的行为，且可以因对任命没有影响的情形而受到加速或延迟。一项委任状是向一个已经受到任命的人送达，任命是否确定，并不取决于委任信是碰巧被投递到邮局并安然抵达被委任者还是被遗失。……

（11）如果委任状的传达不能被认为对授予任命的有效性是必要的，其接受就更是如此。任命是纯粹由总统作出的行为；接受纯粹是官员的行为，且按照普通尝试是发生在任命之后。就和他可以辞职一样，他也可以拒绝接受。但两者都不能使任命变成不存在。……

（12）因此，本院的决定性意见是：当委任状被总统签署之后，任命即已作出；且当合众国印章被国务卿盖上时，委任即已完成。

（13）如果官员可以被执法机构随意罢免，那么完成其任命的情形与此无关，因为这项行为可以在任何时候被撤回，且委任状如仍在办公室内就可被扣押。但如果官员不能被执法机构随意罢免，任命就是不可撤回的，且不可被——它已经授予了不可收回的法律权利。直到作出任命之前，执法的自由裁量权仍有待行使。但在所有那些官职根据法律不能被他撤回的情形中，一旦作出任命，他对该官职的权利即告终止。那时，对官职的权利到了被任命人那里，且他对于是否接受职位具有绝对的无条件的权力。

（14）既然委任受到总统签署、国务卿的盖印，马伯里先生即获得了任命。并且法律设立了公职，给予官员以独立于执法机构、任期5年的权利，这项任命是不可被撤回的。［它］是授予官员的法律权利，受到其国家法律的保护。

（15）因此，法院认为，扣押他的委任书是没有法律依据的，而是违背了既得法律权利。

（16）这把我们带到第二项探讨，也就是如果他具有权利，并且这些权利受到侵犯，其国家法律是否能够给他补救？

（17）无疑，公民自由的要旨在于：一旦受到伤害，每个公民都有请求法律保护的权利。政府的首要职责之一即是提供这种保护。……

（18）值得强调的是，合众国的政府被称为法治——而非人治——政府。如果法律不能对既得法律权利提供解救，那么它就一定配不上这个崇高的称号。

（19）如果我国的法学将被钉上这样的耻辱，它必然是起因于案件独具的特征。

（20）因此，我们应该探讨［本案］是否具有任何因素，使之免除法律追究，或排除受害者获得法律补救。……它是否在于行为的性质？送发或扣留委任书的行为，是否应被考虑为政治行为（Political Act）：它是否仅隶属于行政部门，并为了履行［其职责］，我们的宪法把全部信任置于最高执法机构，以致对它的任何不端行为，受害个体都得不到补偿？毫无疑问，这类情形是存在的；但并不是政府的任何最高分支所履行的每一项行为都构成这类情形。［马歇尔法官然后讨论并否定了一个论点，即麦迪逊仅因为他以国务卿的职务能力而受到诉讼，就享有主权豁免。］因此，对于机关领导行为的合法性是否能被正义法院审查的问题，从来必须取决于行为的性质。如果一些行为可被审查，另一些行为则不能被审查，那么一定存在某种法律规则，在行使其管辖时指导法院。在某些事例中，把规则是用于特定案件可能是困难的；但我们相信，制定规则并不存在多少困难。

（21）根据合众国宪法，总统被授予某些重要的政治权力，在执行过程中运用他的自由裁量权，并以其政治身份，仅向他的国家和他自己的良心负责。为了帮助他履行这些职责，他被授权任命某些官员，在他的权威之下、按照他的命令而行动。在这类情形下，官员的行为即总统的行为；并且不论对行政裁量权的运用方式采取何种意见，都不存在——也不可能存在——任何控制这种裁量权的权力。这类议题是政治性的。它们涉及到民族——而非个人——权利，且既受信于执法机构，执法决定就是结论性的。［例如，外交部门的］关于必须确切遵从总统意志。他仅是传达这个意志的喉舌。作为一名官员，他的行为从来不能受到法院审查。但当立法机构继续给那位官员附加其他责任，当他被无条件地制定去执行一项行为，当个人权利取决于这些行为的履行时，他就此而言是法律的执行官，向法律对其行为负责，并且不能运用裁量权去夺走他人的既得权利。从上述推理的结论是，如果部门领导是执法机构的政治或秘密代理，且只是执行总统的意志，或仅在执法机构具备宪法或法律自由裁量权的情形下行动，那么再清楚不过，他们的行为只能在政治上得到审查。但如果法律规定了具体责任，并且个人权利取决于该责任的履行，那么似乎同样清楚的是，认为自身权利受到伤害的个人有权诉诸其国家的法律获得补救。……

（22）向参议院提名的权力和任命被提名人的权力是政治权力，由总统根据其自己的自由裁量权行使。当他作出任命的时候，他已经行使了他的全部权力，且他的自由裁量权被完全运用到特定事例。如果根据法律，官员可以被总统随意罢免，那么新的任命可以被立即作出，且该官员的权利即告终止。但由于已经存在的事实不可能变得从未存在过，任命并不能被取消；因此，如果根据法律，官员不能被总统随意罢免，他所获得的权利就受到法律保护，且不能被总统收回。它们不能被执法权力所消除，且他有权宣称之，就和它们被其他方式剥夺一样。

（23）关于既得权利是否成立的问题在性质上是司法性的，并必须受到司法权力的审理。例如，假如马伯里已经作为地方法官（magistrate）宣誓，并进一步像法官那样行为，结果受到诉讼，而他的辩护取决于他作为地方法官的身份，那么其任命的有效性必须被司法权力所决定。

（24）因此，如果他看到：通过其任命，马伯里对已为他所作出的委任或委任书的复印件具有法律权利，这同样是法院可以审查的问题，并且法院对此决定必须取决于对他的任命所持的意见。这一问题已经被讨论过，且法院意见是：完成并显示任命的最后时间点是在委任状于总统签署之后被盖上合众国印章的时候。

（25）法院意见因而是：第一，通过签署马伯里先生的委任状，合众国总统任命他为哥伦比亚特区华盛顿的治安法官；且国务卿加盖的合众国印章是签字真实性以及任命完成的决定性证明；且这项任命确实授予他对 5 年时间的公职以既得法律权利。

（26）第二，既然对职位具有法律权利，他就对委任书具有间接权利；拒绝交付是对此权利的明显侵犯，而对于这类侵犯，国家法律将为他提供补救。

（27）第三，我们仍需探讨［马伯里］是否有权获得他所申请的补救。这取决于：

首先，被申请的令状（Writ）性质；

其次，本院的权力［范围］。

［马歇尔讨论了强制令在普通法上适合的情形，并作出结论：］

（28）因此，本案显然适合于［运用］强制令，［要求国务卿］传送委任书或其记录的复制件；现在只需探讨它是否由本院颁发。

（29）建立合众国司法系统的法律授权最高法院"依据法律原则和惯例，对任何在合众国的权威下受到委任的法庭或担任公职的个人颁发强制令"。

（30）作为在合众国权威下担任公职的个人，国务卿恰好处于［上述］条文所描述的范围之中；并且假使本院无权对该官员发布训令，它一定是因为法律是违宪的，因此绝对不能授予权力、或规定其文字所试图规定的职责。

（31）宪法把合众国的全部司法权力授予一个最高法院，以及国会将不时颁布和成立的下级法院。这项权力被明确扩展到起因于合众国法律的所有案件；［它］能以某种形式被运用于本案，因为所声称的权利授自于合众国的法律。

（32）在这项权力的分布上，［宪法］宣布"最高法院应在所有涉及大使、其他公使与领事、和那些州［政府］作为一方的诉讼中具有初始管辖权。在所有其他案件中，最高法院应具有上诉管辖权"。

（33）有人在本案坚持，由于对最高与下级法院管辖权的初始授予是普遍的，且分配最高法院初始管辖权的条款未包含负面或限制性的文字，因而在上述条款未明确规定的其他案件中，只要这些案件属于合众国的司法权力，立法机构仍有权把初始管辖权分配给该法院。

（34）假如［宪法］意欲将裁量权留给立法机构，使之按照其意志在最高和下级法院之间分配司法权力，那么进一步定义司法权力以及具有这种权力的审判机构就是徒劳无益的。如采用这种阐释方式，宪法章节的其余部分就成为多余、就毫无意义。假如［宪法宣布管辖应是上诉性的］，而国会却有自由给予本院初始管辖权，宪法规定的管辖分配就成了有形无实。

（35）在运作上，肯定的词语经常否定那些未受肯定的事物；对于本案，它们必须被赋予否定或排斥的意义，否则它们将不起任何作用。

（36）不能假设，宪法中的任何条款都被认为没有效力；因而这类解释是不可接受的，除非文字明确要求之。

（37）如果处于对我们与外国权力的和平之关怀，制宪大会引入了一项条款，规定最高赋予应在可能被认为影响［国际和平］的案件中行使初始管辖权；但如果对国会权力不设想加以进一步限制，该条款除了提供这类案例之外别无所为。他们应在所有其他案件中具有上诉管辖权，除了国会所制定的例外；但这段文字并不提供任何限制，除非被认为排除了初始管辖权。

（38）［宪法是］一部从根本上组织司法系统的文件；［它将司法系统］分为一个最高法院和国会可颁布与成立的众多下级法院，然后列数与分布它们的权力，规定最高法院的权力，并宣布它应在一些案件中具有初始管辖、在另一些具有上诉管辖。在这种情形下，字面的简单意义似乎是，最高法院在一类案件中的管辖权是初始而非上诉，而在另一类案件中的管辖权则是上诉而非初始。如果任何其他都将使这项条款不起作用，这将是排除其他解释并坚持其明显意义的附加理由。

（39）既然如此，那么要使本院能够颁发训令，就必须证明［这项权力］属于上诉管辖权之运用，或对使之行使上诉管辖权是必要的。

（40）有当事人在本案中宣称，上诉管辖权可能以诸多不同的形式而被行使，且如果立法目的是强制令可为这一目的而被使用，它们必须被服从。这并不错，但管辖权必须是上诉的，而不是初始的。

（41）上诉管辖权的基本准则，乃是它修正诉因已受到审理的诉讼，而不是创造诉因。因此，尽管训令可被下达到下级法院，但要把这类命令发给官员，要求他交付一纸［委任书］，便在实际上无异于接受［涉及］该文书的初始争议，因而似乎属于初始而非上诉管辖。

（42）因此，建立合众国司法系统的法律，试图授权最高法院对公共官员颁发强制令；但这项权力似乎不为宪法所支持。［现在］有必要探讨是否能够运用如此授予的管辖权。

（43）和宪法抵触的法案是否能够成为国家法律的问题，对合众国而言是极有意义的问题，但幸好其错综复杂程度并不和其意义成比例。要决定这一问题，似乎只需要承认某些被认为已经长久确立的原则。

（44）人民具有原始权利，为其未来政府创立在他们看来最有利于自身幸福的原则；这是整个美利坚构架得以建立的基础。这项原始权利的运用是一件极为宏大的努力；它不能——也不应该——被经常重复。因此，如此建立起来的原则被视为是基本的。且由于来自［这些原则］的权力［具有最高权威］且难得变动，它们被设计为永久性的。

（45）这项原始与最高的意志组织了政府，并给不同部门规定了其相应的权力。它可以就此停止，或者建立那些部门不得超越的某种极限。

（46）合众国政府属于后一种。立法权力受到规定与限制；且因宪法是成文的，这些限制不得被混淆或遗忘。假若这些限制可在任何时刻被其意欲约束的权力所超越，那还有何目的去限制这些权力？又有何目的去把这些限制付诸文字？假若那些限制不能约束它们施加的对象，假若法律所禁止和法律所允许的都具有同样的强制效力，那么具备有限与无限权力的政府就丧失了区别。无可争辩，若非宪法控制任何与之相悖的立法法律，即是立法机构可以通过寻常法律以改变宪法。

（47）在这两种取舍之间没有中间选择。或者宪法是至上与首要的法律，不可被通常手段所改变；或者它和普通立法法案处于同一水准，并和其他法律一样，可在立法机构高兴之时被更改。

（48）如果前一种选择是正确的，那么和宪法矛盾的立法法案就不是法律；如果后者是正确的，那么成文宪章就成了人民的荒谬企图，去限制那些本质上不可限制的权力。

（19）无疑，所有那些设计成文宪章的人们将它设想为形成民族的基本与首要之法律，因而所有这类政府的理论一定是：一项和宪法抵触的立法行为是无效的。

（50）这项理论在本质上和成文宪法相联系，因而被本院考虑为我们社会的基本原则。因此，在进一步考虑这一议题时，它不应受到忽视。

（51）如果一项与宪法抵触的立法行为是无效的，那么它是否仍然约束着法院，并强制它们给予其效力？或者换句话说，尽管它不是法律，它是否就和法律一样，构成能够运行的规则？这将无异于在实际上推翻在理论上所建立的，并初看上去像是荒唐不堪的谬误。但它理应获得更仔细的考虑。

（52）值得强调的是，阐明何为法律是司法部门的职权与责任。那些把规则应用到特殊案件中去的人，必然要阐述与解释那项规则。如果两个法律相互冲突，法院必须决定每个［法律］的运作。

（53）因此，如果一项法律违背了宪法，如果法律与宪法都被应用于一个特殊案件，因而法院必须或者不顾宪法，顺从法律决定案件；或者不顾法律，顺从宪法；那么法院必须在冲突的规则中确定何者支配案件之判决。这是司法责任的根本所在。

（54）如果将由法院来考虑宪法，并且宪法高于任何普通的立法法案，那么宪法——而非普通法律——必须支配两者都适用的案件。

（55）这样，那些反对法院把宪法考虑为首要法律的人，就必然被归结为坚持要求法院只看法律，而对宪法视而不见。

（56）这一教条将破坏所有成文宪法的基础。它将宣称，一项根据我们政府的原则和理论完全无效的法律，却在实际上具有全部约束力。它将宣称，如果立法要做明确受到禁止的事情，这项法律尽管受到明确禁止，却在实际上有效。它将给立法机构以实际和真正的无限权力，却口口声声要把［立法］权力局限在狭窄的范围之内。它规定限制，却宣称那些限制可被随意超越。

（57）证明它一点也得不到我们认为对政治体制的最大改善——成文宪法——的优越性，就足以驳斥这种解释。但合众国的特殊表述进一步提供了驳斥的论据。

（58）合众国的司法权力扩展到起因于宪法的所有争议。

（59）难道那些给予这些权力的人有意要说：在行使它的时候，不应考查宪法？对起因于宪法的争议，不研究引起它的文件就作出决定？

（60）要坚持这样的主张便未免太放肆了。

（61）因此，对于某些案件，宪法必须受到法官的考查。如果他们能够打开宪法，那么其中哪一部分他们能被禁止阅读或服从呢？

（62）宪法有许多其他部分帮助说明这个议题。

（63）宪法宣布，"任何州的出口货物不得被征收关税"。设想对棉花、烟草或面粉的出口征收了关税，而当事人发起了一项诉讼以获得补偿。这类案件是否应获得判决？法官是否应对宪法闭上眼睛，而只看法律？

（64）宪法宣布"［国会］不能通过法案，使之仅针对个人或实行事后惩罚"。

（65）但假如这类法案被通过，且个人受到其指控，法院是否不得不把那些宪法力图保护的牺牲者诅咒至死呢？

（66）宪法说，"除非基于两个证人对同一明显行为的证词、或基于在公开法庭上的供认,无人可被定为叛国罪"。

(67)宪法文字在此特别提到法院,并直接对后者规定一项不可偏离的证据规则。假如立法机构要改变规则,宣称一个证人或在庭外的供词就足以定罪,宪法原则是否必须俯就于立法法案?

(68)从这些和其他许多可作为选择[的论据]可知,宪法的缔造者显然把这部文件设想为对法院政府——就象对立政府——而设立的规则。[1]

(69)否则,它为什么指示法官宣誓来支持它呢?这项宣誓自然以特殊方式适用于其具有公务特点的行为。如果把他们作为工具——而且是众所周知的工具,来违背他们起誓所支持的[宪法文件],那又将是多么有伤道德!

(70)立法机构所规定的就职宣誓,也完全标明了在这个问题上的立法意向。它是这些话:"我庄严宣誓,我将主持正义,不因人而异,对贫富给予平等权利;并竭尽全力,恪守合众国的宪法和法律,诚实与公正地履行我所肩负的义不容辞的责任。"

(71)假如那部宪法不能形成其政府规则,假如它[对法官而言]是封闭的,不能受到检验,那为什么一个法官还要起誓,根据合众国的宪法来履行他的责任呢?

(72)假如这是事实真相,这将比一本正经的愚弄还更为愚劣。规定或从事这种宣誓也就同样成为犯罪。

(73)还值得注意的是,在宣布什么是国土的最高法律时,[宪法]首先提到了宪法本身;并且不是合众国的一般法律,而是根据宪法制定的法律,才具有那样的地位。

(74)因此,合众国宪法的特殊表述肯定和加强了所有成文宪法的基本原理,即和宪法抵触的法律是无效的;并且和其他部门一样,法院也受到那部文件的约束。

(75)[本案先前作出的]决定必须被撤销。

---

[1]　这句话中的"法院政府"和"立法政府"似乎译为,"法院"和"立法机关"更为适宜。

三十三、海尼斯诉纽约中央铁路公司案判决书

◎卡多佐

【评析】

本杰明·内森·卡多佐，1870年出生于纽约市的一个西班牙裔的犹太人家庭，毕业于哥伦比亚大学法学院。1913年当选纽约州初审法院法官，次年成为纽约州终审法院法官，1926年任该院首席大法官。因其出色的司法意见，对各州司法影响颇深，纽约州法院遂成为最受各州尊重的法院，卡多佐被誉为"英语世界有史以来最伟大的终审法院法官"。1932年，他接任霍姆斯大法官出任美国联邦最高法院大法官，6年后卒于任上。

卡多佐接任的霍姆斯大法官有句名言："法律的生命不是逻辑，而是经验。"这份卡多佐在纽约州终审法院时写的判决书，就是对这句话的诠释。选录的判词实际是两篇，前面的是纽约州上诉法院的判决书。他们维持了初审法院的判决，驳回了海尼斯母亲的诉讼请求。理由是海尼斯是一个非法闯入者，他的被砸身亡，属于咎由自取。虽然铁路公司的木板超出了自己土地的边界，但它仍然是铁路公司的私有财产，可以阻止他人的非法闯入。后面的判决书是纽约终审法院的。当时的裁决是以4:3的结果作出的，卡多佐代表多数法官写了多数意见，否决了下级法院的判决。将案件发回重审，决定赔偿数额。

上诉法院的推论是严密的，但这种推论必须建立在铁路公司对超出自己地界的木板有权利的前提下。这一点并非确定无疑，"有许多理由支持相反的观点。"所以判决书才会在叙事中详细描述事发地点木板的情形。但这个问题，卡多佐认为已经无所谓，因为即使木板的权利是确定的，死难者的权利也不能"依赖于这些精细的差别"。这些都是次要的小事，关键是事故的原因是什么。海尼斯的死与他是否站在木板上没有根本的关系，即使他站在木板之下，他也定死无疑。他是处于公共空间中，虽然他站立的那一点是私人物品。

读这样的判决书你就会有种被拨动心弦的感觉。他揭示出你心底久已存在的，你自己却一直没有发现的感悟。

卡多佐的文风在美国法官中也是非常有名的。他重视语言的运用，把这当成是

司法工作的重要一环。波斯纳法官说得好，在卡多佐的许多意见书中，其字句不仅把他的意见刻在我们的记忆中，而且也有助于说服我们相信他选择的结论是可取的。[1]

另外，上诉法院杰伊·考克斯法官的反对意见也有可观之处。

【正文】[2]

海尼斯诉纽约中央铁路公司案

Hynes v. New York Cent. R. Co

纽约州上诉法院 1919 年

帕特纳姆法官代表法院宣布了多数派意见。

【上诉理由】

原告声称，被告不适当地构筑和维护其所有之电线杆、附属物和附随其上之电线，疏于保护上述电线，疏于维修电线杆、附属物和电线，造成上述设施倒塌，被告负有过失。

【原判理由】

尊敬的初审法院的同行恰当地判定，受害人是两个非法闯入者。争属之木板添附于被告之不动产上而成为其财产的一部分。受害人站立在被告所有的邻接航道的木板上就是一种非法侵入行为。站立于此木板上，他就是一个非法闯入者，即使他们步出被告土地之分界线，站立于位于航道之上的木板之外端。

【本判理由】

上诉人之观点为，被告不拥有木板末端之所有权，因为它突出于水道之上，违反了一项古老的原则：所有人对添附于其土地上的物有所有权，即使添附物超出了垂直分界线。

此原则适用于侵入邻地之树枝。在豪夫曼诉阿姆斯特朗案中，对此种侵入之树枝，法院认为，如果一位毗连的土地所有人建筑其房屋达到超越它的程度，则土地所有人对侵入物不享有权利。

为支持这一观点，我们还引用了阿肯诉本尼迪克特案之论点在——此类诉讼中，是不存在收回不动产并要求赔偿不当占有之诉因的。在 1895 年莱蒙诉韦伯一案中，

〔1〕 ［美］A. L. 考夫曼：《卡多佐》，张守东译，法律出版社 2001 年版，第 450 页。
〔2〕 选自青岛市中级人民法院民二庭编：《民事司法评论》，李德海编译，2001 年第一期。

法院认为，土地所有人有权砍掉侵入其土地的树枝，但他不能擅自使用被砍断的树枝及其上之果实。

吾等则考虑到水道较浅且联邦与州当局均未采取任何措施清除侵入航道之木板，故系属之木板并未非法侵入航道。码头即使超出了其外部界线，所有人也有权反对他人之侵入。正如格鲁佛法官在韦特莫尔诉大西洋怀特莱德公司案和韦特莫尔诉布鲁克林煤气灯公司案中所言，国家有权采取救济措施，并不等于原告有权随意闯入此类土地。另一方面，争辩系属木板之末端非属被告之财产对原告并无助益，因为对于所有摆在我们面前的事实而言，整块木板属被告占有，此种占有即使并非法律上的权利，被告也有权阻止他人之非法闯入。

原告控告被告违反了义务导致电线杆和电线的断裂并倒塌，对正于水道中游泳之受害人而言类似于一桩意外事故，原告可以获得赔偿。本席不同意。

被告对通过航道者——无论是于船中还是于水中游泳者——所负之义务，完全不同于对一个不顾警示、非法占用被告财产的侵入者所负之义务。因此，被告的电线倒塌，并非恶意伤害，也未违反被告对死者所负义务。

【主文】

原审驳回原告之赔偿请求无误，其要求重新审判的请求应驳回。

杰恩斯·帕特纳姆法官、凯利法官持上述意见。

【反对意见】

杰伊·考克斯法官发表了反对意见。

照例而言，本案清楚地表明，没有死者之非法侵入，事故就不会发生，但本案中，电线之倒伏会导致无论是站在木板上，还是于此处水中游泳之小男孩死亡。如果被告的货车停在公路上，死者爬上了车，而被告的电线倒伏致其死亡，原告请求赔偿的权利是毫无疑问的。这同本案的情形十分相似，小男孩的死亡并非因为非法闯入了有缺陷的建筑物，而是由于被告的过失，他放任其电线坠入航道中。倘小男孩之死亡是由于其站立之木板断裂处所致，上述的多数意见就是正确的。

海尼斯诉纽约中央铁路公司案

Hynes v. New York Cent. R. Co

纽约州终审法院 1921 年 5 月 31 日

卡多佐法官代表终审法院宣布多数意见。

【事实】

西元 1916 年 7 月 8 日，16 岁之少年哈维·海尼斯，与两同伴于美国联邦所有之哈莱姆河道中游泳。沿哈莱姆河布洛克斯河岸的土地属被告纽约中央铁路公司所有，上竖线杆，横杆上架支持火车运行之高压线。被告之防水隔板有一木板伸出于河道之上，邻近之孩童以之为游泳跳板。木板之一端固定于被告之土地上，以铁钉连接于防水隔板上。自二者连接处往后有5英尺长，往前有11英尺长。防水隔板自身约有3.5英尺位于政府所标之码头线后，从码头线算起有7.5英尺木板超出被告财产之界线并位于公共水道之上。防水隔板离水的高度为3英尺，其外端离水面高度为5英尺。五年多来，泳者一直以之为跳水踏板，未遭反对，被告亦未加装防护设施。

此日，海尼斯与同伴爬到防水隔板之上，试图跳入水中，一人安全地跳入，海尼斯随后走到跳板前端，站立准备跳水。正当此时，从被告之线杆上坠落下一附电线横杆，将之击落致死。海尼斯之母作为遗产管理人起诉要求损害赔偿。后来法院认为海尼斯立于公共水道之木板上是非法侵入了被告之土地，他们认为木板本身非法侵入公共水道与本案无干，他们还认为即使小海尼斯位于木板之下也难逃厄运也不重要。他们还认为，木板添附于被告之防水隔板上已成为其土地一部分。被告负有合理之注意义务以防止电线坠入水中，电击泳者和立于水中之人。但是对于从木板上跳水之泳者，却无义务，除非伤害是恶意的，否则就无义务时刻保持警惕以防迫在眉睫之危险发生。横杆可能日久腐烂，高压线将他们扫落而葬身于水下，他们爬上了木板，变成了非法闯入者，被告对他们没有过失。这一结论推理精巧，极端坚持必然性之逻辑推演。然而，本院中大多数法官们对此不敢苟同。

【理由】

我们假设，并不一定如此，跳板是个附属物，是对被告路权的永久添附。有许多理由支持相反的观点。我们并不准备深究于此，因为我们确信泳者的权利并不依赖于这些精细的差别。我们被告知，如果孩子跳水时所在的木板是垂直于水面的，被告的责任就是毫无疑问的了。跳水的人如果是在这个位置上，就与土地的权利无关了。据说责任之所以被免除就是因为跳板是平放的。而向外延伸的木板是土地权利的扩展。我们过分关注于木板的私人所有。我们过分忽视了环绕于其周围空气和水的公共所有。从船上跳水，男孩就是泳者，而从木板上跳水，他就不再是泳者，而是个土地权利的侵犯者了？[1]

---

[1] 笔者对这段译文进行了修改，使之更为通畅准确。原来的译文是："我们假设，系属之跳板乃被告所有之附属物。有许多理由支持另一观点，我们没有一再要求他们说服我们：泳者之权利不能依赖于这些精细的差别。我们被告知，死去之孩童如果从线杆上跳水，线杆是垂直的，责任并非不能肯定，这种情形下，跳水者与被告之所有权无关。据说，被告就没有责任，因为线杆是水平的。而当伸出之木板是土地之扩展部分，我们关注于木板之私人所有，我们却忽视了环绕之水和空气之公共所有。从船上跳入水中的孩童是泳者，而从跳板的末端跳水者就不再是泳者，而是侵入者了？"

活生生的法律体系中的权利义务不是建立在此种流沙之上的。

事发当日，哈莱姆河之泳者处于公共河道中，有权获得合理的防护以免被告电线之伤害。即使他们从侵占物上跳水，他们依旧是应获得同等保护之泳者。这些行为不同于使用一条废弃的航道，违反了其正常的用途脱离水面，侵入土地。被告所有的木板介入河道与空气之间，但木板上下之公共所有关系并未改变。被告并不否认，如果死去的男孩站于土地上依靠木板。他就对之负有义务。一旦他站在木板上，据说他就丧失了这种保护。可以推测，如果木板位于水上几英寸而不是一英尺，结果是一样的。假定这种义务不同于交差区域之义务，两个男孩走累或游完了，停下来坐在路边或河边休息，其中一个坐在突出的树枝上，另一个坐在主干或地上（豪夫曼诉阿姆斯特朗案），两个人都被坠落的电线致死。被告争辩，一个应该获得赔偿，另一个不应获得赔偿。我们不能相信导致这种结论之逻辑。

事实是小海尼斯从第一次跳水到其死亡时之每一行为都是在公共水域完成的，他当获得于公共水域中享有之保护。

对跳板之使用并非泳者权利之放弃。对于他的主要目的——使用航道游泳而言，立于木板上跳水只是次要之动作，一桩小事。这一次要的动作、小事并非事故之原因。即使海尼斯位于跳板之下，他也难逃死亡之厄运。电线并不因为木板之存在而不存在，它们将小男孩击落水中身亡。

被告假设在每一事件中，土地附属物之确认是完全必要的，但吾等有许多重要的区别要素。对附属物之权利不像对土地之权利可以上至天空。如果电线坠落致飞经河上之飞机坠毁，即使撞击位置确系于跳板上之空间，几乎无可否认是有诉因。被告最多使用的攻击手段是免责。因为对附属物使用本身就足够致命，如果死者体重导致木板断裂而致其落水身亡。而本案中，无此类因果关系。我们认为，死者并非游离于被告之义务——时刻警惕防止既存之破坏性力量伤及他人之注意义务——之外。

本案是概念法之危险典型（庞德《机械法理学》，《哥伦比亚法律评论》第8期，第605、608、610页），是不计后果的枯燥地极端逻辑主义之扩展：数字和关系变得清楚明了，土地所有人没有义务考虑闯入其建筑物之非法侵入者之存在而控制其行为；但土地所有人有义务考虑于邻近其土地之公共通道上之无害通行者。建筑物与航道结合得如此紧密以至二者不可分离，界定免责领域是毫无困难的。此时，仅以逻辑推理作结论毫无助益。这种推理构成了一项阴谋，它们必须被重新调整以适合于此特殊之情形。当两个事物拥有同一圆心时，适用于彼此分离、截然不同的事物的两个规则不能同时适用。那么就肯定存在着抵触或可调整之余地。从技术方面而言，站于木板末端之跳水者是对邻地之侵入者。从另一层面，从更令人容易接受的现实主义角度而言，他依然处于公共水域，分享公共权利。法律必须决定他是适用这项准则还是那项准则，他是处于这一领域还是那一领域。我们认为，综合考虑类推、便宜、政策和正义因素，跳水者当排除于被告免责领域外，而处于被告的义务范围之内，被告应负赔偿之责。

【主文】

上诉法院与初审法院之判决应被推翻，发回重审，诉讼费用由被告承担。

三十四、普罗珀特案判决书

◎哥伦比亚特区联邦上诉法院

【评析】

必要的程序是中国人对现代法治最明显的印象之一了。这也是法律人信奉的一个法治要素，强调程序的正义更是法律人不懈追求的目标。但必要的程序不等于形式主义。不仅是一般民众，就是相当数量的法律人也将这二者混淆。有的人虽然意识到某些作法纯粹是形式主义，但出于一种误解，坚信这就是现代法治的必然要求，还是深信不疑地坚持。形式主义是令人生厌的，顽固地坚持一些名为程序实为形式主义的东西让法治也在中国人的心中变得令人生厌。我们必须区分必要的程序和不必要的形式主义。

程序必须让人看到它的必要性、合理性。它必须有自己要维护的切实利益。不是个别利益就是整体利益，不是眼前利益就是长远利益，否则就是形式主义。程序虽然重要，但它是为实体服务的。如果没有需要服务的实体利益，再维护所谓的程序就是形式主义了。曾经有人这样说过：你说中国人不重视程序吧，可那些国家机关对普通民众的事情互相推诿，大多都是打的程序的旗号，这怎么能说是程序意识不强呢？其实，这就是以程序之名行形式主义之实。用所谓的程序名正言顺地进行官僚主义。维护法治的程序首先要分清它与形式主义的区别。

爱德华兹法官的这篇判决书将他所维护的正当程序的必要性和合理性展现在我们面前。他通过大量的论述，说明了他所要维护的程序不是无聊的形式主义，而是合情合理的必要程序。

原告普罗珀特有一辆破汽车停在马路上，被华盛顿的一名警察给拖走并按照报废汽车销毁了。但普罗珀特认为汽车对他来说还有价值，政府没有通知他也没有给他申辩的机会，违反了宪法保障的正当程序原则。一审法院没有支持他的主张，认为原告所主张的正当程序不过是"走走过场"，没什么实质意义。因为听审的目的是要政府放弃销毁的决定，而原告只要移动一下汽车就能达到目的。再要求举行听审还有什么意义呢？

先说说判决书的构成。"背景"就是事实，其中包括了案情和审情，即"地区法院的审理"。"分析"就是理由，我们重点说一下这个"分析"部分。

首先指明了这个案件的审理范围。原告最初的诉讼范围是比较广的，"特区关于弃置和报废汽车的规定和政策有宪法性的缺陷"。但后来普罗珀特缩小了他的请求范围。可能是律师建议，他的诉讼目的无需那么宽的诉讼请求。因为他的车是按照报废车处理的，与弃置的规定关系不大。而且他的车是有登记的车，与那些无登记的车不一样。所以将诉讼请求局限于经过登记的、报废的车就可以了。毕竟这是在挑战政府，范围小一点，成功的可能性大。从判词的语气上看，爱德华兹法官还有些遗憾，"结果，特区关于弃置汽车的政策就无法提交，是否侵犯了车主的宪法权利的问题也未能提出来。"

分析部分的主体由两部分组成：①正当程序的要求；②哥伦比亚特区的政策与惯例。第一部分是明确正当程序在本案中的含义；第二部分是确定特区的政策与惯例是否违反了正当程序。美国并没有一部法典规定什么是正当程序。所以判决书要从众多判例中总结出这个定义来。在总结了许多判例后，判决书认为这个案件中的正当程序意味着"至少要求政府在最终剥夺一项财产权益时必须提供通知和某种形式的听审"。简单地说就是通知加听审。同时，判决书还提到了马修斯要素，指出以此为原则，正当程序可以有弹性。

根据马修斯要素，判决书认为这个案件中正当程序能获得的弹性是：通知可以不限于书面；而且通知和听审都可以在拖走汽车后进行。但这种弹性不是无原则的，"程序总量"不能为零。就是无论如何变通，正当程序不能被免除。具体到这个案件中，程序不能在剥夺变为终局后再进行。要是汽车被销毁之后再进行听审，那就真成了走过场了。

明确了规则的含义之后，就开始审查哥伦比亚特区的规则是否符合正当程序了。特区政府已经自认，他们的规则中没有设置听审程序。但他们争辩有相类似的非正式程序相当于听审。这种类似的程序被法庭否定，认为这根本不是听审。"听审意味着至少受影响的个人有一次在中立的裁决者面前陈述案情的机会。"这种非正式的程序不是这个意义。

特区政府的第二个抗辩是听审不必要。因为原告只要移动一下汽车，就可以避免被拖走。这种说法很有些道理，被初审法院采纳。终审法院要改变原来的判决，就必须很好地解决这个问题。所以这个问题也是全案最主要的焦点问题。判决书也不是认为非走这个程序不可，但这要视通知的情况而定。"提供了有效的事前通知，或者如果在事后提供了有意义的听审"都可以。但特区政府两样都没做。

到了这里，通知成了这个案件决定性的因素。判决书用了专门一节来讲这个通知问题。简要地讲，判决书认为特区政府采用的这种"贴标签"的通知方式并非完全不可以。比如，如果车辆是没有经过登记的车辆，可以采用这种贴标签的方式；如果车辆仅仅是被拖走而不是被销毁，也可以采用这种贴标签的方式。但本案中，普罗珀特的车既不是未登记的，也不是仅仅被拖走的。

特区政府最后一个抗辩是：成本。"提供额外的程序保障成本太高"。判决书肯定如果成本确实太高，程序可以省掉。但本案的情况是"弃置和报废车辆中只有大约10%~20%有牌照和进行过有效登记"。成本过高的理由根本站不住脚。最后，判决书还界定了本次判决的效力范围。

美国的法官们对正当程序的要求不是教条式的，而是灵活的，根据具体情况可以变通的。它不要求通知一定是书面的，贴标签在某些时候也可以；也不要求程序一定要事前完成，如果情况紧急特殊，政府先行处置一些事情也是可以的；甚至在成本过高的情况下，都可以省略这些程序。但这些变通有原则，要合情合理地变通。特区政府的变通作法为什么被终审法院否定了呢？就因为他的变通不合情理，违反了原则。对于像普罗珀特这样有登记的车主，只要查一下登记就可以找到，当面通知他。为何只贴一个标签就了事呢？这不就等于可能是没有通知人家就把人家的车给毁掉了吗？正像判决书引用的那个判例中所说的，这是一种"侥幸"心理。这种侥幸心理不仅造成了本案原告普罗珀特现实的财产损失，而且如果不加约束，就是下一步政府滥用权力的开始。而这正是程序所要维护的长远利益。

判决书最后遗憾地告诉特区政府，不是不想维护特区政府的决定，而是他们的决定"如同处于无法修理状态的车辆本身一样，是无可补救的"。

【正文】[1]

普罗珀特诉哥伦比亚特区案

Propert v. District of Columbia

《联邦判例汇编》第2套丛书第948卷第1327页以下
（哥伦比亚特联邦上诉法院1991年判决）
克里斯朵夫·B. 普罗珀特，上诉人

---

[1] 选自［美］哈里·爱德华兹：《爱德华兹集》，傅郁林等译评，法律出版社2003年版。
　　注：英文中如两代人中有同名者，则以 Jr. 标明于晚一辈同名者之后，应译为"少某某"，本书为了避免误解，译为"小某某"。译者就此问题及首部不同代理人身份等难题请教了美国教授 MargaretWoo（伍剑绮）女士，藉此表示感谢。

诉

哥伦比亚特区，一家市属社团法人等，被上诉人

案号：90－7131

No. 90－7131

美国哥伦比亚特区联邦上诉法院

辩论于 1991 年 9 月 17 日

判决于 1991 年 9 月 19 日

上诉自哥伦比亚特区联邦地区法院。

戴维·P. 布莱克伍德与华盛顿特区小 J. 戈登·福里斯特共同代理上诉人诉讼。

华盛顿律师玛丽·L. 威尔逊，代理被上诉人。华盛顿律师事务所合伙人约翰·佩顿、华盛顿合作律师事务所主任律师查尔斯·L. 莱彻尔及华盛顿合作律师事务所助理律师罗莎琳·加尔伯特·格罗斯，在法律理由书上作为被上诉人的代理人。

由巡回法官爱德华兹（EDWARDS）、巡回法官布克雷（BUCKLEY）和美国联邦巡回上诉法院巡回法官普莱格（PLAGER）[1] 审判。

法庭关于本案意见由巡回法官哈里·T. 爱德华兹制作。

巡回法官哈里·T. 爱德华兹：

1988 年 5 月 12 日，哥伦比亚特区（下简称为"特区"）依照本地区政府关于车辆"报废"的规定拖走并销毁了上诉人克里斯朵夫·B. 普罗珀特（Christopher Propert）所有的 1969 Volkswagen karmann Ghia 汽车。普罗珀特继而向联邦地区法院提出诉讼，状告特区政府和詹姆斯·斯多堡，即那个命令拖走他的汽车的市警察局警官。普罗珀特还特别补充诉讼请求，诉称特区的政策违宪，并且提出，根据《美国法典》第 42 编第 1983 节（1988 年）之规定，特区的政策对原告已构成侵害。地区法院在审理当事人双方关于即决判决的动议，驳回了补充诉讼请求，认为普罗珀特的正当程序权利没有受到侵犯。[见"普罗珀特诉哥伦比亚特区"，《联邦判例补编》第 741 卷第 963 页（哥伦比亚特区联邦地区法院 1991 年判决）。]

我们推翻了地区法院关于责任问题的判决，发回地区法院重审以考虑给予适当赔偿。特区的政策既没有提供充分的通知，也没有进行任何听审程序，因而我们的结论是，拖走和销毁普罗珀特的汽车侵犯了他的正当程序权利。据此，我们恢复对原先诉讼请求的审理并指令在重审判决中加进普罗珀特根据 1983 节对特区政府所提出的主张。

---

[1] 根据《美国法典》第 28 编第 291 节第 a 条的授权参加审判庭审理本案。

一、背景

（一）事实

本案就事实问题没有争议。1988 年 5 月，普罗珀特是一辆 1969 Volkswagen Kar-mann Ghia 汽车的车主。汽车停在大街上，离普罗珀特的住所四门之遥，既不妨碍交通也不威胁安全。该汽车按规定注册，挂有仍在有效期内的牌照，贴有效年标签和有效停车许可证。

1988 年 5 月 1 日，应一位市民的投诉，警官斯多堡来到普罗珀特停车的地点对汽车进行检查。根据汽车的外观状况，斯多堡作出决定，认为这辆汽车停在同一个地方很有些时间了，[1] 已经"报废"。斯多堡在他的证词中说，这辆汽车又脏又旧，车顶看上去干裂得皮都翘起来了，有一两个车胎也瘪了。然而，斯多堡也承认说，他知道并没有哪一条正式标准来确定汽车什么时候能算作"报废"。斯多堡直言不讳地承认，他本人是以自己的观测来确定一辆汽车是否适用"报废"车辆政策的，他说："我用来确定一辆汽车是否还有救的原则就好比你确定是否要送你母亲上教堂一样。"[詹姆斯·斯多堡的证词第 12 页，摘录于上诉人索引（A. I.）第 234 页以下、第 245 页]。

在单方面作出关于这辆车报废的决定的情况下，斯多堡在汽车的挡风玻璃上贴上了警告标签，指出，如果在 72 小时内仍不移走，这部汽车将"作为废铁处理"。标签上写明了警官斯多堡的姓名及联系电话，用一种粘性很强的粘胶贴在汽车上。[2] 斯多堡回到他的办公室后将汽车标签的号码输入警察局的计算机，试图确定车主的姓名。但是这位警官记不起他在计算机中搜寻的具体情形，只记得他当时未获得有关信息，他说或许当天计算机没有工作。斯多堡没有再做进一步努力去确认汽车的所有权。

1988 年 5 月 11 日，斯多堡回到普罗珀特汽车停靠的地方，注意到警告标签不在汽车上了。警官斯多堡又在汽车上贴上了一张新的通知——并做好了把这辆汽车拖走的安排。汽车随后被拖走并随即在次日就销毁了。

普罗珀特诉称，他从未见过警告的标签。他说，直到 5 月 12 日汽车被拖走的那天他的女朋友看见标签，他才知道自己的汽车马上就要被销毁了。到普罗珀特打电话与斯多堡警官取得联系时，汽车已经销毁了。普罗珀特还对斯多堡警官所描述的汽车状况提出异议，他承认有一个轮胎瘪了，但他声称，汽车的其他方面状况良好，

---

[1] 普罗珀特承认该汽车停在同一个地方已经几个星期了，因而违反了地方当局关于停车的规定，当局规定不得在公共街道的同一个地点停车超过 72 小时。[见 D. C. Mun. Regs. tit. 18. §2405.4（1981）]。

[2] 这种胶通常只有用尖利的工具才能刮掉。

还能值 2500～3000 美元。

斯多堡警官授权拖走和销毁普罗珀特的汽车，是根据特区关于处理弃置和"报废"车辆的政策作出的。普罗珀特的补充诉讼请求中称，"正是哥伦比亚的政策、制度和惯例"，没有为那些被认定为"报废"车辆的车主提供机会，在车辆拖走前（下简称"事前"）既没有任何通知——除了一张警告的标签外，也没有听审的机会；在车辆拖走后（下简称"事后"）也不通知车主或向车主提供进行听审的机会（见补充起诉 II14～15，引自上诉人索引第 111～112 页）。特区在答辩中承认这些事实主张（见被告哥伦比亚特区和詹姆斯·斯多堡针对补充起诉 II14－15 的法律理由书，引自上诉人索引 176 页。）因此双方当事人对于特区的政策是否存在及政策的内容没有争议，特区也没有声称它的政策在普罗珀特的汽车被拖走以来以任何方式进行改变。

特区的政策一部分规定在本市法规里，还包括一些非正式的、未写进法典中的规定。法规[1]将符合以下三项条件的车辆定义为"弃置"：（1）在公共街道的同一个地点停靠 72 小时；（2）其所有人"不能合理停放"；（3）在贴上警告标签后再经过 72 小时仍不移走〔《哥伦比亚特区市政府法规汇编》第 18 编第 1105 节第 1 条第 a 款（1987 年）[D. C. Mun Regs. tit. 18，§1105. 1（a）（1987）]〕。"报废"的车辆也是指"处于撞坏、拆散、或无可修补状况"的车辆 [同上，第 1105 节第 1 条第 b 款][2]。对弃置或报废的车辆要"尽快拖走 [同上，第 1105 节第 4 款]"。拖走之后，"弃置"的车辆存放在没收物品保管处至少 45 天，在此期间设法通过信函和登报的方式与车主取得联系；而报废的车辆则直接拉至拆车场马上销毁。

这一法规除要求贴一张警告的标签之外没有要求在拖走前后给"报废"车辆的车主以任何通知；也没要求任何听审。然而，记录显示，根据发给市警察局的一项局长令，执行任务的警察必须"全面调查确定报废和弃置车辆的权属情况"，包括走访发现该车辆时其所在的区域和在警察局的计算机中查阅其执照号码 [见《哥伦比

---

〔1〕 普罗珀特的汽车被销毁的时候，1987 年的《哥伦比亚特区政府法规》第 18 编第 1105 第 1 款与 1106 条第 6 款中包括了有关规定，1973 年 9 月 21 日颁布的《专业委员会行政管理规章》（Commissional's Administrative Instruction）和 1981 年 11 月 30 日颁布的第 601 卷第 1 号《市警察局局长令》对这一规定进行了补充。[见上诉人索引 118，121，130 页。（转引上述三项规定）]。

　　特区于 1989 年发布了新的法规。[见《哥伦比亚特区政府法规》第 4575 卷（1989 年）（摘录于上诉人索引第 167 页）]，汇编于《哥伦比亚特区法规年鉴》（1990 年）第 40－812～40－812. 2 节，第 40－831～40－836 节。1989 年法规对弃置和报废车辆的定义与以前法规的定义实质上相同，而且任何一方当事人都没有提出新的规定对执行特区关于处理报废车辆的政策有什么实质性的改变。

〔2〕 这些规范没有明确规定"报废"车辆必须也是"弃置"车辆，但在惯例中这些规定一直是这么解释的。[参见 1973 年 9 月 21 日《哥伦比亚特区政府专业委员会行政管理规章》§2730（B）（解释道"报废"车辆必须也是"弃置"车辆）。见上诉人索引第 121、124 页；同时见被上诉人的法律理由书第 3 页注释 3]。

亚特区市警察局局长令汇编》第 601 辑，第 3 部分，第 1 号局长令 B 条（1981 年 11 月 30 日），引自上诉人索引第 130 页、第 148 页。］警察局弃置汽车管理处（the Police Department's Abandoned Auto Section）管理员瑟金特·杰诺·格瑞作证说，通常执行任务的警察与废弃和弃置车辆主联系的努力很多，包括打电话和亲自上门。特区公共事务部（the D. C. Department of Public Works）弃置车辆调查员海尼思沃斯先生作证说，对于那些打电话来要求放宽一点时间来移走汽车的车主们，官员们通常都会给一个宽限期。

然而，特区承认，任务执行者在联系车主方面所作的任何努力都 是出于客气（courtesy）而不是作为义务（required），给予车主移走汽车的时间宽限则纯粹是执行官的善意。特区还承认，任务执行者的决定——不论是最初关于一辆汽车是否报废的决定，还是后来关于是否同意给予时间宽限的决定——都不受任何人的审查。

（二）地区法院的审理

1989 年 8 月 28 日，普罗珀特就本案提起诉讼，要求特区政府和斯多堡因销毁汽车给原告损害赔偿。他还补充起诉请求作出一项宣告性判决（declaratory judgment），即宣告特区关于拖走和销毁报废汽车的政策违反了第五修正案的正当程序条款[1] 补充请求中还要求根据《美国法典》第 42 卷第 1983 节给予赔偿，另有一项因普通法上的［非法］处分和过失所产生的未决请求。

在证据开示之后，普罗珀特动议就部分请求进行即决判决，诉称特区在拖走汽车后没有通知他并向他提供一次听审机会的行为，侵犯了他的正当程序权利。特区提出交叉动议，要求驳回普罗珀特的动议或者进行即决判决。

1990 年 7 月 27 日，在一次听审之后，地区法院发出判决书（decision），接受了特区的动议而驳回了原告的动议［见普罗珀特案，《联邦判例补编》（F. Supp.）第 741 卷第 963 页］。初审法院把问题归结为特区是否"在扣押和销毁汽车之前给予报废车主以充分的通知"［同上，第 961 页］，未接受普罗珀特提出的还可以采取更好的办法通知和必须在拖走汽车后进行一次听审的主张。法院的理由是，警告标签已经向车主提供了宪法所要求的充分的通知，普罗珀特并没有举出还有什么其他的通知办法更为有效［同上，第962～963 页］。法院还认为，正当程序要求正式地进行一次听审，而在本案中特区的非正式宽限程序已经足够了。因为车主只要移动一下自己的汽车就可以避免车被拖走，一次听审除了能给车主多一些时间去移动汽车之外于事无补。据此法院认为，既然通过非正式程序已经达到了宽限时间的目的，正式

---

[1] 因为特区是一个由联邦政府设立的政治性实体，因而它受第五修正案而不是第十四修正案的制约。［见 Boling 诉 Sharpe，347U. S. 497, 499, 74S. Ct. 693, 694, 98L. Ed. 884 (1954). （两个修正案的正当程序要件程序要件是相同的)]。

听审不过是把已有的程序再"走走过场"而已［同上，第 963 页］。

地区法院认定正当程序未被违反，所以驳回了普罗珀特的联邦请求（federal claims）。该院对于普罗珀特针对斯多堡警官提出的请求未单独加以评判，其显而易见的理由是，就斯多堡背离特区政策的程度而言，其行为仅仅是过失，因而依据 1983 节之规定不具有可诉性［见 Daniels 诉 Williams，《美国联邦最高法院判例汇编》（U.S.）第 474 卷第 333 页，《最高法院判例汇编》（S. Ct.）第 106 卷第 662 页以下，第 666 页，律师版《最高法院判例汇编》（L. Ed）第 2 套丛书第 88 卷第 662 页（1986 年判决）］。驳回普罗珀特联邦请求之后，地区法院因为没有事务管辖权而无偏见地（without prejudice）驳回了他未决的普通法上的请求［普罗珀特案，《联邦判例补编》第 741 卷第 963 页］。由此引起上诉。

二、分析

地区法院的结论是普罗珀特的正当程序权利未被侵犯，因而支持特区的即决判决动议而驳回了普罗珀特的起诉。我们重新审查（de novo）了这个法律问题［见舍伍德诉华盛顿邮报案（Sherwood V. Washington Post），《联邦判例汇编》第 2 套丛书第 871 卷第 1145 页（哥伦比亚特区联邦上诉法院 1989 年判决）（准予重新审查即决判决）］。

摆在我们面前的是一个范围狭窄的问题。普罗珀特在补充诉讼请求中称，特区关于弃置和报废汽车的规定和政策有宪法性的缺陷。但是在地区法院的诉讼和在法庭言词辩论中，普罗珀特又缩小了他的挑战范围，仅仅针对特区政府处理像他的汽车那样经适当登记或注册的"报废"汽车的政策。结果，特区关于弃置汽车的政策就无法提交到我们面前，特区关于未登记或注册的车辆被认定为"报废"的政策。是否侵犯了车主的宪法权利的问题也未能提出来。于是，唯一需要裁决的问题就是，特区是否承认它没有向那些适当许可或适当登记的汽车车主提供任何听审，也未提供除警告标签以外的任何通知就认定为"报废"的做法违反第五修正案的正当程序条款。

（一）正当程序的要求

在本案中我们在决定宪法性问题上遵循两步程序法（two step process）［见 Ingragam 诉 Wright，《美国联邦最高法院判例汇编》（S. Ct.）第 97 卷第 1401 页以下，第 1403 页，律师版《最高法院判例汇编》（L. Ed.）第 51 卷第 2 套丛书第 711 页（1977 年）］。首先，我们必须确定，普罗珀特所主张的是否为正当程序保护范围内的财产权益；如果是，我们就要确定什么样的程序是正当程序。

第一步分析是直截了当的。特区承认，普罗珀特对其汽车拥有财产权，承认这一点很重要，特区也必须承认这一点。只要剥夺财产不是可忽略不计的（de minimis)，以至于"其重要性与是否考虑正当程序的问题无关。"〔Goss 诉 Lopez，《美国联邦最高法院判例汇编》（U. S.）第 419 卷，第 576 页，《最高法院判例汇编》（S. Ct.）第 95 卷第 725（1975 年）〕。在本案中，即使假定斯多堡警官对汽车的描述是准确的，普罗珀特对其汽车的经济利益肯定至少不是可忽略不计。〔参见 Price 诉德克萨斯州枢纽城，《联邦判例汇编》第 2 套丛书第 711 卷第 589 页（第五巡回法院 1983 年）（"报废汽车无论价值大小，都是宪法所保护的财产"）〕。

〔1〕确定普罗珀特对其汽车拥有受保护的财产权益之后，下一步的问题是，什么样的程序是正当程序。"正当程序的重要性在于它要求面临重大损失风险的人应当被告知他所面临的风险并给他提供相应的机会。"〔见 Matheos 诉 Eldridge 案，《美国联邦最高法院判例汇编》（U. S.）第 424 卷，第 348 页，《最高法院判例汇编》（S. Ct.）第 96 卷第 909 页，律师版《最高法院判例汇编》（L. Ed.）第 2 套丛书第 47 卷第 18 页（1976 年）——引述了反法西斯联盟难民委员会诉 McGrath，341 U. S. 123，171 - 72，71S. Ct. 624，648 - 49，95L. Ed. 817（1951）Frankfurter 法官的意见与此一致〕。所以，正当程序条款至少要求政府在最终剥夺一项财产权益时必须提供通知和某种形式的听审。〔见 Logan 诉 Zimmerman 毛刷公司，455U. S. 422，433，102S. Ct. 1148，1156，71L. Ed. 2d265（1982）〕。〔"所有人在受其保护的财产被剥夺之前必须提供某种形式的听审已是不言自明的事。"（引证省略）（重点号为原文所加）；Gray Panthers 诉 Schweiker，652U. S. 2d。146，165（哥伦比亚特区联邦上诉法院 1980 年判决）（将正当程序的核心要求定义为"充分的通知……和一次真正的解释机会"）。所提供的通知必须是"合理地确定能通知到那些受影响者，"〔见 Mullane 诉 Central Hanover Bank & Trust Co. ，339U. S. 306. 315，70 S. Ct. 652，657，94L. Ed. 865（1950）〕，听审的机会必须在有意义的时间内并以有意义的方式给予〔Armstrong 诉 Manzo，380U. S. 545，85S. Ct. 1187，11891，14L. Ed. 2d 62（1965）〕。

〔2 - 5〕除了这些基本的程序性要求之外，正当程序的构架是弹性的，视具体案件情形而定〔Zinermon 毛刷公司案，494U. S. 113，127，110S. Ct. 975，948，108L. Ed. 2d100（1990）〕。所要求的通知和听审的具体方式取决于所涉及的公共权益与私人权益之间的权衡关系，正如现在已广为人知的马修斯（Mathews）要素所定义的那样：〔1〕私人权益受到政府行为的影响；〔2〕错误的剥夺和额外的价值保障之风险；〔3〕政府的利益，包括额外程序要求或替代程序要求所花费的国库收入和财政负担。〔见 Connecticut 诉 Doehr，——U. S. ——，111S. Ct. 2105，2112，115L. Ed. 2d1（1991）；马修斯案，242U. S. 第 335 页，96 S. Ct. 第 903 页〕。根据在一个特殊案件中的马修斯价值衡量的取向，通常对于把通知形成文字的要求可以放松〔见 Goss 案，419U. S. 第 581 页，95S. Ct. 第 347 ~ 49 页，96S. Ct. 第 908 ~ 910 页〕。然而，在具体

案件中，无论政府利益怎样重要，政策规定所要求的程序总量在任何时候都不能为零——也就是说，政府在任何时候都不能推卸其在终局性剥夺财产利益之前提供某些通知和某种听审机会的职责［见 Logan 案，455U. S. 第 434 页，102 S. Ct. 第 1157 页（"州政府不得在未经事先给予公认的车主以表达权利的机会的情况下最终销毁其财产。"）；Parratt 诉 Taylor，451U. S. 527，540，101 S. Ct. 1908，1915，68L. Ed. 2d 420（1981）（"我们过去的案例要求州政府必须在最终剥夺一个人的财产权益之前的某个时间某种听审"）]。

在 Cokinnos 诉哥伦比亚特区一案中［728F. 2d 502（哥伦比亚特区联邦上诉法院 1983 年判决）]，我们提出了一个问题，即在政府拖走非法停靠汽车采取通知和听审，那么在拖走前程序欠缺是宪法所允许的（上引，第 502～523 页）。我们持这种观点的依据是 Sutton 诉密尔沃基市一案［672F. 2d644（第七巡回法院）]，该案认定，在拖走非法停靠汽车前未提供程序保障的政令（ordinance）可以因为在拖走后及时通知并提供听审机会而获得合宪性（上引，第 648 页）。因此，Cokinnos 案支持这一主张——虽然提供程序保障可能被推迟，但是这种保障必须在剥夺变成终局之前提供。这一主张也一再被最高法院维持。［例如见 Parratt 案，451U. S. 第 541 页，101S. Cr. 第 1916 页（"过去免除事先听审要求的判例是基于继开始确定权利义务之后可以获得某种意义的机会"）]。

听审必须在剥夺变为终局之前进行的规则，在其他涉及拖走和扣留汽车的案件中也得到同样适用。每一个考虑过这一问题的法院都认为，被拖走的汽车车主——无论汽车是否非法停靠、弃置或报废——都有权获得至少剥夺后的通知和听审。[见 Draper 诉 Coombs，792F. 2d915，923（第九巡回法院 1986 判决）（认为未提供听审的拖走车的法律是违宪的）；Breath 诉 Cronvich，792F. 729F. 2d1006，1011（第五巡回法院）（认为政府必须在事后向非法停车者提供一次听审机会），上诉人请求调卷复审被驳回，469 U. S. 934，105 S. Ct. 332，83L. Ed. 2d。268（1984）；Sutton 案，627F. 2d at 648（要求通知和听审弃置和非法停靠汽车的车主）；P1333 Huemmer 诉欧欣城市长，632F. 2d 371，372（第 4 巡回法院 1980 判决）（认为在不包括提供充分的通知和听审的情况下发出拖车命令是违宪）；Stypmann 诉圣弗朗西斯科市，557F. 2d 1388，1344（第九巡回法院 1977 年判决）（要求在事后及时听审）；May 诉斯克兰顿市警察局，503F. Supp. 1255，1262—63（宾夕法尼亚州中区联邦地区法院 1980 年判决）（要求事后通知和听审弃置汽车的车主）；Hale 诉 Tyree，491F. Supp. 622，625—26（E. D. Tenn. 德克萨斯州东区联邦地区法院 1979 判决）（宣告未提供事后通知和听审的拖车命令无效）；Craig 诉 Carson，449F. Supp，385—95（佛罗里达州中部地区联邦地区法院 1978 年判决）（同上）；Tedeschi 诉 Blackwood，410F. Supp，34，43—

46（康涅狄格州联邦地区法院 1976 年判决）（由三位法官组成的法庭）（认为授权未提供听审拖车弃置车辆的法律违宪）；Watters 诉 Parrish，402F. Supp696（弗吉尼西部地区联邦地区法院 1975 判决）（查明 1983 节所列的请求适用于既不在拖车前也不在拖走后提供听审机会的情形）；Graff 诉 Nicholl，370F. Supp. 974，982—83（伊利诺斯州北部地区联邦地区法院 1974 判决）（由三位法官组成的审判庭）（要求在拖弃置汽车之前的通知和听审）；Valdez 诉渥太华市，《伊利诺州上诉判例汇编》（I11. App.）第 3 套丛书第 105 卷第 972 页，《伊利诺斯州判例汇编》（I11. Dec.）第 61 卷第 595页以下，第 599 页，《美国东区地区判例汇编》（N. E.）第 2 套丛书第 434 卷第 1192页以下，第 1196 页（1982 年）（认为必须向弃置车辆的车主提供及时的事后通知和听审机会）]。

（二）哥伦比亚特区的政策与惯例

1. 听审机会。

[6] 在本案中，特区承认其现行政策无论在拖走汽车之前或之后都未提供任何听审程序。我们认为，这一自认对于特区政策是否具有宪法的效力是关键的。

在必须进行某种听审以保障车辆车主的权利这一问题上不可能有严重分歧。根据现行的特区政策，执行任务的官员决定授权拖走和销毁一辆被认定为"报废"的汽车要查明三个事实：（1）汽车是非法停靠的；（2）汽车是"弃置"的；（3）汽车处于"损坏、拆散或不可修复的状态"。执行官就任何一个上述事实问题作出的决定都有犯错的风险。第三个决定，即汽车是否处于"损坏、拆散或不可修复的状态"，尤其具有主观性。[见 Price 案，711F. 2d 第 590 页（决定汽车是否"报废"带着风险；旧的，损坏的汽车仍可动手术）]。斯多堡警官对其估价方法的说法——"就好比你是否送你母亲上教堂一样"——不能保证其决定过程的客观性或准确性。再者，执行官的决定一辆汽车报废不受他的上司或其他任何人的审查[见理查德·沃德的证词第 16~17 页，引自上诉人索引第 299 页，第 314~315 页]。在此情形下，我们认为，在车辆被销毁之前向车主提供某种有意义的听审机会至关重要。

[7] 特区辩称，特区证人在即决判决的审理中所述的非正式程序已经符合了听审的要求，通过这些非正式程序，车主可以努力与执行官取得联系，并争取宽限时间以移走这些车辆。我们不同意这种说法。宪法所要求的某种听审意味着至少受影响的个人有一次在中立的裁决者面前陈述案情的机会。[见 Fuentes 诉 Shevin，407U. S. 67，83，92 S. Ct. 1983，1985，32 L. Ed. 2d 556（1972）；Goldberg 诉 Kelly，397 U. S. 254，296，90 S. Cr. 1011，1021，25 L. Ed. 2d 287（1970）；Hale 案，《联邦判例补编》（F. Supp.）第 491 卷第 626 页]。在本案争议中的程序未满足要求。该程序没有提供一次"有意义的机会"听审，因为正如特区承认的那样，与车主联系是

执行官的礼节而非车主的权利。该程序也没有满足关于一次无偏见的裁决人的要求，向其申诉的官员与第一次决定汽车"报废"的是同一个人，这就提出一个严重的问题即公正性的问题。[见 Stypmann 案，557F. 2d 第 1343 页（授权拖走汽车的警官在随后针对拖走财产引起的纠纷中不会是"完全中立"的）；Hale 案；《联邦判例补编》（F. Supp.）第 491 卷第 626 页（同上）]。

特区的第二个抗辩是，在本案的情形中听审的要求并不是必要的，因为被"贴上了标签"的汽车车主仅仅移动一下汽车就可以避免自己的车被拖走。如果车主需要更多的时间去准备移动汽车的事，他可以提出争辩，也可以通过非正式地与那个张贴警告标签的警官联系以获得时间宽限。这一观点为地区法院所接受。我们注意到，宪法关于通知的要求和听审机会的要求是相互关联的，听审所要求的形式和时间也可以视最初通知的充分性而有所不同。[见 Gray Panthers 诉 Schweiker，《联邦判例汇编》第 2 套丛书第 716 卷第 23 页以下，第 28 页（哥伦比亚特区联邦上诉法院1983 年判决）（提到了"通知的充分性和随后听审的正式性之间存在的相互作用"）]。因此，如果特区向认定为"报废"的车辆的车主提供了有效的事前通知，或者如果在事后提供了有意义的听审，那么特区的争辩可能有用。然而，在本案中两个条件都不符合。

2. 通知

根据提交给我们的记录，我们确信，按照宪法的要求特区提供的拖走汽车的通知不够充分。因为警告标签无法提供宪法所要求的充分的通知，至少在本案情况下，亦即在汽车经适当许可登记因而车主的身份易于确定的情况下，这种通知是不充分的。正当程序条款要求通知的形式能够"合理地肯定通知到那些受影响的人……或者，在条件不能合理地允许这种通知时，所选择的形式尽可能彻底，大体上不亚于可能采用的其他替代的和通常的变通办法。"（Mllane 案，339U. S. 第 315 页，70 S. Ct. 第 648 页）。特区以警告标签通知的方法，在一辆汽车没有通行的牌照或没有有效登记标签的情况下，可能符合宪法所要求的充分性。然而在本案这种情况下，汽车车主经适当许可和登记，以警告标签的形式通知是不充分的，因为这种通知方式比可能采取的其他可以替代的方法要差。[1]

---

[1]　例如特区可以向车主的住所发一个有回执的信函（acertifiedletter），车主的住所反映在特区的执照和登记记录中（就跟特区在"弃置"汽车情况下的做法一样）。

　　以贴标签的方法发通知的潜在缺陷在本案的情况下就显现出来了。就像特区政府承认的那样，5月 1 日贴在普罗珀特汽车上的标签到 5 月 11 日斯多堡警官回到现场时已经不见了。尽管用信件发通知可能不是在每一件都有作用，但是这样更有可能提供实际通知，因此更符合正当程序的要求。[参见 Greenev. Lindsey，456U. S. 444，455 – 56，102S. Ct. 1874，1880 – 81，72L. Ed. 2d249（1982）（认为在驱逐出房屋的情形下使用把通知贴在房门上的方法是不充分的，通知必须用信件的形式。）]

其他处理过这一问题的法院也认为，标签通知的方法在汽车或者有牌照或者经过登记的情况下是不充分的。例如，在 Valdez 诉渥太华市一案中 [105 Ⅲ. App. 3d 972, 61 Ⅲ. Dec. 595, 434 N. E. 2d 1192 (1982)]，一辆经过有效登记的汽车贴上一张警告标签之后被拖走，法院认为，

选择通知的方法必须合理地估计，使车主实际获得抗辩政府行为的机会。如果原告的住所容易找到——本案正是如此——市政府就不能靠侥幸的或推定的通知方式来满足正当程序条款的要求……至少要用经过证明或登记的邮件通知才算"适当"。

[同上，《伊利诺斯州判例汇编》（Ⅲ. Dec.）第 61 卷第 599 页，《美国东北地区判例汇编》（N. E.）第 2 套丛书第 434 卷 1196 页；另参见 Craig 案，《联邦判例补编》第 499 卷第 395 页；Graff 案，《联邦判例汇编》第 370 卷第 984 页（标签通知只有当汽车没有牌照和进行有效登记时才符合宪法的规定）]。

也许像特区抗辩的那样，警告标签向那些被认定为"报废"的汽车车主们提供了充分的拖走前——相对于销毁前——的通知。[见 Cokinos 案，《联邦判例汇编》第 2 套丛书第 728 卷第 502 页（在拖走非法停靠汽车并非紧急的情形下剥夺前的程序不是强制性的要求）然而，参见 Zinermon 案 [《美国联邦最高法院判例汇编》（S. Ct.）第 110 卷第 984～985 页]（只有在有限的情形下适用剥夺后的程序才是充分的，这些情形包括必须采取快速行动或无法采取剥夺前的程序）]，把街道上的弃置和报废车辆移走，特区政府的确从中享有很大利益。再者，地方法律也禁止在公共街道的同一个地点停车 72 小时以上。因为警告标签在车辆上保留了至少有这么长时间，因此有理由认为标签已经提供足够充分的拖走前通知。

然而，即使假定情况的确如此，特区仍然应当向那些车辆被认定为"报废"的车主们提供某种拖走后（销毁后）的程序，以使其政策合乎马修斯价值衡量标准。[见《美国联邦最高法院判例汇编》（U. S.）第 242 卷第 335 页，《最高法院判例汇编》（S. Ct.）第 96 卷第 903 页]。换言之，即使特区可以根据一纸标签通知就拖走一辆看起来"报废"的汽车而不违反正当程序，兹后特区也不能在不向车主提供拖走的通知和听审机会的情况下又销毁汽车。（见 Ckginos 案，728F. 2d 第 503 页）。依据现行特区政策，一旦一辆汽车被作为"报废"汽车拖走，就几乎是立即销毁。尽管特区政府可能在迅速清除街道上被认为是报废的车辆一事上享有利益，然而其利益在立即销毁这些汽车的行为中即远非明显。基于利益权衡，剥夺财产权益的严重性是加诸车主一方的，结合执行官决定过程中可能自作主张的这一因素，其价值超过了政府从立即销毁被认定为"报废"汽车中享有的任何利益，因而结论是：拖走汽车后的程序是必要的。

特区与处理"报废"车辆不同的"弃置"车辆的处理方式反映了其现行政策的不适当性，这两类车辆被拖走前得到的是同样的通知，而弃置车辆却在扣押后获得

更多的保护。这些保护包括在市内停车场扣押 45 天和通过经确认的邮件和登报广告的方式通知车主。这种区别对待的逻辑是，弃置的汽车可能还有价值，而报废的车辆没有价值；然而，这种假定的有效性是由执行官单方面的、不受审查的裁决来决定的。

最后，特区辩称，在特区拖走的弃置和报废车辆年逾 12 000 辆，提供额外的程序保障成本太高。我们发现这一辩解是没有说服力的。在判决的开头我们指出，如果政府的成本在确定正当程序的额度时是价值权衡的一个因素，那么仅仅以成本作为不能提供适当程序的借口也并非不可以。[见 Fentes 案，407U. S. 第 90 页注释 22，92S. Ct. 第 1999 页注释 22；Styprmann 案，557F. 2d 第 1344 页；Graff 案，370F. Supp. 第 984 ~ 985 页]。但在本案的情形下，特区的解释不能自圆其说。根据特区政府负责拖走和扣押车辆的官员的证词，弃置和报废车辆中只有大约 10% ~ 20% 有牌照和进行过有效登记。（见理查德·沃德的证词第 41 页，摘引自上诉人索引第 299 页、第 339 页）。因此，没有理由认为增加适当的程序会在公共财政上增加不可承受的负担。况且，在本案判决中，我们并没有指令采取特定的替代程序，而留待地方当局去决定如何兼顾正当程序和成本效益的平衡。

我们重申，我们今天的判决理由（holding）适用范围很小。我们认为，特区的政策违反了那些适当获得许可或登记而被认定为"报废"汽车的车主们的正当程序权利，我们认定，本案中普罗珀特的正当程序权利受到了侵犯。因此，我们推翻了地区法院支持特区所请求的即决判决，而确认原告的诉讼请求。我们进一步指令地区法院在其判决中加进普罗珀特依据 1983 节规定向特区提出的诉讼请求。在给予普罗珀特多少数额的损害赔偿的问题上我们并没有表明任何意见，在关于警官斯多堡是否有资格享受豁免权的问题上我们也未置可否。

总之，我们的结论是，特区关于报废车辆的现行政策，如同处于无法修理状态的车辆本身一样，是无可补救的。我们把估价汽车费用的事留给地区法院，而让地方当局去选择一个新鲜点儿的范本。

三、结论

基于上述理由，我们推翻了地区法院的判决。我们认为特区关于拖走和销毁业经登记或许可的被认为是"报废"车辆的现行政策违反了正当程序，本案上诉人的正当程序权利受到了侵害。我们将本案发回地区法院重审，以决定损害赔偿事宜及与本判决意见不符的其他事项。

裁定如上。

三十五、布拉奇医生案刑事判决书

◎德国初审法院

【评析】

这是一份德国初审法院1959年的刑事判决书。最有特点的是它的叙事非常的详细，甚至可以说是琐碎。如果当作一篇小说来看，有些枯燥；如果作为一篇判决书来看，又显得有些松松垮垮。

我们先说说它的论理。它的论理还是很好的。从判决书中可以感觉到，法庭面临着两方面的压力。一是被害人的压力，死者萨克的妻子在问：杀死我丈夫的人要判什么罪？另一个是被告人布拉奇医生那边的压力，恐怕大多数公众也包括在内：一个保护自己女儿的父亲不应当受到惩罚。判决书要同时向着两方面解释它的判决原因。看起来，它更大的压力来源于公众一边。它的理由大部分在解释为什么要判处布拉奇医生刑罚。与布拉奇医生比起来，被害人萨克是个露阴癖，在未成年少女面前行为不端。恐怕人们都会同情这个保护自己孩子的父亲。

判决书首先解决的法律问题是什么情况下拘捕犯人可以使用枪支。按照布拉奇医生的印象，"拘捕法已直接授权在妨害风化者试图逃跑时可以将其击成轻伤。特别是在他拥有持枪许可证的情况下"。这个印象不对，整个德国法律都没有这方面的规定。甚至没有警察使用枪支的规定，更不用说普通人了。判决书声明，它无意就这个问题给出一个普遍适用的原则。太难了！但要处理案件，没有一个原则标准不行。于是判决书总结了只适用于本案的原则。它认为"只有在体力或现可调用的手段均不奏效，或这些手段显然难以成功之时，才可使用武器促使实行或维持逮捕。当然，根据刑事诉讼法典第127条规定，拘捕之时必然剥夺被拘捕者自由。就本案而言，追捕中虽危及其人，但侵犯企图逃跑者的权利必须适度，只有在所有其他方法均告失败时才可使用火器。"然后，判决书仔细分析了案发时的情景。萨克的逃跑并不是十分暴力的，也不是不可控制的。除了布拉奇医生，还有一个身高1.89米，体格健壮的年轻人协助他，也有路人经过。而萨克不过身高1.70米而已，还正处于和别人的纠结中，不是失去了控制。要制服萨克并非只有开枪一条路。打死萨克是布拉奇医生的错误，萨克虽然可恶，但罪不至死。

定了布拉奇医生的罪后，判决书又说明没有免除（开脱）的理由。他的性格虽然有缺陷，但不足以构成法律上的患病、没有分辨能力的情况。而且当时也明显不存在胁迫、紧急。判决书更详细分析了布拉奇当时的精神状态。说明了他有谨慎义务，他当时完全应当意识到开枪的后果。这一段很有些擅长精神分析的德国特色。

相对于定罪的详细论述，量刑的论述就简略多了。因为压力转到了萨克妻子这一边。忧虑、无前科、行为良好、坦白、绝望都是减轻对布拉奇医生处罚的原因。只有4个月，而且还是缓刑。缓刑的理由更加简单"不符合公众利益"。对于萨克的妻子来说，丈夫的行为并不光彩。她应该不会有什么意见。大家都同情布拉奇，甚至警察也只在1959年2月14～15日拘留了他一天就放了他。

事实部分中对布拉奇医生人生经历的详细叙述，应当是为了说明他人生清白，是个良民，但他性格上有缺陷。他正常的生活被被害人无端的搅扰，难免焦虑。对案发过程详细的叙述应当是为了说明当时萨克的逃跑并不是非要开枪才能制止的。但如此面面俱到的叙事总让人觉得针对性不足，太松散。应该再紧凑一些才好。可能德国有人民审判的传统。法庭上不就有很多非专业法官吗。这对判决书的叙事风格可能有影响。

【正文】[1]

德国初审法庭的判决书*

[1] 以人民的名义！
判决（Urteil）

2Ks 1/59 起诉汉斯·乌尔里克·卡尔·马克思·布拉奇医生的刑事诉讼案

汉斯·乌尔里克·卡尔·马克思·布拉奇，1918年4月16日出生于梅因河畔法兰克福，现住卡尔斯鲁厄凡－贝克大街3号，职业军医；因故意伤害，造成他人重伤致死。

[2] 1959年10月19日，卡尔斯鲁厄地区刑事法庭开庭审理本案，出庭者有：

首席法官克莱茨担任审判长

法官博尔林格以及罗斯法思担任助理法官

---

〔1〕 成小秦译，选自宋冰编：《读本：美国与德国的司法制度及司法程序》，中国政法大学出版社1998年版，第471页。

* 选自 John Langbein, Comparative Criminal Procedure: Germany (1977)。因该案的审判发生在1959年，故法庭组成及当时所适用的法律与现行德国法律可能有所不同，但在此，编者希望读者注意判决书的风格与推理。——编者注

卡尔·亚当，画家，卡尔斯鲁厄

约瑟夫·鲁茨，面包师，卡尔斯鲁厄

弗里茨·孔兹曼，邮局工人，卡尔斯鲁厄

安娜·费希尔，家庭主妇，柯尼斯巴赫

威廉·伯克哈特，行政官员，莫尔茨

罗伯特·辛耐尔，工厂经理，卡尔斯鲁厄

担任非专业法官

首席检察官埃格林医生代表检察当局出庭

书记官利普哈特担任诉讼记录员

现查明：

[3] 被告汉斯·乌尔里克·卡尔·马克思·布拉奇因故意伤害，造成他人重伤致死被判有罪，经减刑判处 4 个月监禁，并支付诉讼费用。

[4] 刑罚终止，将罪犯以缓刑处理。

此前收缴之枪支现予以没收。

[5] 理由。

I. 罪名：

[6] 正式控诉状及被告交付审判的命令中已对乌尔里克·布拉奇医生提出指控：1959 年 2 月 14 日下午约两点，在卡尔斯鲁厄的邸宅花园的蒂尔小径，布拉奇医生在发出两枪示警后，向订书工雷蒙德·萨克射出了第三枪。此前萨克因调戏布拉奇的女儿维罗妮卡·布拉奇和其同学希尔德·维伯，向她们暴露其阳具而被布拉奇拘捕。布拉奇医生本想打伤萨克的脚，因为萨克当时正企图翻过邸宅花园的墙逃跑。由于疏忽，布拉奇射中了萨克的腹部，子弹从腹部穿过心脏，将萨克击毙。萨克的死是由枪伤直接引起的。

布拉奇凭借武器有意危害另一个人的生命健康，并过失造成受伤者死亡。

这是一起犯罪，被告应根据刑法典第 223、223a、226、228 条得到惩罚。

II. 对事实的认定

（1）被告

[7] 被告汉斯·乌尔里克·卡尔·马克思·布拉奇医生，1918 年 4 月 16 日出生于梅因河畔法兰克福，其父亲哈里·布拉奇为商人，母亲卡丝丽娜，娘家姓氏瓦格纳，两人均为梅因河畔奥芬巴赫居民。他在父母亲家长大成人。1928 年，他上完小学三年级后，考入梅因河畔法兰克福的拉辛文科学校。后因阑尾炎手术休学 4 个月，并留级一年。不久，他因学业平平而进入奥得河畔法兰克福的一所寄宿学校。尔后又转入梅因河畔法兰克福的凯撒－弗雷德里奇中学，并于 1938 年复活节学期毕业。

从 1938 年秋至 1939 年 4 月，他按国家规定参加劳动，后申请加入防空部队，因视力不好，他的要求被拒绝了，最终被编入飞行训练部队，驻防垮肯布鲁克－奥尔登堡。经 3 个月各类标准武器（包括 08 手枪）的培训，他进入位于法斯伯－汉诺威的第一军事航空学校，成为一名投弹手和枪手。从 1940 年夏到 1941 年春，他被派往第一战斗机中队第四分队（亨登堡）担任枪手。他曾两度飞往英国，执行战斗任务。他从未受过伤。由于被告曾在入伍时表示，希望在完成军事任务后学医，1941 年 5 月，他被派送到慕尼黑学医。他脱离原单位时是投弹手，后在空军地区医疗站担任看护兵。1945 年 2 月 27 日之前，他先后在慕尼黑学习 2 个学期，在斯特拉斯堡学习 5 个学期，在蒂宾根学习 1 个学期。

1945 年 3 月，被告被美国军队俘获，先后关押在法国若干战俘营内。1945 年 8 月末，被告获释并获准前往梅因河畔法兰克福。1946 年 2 月，梅因河畔法兰克福大学重新招生后，被告继续学习 2 个学期，并完成学业。

1947 年 6 月 11 日，被告经任命担任医生，后经考试合格，并通过其论文关于近期流产及虐杀婴儿数量增加的问题，于 1949 年 5 月 20 日获得梅因河畔法兰克福大学医学博士学位。

关于被告成为医生后所从事的专业活动情况如下，1950 年 9 月之前，他先后在市立医院，以及各诊疗所和梅因河畔法兰克福大学医学院担任助理医师；1950 年 9 月 22 日到 1953 年 7 月 31 日，他在波鸿的伯格曼谢尔矿工合作医院担任外科助理医师。1953 年 8 月到 1954 年 3 月，他担任某开业医生的副手。最后，从 1954 年 3 月 15 日到 1957 年 7 月 31 日，他成为巴克昂－符腾堡地区医院外科第一助理医师。被告在医院因工作认真，医术高明而口碑甚佳。

1957 年 2 月，巴登－符腾堡州医学委员会授予布拉奇医生外科专家的称号。

后布拉奇医生申请入伍，在空军驻卡尔斯鲁厄地勤部队担任军医，见习 4 个月。1957 年 12 月 13 日，被告正式入伍，成为军医，其 A－13 级薪金自 1957 年 12 月 23 日起生效。

[8] 其军官资格评估报告中对他的评价是，"为人正直、诚实、但稍显刻板、笨拙、有时显得生性孤僻，因而，难以对付现实"。由于被告在卡尔斯鲁厄驻军服役，因此，全家于 1958 年 3 月 13 日从巴克昂迁至卡尔斯鲁厄凡－贝克大街 3 号。1958 年 9 月 3 日，布拉奇医生被调往菲斯腾费尔德布鲁克空军医疗队。空军南方联队司令官谈及调动原因时评论如下：

军官布拉奇医生并未完全意识到，医生的职业要求不仅对患者的疾病，而且对他们的精神关怀备至。而布拉奇医生只从医疗的角度看待自己的职业，从而导致与患者的不和，鉴于此，现将其调离空军南方联队。希望布拉奇医生在今后的医疗工作中能更富有人情味；在此方面仍需给他以指导。此外，若一一列举，又不值一谈，但这也表明，布拉奇医生不具备担负领导职务的素质，因此，在此方面也需要上级对其加以指导。

1959年1月6日，被告从菲腾费尔德布鲁克调往布切尔－艾费空军大队医务队。他的家仍住在卡尔斯鲁厄凡－贝克大街3号。1943年12月21日，布拉奇医生与梅因河畔法兰克福的玛丽·鲍尔结婚。该婚姻生有4个子女：儿子克劳斯和赫尔穆特，分别生于1944年10月10日和1945年9月11日，女儿瓦罗尼卡·玛丽生于1946年2月11日；另一个女儿生于1959年3月6日。

[9] 根据犯罪记录，该被告没有前科。在本案中，布拉奇医生于1959年2月14日深夜临时拘留，经地方法官预审，于1959年2月15日释放。

[10] [前述] 之调查结果系根据被告可靠陈述，以及证人兰德弗雷德医生可靠的，经宣誓的作证，被告有关第18162号永久性档案（布拉奇医生的个人档案已在检察官的诉状中引用）内容的声明，以及犯罪记录的摘录。

（2）死者

[11] 受被告致命伤害者叫雷蒙德·萨克，装订工人，1908年6月2日生于卡尔斯鲁厄，家庭住址为奥古斯特－巴贝街60号。他身后留有妻子（原文如此：寡妇），但没有孩子。

[12] 死者生前有裸露表现，曾数次在卡尔鲁厄的哈尔特森林地带，当着包括证人特亚·福格特（娘家姓氏魏丝）和多丽丝·琳兹在内者裸露阳具。1954年1月12日，卡尔斯鲁厄地方法庭通过处罚令对萨克宣布处罚，判其一个月的监禁，判罪理由是，1953年11月25日或12月2日，他在卡尔斯鲁厄哈尔特森林常有人光顾的当克尔－阿里林间小道，当着埃尔克·鲁皮（学生，生于1942年5月27日）裸露其生殖器（刑法典183）。

[13] 1959年1月15日下午一至两点，萨克在克耐尔林格－阿里，当着被告的儿女，维罗妮卡·布拉奇和她的同学希尔德·维伯（生于1946年12月29日）裸露阳具，当时，她们正放学步行回家。两个女孩以前曾在利奥波尔德学校学习，自1954年9月一直在位于莫尔卡斯特街的赫贝尔学校学习。从凡－贝克大街到学校，可沿着克耐尔林格－阿里直接到赫贝尔学校，或沿克耐尔林格－阿里、帕克林，以及莫尔卡斯特街，穿过通往英格兰德广场的小森林。无论选哪一条道，这两个女孩都得穿过哈尔特森林。维罗妮卡·布拉奇立即将此事告诉了第六警察署及家人。1959年2月14日，学校放学后不久，维罗妮卡·布拉奇和她的朋友希尔德·维伯在回家的路上再次碰到雷蒙德·萨克。当时，维罗妮卡骑着希尔德的自行车，希尔德坐在后座，沿着与莫尔卡斯特街平行的小树林，骑向帕克林。刚骑一段路程，萨克步行出现在她们面前。两个女孩立刻认出，他就是1959年1月15日调戏她们的嫌疑

犯。维罗妮卡和希尔德立即跳下自行车，跑上莫尔卡斯特街。萨克站在克耐尔林格－阿里尽头的帕克林，靠近树林里边，象 1 月 15 日那样对着两个女孩裸露阳具（她们正推着她们之间的自行车）。这一次，他再次敞开外套和裤子的拉链，他所处的位置离女孩约有 10 至 12 英尺，这使其生殖器暴露无遗。此后，他又悄悄地尾随两个女孩一段路程，至克耐尔林格－阿里，他再次当着他们的面暴露阴部，并行手淫。

萨克被被告布拉奇医生枪杀后 45 分钟，其裤子拉链仍敞开着，白色内裤显然可见。此外，尿道口处黏液中含有精液。死者的皮夹子侧层及其外套右侧口袋内发现有淫秽照片。从大腿血管抽取的血液中未含有酒精。

（3）罪行

[14] 1959 年 2 月 14 日，维罗妮卡·布拉奇和希尔德·维伯再次碰到雷蒙德·萨克后，便取近道赶回维罗妮卡的家，向家长报告此事，如有必要，再采取其他措施。希尔德在街上等着。

当时，已调往布切尔－艾费尔空军驻地工作的被告布拉奇，正在卡尔斯鲁厄凡－贝克大街 3 号的家度周末（周六和周日，1959 年 2 月 14/15 日）。因大雾受阻，他驾驶私家车，经过一整夜的奔波，于凌晨三点到四点之间才从布切尔赶回家。稍睡片刻，他在早上八点半起床，去市中心购物，直到下午一点才返回。因为他的女儿维罗妮卡尚未放学，离午饭前还有一些时间，于是，他就阅读公文包中的医学杂志。他刚读完，维罗妮卡就冲进来。她情绪激动，哭着说到，"那天骚扰我们的人又来了。他又向我们显出那东西，前面还有白色的什么东西。"布拉奇医生整宿驱车，睡眠不足，此时已是精疲力竭。听罢此话，他勃然大怒，浑身颤抖。被告又回想起女儿在上、下学的路上屡次遭人调戏。卡尔斯鲁厄警察局的案卷表明，1958 年中已有数次类似的控告，有的是维罗妮卡本人，有的是其母亲，控告说有一男人象萨克1959 年 2 月 14 日那样。经常对该女孩裸露阴部，但此人却未被辨认出。被告通常在周末返回卡尔斯鲁厄，与家人团聚。他的女儿和妻子常向他述说，维罗妮卡和她的朋友希尔德常在上、下学的路上。被一个身份不明的露阴狂调戏，从 1958 年 4 月至1959 年 1 月 14 日，至少发生过 15 次。1959 年 1 月，此类事件频频发生，至少每周一次。布拉奇医生和夫人感到茫然不知所措，同时又异常气愤。特别是 1959 年 1 月，这个丧失人性的家伙经常在卡尔斯鲁厄哈尔特森林调戏女孩，而追捕工作却进展不大。特别是，维罗妮卡的母亲怀孕后，这位三个孩子的母亲再也没有时间和精力去报警了。她的丈夫也因身在外地而无法为她分忧。如前所述，被告早已为女儿的诉苦烦恼不已，他立即穿上衣服，打算出去亲自抓住嫌疑犯，将其扭送警察局。他身着便衣，走到门厅时，他一转念，或许他会在森林单独遇见嫌疑犯，因为维罗妮卡告诉他，那个人事后又退回森林，而且，嫌疑犯极有可能拥有某种武器。所以，布拉奇医生就将他的军用手枪装入衣兜，以便自卫。但他当时也想到以强制的方式防止嫌疑犯逃脱。布拉奇医生让正在厨房做饭的妻子打电话报警，然后，就同维罗妮卡走向停在门前的汽车。他的妻子稍后的确给警察局打了电话。

布拉奇医生的手枪是口径7.65毫米沃特PPK牌，号码120－585，1957年秋在位于卡尔斯鲁厄恺撒大街的斯凯米斯特武器商店购买的。被告成为军医前，于1957年9月8日获得执照处（卡尔斯鲁厄罗伯切斯特大街11号）批准使用枪支。布拉奇在犯罪前从未使用过该手枪。战后他只打过一种枪，即美国军用手枪（口径11.8毫米或11.9毫米）。他从未使用过口径7.65毫米的手枪。

上路后，被告指示女儿迅速跑回犯罪现场，即帕克林和克耐林格－阿里，去查找嫌疑犯，而他自己带上希尔德·维伯驱车搜索嫌疑犯。以便将其扭送警察局。向南沿帕克林行驶不远被朝东转向莫尔卡斯特街，朝赫贝尔学校方向驶去。突然，希尔德认出嫌疑犯雷蒙德·萨克，他正在50米开外，沿莫尔卡斯特街东走，不时向后张望。被告驱车超过他，将车停在莫尔卡斯特和塞米纳斯特大街拐弯处，他走出汽车，将希尔德留在车内。他对嫌疑犯说，因为他对其女儿有不道德的行为，他要临时拘留他。在沃斯大街和塞米纳斯特大街拐角，布拉奇医生扭住雷蒙德·萨克的胳膊，让他往沃斯大街走，以便将他交给位于沃斯大街的第六辖区警察局。布拉奇医生将自己的意图清楚地告诉萨克。但萨克不愿去警察局；他肩膀一扭，就挣脱出来，两个人在莫尔卡斯特街朝邸宅花园的方向跑去。

在林克赫莫门，布拉奇医生再次让萨克向右拐。朝汉斯－托马斯大街及警察局方向走，并轻轻地抓住他的胳膊。但萨克微微耸动肩膀，以示反抗，并说：

如果你是说对孩子干那种事，我只是想撒尿，我想在哪儿撒就在哪撒。可如果我去警察局，他们不会相信我的话；我已经因公众大惊小怪被罚过100马克，这太不公道了。

[15]萨克说罢就穿过马路，从坐落在马路对面的邸宅花园的入口处走了进去。此时，被告有些紧张，他意识到，他得跟被拘留者通过人烟稀少的邸宅花园。他心想，绝不能让萨克逃脱，一定要将他绳之以法，如有必要，就将枪亮出。此外，从外表和举止推断萨克的年龄，被告显然认为他无须用枪自卫，该武器只用以确保被抓者不致逃脱。离前述邸宅花园不远，在赫尔曼和多罗特娅纪念碑，布拉奇医生叫住了一位年轻人。他是朱金·施米特，17岁，商校学生，体格健壮，身高1.89米。被告让他同行，说他需要帮忙。施米特同意了。接着，三个人朝池塘方向走，证人施米特靠左，萨克在中间，被告在右。离赫尔曼和多罗特娅纪念碑50米左右，萨克用肩膀将施米特轻推一旁，企图往左边的草坪方向逃跑。但这次逃脱未能成功，证人没太费劲，就用两手牢牢地抓住萨克的胳膊。此后，萨克未做什么反抗，继续夹在两人中间朝前走。这时，被告掏出手枪，用右手握着，推上子弹，说如果萨克不

去警察局，他就会动武，以此让嫌疑犯意识到情况的严重性。但后者毫不在意，只是简单地说他没时间去警察局，继续沿着小道走。此时，施米特从萨克和布拉奇医生的对话中已经猜出，被告确信，该嫌疑犯前不久刚刚调戏过他的女儿。虽然有体格强壮的施米特相助，而且施米特可轻而易举地制服萨克，被告还是认为，他和施米特两人难以将萨克扭送到下一个警察局。当萨克继续穿过邸宅花园之际，被告越来越认为，他还得再找一个人，让他去警察局报告这儿的情况。

[16] 在莫尔卡斯特街捉拿萨克后 20 多分钟，布拉奇医生，萨克和施米特穿过池塘，来到将邸宅花园和雉鸡花园隔开的墙壁前，此处墙壁形成 90 度的转弯，围墙靠近迪尔路和哲学家小道的交叉处，距离花园东北约 200 米。他们接近这一地段时，被告发现 20 多米外有一对年轻的夫妇正走过来。他们是卡尔·亨兹·丹和他的同伴克丽丝蒂·格伯。布拉奇医生对他们喊道："请帮我们个忙！"证人丹和格伯起先以为事情并不严重，夹在中间的那个人（萨克）不过是个酒鬼，因此，对这一请求有些犹豫，就在此时，萨克走向一棵紫杉树，离上述拐角约有 1 米。他对布拉奇医生和施米特谎称说要解手。被告相信了他的话，就让萨克去解手。这时，萨克走近上述紫杉树，枝桠错落中，两枝主干成对角向上伸出。萨克并未小便，而是从最近的树干攀缘而上，企图越过 2 米的分界墙，从邸宅花园逃入雉鸡花园。被告和施米特，还有丹和格伯都看见了。施米特紧追萨克，这时，萨克离小道转弯 2 米，施米特抓住他的臂部。这时，身高 1.70 米的萨克用右手抓住墙边，左后仍攀着树干，头部已伸出墙头约 30 厘米。萨克的逃跑使被告心绪不宁。他看到施米特紧紧地抓住萨克，萨克也没有反抗，虽然他可以用悬空的右腿反抗。被告也知道丹和格伯站在 8 至 10 米的地方。然而，他还是怕萨克逃脱。站在小道 3 米开外，布拉奇医生用从衣兜掏出手枪，向空中连开两枪示警，两枪之间间隔约 1 秒。听见枪声，施米特吓了一跳，连忙向后退至小道，到离被告右手约 1 米的地方。萨克趁此又攀树而上，爬到离地面约 1 米处。在这一位置，稍微灵敏一些，就可以荡出邸宅花园，跳入雉鸡花园。萨克突然爬高，更激怒了布拉奇医生。虽然施米特就站在他的右侧，而丹和格伯也靠近离他约 3 米的地方，被告并未发出警告，在两次鸣枪示警后 15 秒，在约 3 米的距离处开了第三枪。当萨克转向他时，他将枪瞄向右侧，对着萨克脚部。当时，他只想把调戏过他女儿的人的脚部击伤。布拉奇医生鸣枪示警后，并未放下武器，在开第三枪之前也未将其收起来，而是一直举着手枪。由于被告气愤之极，他扣动扳机过早；由于布拉奇医生企图居高击中目标，即瞄准目标，但结果却是子弹射中雷蒙德·萨克的腹部偏左。镀镍子弹从那里穿透右心室，击伤右心房，又从右心房壁后穿出，擦伤脊椎，嵌入背部皮下。子弹弹道渐次升高。

萨克被被告严重击伤后，临死前含混不清地说，"哎，你也太狠了。"说完他就从树上无力地滑下。被告锁上保险，将枪放入衣兜，立即冲到重伤者面前，适时地进行抢救，极力想让萨克活下来。但一切已为时过晚，萨克因被告枪击引起大出血，于下午两点一刻死亡，抢救医生因萨克死于非命而大为震惊。死者断气前，布拉奇医生曾让施米特叫急救车和警察。

（4）证据：

[17] 前述第二条 II 和（2）及（3）项之调查结果基于被告的回忆，这些被法庭认为可靠（相关而不可驳倒），它们也基于下列证人可靠的、经宣誓的声明：汉斯·布兰克、朱金·施米特、卡尔亨兹·丹、克丽丝蒂·格伯、警官埃莫里奇、林达·乌尔里克（娘家姓氏沃塞曼）、特亚·沃格特（娘家姓氏维丝）、多丽丝·琳兹、罗伯特·科恩、玛丽亚·布拉奇（娘家姓氏鲍氏）、巡警官索尔；出具未经宣誓但可靠证言的证人有维罗妮卡·布拉奇和希尔德·维伯；专家意见提供者为：海德堡大学法医学研究所主任 B. 穆勒教授，以及卡尔斯鲁厄的弗雷德·舍恩医生（法医学讲师兼精神和神经系统疾病专家）；本法庭对现场的勘察；本法庭对武器的检查；从死者身上发现的猥亵照片；所提交的有关现场的记录和照片；被告受指控枪杀雷德·萨克时所作之声明；地方法庭（Amtsgericht）第 5Cs21/54 号卷宗（1954 年对萨克有伤风化的指控）；以及卡尔斯鲁厄检察官办公室第 3Js356/59 号调查卷宗。

III. 被告的辩护词：

[18] 被告承认，且本法庭相信，他当时开第三，也是最后一枪，只想击伤萨克的脚部，以防止他逃脱。萨克对前两枪示警毫无反应，而且在紫杉树上越爬越高后，布拉奇医生焦急异常，于是，射出致命的一枪。由于他非常不安，扣动扳机过早，结果，他原以为呈弧线飞行的子弹却击中雷蒙德·萨克的心脏。

他对这一致命案深感后悔，至今仍感到应负道义上的责任。

[19] 然而，就刑事法而言，他认为自己不应负有责任。因为，当时他的想法只是将已被拘捕的性犯罪嫌犯击成轻伤，防止他逃脱而已。他认为，当已拘捕性犯罪嫌犯企图逃跑时，逮捕法授权人们在必要的情况下使用武器，特别是像他这样有持枪执照人行使拘捕。他在射出致命的一枪时，并未意识到他的所作所为是非法的。当时，他极度焦虑，因此，也从未想到他射出的一枪会致人于死命。

IV. 关于被告辩护词的法律评价：

评议将涉及下列法律问题：

[20] 本法庭认为，检察当局及被告方关于受害人致死的陈述无误。被告开枪射击是造成萨克死亡的唯一原因。

该行为亦属非法。

[21] 本法庭同意检察当局和被告方关于被告临时拘捕萨克，以便正式拘留他的

行为是正当的陈述。刑事诉讼法典第127（I）条规定适合本案之情况。[刑事诉讼法典第127（I）条规定："如某人在作案或紧急追捕中被抓，如他有逃脱的可能，或如其身份尚无法辨认，任何人均有权临时拘捕，而无须法庭签发的逮捕令，"]本法庭也同意检察当局和被告方的陈述，即萨克在枪击现场攀树之时，这一拘捕仍属合法，那时萨克距被告仅有3米之遥，他无法越过邸宅花园，翻入雉鸡花园，因此时萨克尚未完全挣脱被告的拘押。然而，II（3）所述之布拉奇医生为防止被拘捕者逃脱，而突然向其开枪的行为则属不合法之举。本法庭不宜抽象地探讨为防止被拘捕者逃跑，是否允许使用武器，特别是枪支的问题；因此，在此法庭只能详细查阅帝国法庭［第二次世界大战结束前的德国高等法庭］广泛的判例。德意志联邦共和国最高法庭（帝国高等法庭在西德的继任者）对此类问题尚未有先例。关于为进行逮捕或拘留是否允许使用武器的问题，《刑事诉讼法典》没有作出规定。联邦政府迄今也没有颁布有关警察为防止逃脱可使用武器的规定。议会内政委员会目前（1959年12月）正在考虑起草有关联邦执法部门在执行公务中使用武力及武器的法律。目前，若干州（其中包括黑森、巴伐利亚、下萨克森州等）已颁布了有关警察使用武力的法律。其他州近期只有使用武器的部门性规定。

[22] 如前所述，本法庭不考虑在一般情况下为进行逮捕而使用武器的权利问题；但本庭必须确定本案被告在这一特定环境下是否有权向雷蒙德·萨克开枪，以防止其逃脱的问题。本法庭确认，布拉奇医生无权开枪。

[23] 毫无疑问，只有在体力或现可调用的手段均不奏效，或这些手段显然难以成功之时，才可使用武器促使实行或维持逮捕。当然，根据刑事诉讼法典第127条规定，拘捕之时必然剥夺被拘捕者自由。就本案而言，追捕中虽危及其人，但侵犯企图逃跑者的权利必须适度，只有在所有其他方法均告失败时才可使用火器。这一原则在判例及法理中都得到普遍地认同，也符合公众对该法律的理解，因此，这一原则不仅适用于警察，也适用于每一个公民——就本案而言，也适用于布拉奇医生。本法庭认为，任何公民，无论涉及本案还是牵涉其他案件，均无权仅为防止罪犯逃跑而使用火器，因为此举缺乏必要的、明文的法律依据。

[24] 即使我们驳回上述前提，被告也不得在本案涉及的情况下发射致命的一枪，因为这不是阻止萨克翻越邸宅围墙的最后及唯一的手段。

[25] 萨克攀登树枝时，证人施米特紧随其后，而且他牢牢地抓着萨克的臂部。萨克丝毫未进行反抗。被告当时所处的位置距此仅有3米，看得一清二楚。他没有向施米特发出合适的指示，或自己冲上前去，或再次恳请站在8至10米开外的丹和格伯帮忙，而是毫无必要地两次鸣枪，警告萨克，而他也清楚，他和施米特在力量上足以制服萨克，布拉奇医生也清楚，整个过程，萨克仅有三次稍示反抗，即在沃

斯大街和莫尔卡斯特街，林克赫莫门，以及邸宅花园的赫尔曼和多罗特娅纪念碑处。

[26] 最后，当萨克在树上爬到一定高度 - 两声示警枪响后，施米特吓得退到被告的旁边 - 更没有理由使用火器了。任何情况下瞄准萨克都是不正当的 - 即使对准其脚尖也是不正当的。当时，被告离萨克所攀树木仅有 3 米，左脚离地约 1 米。他看见身高 1.89 米的施米特在其右侧约 1 米处，而 2 米的地方还站着丹和格伯。在此情况下，布拉奇医生不该未加示警就瞄准并开枪，而应独自，或与施米特，丹和格伯一同抓住萨克的衣服或肢体，因为，他离地面只有一米多。即使萨克越墙跳入雉鸡花园，年纪较轻，身体较强的被告也有责任独自或同年轻体壮的施米特一起追赶逃犯并抓获他，在必要的情况下以强力制服他。被告至少可在施米特的协助下赶上并制服萨克，这就是他应做的事。被告不该采取最简单、最方便的方式，即使用手枪。

[27] 其结果，致萨克于死命的一枪是非法的。萨克致死的起因是非法的。并没有正当的理由。

[28] 上述第 II（3）条项下的情况不符合自卫的前决条件（《刑法典》第 53 条）。考虑到本案的事实，就这一点无须进一步解释。布拉奇医生本人并未提出合理自卫的理由。相反，他多次非常明确地表示，他一直以为，拘捕法已直接授权在妨害风化者试图逃跑时可以将其击成轻伤。特别是在他拥有持枪许可证的情况下，更是如此，他至今仍认为自己没做什么错事。

（3）关于责任问题陈述如下：

[29] 经认真调查，本法庭采用了医学专家、法医学讲师兼精神和神经系统疾病专家、法医学讲师舍恩医生的详尽且极具专业性的调查结果。本法庭确信，被告完全应对其罪行负有责任。

[30] 根据该专家的权威性报告，被告缺乏进取心，平时不但做事缺乏自信心，而且事实上对自己也缺乏自信心。布拉奇医生申请入伍时有关他的评语写道，他"稍显刻板，笨拙，有时显得生性孤僻，因而，难以对付现实。"虽然其医疗站负责人对被告的评价甚佳，1958 年 9 月 3 日，空军南方联队司令官评论说，布拉奇医生往往单从医疗的角度看待自己的职业，并期望他在医疗工作中能更富有人情味，并需给以指导。布拉奇医生也不具备担任指挥官所需的素质。该专家在分析了被告的整个个性后总结说，他是个好的"兵士"，但却是蹩脚的"指挥"，因此，他不适合当领导。他在本案中所犯的罪行表明，被告确实"难以对付"现实。在无人可依靠的情况下，他感到越沿邸宅花园的小道前行，将其被捕者扭送警察局的任务就越困难，这使他感到极为不安。最后，正如专家权威性地解释那样，当布拉奇医生看到萨克居然施计逃脱，他立刻被激怒了，开枪示警后，根据专家的报告，布拉奇医生

处世优柔寡断，缺乏勇气，当时，他确实担心雷蒙德·萨克可能逃跑。正如专家权威性地解释，那样，这种焦虑并非病理反应，即出于病态，而是可根据被告的个性加以解释的行为。

[31] 根据上述专家的报告，本法庭认为，布拉奇医生的如下论点是可信的，即他根本回想不起当他鸣枪示警时，施米特抓萨克的臂部，而他开第三枪时，丹和格伯就站在他的右侧。专家具有权威性地指出，焦虑之中，感知能力可能会出现障碍，从而丧失记忆功能。但毫无疑问，被告在开枪的时刻有意识地注意到施米特以及丹和格伯。

[32] 最后，正如专家在其具有权威性及专业性的报告中所释的那样，而本法庭也完全遵照该报告行事，StBG51（1）或（2）款所载之前提* 显然不存在于被告所涉及的案件之中，因为布拉奇医生在开枪之时并未处于病态。该忧虑尚未严重到使性格发生变化的程度。

[33] 被告故意开枪并造成雷蒙德·萨克的死亡。根据其可信的论点，布拉奇医生当时只想击中萨克的右脚，以危及其健康。

[34] 开脱罪责的因素，特别是适用刑法典52、54 条之规定的前提条件**并不存在。因此，对此不再加以讨论。就刑法典第 59 条之规定而言，也不存在开脱罪责的过失，因为被告不知道法律对该事项已有规定，他也没有假设，由于事实上的错误，某种情况可能会提供公认的合法理由。被告本人既未提及胁迫（刑法典第 52 条规定），也未提及紧急情况（刑法典第 54 条规定），更未提及法规未作明文规定的紧急必要原则。关于最后一项，布拉奇医生也令人可信地承认，他并未考虑开枪击伤他人是否必要，以及这是否是防止萨克逃跑的唯一手段的问题。他说他认为这一原则并不适合他的情况，因为他相信，根据有关拘捕妨害风化者的法律规定，在其逃脱的情况下，他有权使用枪支。为防止逃脱而将其击伤，他认为自己并未做错。

[35] 被告争辩说他并未意识到自己的行为有错，对此虽多次置疑，但未完全加以反驳。根据遇有疑问时有利于被告原则［刑事诉讼中，疑问应根据有利于被告的原则解决］，本法庭假定，被告的行为是在对法律有错误认识的情况下作出的。

[36] 但这一对法律认识的错误不能用来开脱被告的罪行的。

正如上述第 IV（2）款所详尽叙述的那样，在当时的情况下无须使用手中的枪支，且使用枪支不是阻止雷蒙德·萨克翻越邸宅花园围墙逃脱的唯一手段。如上所说，即使萨克越墙进入雉鸡花园，被告独自，或他同他人合力也可轻而易举地将其

---

* 这两条款及行为能力问题，即嫌犯如患病或没有辨别是非真假的能力的人，不负刑事责任。——编者注

** 《德国刑事法典》第 52 条和第 54 条是分别有关胁迫与紧急情况的。——编者注

重新拿获，并可对付任何反抗。正如上述第 IV（2）款所言，被告有着充分的选择余地……。

因此，被告故意用武器将他人击伤并负有罪责（刑法典第223a条）

[37] 此外，布拉奇医生过失致雷蒙德·萨克于死命。根据当时的情况，以及其知识和能力，布拉奇医生负有谨慎义务（duty of care），而他是有能力负起责任的。倘若他负起谨慎责任的话，他本可以预见此举会致萨克于死命的。根据专家舍恩权威性的报告（本法庭没有任何理由不接受该报告），尽管被告当时情绪焦虑，他尚能承担自己的责任，理智地意识到，在当时的情况下开枪会导致致命的结果。假若被告谨慎从事，他会预见到此举可能致萨克于死地。作为一名曾受训使用枪支的士兵，凭经验他完全知道（假如他负有责任心的话），使用他从未用过的手枪向人射击而他又对自己的枪法毫无把握，可能会将该人射杀。倘若能负起他应负且能负的责任的话，布拉奇医生就会意识到，射向萨克右脚的子弹，按当时的走向，亦可能击中萨克的心脏或其要害部位，而不是其右脚，并致其于死命。因为当时布拉奇医生情绪激动，在连开两枪后，并未重新举枪，而是一直将枪举在手中。被告凭经验和头脑完全清楚，在当时的情况下，他不应向萨克开枪，而他如果开枪的话，可能会将该人击毙。然而，他没能履行自己的责任，没有理智从事，终于过失将雷蒙德·萨克枪杀。

因此，被告因故意造成他人重伤而致其于死命。

根据《刑法典》第223、223a及226条之规定，这是一种犯罪行为。

V. ［刑罚］

[38] 本法庭出于下列考虑进行量刑。

[39] 被告在精神忧虑下采取行动，可按照刑法典第228款规定使罪行减轻的情况处理。

[40] 鉴于布拉奇医生没有前科，在医务工作中兢兢业业，因此，应进而考虑在判处监禁时予以减刑。鉴于被告对主要罪状供认不讳，从未掩盖事实，并对自己的所作所为深表后悔，因此，判决也应有利于被告。此外，还有一个不容置疑的事实，即维罗妮卡·布拉奇的父母亲处在绝望之中，因为维罗妮卡已数次遭到该露阴癖者的调戏，在枪击事件发生前数周，此类事件有增无减，最后，考虑到被告业已减轻的罪行，本法庭认为，可援引刑法典第44条规定减轻刑罚。

[41] 考虑到所有这些因素，本法庭认为，尽管该罪行导致可悲的后果，判处4个月的监禁是一种适当的、足够的赎罪。

[42] 本判决根据刑法典第23条规定缓期处刑。经慎重考虑，本法庭认定，就本案而言，执行刑罚不符合公众利益［刑法典第23（3）（1）条］。那么，必须确认这

是否符合刑法典第23（2）条之规定。本法庭确信，根据布拉奇医生的个性、迄今为止的经历以及他犯罪后的表现，他今后可望过上适当的、遵纪守法的生活。

根据刑法典第40条规定，没收被告所拥有的枪支。

VI. ［诉讼费］

［43］诉讼费将根据刑事诉讼法典第464，465条规定裁决。

［44］被告须交付的诉讼费包括介入诉讼当事人*的必要的费用……。

［45］签署人：克莱茨 罗斯法思 博尔林格

---

* 德国允许公民介入公诉程度。在这个案件中，被害者即萨克的妻子在检察官提起的刑事诉讼中充当诉讼介入方。——编者注

三十六、借贷纠纷案民事判决书

◎德国柏林州法院

【评析】

德国民事判决书的写作方法影响了民国时期的民事判决书，又将其影响延续到了今天的台湾地区。这种写作方法是一种堆砌材料的方法。对它的批评我在前面已经谈过了。从这篇判决书中可以明显看出"你给我事实，我给你法律"的架构。"事实构成"是双方的意见：原告的主张、被告的抗辩、法院的调查、鉴定。"判决依据"是法院的意见。只不过，由于法院认定的事实与原告的主张完全相符，所以对原告的主张没有标明。由于借款的事实没有争议，"判决依据"，也就是理由，只讲了三件事：（1）通过鉴定和对证人的调查，否定了被告还款的抗辩；（2）否定了抵债的事实；（3）确定了利息的计算。可能是案情比较简单，也可能是西方人对法律的运用远不像东方人那么生硬。总之，这篇判决书虽然与民国后期、台湾地区的判决书写作方法相同，效果却没有那么不堪。

【正文】

保罗诉弗里茨借贷纠纷案民事判决书[1]

（A）柏林州法院案卷号：140.384/97

以人民的名义

本诉讼案

原告：S. 保罗，已退休，住 14193 柏林，C 大街 1 号。

诉讼代理人：PK 律师和 KHL 律师，地址：10719 柏林，迈内克大街 6 号。

被告：S. 弗里茨，住 13583 柏林，S 大街 156 号

诉讼代理人：MK 律师，地址：12157 柏林，彼得—菲舍尔大街 17 号。

---

[1] 原载国家法官学院编：《中国、美国、德国裁判文书比较研究专题讲座》，瞿明诚、周卫东译，1999年10月。

1998 年 9 月 1 日，柏林州法院第 14 民事法庭开庭，由州法院法官尤纳曼作为独任法官进行言词审理，判决如下：

1. 判处被告偿还原告 19 750 马克连同 1997 年 9 月 12 日起算的 4% 的利息。

2. 本案诉讼费由原告承担 1/14，被告承担 13/14。

3. 原告只须交纳 24 000 马克的保证金，判决就可执行。若被告没有在执行前交纳相同数额的保证金，原告交纳 300 马克保证金，就可免除执行对被告的判处。

【事实构成】

1996 年 6 月 19 日，原告给予被告一笔 10 000 马克的借款，为期一年。在借贷款契约中，被告保证到期偿还 12 000 马克。借贷契约的细节参阅附件第 14 页。

1996 年 6 月 24 日，原告又给予被告一笔 6000 马克的借款，为期 12 个月。借贷契约的细节参阅附件第 13 页。

1996 年 11 月 28 日，被告又在一张向原告借到 3200 马克的借据上签名。借据的细节参阅附件第 12 页。

1997 年 6 月 10 日和 26 日，原告两次致函被告，要求偿还借款。

起初，原告在其诉状中请求判处被告偿还 21 200 马克。在被告归还了 1450 马克以后，原告撤回了归还上述数额款项的诉讼请求。

现在原告请求判处被告偿还 19 750 马克，连同 1997 年 9 月 12 日起算的 4% 的利息。

被告请求驳回原告的起诉。

被告声称：

1997 年 2 月 18 日在一家饭馆里，他当着证人 B 之面将 1996 年 6 月 19 日和 24 日的两笔借款共计 18 000 马克还给了原告，原告也写了收据。接着在一家商店里将收据复印，此时原告把收据的原件错换成复印件交给了被告，但复印件上原告的签名尚能识别。

1996 年 11 月 18 日的借款，他只收到 3000 马克，而 200 马克是作为利息附加计算的。

这 3000 马克的借款，他已用现金归还了一部分，即 1450 马克，这是无可争议的。1997 年 2 月 18 日，他和原告商定，用自己作的画来抵销部分债务，计 550 马克。

此外，1996 年秋天他和原告一起去巴特菲辛旅游，借给原告 500 马克，原告没有归还，现在这笔钱也该抵销部分债务。

最后，他付给原告 500 马克，作为原告介绍一位女客户买他作的一幅画的佣金。女客户本来是希望分期付款的，当她得知原告预支了 2000 马克的画款时，就决定退货。当女客户将画退回时，他（被告）把全部画款 2000 马克还给了女客户。

　　审判法庭就被告于1997年2月18日归还原告18 000马克一事，以及被告为原告作画来抵消550马克债务一事进行取证，传讯了证人B，请笔迹鉴定专家M对1997年2月18日出具的收据上原告的签名作了真伪鉴定。听证决定和取证结果的细节，参阅1998年1月30日公布的记录（附件第58页f）和1998年5月8日的口头审理记录（附件第78页至81页），以及1998年7月5日笔迹专家M的鉴定报告（附件第86页至101页）。

　　有关当事人陈述的其它细节，参阅双方交换的诉讼书状及其附件的内容。……

【判决依据】

　　起诉理由充分。根据《民法典》第607、608条的规定，原告可以在借款到期后，或者最迟于1997年6月10日和26日先后两次写信宣布借款到期后，要求归还借款。

　　归还1996年6月19日和24日两笔借款的要求，根据民法典第362条规定，并不因为在此期间即1997年2月18日被告所称的还款，以及根据民法典第389条规定，由于部分借款合计1550马克的抵消而失效。

　　1. 具有举证和说明责任的被告无法证明1996年6月19日和24日的两张借款契约中规定归述的总计18 000马克的债款已经还清。

　　1997年2月18日的收据不能证明借款已经归还，因为被告无法出示收据的原件，也不能证明原告扣下了收据的原件，同样不能证明他所出示的复印件和所谓的经原告签名的原件相符。

　　根据1998年1月30日的听证决定，由鉴定专家M所作的笔迹鉴定报告不能证明收据上的签名是原告的亲笔。鉴定专家M根据提供的对照材料，即原告在开具所谓的收据之前不久的签名，作出以下的判断：由于笔划不稳，有添补迹象，书写不流利，所以不能否定这是模仿真实的签名或完全是伪造。但由于缺乏原件，鉴定专家无法给予肯定的意见。他的最终结论是：这两个相互对照的签名既没有理由说是出自同一个人之手，也不能完全排除（无法判定）。法庭不怀疑鉴定专家判断的正确性，被告对专家的鉴定也没有提出异议。

　　专家的鉴定结果无法向法庭证明18 000马克的借款已经归还。

　　证人B的证词也无法向法庭证明18 000马克的借款已经归还。

　　证人B在1998年5月8日传讯时声称：有一天上午他去被告家，因为他要陪着被告向原告归还18 000马克。他看到被告把钱装进一只普通的信封里。在饭馆里，他坐在旁边的一张桌子上、原告到来之后，他没有注意他们两人的谈话，只看见被告递上信封，又看到原告是怎么数钱的，原告好象是说，没问题了。后来他没打招呼就离开了饭店。至于收据签名他想不起来了。

证人以上的陈述不足以向法庭证实 1996 年 6 月 19 日和 24 日的两笔共计 18 000 马克的借款已经归还。证人除了根本没有去听当事人双方的谈话，因而无法讲清双方交接信封时说话的内容，也不能证实递交的款项是 18 000 马克。据他说，他看到有票面为 1000 马克的钞票装进信封，但他讲出其中是否夹有其它票面的钞票。此外，他在原告数钱的短暂时间内，看到钞票纸张较大才推断出信封里装的是 1000 马克的纸币。

法庭认为，证人 B 的一番描述不足以使人对原告陈述的真实性产生怀疑，即 1997 年 2 月 18 日原告既没有在饭馆和被告见面，也没有收到什么还款，更不认识这个证人。

另一方面，被告的陈述有着重大的疑点，因为不可理解的是，为什么自称认识原告并强调为了给还钱作证而同去的证人 B 坐在邻桌，而整个谈话只听到"没问题了"这一句。还有，被告先是在 1998 年 1 月 6 日的辩护书中说，他将从原告那儿得到其间放在橱柜里的钱（票面为 200 马克）还掉了。但在 1998 年 1 月 23 日自己的听证会上，被告却说他把钱换成 1000 马克票面的大钞，这正是证人 B 声称所看到的票面。

被告自相矛盾的陈述和证人 B 不够精确的证词使法庭对有论证责任及偿还义务的被告已归还 18 000 马克的说法产生怀疑。

2. 三次抵债的事，即以所作的画抵债 550 马克，索还 1996 年秋天在巴特菲辛的借款抵债 500 马克，索还无法律依据支付的 500 马克佣金，这一切被告都无法证实。

由于上述原因，以作画抵债 550 马克，这笔有争议的钱款也不能通过 1997 年 2 月 18 日的收据得到证实。

关于被告和原告商定彼此抵消债务一事，证人 B 也无法作证。他只是说，他听到被告对他提过卖掉了一幅骏马图，付了 500 马克的佣金。关于用作其它画抵债，他一无所知。

对于被告声称而原告提出异议的 1996 年秋天在巴特菲辛的 500 马克借款问题，被告无法举证。原先根据 1999 年 5 月 8 日补充的听证决定而安排的传讯原告，后来由于被告在 1998 年 5 月 8 日表示放弃而作罢。

对有争议的支付佣金的协议，被告提不出证据。此外还看不出有什么法律依据，在骏马图买卖合同按被告的说法已经成立之后，还要索回佣金。女客户事后反悔不能成为向作为中介人的原告讨回佣金的理由。

3. 假定被告的陈述是属实的，那么他尚欠 1996 年 6 月 19 日借款时商定的利息计 2000 马克和 1996 年 11 月 28 日借款时商定的利息计 200 马克。

根据民法典第 138 条规定，假如借贷契约因为是不道德的高利贷而无效时，可以只还本金而不还利息。但被告没有明确表示其无效。民法典第138条所说的高利贷是指利率高达市面上通行的二倍。被告对此没有提及。

4. 准许的利率要求见民法典第291条，第288条第1款第1节。

5. 连带判决以《民事诉讼法》第91条、第269条第3款第2节、第708条第11项、第711条、第709条为依据。

三十七、八幡制铁案判决书

◎日本最高法院

【评析】

八幡制铁是日本支柱型的钢铁企业,其钢产量曾经占到过全日本钢产量的一半。现在它与日本的富士合并组成了新日本制铁,依然是日本乃至世界最大的钢铁企业。当初,它是用中国马关条约的赔款建立起来的,所以与中国还算是有些历史渊源。这个案件是日本的一个名案,其影响至今犹存。

先说说什么是"政治献金"。它就是政党组织或候选人个人从本国公民及团体那里接受的政治捐款。政治献金是民主政治中常态化的现象,定期举行的竞选以及政党和候选人的日常政治活动都需要大量的资金,单靠政党或候选人本身拥有的资产很难满足,必须通过各种方式向社会募集。但是,政治献金也为有经济实力的个人或集团用金钱影响政治运作提供了可乘之机,由此衍生了"金权政治"。因此很多国家都从法律上详尽地规范了政治献金。总的原则是允许政治献金,但必须公开透明。任何人捐献政治献金必须公示登记,让别人清楚什么人给了哪一位候选人多少金钱用于竞选。各国都对政治献金有一些具体性限制。其中在捐献主体上,美国就规定不允许公司捐助政治献金。但日本在这方面的规定是不同的,它允许以公司企业的名义捐助政治献金。最早的法律渊源就是这个八幡制铁的判例。该案判决于1970年,在此之前,日本的政治献金已经呈现了大规模上升的趋势。1965年,自民党就收到了政治献金48亿日元,相当于以前四年总和的一倍半[1]。在这个判决之后,公司企业对政党的政治献金完全合法化,故而极度膨胀。特别是对执政的日本自民党来说,尤为有利。日本的金权政治从此愈演愈烈,形成了至今难以割除的毒瘤。曾任日本最高法院院长的冈原昌男在1993年对此判决大加鞭挞,认为在当时这是对政治腐败的"帮忙判决"[2]。

法官与侠客的区别就是即使要行侠仗义,也应在法律允许的框架内进行。所以,

---

[1] 杨栋梁:《日本历届首相小传》,新华出版社1987年版,第259页。
[2] [日]山本祐司:《最高裁物语》,孙占坤、祁玫译,北京大学出版社2005年版,第255页。

我们还是要首先从判决书入手，看一看这个案件中所涉及的法律问题。

这是一个公司法的判决。公司法是比较专业的法律领域，一般人很少接触，再加上表达也不是那么直白，所以这篇判决书即使是专业人员阅读起来也很是有些费解。原告是八幡制铁的一个持股500股的股东，叫有岛勉三郎。他曾任华南银行的行长，当时是律师。被告是八幡制铁的厂长小岛新一、副厂长角野尚德，他们同时也是八幡制铁的董事。他们代表八幡制铁在1960年捐给了自民党350万日元作为政治献金。有岛勉三郎在一审法院提起诉讼，认为二被告的行为违反了董事的义务，超出了八幡制铁章程中规定的"钢铁之制造、贩卖及相关业务"的业务范围。一审法院支持了原告的主张；二审法院则推翻了一审判决，支持了被告。于是案件打到了日本最高法院。当时，日本最高法院有十五名法官，一致裁定公司可以以法人的名义捐助政治献金，维持了二审判决。上诉人有岛勉三郎败诉。在同意多数意见的判决结论的同时，松田二郎等四名法官和大隅健一郎法官分别提出了自己不同于多数意见的少数补充意见。

案件的主要焦点问题是：（1）公司的权利能力是否只限于章程规定的业务范围？如果不限于章程规定的业务范围，接下来（2）"越界的限度"可以有多大？这个问题本身及其影子反复出现于多数意见和少数意见的各个论述中。

日本民法第四十三条规定："法人依法令规定，于章程或捐助章程所定目的范围内，享有权利，负担义务。"几乎所有的国家都有类似的规定。如果严格按照这个法条的规定，八幡制铁是一个钢铁企业，只能从事章程中规定的"钢铁之制造、贩卖及相关业务"，无权向自民党捐赠政治献金。自民党就要返还已经接受的政治献金，小岛新一和角野尚德二人也要承担责任。但是，几乎所有的国家现在都已经不拘泥于这样的规定了，往往都承认公司的权利能力不局限于章程规定的业务范围。日本以往的一些判例也是如此。在法人制度发展的最初阶段，法人都被严格要求按照章程的规定行事，不能越界。但是，让与公司打交道的每一个人都严格审查公司的章程后再与之交易，太不现实了。而且公司本身做一些章程之外的事情，也在情理之中。比如，公司过新年买一些庆祝用品时从事的交易严格说也是超出营业范围的，如果都一律都认定无效实在没有必要。所以，这条规定就逐渐松弛了下来。在八幡制铁这个案件中也是如此，各方对此的意见基本一致，不能以这条规定直接判定公司无权捐赠政治献金。于是，第二个焦点问题就成了各方争论的中心："越界的限度"可以有多大。

首先来看一下多数意见。它代表了日本最高法院的正式意见。

多数意见认为，公司与自然人相同，都是一个社会实体。也要承担社会作用。"如灾难救援资金之捐赠、对地域社会之财产上奉献、对各种公益事业之资金面协助等，即为通例。"至于对政党的捐赠，也同理。因为"政党系支撑议会制民主主义不可或缺之要素。同时，因政党系形成国民政治意思最有力之媒体，政党之应然，自为国民之重大关心事项。"所以，公司向政党捐助政治献金也是作为社会实体应尽的责任。那么，在越界之后就不存在任何的限制了。公司可以从事任何自然人能够从事的事情。

接下来，多数意见又驳斥了上诉人的另一个理由。这个理由缘于日本民法第九十条"以违反公共秩序或善良风俗事项为目的之法律行为，无效"的规定。有岛勉三郎认为宪法上的参政权只属于自然人，公司法人不能分享。所以也就不能向政党捐助政治献金。而且，巨额政治献金容易导致腐败和金权政治。还有，如果日本企业的大股东是外国人会造成外国干预日本政治。依我之见，有岛勉三郎提到的这些都属于国家利益，不属于严格意义上的公共秩序和善良风俗。但他所提到的观点是较有见地的，特别是外国人通过控制公司来影响日本政治，确实是问题。多数意见是这样驳斥他的：首先肯定宪法上的参政权确实只属于自然人，但认为公司和自然人都同样纳税，也要表达自己的政治意见，所以对公司表达政治意见没有压制的必要。而且，宪法上国民的权利义务只要可能就同样适用于国内法人。所以，公司同样有"对国家或政党之特定政策予以支持、推动或反对等政治性行为之自由。"（与对前一个问题的逻辑相同，多数意见认为只要自然人能做的，公司都能做。）然后，对于其他弊病认为只不过是偶发的现象，或者须严格执行法律就可避免，或者可待立法加以解决。这样也驳回了这个理由。

对于前两个理由这样处理之后，第三个上诉理由就已经不堪一击了。如果公司可以随意进行政治献金的捐助的话，说董事这样作是违反忠诚义务就太难了！多数意见首先认为公司法上董事对公司的忠诚义务不过是民法上委托义务在特别法上的另一种阐释，没有给董事加上更高的义务。然后肯定了如果董事"利用其职务上之地位，为自己或第三人利益，而捐赠政治资金之情形，则系违反忠实义务"。但是，随后指出既然公司有捐助政治献金的自由，董事又是公司的一个机关，就不能当然认为董事的捐助是出于私人利益。这需要原告另行举证证明。（哪里有这样的情况！董事反对一个政党，却出于公司的意思给这个政党政治献金！这种情况理论上有，但出现的可能性趋近于零。实际上都是董事支持一个政党，才会以公司的名义捐款给它。所以这是根本不可能证明的。）多数意见还提出，捐助应"在合理范围内，决定其金额。如超越该范围，而为不相称之捐赠时，应认为违反董事忠实义务"，但本案的捐赠经审查未超出合理范围，可以允许。（当然了！以八幡制铁的财力，350万日元是九牛一毛。）

综上，日本最高法院驳回了有岛勉三郎的上诉。

　　按照西方的观念，自然人是上帝意志的产物，对于上帝的意志我们只能敬畏和服从，所以自然人是天生的法律主体。但法人只是人的意志的产物。它不过是我们的工具。不是天生的法律主体。我们需要它的时候它可以有主体资格，当我们不需要它的时候，我们完全可以抛弃它。我们既可以在某些法律领域，如民法，赋予法人主体资格，也可以在另一些法律领域不赋予法人主体资格。例如，当法人已经沦为犯罪工具时我们就可以"揭开面纱"直接追索自然人。在任何法律问题上都将自然人和法人同样对待是不对的。

　　完全按照章程来确定公司法人的权利能力的确有些不尽合理，适当的突破也是必要的。八幡制铁虽然是一家钢铁企业，作一两笔其他的生意也未尝不可。但这种"越界"要有限度。不是自然人可以参政，法人也能参政；自然人可以政治献金，法人也能政治献金。否则日本干脆将这条法律规定废除掉好了，还留着干什么？我们原先给孩子规定必须呆在家里，不能离开屋子，后来发现让他适当出来走走也未尝不可。于是告诉他可以出来，但不要离家太远。这时候，虽然打破了原来不许离开家的规定，但并不等于"家"的概念可以完全放弃。因为我们还要求他不要离家太远，只有明确了"家"的概念才能确定什么是离家太远，否则就等于承认了孩子可以漫天遍野地跑了。所以，日本民法第四十三条的意义还是存在的。不能认为这条已经被突破，法人与自然人就没有区别了。

　　日本最高法院的多数意见对"越界的限度"是这样一种逻辑：公司既然可以进行灾难救援资金的捐赠，就能进行政党政治献金的捐赠。这两个领域差得也太远了吧！政治与慈善事业之间的区别是显而易见的。如果政治献金可以允许，"限度"二字也就不存在了。决定什么是应有的限度，要综合考虑许多因素。公司企业是个营利机构，不老老实实地做生意，去政治领域表达意见，除了政经勾结还能干什么呢？一个企业家从自己的口袋里掏钱资助政治家和从公司的口袋里掏钱资助政治家，政治家对他的感激是没有区别的。但公司的钱并不完全是企业家自己的，从公司的口袋里掏钱就相当于最终由企业家、股东、职工、债权人共同承担这笔钱。慷他人之慨，谁不愿为？何况，今后有什么不测的风险都可以躲在公司的面纱后面不用承担责任。这样的判决难怪会刺激了日本的金权政治。

　　总结日本最高法院的多数意见就是：民法第四十三条的规定是可以突破的，然后就可以任意为之了。

　　看过多数意见，虽然觉得有些牵强，但因为对政治献金的研究并不多，而且考虑到也许可能无法体会四十多年前日本最高法院大法官们的感受。觉得这样的判决可能也有它当时的道理吧。然而，看过了松田二郎等四名法官和大隅健一郎法官的补充意见，就觉得并非如此了。

松田二郎等四名法官的意见是这样的：

（1）多数意见中已经认为"公司所为之政治献金并非毫无限制地予以容许"，但实际却将公司的政治献金自由与自然人的政治献金自由完全等同，给予了极为广泛的认可。没有考虑到"自然人即使投入其全部财产作为政治资金捐赠，在法律上亦没有任何可责性"。而这种情况对于公司来说却不妥。多数意见中关于董事责任的部分虽然规定了忠实义务，但在公司的政治献金几乎毫不受制约，无效的事例不容易看到的情况下，很怀疑这种捐赠会被无限制地予以肯定。

公司可以在章程规定的业务范围外有权利能力的理论基础是公司的营利性与交易安全的要求。因为公司是要营利的，所以一些在章程规定的业务范围外行为也就被允许了。但营利性与捐赠行为并不相容，能否得到如此广泛的承认？而从美国的公司捐赠概念的变化可以看出，公司的捐赠被承认是基于"社会责任"。这与公司企业的营利性并不是一个法理。具体的公司捐赠能否被承认要个别决定。"Wieland 教授主张，为公共目的或政治性宣传而处分公司利得之行为，并不符合营利公司之目的"，"意义深远"。"而将公司与自然人国民所为政治资金捐赠同一视之多数意见，本人抱持重大疑问。""若依多数意见，公司代表人恣意从事与公司不相称之巨额政治献金时，亦为有效，然此种行为甚而有可能使公司经营陷入危殆。此种情形，自企业维持观点，或自社会观点，皆令人寒心"。

（2）对于董事责任，即使公司捐赠对外成立，对内也可追究董事责任。"公司权利能力问题与董事对公司关系之善管义务、忠实义务之问题，应分别观察探讨"。

（3）同意驳回上诉。

大隅健一郎法官的意见是这样的：（1）同意公司的权利能力不受章程规定的业务范围限制，但要区分营利法人与公益法人不同对待。多数意见对此的观点属于解释过当；（2）怀疑多数意见将捐赠认定是公司章程所定业务范围内之行为，故属于公司权利能力的观点。

这些补充意见思维缜密，分析精确，又讲得合情合理，意识到了多数意见存在的所有毛病。理论水平像学问渊博的教授。但又都欲言又止，曲折委婉：不同意你所有的观点，但同意你的结论。难道日本最高法院有这样的传统？与之相比，多数意见显得匠气十足。其理论水平就像一个鲁莽的法科学生，简单直线。但多数意见在阐释问题时又都异常冷静，尽量地就事论事，成功地将一个重大的政治问题化解在茶杯里。虽然如此，由于它回避了真正的问题，多数意见的论理显得极不充分，牵强附会。难道日本最高法院的另外十个法官就是这样的水平？我实在搞不懂。

另外，这篇判决书的表达绕来绕去，不知是原文如此，还是翻译的缘故。

【正文】^{〔1〕}

八幡制铁事件

最高法院昭和四十五年六月二十四日大法庭判决
昭和四十一年（才）四四四号

【判决要旨】

一、公司所为政治资金之捐赠，只要在客观、抽象观察下，足认系为发挥公司之社会功能所为，即属于公司权利能力范围内之行为。

二、宪法第三章所定之国民权利及义务诸条项，只要在性质上系属可能，对国内法人亦有适用。故而，只要不违反公共福祉，以之为政治行为自由之一环，公司亦享有对政党捐赠政治资金之自由。

三、商法第二百五十四条之二之规定^{〔2〕}，不过系将同法第二百五十四条第三项、民法第六百四十四条所定善管义务予以阐释、且更加明确化之规定^{〔3〕}，并非规定有异于通常委任关系所附随善管义务之另一高度义务。

四、董事代表公司捐赠政治资金之行为，只要衡诸该公司规模、经营实绩及其他社会经济地位及捐赠相对人等诸种情形，系于合理范围内所为者，并不违反董事忠实义务。

【事实】

八幡制铁（现新日本制铁）公司之代表董事 Y1、Y2 以上述公司名义于昭和三十五年（1960年）三月十四日，对自由民主党捐赠三百五十万日元作为政治献金。该公司股东 X 以下述理由，请求公司就公司所受损害对 Y1、Y2 提起追究董事责任之诉。即 Y1、Y2 所为之上述捐赠政治献金行为系该公司章程第二条所定所营事业（钢铁之制造、贩卖及相关业务）范围外之行为，该当于商法第二百六十六条第一项第一款之「违反法令或章程之行为」，同时，此等违反章程之行为，亦系违反《商法》第二百五十四条之二（现行法为第二百五十四条之三）所定董事忠实义务之行为。

---

〔1〕 选自台湾"司法院"编：《日本国最高法院裁判选译》第二辑。其中的 X 即原告有岛勉三郎、Y₁、Y₂ 即被告小岛新一和角野尚德。

〔2〕 本件所称《商法》第254条之二，于1983年日本修正《商法》时，条数调整为第254条之三。条文内容为"董事，负遵守法令及章程规定及股东会决议，为公司忠实执行其职务之义务"。

〔3〕 日本《商法》第254条第三项"公司与董事间之关系，依委任有关规定"。日本民法第644条"受任人负依委任本旨，以善良管理人之注意，处理委任事务之义务"。

然公司并未依 X 之请求提起上述诉讼，故 X 依《商法》第二百六十七条规定[1]，代位公司，对 Y1、Y2 提起请求连带对公司支付三百五十万关及迟延损害之诉。

第一审以下述理由，判决原告 X 胜诉。即，（一）特定行为是否为章程所定业务范围内行为之认定，设有「依是否系交易行为或非交易行为」之判断基准；（二）在所有的非交易行为皆为章程所定业务范围外行为之前提下；（三）自非交易行为中排除例如作为灾害救援之捐赠等之所谓「社会义务行为」；（四）除此以外之非交易行为，例如本案之对特定政党所为政治献金捐赠行为，皆属章程所定业务范围外之行为，故构成违反章程及违反董事忠实义务之行为。

第二审则以下述理由，废弃第一审判决，认同上诉人 Y1、Y2 之主张。即，（一）公司为经济社会之构成单位，另一方面亦为社会之构成单位；故而，（二）公司除作为一经济社会构成单位而从事追求利益本质性经济活动外，作为一社会构成单位，对社会关系有益之行为，亦属章程所定业务范围内之行为，而得从事之；（三）议员制民主制度下之政党，系服务于公共利益之组织，对政党之政治资金捐赠，只要不超越兴股东利害权衡上之合理限度，并不构成董事忠实义务之违反。

【主文】

上诉驳回。

上诉费用由上诉人负担。

【理由】

关于上诉代理人有贺正明、同吉田元、同长冈邦之上诉理由第二点，及上诉人之上诉理由第一及第二部分：

一、就公司有无为政治献金之权利能力部份[2]

依原审确认之事实，诉外人八幡制铁股份有限公司系依章程规定以「钢铁之制造、贩卖及附属事业」为业务之公司。但身为该公司代表董事之被告二人[3]，于昭和三十五年（1960 年）三月十四日，代表该公司，对自由民主党捐赠政治资金三百五十万日元。上诉意旨主张上述捐赠为该公司章程所定业务范围外之行为，该公司并无为此等捐赠行为之权利能力。

查公司于章程所定业务范围内有行为能力。但所谓业务范围内之行为，解释上

---

[1] 日本商法第二六七条第一项「继续六个月以上持有股份之股东，得对公司，以书面，请求提起追究董事责任之诉。」第二项「公司自有第一项请求之日起三十内不提起诉讼时，为同项请求之股东，得为公司提起诉讼。」第三项一第六项，略。

[2] 本标题为译者加注。

[3] 相对于我国就股份有限公司之代表机关系采董事单独代表制，日本则系采在董事中选任得为复数之代表董事，而为复数代表制。

并不局限于章程所明示之业务本身，而涵盖一切为遂行该业务直接或间接必要之行为。至于必要与否，不应以该行为在业务遂行上是否现实必要为断，而应依该行为之客观性质，为抽象判断。[最高裁昭和二四年（才）第六四号·同二七年二月一五日第二小法庭判决·民集六卷二号七七页、同二七年（才）第一〇七五号·同三〇年——一月二九日第三小法庭判决·民集九卷一二号一八八六页参照]。

但，公司以经营一定营利事业为其本来业务，故公司活动之重点，应在于章程所定业务遂行上直接必要之行为，自不待言。惟公司在另一方面，与自然人同样，为国家、地方公共团体、地域社会等（以下称"社会等"）之构成罩住，而为社会实体。故而，亦不得不负担作为社会等构成单位之社会作用。某一行为即使看来与章程所定业务并无关系，但只要在社会通念上，系对公司有所期待乃至要求之行为，则回应该期待乃至要求，不得不谓系该公司当然得以从事之行为。又，对公司而言，从事属于该等社会作用之活动，通常并非无益无用之行为。在追求企业体之顺利发展上，可认为有其相当价值与效果。故而，在此意义上，此等行为，虽属间接，但无碍于以之为在遂行其目的上之必要行为。如灾难救援资金之捐赠、对地域社会之财产上奉献、对各种公益事业之资金面协助等，即为通例。公司，为成就其社会功能，而为适当程度捐赠之行为，在社会通念上，毋宁谓系当然，而非违反股东及其他公司构成份子期待之行为。故而，即使将此等行为解为系公司权利能力范围内之行为，亦不致有任何损害股东权益之虞。

以上论理，在公司对政党捐赠政治资金之情形，亦同。宪法并未就政党有所规定，亦未赋予特别地位。但，宪法所定之议会制民主主义，若无视政党之存在与运作，终究无法期待其能顺利运作。故而，应认为宪法系以政党之存在为当然之前提，盖政党系支撑议会制民主主义不可或缺之要素。同时，因政党系形成国民政治意思最有力之媒体，政党之应然，自为国民之重大关心事项。故而，协助政党之健全发展，对公司而言，亦系其身为社会实体之当然行为而被期待。作为协力态样之一之政治资金捐赠，亦非例外。即使如上诉意旨所论，公司构成员对政治之信念并非一致，但公司所为政治资金捐赠，只要不是图谋特定构成员之利益或满足其政治志向，而系在对处于社会构成单位立场之公司所期待乃至要求之限度下所为，则不得谓公司无从事该等政治资金捐赠之能力。上诉人之论旨，只能谓皆属个人见解，无法采用。概言之，公司所为之政治资金捐赠，只要客观、抽象观察，可认为系为达成公司之社会功能所为，即无碍于以之为公司章程所定业务范围内之行为。

原审判决虽有若干与上述有异之见解，但认为本案政治资金捐赠为八幡制铁股份有限公司之章程所定业务范围内行为之判断，系属妥当，原判决并无上诉意旨所称之违法情形，上诉意旨无法采用。

二、就公司之政治献金行为是否违反民法第九十条部份[1][2]

上诉人并主张，股份有限公司所为之政治资金捐赠，违反仅就自然人国民承认其参政权之宪法规定，故系违反民法第九十条之行为。

查宪法上之选举权及其他所谓参政权，仅就自然人国民予以承认之点，确如上诉意旨所言。但，既然公司与有纳税义务之自然人国民同样有负担国税等之义务，立于纳税人之立场，即使对国家或地方政府之政策，做出表达意见或其他行动，亦无应予以禁止、压抑之理由。不仅如此，《宪法》第三章所定国民权利及义务之各条项，只要在性质上系属可能，应解为对国内法人亦有适用。故而，公司与自然人国民同样，具有对国家或政党之特定政策予以支持、推动或反对等政治性行为之自由。政治资金捐赠系该等自由之一环。公司为该等行为时，纵对政治动向有所影响，但并无应对之与自然人国民所为捐赠做不同处理之宪法上要求。上诉意旨虽谓公司对政党捐赠系侵犯国民之参政权。惟，对政党之捐赠，其行为性质上，不仅并未对个别国民之选举权及其他参政政权之行使本身有直接影响，即使政党之资金有部分使用于收买选举人之情形，此亦仅系偶尔发生之病理现象。而且，以抑制该等非法行为为目的之制度严谨存在。无论如何，政治资金之捐赠，难以直接侵害选举权之自由行使。公司具有捐赠政治资金之自由，已如前述，即使其对国民政治意思之形成有其一定作用，亦不足以据而否定之。上诉意旨主张大企业所为巨额捐赠势必产生金权政治之弊，又如有力股东为外国人时亦导致外国所为政治干涉之危险，进而，丰润之政治资金将酿成政治腐败云云。但对于所指摘弊害之因应之道，应待立法政策解决。宪法上只要不违反公共福祉，即使是公司，亦不得不谓其具有捐赠政治资金之自由。以上述弊害为由而侵害国民参政权之上诉意旨，无法采用。

如上所述，股份有限公司之政治资金捐赠，并不违反我国宪法。故而，以此等捐赠系违反宪法为前提，而谓其违反《民法》第九十条之论述，不得不谓系欠缺正确前提。原审判决并无上诉意旨所论之违法，上述意旨并不足采。

三、被上诉人所为政治献金是否违反商法第二五四条之二所定董事忠实义务部份[3]

上诉意旨谓，被上诉人等之本案政治资金捐赠行为，违反《商法》第二五四条之二所定之董事忠实义务。

《商法》第二五四条之二规定，仅止于将同法第253条第三项及《民法》第六四四条所定之善良管理人注意义务予以阐释，并使之更为明确。如上诉意旨将之解为

---

[1] 日本民法第九十条「以违反公共秩序或善良风俗事项为目的之法律行为，无效。」
[2] 本标题为译者加注。
[3] 本标题为译者加注。

系规定与通常委任关系所附随之善良管理人义务不同之另一个高度义务。

但如董事利用其职务上之地位，为自己或第三人利益，而捐赠政治资金之情形，则系违反忠实义务，自不待言。但上诉意旨，并未主张被上诉人等有具体追求此等利益之意图。而系立足于"一般而言，此种捐赠系应由个别国民基于各人政治信念而为"之前提，进而认为董事未立于个人立场自为捐赠，而以公司机关之地位由公司资产支出之情形，在结果上，等同于将公司资产为自己之利益而予以消费。惟，公司得从事政治资金捐赠行为，已如前述。既然如此，若无特别情事，当然不能仅因董事为公司之机关而居于关键地位，即谓系利用董事地位，追求私益之行为。上诉意旨复谓，大体上政党资金之一部分有被不正当或无益地浪费之虞，于本案捐赠之际，被上诉人等虽知有此事实，却仍贸然在未采取限定用途等防堵对策之情形下，漫然捐赠，甚而未经董事会审议，故明显违反忠实义务。然而，在主张上述忠实义务违反之情形，其举证责任应归该主张人负担，此与一般义务违反之情形相同。而原审之上诉人主张，仅止于一般情形之政治捐赠违反章程并扰乱公共秩序，故执行该支出之被告人等违反忠实义务云云，而未就被上诉人等具体行为予以论究。当然，上诉人就上述论点，自亦未有任何举证。上诉意旨所指摘之事实不仅系原审所未认定者，且亦非如上诉意旨所谓系应视为众所皆知之事实。故而，谓被上诉人等违反忠实义务之上诉意旨，实欠缺其前提，无法予以赞同。当然，董事代表公司从事政治资金之捐赠时，应考量该公司规模、经营实绩及其他社会经济地位及捐赠对象等各种情事，在合理范围内，决定其金额。如超越该范围，而为不相称之捐赠时，应认为违反董事忠实义务，但依原审所确定事实判断，即使将八幡制铁股份有限公司之资本额及其他当时之净利、配发股东股利等之数额列入考虑，本案之捐赠亦不能认为超越上述合理范围。

如上所述，认为被上诉人所为本案捐赠并不违反商法第二五四条之二所定董事忠实义务之原审判断，系属妥当。原审判决并无上诉意旨所论之违法情事，此一部份之上诉意旨亦无法采用。

四、据上所述，依《民事诉讼法》第四○一条、第九十五条、第八十九条，除长部谨普法官、松田二郎法官、岩田诚法官、大隅健一郎法官[1]有不同意见外，全体法官全体一致同意，判决如主文。

松田二郎法官之意见

就原审驳回上诉人请求之结果，本席认为系属妥当。但其理由，本席之意见与

---

[1] 原文如此。疑遗漏了入江俊郎法官。

多数意见有所不同。仅因本件自第一审判决以来，关于此有诸多批评与论文之发表，若加细别，可谓意见极为分歧。个人意见如下：

（一）多数意见就公司之权利能力，认为"公司于章程所定业务范围内有行为能力，但所谓业务范围内之行为，解释上并不局限于章程所明示之业务本身，而涵盖一切为遂行该业务直接或间接必要之行为"。此一见解，在用语上或略有差异，但与法院向来判例可谓同其旨趣。进而，多数意见就公司所为之政治献金，认为"公司所为之政治资金捐赠，只要客观、抽象观察，可认为系为达成公司之社会功能所为，即无碍于以之为公司章程所定业务范围内之行为"。据此，多数意见认为，公司所为之政治献金并非毫无限制地予以容许，而系在"可认为系为达成公司之社会功能所为"之限制下，予以承认。

但，另一方面，多数意见强调公司所为政治献金乃系政党健全发展之助力。而谓"政党系支撑议会制民主主义不可或缺之要素。同时，因政党系形成国民政治意思最有力之媒体，政党之应然，自为国民之重大关心事项。故而，协助政党之健全发展，对公司而言，亦系作为社会实体之当然行为而被期待。作为协力态样之一之政治资金捐赠，亦非例外"。多数意见既如上所述将公司所为政治献金之依据置于所谓"公司之社会实体"之点上，则因自然人亦为社会实体，两者在此点上即有其共通面。依本席所见，多数意见系强调此点，而将公司与自然人为平行思考。多数意见谓"公司与自然人国民同样，具有对国家或政党之特定政策予以支持、推动或反对等政治性行为之自由。政治资金捐赠系该等自由之一环"。进而，多数意见乃将公司所为捐赠政治献金之自由，解为与自然人之政治资金捐赠自由相同。惟，自然人与公司实有所不同，即自然人即使投入其全部财产作为政治资金捐赠，在法律上亦没有任何可责性。多数意见并未虑及上述差异，而对公司所为之政治资金捐赠，极为广泛地予以承认。

与此相关而应予注意者为多数意见就有关政治献金之董事责任见解。多数意见认为"董事代表公司从事政治资金之捐赠，应考量该公司之规模、经营实绩及其他社会经济地位及捐赠对象等各种情事，在合理范围内决定其金额等。超越该范围而为不相称之捐赠时，应认为违反董事忠实义务"。就董事代表公司为政治资金之捐赠，应考量上述诸点，系属当然。但，应予注意者为，就政治资金之捐赠，对于董事之对公司关系，多数意见虽课以基于上述忠实义务之严格制约，但就公司本身所为之政治资金却未提到任何该等制约之存在。若依多数意见而为判断，或许可谓多数意见认为公司本身所为政治资金之捐赠，与对董事课予之限制未必有所关系，而仅依是否在"章程所定业务范围内"之基准，决定该捐赠之有效抑或无效。但，既然在判例上，并不容易看到足以认为其系属章程所定业务范围外而以之为无效之公司行为事例。则依多数意见时，不能说公司所为政治资金之捐赠，实际上不会导致系极为广泛地被加以承认，或谓几近于无限制地被予以肯定之虞。本席对此等见解，不得不抱持怀疑态度。

公司在章程所定业务范围内有权利能力之见解，系以民法第四十三条为其基础[1]。该法条，系相对于我国民商法立法沿革上属于大陆法系之下，例外依循英美法，撷取其所谓"法人业务范围外行为"（ultra vires）法理而定。依此法理，略言之，系以法人实在说为据，法人超越其目的所明示范围而为行动时，其行为无效。在此点上，"章程所定业务"与"权利能力"间，有重大关联。不过，在做理论探讨时，"章程所定业务范围"与"权利能力范围"，本来即应为不同之个别问题。但我国判例并未拘泥于上述理论，藉由认为法人在"章程所定业务范围内"有"权利能力"，进而将公司之业务范围做极为广泛解释之方式，向来广泛承认公司之权利能力。对此，本席认为深具意义，并赞成判例之此种态度。所谓判例法，即是在此等形态形成。与其他法人相较，所以就公司之权利能力范围特别予以广泛承认，系基于公司之营利性与交易安全之要求。

在法律上，公司有独立人格，而具有不同于股东利益之公司本身（企业本身）利益。但既为营利法人，公司仅追求公司本身之利益仍有所不足，尚须将其所得利益分配于股东。就股份有限公司而言，股东之盈余分派请求权被认为系"固有权"，即显示此一观念。在此点上，存在着公司之特质。即公司本来系以遂行此等营利目的为其目的之团体，在此目的下赋予其权利能力。故公司本质上并非政治团体，亦非慈善团体。公司以企业之地位从事活动，在此层面上，广泛承认其权利能力，即为当然之要求。盖当此，公司得以充分从事其营利活动，亦得确保交易安全。

近来，可见到限制或废止英美法上能力外行为法理之倾向。于我国，在学说上，主张公司"不受营业范围限制"者亦趋于有力，综上所述，应容易理解。

立于上述立场，观察我国判例，虽然即使在较近之判例中，对于公司以外之法人，例如农业协同组合，可见到有认为对会员之借贷"不属于组合目的之范围内"者。但就公司而言，除例如大审院明治三十七年五月十日判决判示营业项目如。"为章程所定者以外者，董事违反章程而从事不属于营业项目之行为时，公司对之不负责任"等，极为早期之二、三判例外，在大审院及最高法院之判例中，欲找出认定公司之行为系章程所定业务范围外者，并非容易。换言之，此显示了判例在表面上仍揭示公司受章程所定营业范围"限制之旨，但就实际问题，就公司之行为，并未有认定

---

[1] 日本民法第四十三条"法人依法令规定，于章程或捐助章程所定目的范围内，享有权利，负担义务。"

超越此一限制者。此显示我国判例，就公司向来发挥了近乎废止英美法上 ultra vires 限制之作用。

但，对公司承认如此广范围之权利能力，系基于公司企业之营利活动自由及交易安全之要求，已如前述。故而，在即谓系公司，亦不得谓系其必然行为之层面，特别是与营利性并不相容之捐赠，其权利能力之范围未必有应予广泛承认之必要。本席就美国法之认识虽非广博，但对于在美国对于公司捐赠概念之如下变迁，深感兴趣。即，关于公司之捐赠，最初系以为公司之利益所为者为限，承认其效力，仅以慈善为由之捐赠，并不予以承认；其后，发展至如该捐赠系对公司事业有益，或系增进员工健康、福祉之目的，始予以承认；而后再逐渐发展至为慈善事业所为之捐赠亦广泛予以承认。此可谓系依循公司制度之发展，随公司企业之行动对社会各方面影响之增大，视公司所为捐赠，系其"社会责任"而予以承认。此乃公司负担义务范围之扩大，在此点上亦可谓系"权利能力"之扩大。但，此与基于公司原有之企业性格，而得于广大范围成为权利义务主体，系不同层面。而系依循另一不同法理，其本身即有一定之制约。详言之，公司之权利能力，系在企业之营利活动层面上客观、抽象决定，其范围可为广泛。但于非营利活动之层面，特别是从事捐赠之层面，公司之权利能力应个别、具体决定，其范围应为狭小。就后者而言，不过系依个别具体情形，就"相称"之捐赠予以承认。关于此点，以商法为企业法。在此立场下研究公司法之 Wieland 教授主张，为公共目的或政治性宣传而处分公司利得之行为，并不符合营利公司之目的而予否定之同时，属于业务上通常范围内之赠与应予容许；此外，为履行道义性或社会性义务，例如成立员工或劳工之年金或保险基金，而使用公司之利得，应予容许（Karl Wieland, Handelsrecht, Bd. II, S. 219）。虽然上述主张已属于早期学说，但其言及公司之营利性与公司所为赠与间关系之本质，意义深远。

依本席见解，公司所为捐赠，应就该捐赠系为员工之福利、公司所在村里之祭典、社会一般之慈善事业、政党等，依其对象之不同，个别观察，其间有不同程度之意涵差异。该捐赠之有效无效，应依该捐赠对象与公司间之关系、该公司之规模、资产状况等诸种情事，决定是否属于公司权利能力范围内之行为。就此点而言，对于"公司与自然人国民同样有从事支持、推动或反对国家或政党特定政策等政治性行为之自由。政绩资金之捐赠，正系该自由之一环"，而将公司与自然人国民所为政治资金捐赠同一视之多数意见，本人抱持重大疑问。盖，自然人有将自己所拥有之全部财产捐赠予某政党之自由、然就公司而言，却不应同论。

不过，采上述见解时，或将招致就公司所为捐赠是否"恰当"将依具体情形决定，捐赠之效力将因而极度不安定之非难。但，此与所谓"正当事由"向来系应依各情形具体判断类同。公司所为捐赠之效力，虽系新提起之问题，但终究应依判例之累积使其基准逐渐明确化。（于公司关系其划一基准不明确之情形，并非妥当。但，不得已之下，仍有此情形，例如，认股或股款缴纳有其瑕疵时，应以何种程度之瑕疵始致公司设立无效，亦只能具体认定）。而，即使以该献金为公司权利能力外行为而认为无效之情形，亦非完全欠缺对相对人之保护。盖，做此约定之公司代表董事，应依民法第一一七条对相对人负其责任[1]。且，参照如上所述而观察多数见解，可认为系将对公司在其企业营利活动层面所予以承认之广范围权利能力，不当扩及于公司所为政治献金。若依多数意见，公司代表人恣意从事与公司不相称之巨额政治献金时，亦为有效，然此种行为甚而有可能使公司经营陷入危殆。此种情形，自企业维持观点，或自社会观点，皆令人寒心。

（二）公司所为政治资金捐赠之效力，已如前述。但，以公司代表人之地位而从事政治资金捐赠之董事对公司之责任，系应另为检讨之问题。故，以公司代表人地位所为之捐赠为无效，而公司已完成该捐赠时，该董事，就该行为对公司当然应负其责任。但，即使将此种捐赠认为系公司之行为，而对外有效时，从事该捐赠之董事之对公司责任仍可成立。此系因公司权利能力问题与董事对公司关系之善管义务、忠实义务之问题，应分别观察探讨。例如，若公司之代表董事为自己之个人利益而捐赠政治资金时，即使认为此系公司之行为而为有效，上述董事责任仍可成立。

（三）依上所论观察本案，在原审认定之事实关系下，被上诉人等以诉外人八幡制铁股份有限公司代表董事之地位，对自由民主党所为之三百五十万日元本案捐赠，应解为系属该公司目的范围内之行为，且并不违反董事对公司之善管义务、忠实义务。故，对于身为该诉外公司股东之上诉人基于股东代位诉讼对上诉人等提起之诉，驳回上诉人请求之原审判决之判断系属正当，本案上诉为无理由。

入江俊郎法官、长部谨吾法官及岩田诚法官，赞同松田二郎法官之意见。

大隅健一郎法官之意见如下：
本席对本判决之结论，并无不同意见。但就多数意见关于公司权利能力之论述，有以下诸点无法赞同。

（一）多数意见就公司权利能力采如下见解，即类推适用民法第四十三条规定，公司仅于章程所定业务范围内有其权利、负其义务。此一见解，或可推测系基于以下理由而来。即因公司与自然人不同，系具有一定目的之人格。故当然仅于其目的

〔1〕 日本民法第一一七条第一项"以他人之代理人地位而订立契约之人，未能证明其有代理权或未经本人承认时，依相对人之选择，对相对人负履行契约或损害赔偿之责。"

范围内得成为权利义务主体。不仅如此，因公司股东系期待公司财产将利用于章程所定业务而为出资，故而，在保护股东利益之目的下，亦有将公司权利能力限定于章程所定业务范围内之必要。但，公司之目的与权利能力关系之问题，单自公司为法人之性质而概念性、抽象性决定，并非适当。应自比较衡量与公司活动有关之诸利益，应如何予以调整始为妥当之观点决定之。而在此观点下之主要问题，乃是期待公司财产被利用于章程所定业务使用之股东利益，及与公司立于交易关系之第三人之利益。

公司在现代经济担负核心存在地位，其活动范围极为广泛，日常频繁地进行大量交易之实情下，虽然各个公司章程所定业务登记于商业登记簿，但与公司交易之第三人，于交易时，逐一确认该交易是否属于该公司章程所定业务范围内，应说是并非容易。不仅如此，其判断亦未必容易。一般而言，不顾虑是否与该公司章程所定业务有一定关系，通进行交易，乃属通常。故而，若非只要是以公司名义所为交易，即不问其是否属于该公司章程所定业务范围内之行为，皆使公司负其责任，则确保交易安全，期待经济之顺畅运作，皆属困难。且无法避免漫然给予公司卸脱责任籍口之结果。自事实审之下级法院判决观之，虽然立于采取与多数意见相同见解之历来判例立场，但同时，亦有尽可能扩大承认实际上公司权利能力范围之倾向。其中亦可见到超越判例立场者。此情形应谓系下级审判决敏感且极端反映上述情事之结果。故而，将公司之权利能力解为不受章程所定业务范围限制，不得不谓系正当。就公益法人而言，因有保护公益之必要，又，其对外交易亦未如公司之广泛而频繁，故民法第四十三条将其权利能力限制于章程或捐助行为所定目的之范围内，非无理由。但，因商法虽规定公司准用若干公益法人之规定，但特别就民法第四十三条并未定准用明文，故应解为该条系仅就公益法人之规定。于公司类推适用该条规定，不仅无理由，毋宁谓系不当。当然，股东就公司财产不使用于章程所定业务范围外一事，有重要利益，故不应允许无视于该等利益之行为。但就其保护，若就股份有限公司而言，应委诸股东之董事违法行为制止请求权（商法二七二条）、董事解任请求权（商法第二五七条三项）、董事之对公司损害赔偿责任（商法二六六条）等公司内部制度。又，章程所定业务，应解为系限制公司代表机关代表权（但此限制不得对抗善意第三人）而有其意义。在向来承认公司能力受其目的限制之美国，否定其所谓能力外法理（ultra vires doctrine）之学说及立法逐渐有力之情形，亦足供参考。

如上所言，公司之权利能力应解为不受章程所定业务限制之营利目的所限制，应属适当。因法律区分营利法人与公益法人而使之分别受不同之规范，故，无视于此区别而为解释亦属过当。而即使如此解释，因客观观察判断为经济性交易行为之行为，一般皆解释为属于营利目的范围内之行为，亦不致有特别欠缺交易安全保护之情形。

（二）多数意见，将公司之权利能力解为限章程所定业务范围限内之同时，将灾害救援资金之捐赠、对地域社会之财产上贡献、政治资金之捐赠等，亦认为系公司章程所定业务范围内之行为，而解为属于公司权利能力范围内之行为。据此，谓公司“与自然人同样，为国家、地方公共团体、地域社会等（以下称‘社会等’）之构成单位，而为社会实体。故而，亦不得不负担作为社会等构成单位之社会作用。某一行为即使看来与章程所定业务并无关系，但只要是在社会通念上，对公司有所期待乃至要求之行为，则回应该期待乃至要求，不得不谓系该公司当然得以从事之行为。又，对公司而言，从事属于该等社会作用之活动，通常并非无益无用之行为。在追求企业体之顺利发展上，可认为有其相当价值与效果。故而，在此意义上，此等行为，虽属间接，但无碍于以之为在遂行其目的上之必要行为”。本席对上述论旨并无特别不同意见。但，对于据此而认为上述行为系公司章程所定业务范围内之行为，故属于公司权利能力范围内之行为之想法本身，则不得不抱持疑问。

多数意见认为应类推适用之民法第四十三条所谓章程所定业务，系谓各个公司章程规定之个别化公司目的事业。就本件诉外八幡制铁股份有限公司而言，应为“钢铁之制造、贩卖及相关事业”。此有别于所有公司共通之营利目的。但依多数意见，灾害救援资金之捐赠、对地域社会之财产上贡献、政治资金之捐赠等，因公司与自然人同样，为国家、地方公共团体、地域社会等（以下称“社会等”）之构成单位，而为社会实体，亦应负担作为社会等构成单位之社会作用，故公司当然得为此等行为。故而，此等行为在谋求作为公司一企业体之顺利发展上有相当价值与效果，但与依章程规定个别化之公司目的事业并无任何直接关联，不问其目的事业为何，就所有公司皆应同样予以承认。不仅如此，此等行为，在社会通念上，于作为社会等构成单位之社会实体之公司所被期待或要求之点，即或有程度上差异，但不仅限于公司，就各种协同组合或相互保险公司等所谓中间法人，甚而民法上之公司法人，不得不谓并无差异。在此意义上，如多数意见，就上述行为将公司之权利能力问题与公司章程所定业务牵连论究。不仅并无意义，反而不能免于牵强附会之谤。

姑且不论系如多数意见之于章程所定业务范围内承认公司之权利能力，抑或如本席主张之于所有公司共通之营利目的范围内承认公司之权利能力，皆应基于身为法人之公司之社会实体性而承认其权利能力。前所引用之多数意见所述，可谓系有助于对此意义下之公司权利能力赋予基础。本件政治资金之赠与是否属于诉外八幡制铁股份有限公司之权利能力范围内，亦应作为有关上述意义下之公司权利能力之问题而论究之。

（三）如上所述，类如灾害救援资金之捐赠、对地域社会之财产上贡献、政治资金之捐赠等之行为，系基于公司为法人之社会实体性而予承认。在将之解为与通常交易行为系不同层次之权利能力问题之本席立场，该权利能力亦应仅限于在社会通念上认为相当之范围内，如超越考量公司之规模、资产状态、社会经济地位、捐赠对象等诸般情事，认为不相当之金额而为捐赠，似应解为系超越公司权利能力范围之行为。对此见解，当然可以想像会有如下之批判。即所谓超越相当之限度所为行为，系不问相对人之善意恶意，而为无效，但其相当性之界限并非明确，故有害于法之安定。惟，上述行为，与通常交易行为之情形不同，并无强调交易安全保护之必要，毋宁应重视公司财产不致脱离章程所定业务而遭滥用之股东利益之保护。

就上述之点，多数意见采何种看法未必明确。但若观之多数意见所述"公司所为之政治资金捐赠，只要客观、抽象观察，可认为系为达成公司之社会功能所为，即无碍于以之为公司章程所定业务范围内之行为"，似可臆测系采与本席不同之见解。但上举判决文，其表现颇不明确。究竟公司所为政治资金之捐赠，是否仅限于在公司为达成其社会功能认为相当之限度内，始系公司章程所定业务范围内，进而系公司权利能力范围内之行为？（如做此解释，则所讲"客观、抽象观察"将成为障碍，毋宁应"考量各种情事而为具体观察"），仍有可予质疑余地。不仅如此，即使假设系此旨趣，则对政治资金之捐赠，亦与通常交易行为同视，认为系公司章程所定业务范围内之行为，然却仅就前者，就其权利能力加以上述限定，此在理论上是否妥当，亦非无疑问。就此点，将政治资金之捐赠置于与公司章程所定业务之关系上论究之多数意见，其适当与否，亦值质疑。

无论如何，即使依本席见解，本件政治资金之捐赠亦应解为系属于诉外八幡制铁股份有限公司权利能力范围内之行为，故不影响判决结果。

三十八、审判德国首要战犯判决书（节录）

◎纽伦堡国际军事法庭

【评析】

　　了解这篇判决书的内容，首先要了解这次审判所适用的法律。这次审判的法律依据是 1945 年 8 月 8 日签订的"伦敦宪章"第六条的规定。就是判决书"宪章的规定"一节中的内容。这三个条款一共有三项罪名：破坏和平罪、战争罪、违反人道罪。其中，破坏和平罪还衍生出一个罪名：共同计划或阴谋破坏和平罪，也可称共谋破坏和平罪。这个罪名也是第六条第一款包含的。因为许多纳粹德国的党政高官都不是直接参与侵略战争，而是在间接的提供帮助。这样就一共是四项罪名。需要注意的是，检察方在罪名这一点上与法庭有分歧。检察方也是按照四项罪名起诉的，分别是：共谋罪、破坏和平罪、战争罪、违反人道罪。但检察方认为，不仅破坏和平罪有共谋，战争罪和违反人道罪也有共谋。所以起诉的第一项"共谋"包括了其他三个罪的共谋。但法庭认为共谋作为一种单独的罪名只存在于破坏和平罪之中，不存在于另外两种罪之中。关于这点对法律理解上的分歧反映在"关于共同计划或阴谋的法律"一节中。最终，法庭将罪名调整为（1）共谋破坏和平罪；（2）破坏和平罪；（3）战争罪；（4）违反人道罪。判决书对每一个被告都是按照这四项罪名审查的，有的被告成立全部罪名，有的成立部分罪名，有的则完全不成立。同时，由于共谋破坏和平罪与破坏和平罪往往很难区分，战争罪与违反人道罪也往往联系在一起。所以，判决书是按照两个大的部分来论述这四项罪名的。判决书的总体结构也是按照这两个大的部分来安排的。

　　判决书首先是"概说"和"宪章的规定"。"概说"讲了本法庭组成的法律依据、审理范围、审理过程、起诉方的意见概述。而这次审理的实体法律依据，《宪章》第六条则表述在"宪章的规定"一节中。

　　"德国的纳粹政权"是一个背景事实的回顾。它包括了一战后纳粹党的产生和纳粹党夺去德国政权后的各项准备措施，从而说明了纳粹政权的犯罪意图的兴起和对犯罪的预备。

　　接下来，就是判决书对两大部分罪行：（1）共谋破坏和平罪与破坏和平罪；

(2) 战争罪与违反人道罪，分别的论述阶段。每一部分都包括了事实的叙述和法律问题的分析。

第一部分叙述了纳粹对一系列侵略战争的准备和实施。判决书将与纳粹德国发生战争的国家作了分类。对波兰、丹麦、挪威、比利时、荷兰、卢森堡、南斯拉夫、希腊和苏联的战争是赤裸裸的侵略战争。而对奥地利、捷克斯洛伐克的占领只是侵略行为。因为对这两个国家的占领至少在表面上是有法律条约支持的。奥地利是根据德奥合并的条约，捷克斯洛伐克也是经过它的总统的同意，而且这种吞并没有经过实际的武装冲突所以对他们的占领属于侵略行为，而不是侵略战争。对波兰、丹麦等国家不仅经过了实际的武装冲突，而且这些国家不是中立国就是与德国有条约保证的国家。德国对他们的战争完全的践踏法律。至于对英法两国的战争，判决书都没有提及，因为德国与这两个国家的战争是经过宣战的合法战争。而对美国的战争判决书只认为德国是怂恿和鼓励日本的举动。

纳粹德国的侵略也是违反国际条约的。"违反国际条约"一节简要说明了德国违反的主要国际条约。

"宪章的法律"和"关于共同计划或阴谋的法律"两节都是对法律的分析。"宪章的法律"是说明"伦敦宪章"适用于各个被告人。在此，判决书对"法无明文规定不为罪"、"国际法不处罚个人"以及与以前各个条约的关系等论点进行了驳斥。确认伦敦宪章应当适用于本案。由于共同计划或阴谋是一个全新的概念，所以判决书单独用"关于共同计划或阴谋的法律"一节来论述相关的问题。本书选录了这一节。这一节划清了这个概念的轮廓，反驳了相关的对立观点，并澄清了与检察方在这个问题上的分歧。

"战争罪和违反人道罪"和"关于战争罪与违反人道罪的法律"两节是阐释第二部分内容的，分别是事实和法律分析。有的战争本身不是侵略战争，比如对英法的战争，但在战争过程中会犯下战争罪行与违反人道罪行。判决书从"杀害和虐待战俘"、"杀害和虐待平民"、"奴隶性劳动的政策"、"对犹太人的迫害"四个方面叙述了事实。至于这两个罪名的法律问题，相对单纯一些。主要是缘于伦敦宪章与以往法律的竞争不是太大。

判决书下面的两个部分"被控告的组织"和"被告"是对被告具体的定罪了。纽伦堡审判创立了一种"影响远大而且是新颖的程序"，就是宣告某个组织为犯罪组织。一经宣判，这个组织的所有成员就可以直接判以参加犯罪组织之罪，并可以因此被判处死刑。这种新程序的创立是因为如果对所有参与纳粹行动的人都加以审查并从中挑选出真正有罪的人，将是一个极其庞大的工作。这样一种新程序可以大大提高这项工作的效率。如宣告党卫军是犯罪组织，那么所有符合法庭规定条件的党卫军成员就自动成为罪犯，无需再一一审查。应注意的是虽然宣告的是组织，但最终被追究责任的还是个人。检察方共起诉了六个组织：纳粹党的领导团、秘密警察队和保安勤务处、党卫军、突击队、德国内阁、参谋本部及国防军最高统帅部。法庭宣告了纳粹党领导团、秘密警察队和保安勤务处、党卫军为犯罪组织。

检察方还起诉了二十二名被告人。十二名被判处绞刑，三名被宣告无罪，其余被判处无期徒刑或有期徒刑。判决书论述了对这些被告人的判决理由。都分成破坏和平罪、战争罪和违反人道罪两部分。这些包括在"被告"一节中。而对被告人最终的量刑在"量刑"一节中。对于量刑，判决书只是宣告，没有给出理由。

纽伦堡审判共进行了十二轮，涉及被告100多人。其中这次首轮审判涉及的都是纳粹德国的头面人物，所以被称为"首要战犯判决书"。但人们提起纽伦堡审判和它的判决书，还是主要指这次审判。

这份判决书长达近十八万字。本书选录了其中的几段。

"概说"和"宪章的规定"则是为了让大家了解这次审判的概貌。

"关于共同计划或阴谋"一节是法律分析中比较重要的。这一节是讲共同计划或阴谋这个法律要件如何落实。一个政党、一个国家，在长达十几年的统治中，会形成庞大的日常实务。许多是正常的统治行为。要想从中抽取出与为侵略战争而共同计划或阴谋的部分是非常困难的。它与正常的党、政、军管理，甚至与正常的战争行为混在一起。更为主要的是，这是一个全新的概念，没有历史轨迹可以参照，内涵并不清楚。有人也提出"完全的独裁就不可能有共同计划"在希特勒乾纲独断的条件下，谁能与他共同计划呢？如果这种观点成立，伦敦宪章所提出的共同计划或阴谋就是一个空概念，不可能落实到司法实践中。判决书就如何认识这个概念阐释了自己的观点。"与其说是有一个包括所有各个计划的阴谋，不如说是有许多单独的计划。"纳粹对其目标的实现是以见机行事为特征的，并不是先有一个详细的计划，再按照这个计划具体落实的模式。"领导人与随从者的关系在这里并不能免除他们的责任，正如在类似的国内有组织的犯罪中有专横操纵的情况一样，责任是不能免除的。"的确，即使是完全的独裁者也需要手足耳目与其合作才能实现目的。如果整个统治集团都消极抵制，再大的独裁者也只能发出孤立无援的叹息。对于检察方的意见"参与纳粹党或政府的重大事务就是参与犯罪阴谋的证据。"判决书指出"阴谋离开决策和行动的时间一定不可太久。策划，如果是犯罪的话，绝不是只以党纲的宣言为根据"。而对与罪名上的分歧也在这里叙述，前面已经讲过了。

二十二名被告中，本书选录了杜尼兹的判词。原因有两个，一是杜尼兹是个重要人物。虽然只有短短的几天，但他继承了希特勒为纳粹德国元首。二是因为他并不像戈林等那些人一样罪无可恕。对他的行为要进行区分判断。杜尼兹被起诉的罪行中只有破坏和平罪和战争罪，没有违反人道罪。判决书认为他并没有共同计划或阴谋进行侵略战争，而只是实际进行了侵略战争。这是符合事实的。在纳粹筹划征服世界的时候，杜尼兹还只是一个技术性的军官。但由于德国的海军力量主要是由他的潜艇部队组成的，他在这场侵略战争的进行中所扮演的角色不容忽视。而且，他在成为德国元首之后仍然命令士兵与苏联继续战斗。所以他是有进行侵略战争的罪行的。德国海军最有名的就是无限制潜艇战。这是违反国际法的。但杜尼兹是不是应当为此而承担战争罪行的责任呢？判决书明确说明对他的判刑不是由于这个。原因中很重要的一点就是英美自身都进行了一些无限制潜艇战。以不同的标准来责备杜尼兹是不公平的。认定战争罪是因为他建议希特勒任意撕毁日内瓦公约，而表面上并不退出这个公约，以及他对待战俘的一些作法。杜尼兹最后获刑十年。

针对"参谋本部及国防军最高统帅部"是否为犯罪组织，有两种意见。英法美三国法官的多数意见和苏联法官的少数意见。本书都进行了选录。英法美三国法官是用法律的眼光来看待问题的。他们的理由重点是"参谋本部及国防军最高统帅部"不是一个组织。当一个人加入时，只是知道他加入了陆海空三军中的某一军，而不是加入一个"参谋本部及国防军最高统帅部"。关于具体军人的罪责可以在个别审判中进行。在"被控告的组织"一节中，判决书曾说宣告犯罪组织的程序"除非加以适当的提防，这个程序的适用是可以产生很不公正的结果的"。现在，英法美三国的法官对此问题的态度正是体现了这一点。反观苏联法官的意见，完全政治化。斯大林曾认为"所有穿过纳粹制服的德国人都应该枪毙，至少应该让他们到西伯利亚服苦役。至于党卫军，也许活埋是个更好的方式。"苏联法官的意见真是体现了这一点。更想说明的是，苏联法官的判决理由就是用的堆砌材料的方法。罗列了大量的纳粹军官的言行，只是说明他们的可恶。但对于英美法三国法官的多数意见有什么有价值的反驳呢？没有。让人觉得空洞、生硬。当你在论理的质量上无法取胜时，只能靠材料的数量了。看来，堆砌材料的写作方法还真是有历史。我想，只要不公正的审判还在，它就不会消失。

纳粹德国失败得如此彻底，以至于纽伦堡审判几乎可以毫无顾忌。但从此之后，这种政治含量很高的审判就再也不能这样痛快淋漓了。直到今天也还是如此。即使是同时期的东京审判的判决书，与它的法律质量也无法相比。

【正文】[1]

国际军事法庭审判德国首要战犯判决书

纽伦堡，一九四六年九月二十日和十月一日

庭长：现在宣读国际军事法庭的判决书。我不宣读标题和形式的部分。

判决书

大不列颠与北爱尔兰联合王国政府、美利坚合众国政府、法兰西共和国临时政府和苏维埃社会主义共和国联盟政府在一九四五年八月八日缔结协定设立本法庭，以审判战争罪行没有特殊地域性的战犯。依照第五条，下列参加联合国国家的政府已经表示参加该协定：

希腊、丹麦、南斯拉夫、荷兰、捷克斯洛伐克、波兰、比利时、埃塞俄比亚、澳大利亚、洪都拉斯、挪威、巴拿马、卢森堡、海地、新西兰、印度、委内瑞拉、乌拉圭与巴拉圭。

本法庭的组织、管辖权与职务，规定在附加于上述协定的宪章中。

本法庭受权审判和惩罚违反宪章所规定的破坏和平罪、战争罪与违反人道罪的人。

宪章又规定，在审判任何一个团体或组织的任何个别成员时，本法庭得宣告该个人所属的团体或组织（在与该个人应受判刑的任何行为有关的情形下）为犯罪的组织。

依照宪章第十四条，于一九四五年十月十八日在柏林提出了起诉书，对由缔约国首席检察官委员会指定为首要战犯而列于上述名单中的各被告提出起诉。

在审判开始前至少三十日，对于羁押中的各被告都送达了一份起诉书的德文副本。

起诉书控告各被告策划、准备、发动并进行侵略战争，因而犯破坏和平罪，这些战争同时亦是违反国际条约、协定与保证的战争；并控告他们犯战争罪；控告他们犯违反人道罪。起诉书又控告各被告参与制定或执行犯这些罪的共同计划或阴谋。检察方面并请求本法庭宣告所有被指名的团体或组织为宪章所称的犯罪组织。

被告罗伯特·列伊于一九四五年十月二十五日在监狱自杀。本法庭因哥斯达夫·克鲁伯的身体和精神状况，于一九四五年十一月十五日决定暂时不能对他进行审讯，但应保留起诉书中对他的控告，到以后被告的身体和精神状况许可的时候再

---

[1]　选自《国际军事法庭审判德国首要战犯判决书》，杨宗舜、江左译，世界知识社 1955 年版。

行审讯。依照宪章第十二条的规定，本法庭于一九四五年十一月十七日决定对被告鲍尔曼进行缺席审判。本法庭于经过辩论并审阅详细的医疗报告书和被告本人的陈述后，在一九四五年十二月一日决定不能因被告赫斯的精神状况而延迟对他的审讯。本法庭对于被告斯特莱彻的案件也作了同样的决定。

依照宪章第十六条及第二十二条，辩护律师或者由羁押中的被告本人选任，或者依被告的请求由本法庭指定。本法庭为缺席的被告鲍尔曼指定了辩护律师，也指定了辩护律师代表被指名的团体或组织。

审讯自一九四五年十一月二十日开始，用英、俄、法、德四种语言进行，除鲍尔曼外，所有被告都声辩"无罪"。

证言的听取和辩护律师的发言到一九四六年八月二十一日结束。

本法庭举行了四百零三次公审庭。检察方面，有三十三名证人口头提供了对各被告个人不利的证言。辩护方面，除被告中十九人的供词以外，还有六十一名证人口头提供了证言。

辩护方面另外还有一百四十二名证人用书面答复询问的方式提供了证言。

本法庭指派了若干委员听取有关各个组织的证据。各委员听取了辩护方面一百零一名证人的证言，还收到了其他证人提出的一千八百零九份誓证书。各委员也收到了六份摘述其他许多誓证书内容的报告。

本法庭收到为各政治领袖提出的、有十五万五千人签名的三万八千份誓证书，为党卫军提出的十三万六千二百一十三份誓证书，为突击队提出的一万份誓证书，为保安勤务处提出的七千份誓证书，为参谋本部及国防军最高统帅部提出的三千份誓证书，为秘密警察队提出的二千份誓证书。

本法庭自己听取了二十二名证人为各个组织提供的证言。本法庭收到为控诉各个别被告和组织而提出的证据文件数以千计。所有在法庭的发言都用速记作成了记录，审讯的一切经过也都录了音。

检察方面提出的一切供证据用的文件都用德文副本送给辩护方面。各个被告提供证人和文件的声请，在有些情形下，因为这个国家的不安定状态而引起了严重的问题。同时，依照宪章第十八条（丙款），为使审判迅速进行起见，也有必要限制传唤证人的数目。本法庭对于被告的声请，经过审查认为与任何被告或被指名的团体或组织的辩护有关的，而不是重复的，都曾予以批准。而且为使这些证人到庭，给予他们各种便利，并由本法庭设立的书记官处发给证明文件。

检察方面提交本法庭的许多证据是盟军在德国陆军司令部、政府建筑物以及其他地方所搜获的书面证据。有些文件是在盐矿中找着的，有些是埋在地下的，藏在假墙的后面或其他被认为不易发现的地方的。所以对各被告的诉讼大部分是根据他们自己所制作的文件。对于这些文件的真实性，除了一两个事例外，辩护方面都没有提出过异议。

宪章的规定

各个人被告是依照宪章第六条起诉的，该条的规定如下：

"第六条 依本宪章第一条所称的协定，为审讯并惩罚欧洲轴心国家的首要战犯而设立的法庭对于为欧洲轴心国家的利益而犯有下列罪行之一者，不论其为个人或为组织的成员，均有审讯及惩罚之权：

本法庭对于下列各行为，或其中任何一种行为，有管辖权，有此种行为者应负个人责任：

（甲）破坏和平罪：指策划、准备、发动或进行侵略战争，或违反国际条约、协定或保证的战争，或参与实施上述任何罪行的共同计划或阴谋；

（乙）战争罪：指违反战争法规或惯例。此种罪行包括，但不限于：杀害或虐待属于占领区或在占领区的平民，或为从事奴隶性劳动或为其他目的而将平民劫走；杀害或虐待战俘或海上人员，杀害人质，掳掠公私财产，恣意破坏城市乡镇，或非为军事需要而进行毁坏。

（丙）违反人道罪：指战争发生前或战争期间对于任何平民的杀害、灭种、奴役、放逐及其他不人道的行为，或基于政治、人种或宗教之理由而目的在于进行属于本法庭管辖之任何犯罪活动或与此有关的迫害行为，至其是否违反犯罪所在地的国内法则在所不问。

参与制定或实施旨在犯上述任何罪行的共同计划或阴谋的领导者、组织者、教唆者与同谋者，对于任何人为实现这种计划而作出的一切行为都要负责。"

本法庭应受这些规定的拘束，以之作为法律而适用于本案。关于这些规定，本法庭以后将详细论述，但在论述以前，本法庭认为回顾一下事实是有必要的。为了表明侵略战争与起诉书中所控告的战争罪行的背景，本法庭将首先回顾第一次世界大战以后的一些事件，特别是追溯希特勒领导下的国社党发展到掌握最高权力的地位，由此而控制整个德国民族的命运，并使各被告有可能犯被控告的上述一切罪行的经过。

……

……

关于共同计划或阴谋的法律

从前面关于侵略战争的事实的叙述中，可以清楚地看出：在历史的每一阶段上，策划和准备工作是极有系统地进行的。

策划和准备工作对于发动战争是紧要的。本法庭认为侵略战争在国际法上是一种犯罪行为。宪章规定这一犯罪行为是：策划、准备、发动或进行侵略战争，"或者参与共同计划或阴谋，以完成……上述侵略战争"。起诉书遵循着这种特性。

第一项控诉共同计划或阴谋。第二项控诉策划和进行战争。这两项提出的证据是同样的证据。因这两项实质上是一样的，我们将一并加以讨论。各被告被控犯有该两项罪行，他们在每一项下面的罪行必须予以确定。

起诉书中控诉的"共同计划或阴谋"涉及二十五年的期间，自一九一九年纳粹党成立时起，至一九四五年战争终结时止。这个党被认为是"各被告间结合的工具"，必要时，借使用武装部队，发动侵略战争，以贯彻其阴谋的目的——推翻凡尔赛和约，获得德国在上次大战时丧失的领土以及在欧洲的"生存空间"。纳粹党人的"夺取权力"，使用恐怖手段，破坏职工会，对于基督教教义和教会的打击，对于犹太人的迫害，把青年编人军队——所有这一切据说都是为了贯彻共同计划而审慎采取的步骤。这据说是表现在：秘密重整军备、德国退出裁军会议和国际联盟、实行普遍兵役制、和夺取莱茵区。最后，依照起诉书所说，于一九三六年至一九三八年间，对奥地利和捷克斯洛伐克策划并实行侵略行动，接着对波兰策划并进行战争，继而对其他十个国家进行战争。

实际上，起诉方面说，参与纳粹党或政府的重大事务就是参与犯罪阴谋的证据。宪章中没有规定阴谋的定义。但本法庭认为阴谋的轮廓一定已在犯罪目的中清楚地表现出来。阴谋离决策和行动的时间一定不会太久。策划，如果是犯罪的话，绝不是只以党纲的宣言为根据，如像一九二零年纳粹党宣布的二十五点，或以后在"我的奋斗"中表示的政治主张那样。本法庭必须审查是否有进行战争的具体计划，并断定这一计划的参与人。

关于是否有证据证明各被告之间有一个总的阴谋，是无须加以肯定的。当审查以后进行战争的计划时，当然必须记得纳粹党的夺取权力，以及以后纳粹党对于所有经济生活和社会生活各方面的控制。早在一九三七年十一月五日，或许还在这个时候以前，就已拟订了进行作战的计划，这是显而易见的。在此以后，这样的准备在许多方面继续进行，而且破坏了许多国家的和平。真的，战争的威胁——必要时，战争本身——是纳粹党政策的一个主要部分。但是证据确实地证明，与其说是有一个包括所有各个计划的阴谋，不如说是有许多单独的计划。从纳粹党人夺取政权的时候起，德国即迅速地向完全的独裁发展，并且逐渐地走向战争，这一点已为本判决书中所叙述的一个接一个的侵略行为和战争所表明，而丝毫没有怀疑的余地。

本法庭认为，证据已经证明某些被告共同从事于准备并进行战争的计划。至于起诉书中所说那样广的范围和那样长的时期的单一阴谋是否已经得到肯定证明，考虑这一点，是无关紧要的。以侵略战争为目标，继续不断地策划，这是已经证明无疑了的。关于局势的真相，德国外交部翻译官保尔·许密特说得好：

"纳粹党领导的总目标，即统治欧洲大陆，从一开始就是显而易见的，达到这一目标的步骤首先是把所有操德语的区域并入德国之内，然后在'生存空间的口号之下扩张领土'。可是，这些基本目标的实现，似乎是以见机而作为特征的。每一接连的步骤显然是在新的局面产生时实行的，但是所有的步骤又都是和上述最后目标相一致的。"

那种认为有完全的独裁就不能有这种共同计划的论点是站不住脚的。一个计划，即使只是许多人中的一人想出来的，如果有许多人参与其执行，仍然是共同的计划；执行计划的人不能因为他们是受了想出计划的人的指挥而免除责任。希特勒决不能独自发动侵略战争。他必须取得政治家、军事领袖、外交家和商人的合作。当这些人明知他的目的而和他合作的时候，他们就成了他所创议的计划的同谋者。如果他们明知自己在做什么，他们就不能因为受了希特勒的利用而被认作无罪。他们的任务虽是独裁者所指定，但不能因此而免除对其行为的责任。领导人与随从者的关系在这里并不能免除他们的责任，正如在类似的国内有组织的犯罪中有专横操纵的情况一样，责任是不能免除的。

然而第一项不仅控告进行侵略战争的阴谋，而且也控告犯战争罪和违反人道罪的阴谋。但宪章除了把侵略战争行为的阴谋单独定罪外，并没有把其他的阴谋单独定罪。宪章第六条规定：

"参与制定或进行上述罪行的共同计划或阴谋的领导者、组织者、教唆者与同谋者，对于实施此种计划的任何人所作的一切行为均应负责。"

本法庭认为这一段文字并未在已经列举的罪名以外增加一种新的单独的罪名。这一段文字是为了确定参与共同计划的人的责任而规定的。因此，本法将不考虑第一项中关于控告各被告阴谋犯战争罪和违反人道罪，而只考虑准备、发动和进行侵略战争的共同计划。

庭长：我现在请法官派克继续宣读判决书。

被控告的组织

宪章第九条规定：

"在审判任何团体或组织的任何个别成员时，法庭可以宣告该个人所属的团体或组织（在和该个人得被判处罪刑的任何行为有关的情形下）为犯罪的组织。

法庭于收到起诉书后，如认为适当，应当发出这样的通告，内称检察方面拟请求法庭作出上述宣告，并且该组织的任何成员有权声请法庭准予就该组织的犯罪性质问题向法庭陈述意见。法庭对于此项声请人的代理和陈述的方法。"

宪章第十条明定，对于被控告的组织所作的有罪宣告是决定性的宣告，在以后对该组织的成员的任何刑事诉讼中不能对此提出异议。第十条规定如下：

"在团体或组织经法庭宣告为犯罪组织的情形下，任何宪章签订国的国内主管机关均有权将参加该组织的个人交付其国内的、军事的或占领当局的法庭审判。在这种情形下，团体或组织的犯罪性质应认为已经确定，而不应有所疑问。"

本法庭所作关于团体或组织的犯罪性质的宣告，其效力已由德国管制委员会于一九四五年十二月二十日通过的第十号法律中充分说明，该法律规定如下：

"有下列行为之一者，为犯罪：

......

（丁）参与经国际军事法庭宣告为犯罪组织的犯罪团体或组织。

......

（三）任何人经判定犯有上述罪行之一者，可于定罪后处以法庭认为公正刑罚。此项刑罚可以是下列的一种或数种：

（甲）死刑。

（乙）无期徒刑或有期徒刑，兼做苦工或不兼做苦工的徒刑。"

所以，实际上，经本法庭宣告为犯罪的组织的成员，以后可判以参与犯罪组织之罪，并可因此而被判处死刑。这并不是假定审讯这些个人的国际或军事法庭将不行使公平的审判。这是一个影响远大的而且是新颖的程序。除非加以适当的提防，这个程序的适用是可以产生很不公正的结果的。

应该注意的是，第九条是用"法庭可以宣告"这几个字的，因此，本法庭对于是否宣告任何组织为犯罪的组织有斟酌的权力。这一个斟酌权是司法的斟酌，不容许武断行使，而应依照确定的法律原则行使，其中一个最重要的原则就是：犯罪是由个人负责的，应该避免处罚集体。如果任何组织或团体的犯罪已经证明，本法庭决不因为"集体犯罪"的理论是新的，或者这种理论以后可能被某些法庭不公正地适用，而对于宣告它是犯罪的组织一点有所迟疑。在另一个方面，本法庭作关于团体或组织的犯罪性质的宣告应尽可能保证使无罪的人不受处罚。

犯罪的组织和犯罪的阴谋有一点是相似的，这就是两者本质上都是为了犯罪而进行合作的。犯罪的组织必须是为了共同的目的而结合和组织的团体。该团体的组成或使用必须和宪章所斥责的罪行有关。因为关于组织或团体的犯罪性质的宣告，如前所述，将决定它的成员的犯罪性质，因此，不知晓该组织的犯罪的目的或行为的人们以及被国家指派加入该组织的人们，除了以该组织的成员身份亲自参与宪章

第六条所规定为犯罪的行为者外，不包括在上述的定义之内。任何人要包括在本法庭所作上述宣告范围之内，单是成员的资格还是不够的。

因为本法庭所作关于团体或组织的犯罪性质的宣告，其他法院在审判参加此种犯罪组织之人的时候将予援用，本法庭认为有必要提出如下建议：

一、德国四个占领区的犯罪分类、制裁和刑罚应尽可能一致。尽可能的统一待遇应该是一个基本原则。这当然不是说，法院不应有斟酌处刑的权力；而是说斟酌处刑的权力应该在固定的并和犯罪性质相当的范围之内。

二、上面提到的第十号法律规定刑罚的判处完全由审判法院裁决，甚至可以到判处死刑。

但是，一九四六年三月五日通过的，适用于巴伐利亚、大赫赛和威丁堡——巴登的"消灭纳粹主义法"对于每一类犯罪都规定了一定的刑罚。本法庭建议，无论在什么情形下，依第十号法律对本法庭宣告为犯罪性制裁的团体或组织的成员所判处的刑罚，不应超过"消灭纳粹主义法"所定的刑罚。任何人依照其中一个法律被处罚后，不应该依照另一个法律再被处罚。

三、本法庭兹向德国管制委员会建议：第十号法律应予修正，对于犯罪团体或组织的成员所遭受的刑罚规定一定的限度，使其刑罚不超过"消灭纳粹主义法"所定的刑罚。

起诉书请求法庭宣告下列的组织为犯罪组织：纳粹党的领导团；秘密警察队；保安勤务处；党卫军；突击队；德国内阁；参谋本部及国防军最高统帅部。

……

……

参谋本部及国防军最高统帅部

检察方面也请求把德国参谋本部及国防军最高统帅部宣告为犯罪的组织。本法庭认为对于参谋本部及最高统帅部不应当作出关于犯罪行为的宣告。这里被告的人数虽然比较德国内阁的被告人数为多，但是数字仍然不大，所以对这些官员进行个别审判，较之依照请求作出宣告，可以更好地达成这里所追求的目的。但是还有一个更加有力的理由存在，这就是：依照本法庭的意见，参谋本部及最高统帅部既不是宪章第九条所称的"组织"，也不是该条所称的"团体"。

关于所提到的这个团体的性质，需要加以一些说明。根据起诉书和提交本法庭的证据，它包括约一百二十名官员，现尚生存的和已经死亡的都在内；这些官员从一九三八年二月希特勒改组陆军之日起到一九四五年五月德国投降之日止这段期间，曾经在军事组织中担任过某些职务。这些人是三军最高司令部——陆军最高司令部、海军最高司令部、空军最高司令部——的高级官员。在他们之上还有包罗一切的军事权力机关，这就是德国国防军最高统帅部，以希特勒为最高统帅。德国国防军最高统帅部的官员，包括作为最高统帅部主任的被告凯特尔在内，在某种意义上是希特勒个人的属员。在较广泛的意义上，他们调配并指挥三军，而特别着重于计划和作战的工作。

上述团体在这个或那个时期内所有的官员属于下列四类中的一类：（一）三军中任何一军的总司令；（二）三军中任何一军的参谋长；（三）三军中任何一军的战地总司令，这类官员在全体中自然数目最多；（四）德国国防军最高统帅部的官员，这类官员共有三人，即被告凯特尔和约德尔及后者下面的副主任华利蒙。这就是起诉书所使用的"参谋本部和国防军最高统帅部"这一名称的意义。

检察方面在这里划清了界线。检察方面并未对该军事组织的下级官员包括陆军兵团司令及海军和空军中相等于陆军兵团司令的官员起诉，也并未对再下一级官员即陆军师长或其他武装部队中相等于陆军师长的官员起诉。德国国防军最高统帅部、陆军最高司令部、海军最高司令部和空军最高司令部的参谋人员也没有包括在内；同样，习惯上称为参谋本部官员的、训练有素的军事专家也没有包括在内。

那末实际上，被当做该团体的成员而受到起诉的都是德国最高级的军事领袖。检察方面，并未坚决主张这些人构成宪章第九条所称的"组织"。检察方面的意见倒是认为这些人构成一个"团体"，"团体"这个名称比较"组织"更广泛些并且包罗更多些。

本法庭并不这样断定。依照证据看来，他们在参谋一级上的计划工作，参谋人员和战地司令员间的经常会商，以及他们在战场上和在司令部中的战术，都是和所有其他国家的陆、海、空三军人员的作法大致相同的。德国国防军最高统帅部关于协调和指挥的、包罗一切的活动，是可以与其他国家武装部队中类似的、虽不完全相同的组织形式相比拟的，例如，英美联合参谋本部。

从他们这样的活动方式便推定有一个组合或者团体存在，依照本法庭的意见，是不合逻辑的。按照这种见解，其他每个国家的高级将领们也将是这样的一个组合，而不是一群军人了，也不是在某一特定时期内充任高级军事职位的若干个人了；但是实际上他们的身份却正是这样。

很多的证据和辩论集中于加入这些组织是否自愿的问题上；依本法庭的意见，在本案中，这等于无的放矢。因为这个所谓犯罪组织具有一个特质，一个占支配地位的特质，使得它明显地区别于其他五个被起诉的组织。当一个人成为例如党卫军的成员时，不论他是否自愿加入的，他在加入的时候，的确知道他是正在加入一个团体的。但是在参谋本部和国防军最高统帅部的情形中，他不可能知道他是在加入一个团体或者组织，因为这样的组织，除掉在起诉书的控诉里提到以外，是不存在的。他仅仅知道他在三军中的一军获得了某一个高级职位，而不能够意识到这样一个事实，就是他将会因此而成为像通常叫做"团体"的这样一个具体东西的成员。他在自己所服务的那一军中和自己同事的关系，以及他和其他两军中官员的联系，一般说来，是与全世界其他国家军队中官员间的关系和联系一样的。

因此，本法庭不宣告参谋本部及国防军最高统帅部为犯罪的组织。

虽然本法庭认为第九条中"团体"这个名词所包含的意义，一定不止是军官的集合体这个意义，而是有更深一层的意义，但是本法庭已经听到有关这些官员参加于策划和进行侵略战争以及犯下战争罪和违反人道罪的很多证据。关于他们中间很多人，证据是明确可信的。

他们对于几百万男女和孩子所遭受的灾难和痛苦是负有大部分责任的。他们玷污了荣誉的军职。假如没有他们在军事上带路，希特勒及其国社党伙伴们的侵略野心将仅仅是理论上的、没有效果的。虽然他们不符合于宪章所称的团体，但他们确实是一种残酷的军人。现代德国的军国主义，简单地说，是同它的新伙伴——国家社会主义一起发展起来的，而其发展比较它过去的时代有过之而无不及。

在这些人中，有很大一部分人玩弄了军人服从军事命令的宣誓。当服从适合于他们的辩护的时候，他们就说自己必须服从；当他们面对着希特勒的残忍罪行，并经证明他们已概括地知悉这些罪行的时候，他们就说自己曾经拒绝服从。事实是：他们或者是曾经积极地参与进行所有这些犯罪活动，或者是不声不响，默示顺从，静观犯罪活动的进行，而且所进行的活动较之全世界人们所曾不幸知悉的更为大规模，更令人惊骇。这是必须说明的。

当事实证明应予审判的时候，这些人即应交付审判，借以使得他们中间犯有这些罪行的犯人不至逍遥法外。本法庭明天将在早晨九时二十分开庭，现在休庭。

……

……

杜尼兹

杜尼兹是按照起诉书第一、二、三各项罪名起诉的。他在一九三五年担任指挥从一九一八年起建立的德国第一潜水艇舰队，在一九三六年成为潜水艇舰队司令，在一九四〇年成为海军中将，在一九四二年成为海军上将，在一九四三年元月三十日成为德国海军总司令。一九四五年五月一日，他继承希特勒而为德国元首。

破坏和平罪

虽然杜尼兹建立并且训练了德国的潜水艇舰队，证据并未证明他曾经知悉进行侵略战争的共同阴谋，也并未证明他曾经准备和发动这些战争。他是一个军官，履行严格的战术上的职务。他并未参加宣布侵略战争计划的那些重要会议，也没有证据证明他曾经知悉在会议上作出的那些决定。但是杜尼兹进行了本法庭宪章所称的侵略战争。在战争爆发以后立即开始的潜水艇战争是同德国国防军的其他部门完全相配合的。很明显，他在那时指挥的少数潜水艇是完全准备妥当以待战争的。

的确，他在一九四三年元月被任命为海军总司令以前，并不是一个"总司令"。但是这个论断低估了杜尼兹的地位的重要性。他不只是一个军或是一个师的司令官。潜水艇舰队是德国海军的主要部分，而杜尼兹是它的领导人。在战争初期，公海上的德国海军舰队进行了少数规模不大的、虽然是表演性的袭击，而对于敌人的真正加害，几乎完全是他的潜水艇所做的事情：这是盟国和中立国几百万吨船舰被击沉的事实可以证明的。杜尼兹是惟一的负责进行这种战争的人。海军总司令部仅仅保留了决定在每个区域中配置多少潜水艇的问题。例如，在侵略挪威的战争中，杜尼兹于一九三九年十月间就潜水艇根据地提出了一个建议，他现在却声辩这个建议仅仅是供参谋部研究的方案；一九四〇年三月间，他对于潜水艇后援舰队发布了作战命令，这在本判决书另一个地方已经论及了。

莱德尔曾经建议把杜尼兹任命为他的继任人以及希特勒曾于一九四三年元月三十日任命杜尼兹为德国海军总司令的事实，有力地证明了杜尼兹对于德国进行战争的重要地位是正像上面所说的那样。希特勒也知道潜艇战争是德国海军战争的主要部分。

从一九四三年元月起，希特勒几乎不断地向杜尼兹征询意见。证据证明了，在战争进行中他们两人曾经就海军问题会谈了大约一百二十次。

迟至一九四五年四月，当他承认他知道战斗已无希望的时候，杜尼兹作为海军总司令，仍迫令海军继续进行战斗。一九四五年五月一日，他成为德国元首，而以这个资格命令国防军在东方地区继续战争，直到一九四五年五月九日投降为止。杜尼兹现在辩解说，他发出这些命令的原因是为了保证德国平民可以撤退，并且陆军可以从东方地区进行有秩序的撤退。

本法庭认为证据证明了杜尼兹是积极地进行侵略战争的。

战争罪

杜尼兹被控违反了一九三六年的海军议定书而进行无限制的潜艇战争，而这个协议书德国是参加了的，并且是重申一九三〇年伦敦海军协定所规定的潜艇战争规则的。

检察方面提出了下列的论证：一九三九年九月三日，德国潜水艇舰队目空一切地无视该议定书，开始对于一切商船，不论是敌国的或者是中立国的，进行无限制的潜艇战；而且在全部战争中，伪善地援引国际法以及那些假定盟国违反国际法的事件，以故意掩盖这种战争的进行。

杜尼兹现在坚持说德国海军在任何时期都是在国际法和海军协议书的范围内行动的。他供称：当战争开始的时候，几乎一字不易地采自海军议定书的德国捕获条例是潜艇战的指针；依据德国的见解，他命令潜水艇袭击有军舰护航的一切商船，以及在遇见潜水艇的时候拒绝停驶或者使用它们的无线电的一切商船。当他所接到的报告中指出英国的商船正在被利用来提供无线电情报，并被武装起来，在遇见潜水艇即行袭击的时候，他就在一九三九年十月十七日命令他的潜水艇不加警告地袭击一切敌国的商船，其理由是，商船的抵抗是在意料中的。在此以前，在一九三九年九月二十一日，已发布对于夜间熄灯而航行于英吉利海峡中的一切商船，包括中立国的商船在内，进行袭击的命令。

一九三九年十一月二十四日，德国政府对中立国商船发出警告说：因为有武装配备的、并奉令使用武器冲击潜水艇的盟国商船与潜水艇常常在大不列颠岛的四周和法国海岸的海面上发生战斗，中立国商船在海面上的安全是不能再视为当然的事情了。一九四〇年元月一日，德国潜水艇舰队司令部根据希特勒的指示，命令潜水艇在大不列颠诸岛四周地区（美国已禁止它自己的船舶行于该地区）内袭击所有的希腊商船。在五天以后，对于潜水艇队所发布了一个命令，叫它们在北海的一个特定区域内，"立即对一切船舶无限制地使用武器"。最后，一九四〇元月十八日，更准许潜艇不加警告地"在可以假定已使用水雷的、接近敌国海岸的海面"击沉一切船舶。但美国、意大利、日本和苏联的船舶则作为例外。

战争爆发后不久，英国海军部就依照它一九三八年对商船的指示手册，武装了它的商船，并在许多情形下用武装的护航舰予以护送；而且命令它们在遇见潜水艇的时候就拍发关于潜艇所在地的报告，这样便把商船并入了海军情报的预告网内。一九三九年十月一日，英国海军部宣布业已命令英国商船在可能的情况下冲击潜水艇。

按照本案的实际情况，本法庭并不准备认为杜尼兹对于英国武装商船所进行的潜艇战的行为是有罪的。

但是，宣布作战区域以及把进入这些区域的中立国商船加以击沉则是一个不同的问题。德国在一九一四至一九一八年的战争中曾采取这种行动，而英国为了报复也曾采用过。一九二二年的华盛顿会议、一九三〇年的伦敦海军协定、一九三六年的海军协议书，都是在完全知悉第一次大战中曾经利用这些作战区域的事实而举行或签订的。但是海军协定书并未就作战区域作为例外的规定。因此，依照本法庭的意见，杜尼兹把在这些区域内发现的中立国船舶不加警告地都予击沉的命令，是违反该议定书的。

检察方面还提出：德国潜水艇舰队不仅没有执行海军议定书的警告条款和拯救条款，并且杜尼兹还故意命令把不论是敌国的或者是中立国的已毁船舶中的逃生者加以杀害。检察方面提出了很多围绕着杜尼兹的两个命令的证据，即一九三九年发布的第一五四号作战命令和一九四二年的所谓"拉康尼亚"命令。辩护方面辩称，这些命令以及证实这些命令的证据并未能证明这种政策，而且还提出了不少相反的证据。本法庭认为证据并未充分确凿地证明杜尼兹曾经故意命令杀害已毁船舶中的逃生者。但这些命令无疑是词意含糊的，并且是应当受到严厉的谴责的。

证据也证明了拯救条款并未执行，而且被告曾经命令不要执行这些条款。辩护方面的答辩是：潜水艇的安全，作为海上的首要规则，较之救人更为重要，而且飞机的发展使得救人已经成为不可能的事情。这或许是对的，但是议定书的规定也是明白的。如果司令官不能救人，那么，依照议定书的规定，他就不能击沉商船，而应当让它在他的潜望镜前面安全的驶去。因此，这些命令证明了杜尼兹是负有违反议定书的罪责的。

本法庭鉴于已经证明的一切事实，尤其是英国海军部于一九四〇年五月八日所宣布的一个命令（依照这个命令，在斯喀基尔拉克海峡中遇见的一切船舶应当予以击沉），以及鉴于尼米兹海军上将对于向其所询问题的答复（这个答复说，美国自从加入战争的第一天起就在太平洋中进行了无限制的潜艇战）；因此，对于杜尼兹的判刑，并不是根据他违反潜艇战的国际法而酌定的。

杜尼兹也被控对于希特勒于一九四二年十月十八日颁发的关于袭击队员的命令负有责任。杜尼兹承认，当他是潜水艇舰队的长官的时候，他曾经接到并知悉这个命令，但是他否认要对它负责任。他指出，这个命令明文规定不适用于在海战上俘获的人，海军在陆地上没有司令部，而潜水艇司令官是决不会遇到袭击队员的。

有这样一件事，当他担任海军司令的时候，在一九四三年，盟国的一艘摩托鱼雷艇的人员为德国海军所俘获。为了取得情报，当地舰队司令官的代表曾经审讯过他们，然后下命令把他们移送给保安勤务处予以枪毙。杜尼兹说，如果他们是海军所俘获的，则他们的被害是违反关于袭击队员的命令的，但枪毙的事情并未登载在国防军公报上，并且他也从未知悉这个事件。他指出，这个舰队司令员并不是在他的指挥系统之内，而是隶属于指挥占领挪威的陆军将领。但是杜尼兹在担任海军总司令以后，仍容许这个命令继续有效，在这范围内，他是要负责任的。

在一九四四年十二月十一日的一个会议上，杜尼兹曾经说道，"集中营俘虏一万二千名将要使用于船坞中，作为补充的劳动力"。那时，杜尼兹并不掌管船坞建筑的事项；他现在声辩这句话仅仅是在会议上建议负责的官员做这些造船的事情，他自己则并未采取措施获得这些工人，因为这不是他所掌管的事情，而且他也不知道究竟曾否获得这些工人。他承认是知道集中营情况的，像他这样地位的人是一定知道被占领国的公民大量被拘禁在集中营里这一事实的。

一九四五年，希特勒曾经征询约德尔和杜尼兹应否退出日内瓦公约的问题。这两个军事领袖在一九四五年二月二十日所举行的会议的记录证明，杜尼兹曾经表示过他的意见认为这种行动是得不偿失的。一个官员在记录中概述了杜尼兹的态度，其中包括下列这样一句话："如果能不加警告便实施那些必要的措施，对于外界则不计任何代价以求保全面子，这样做会较为好些。"检察方面坚持这句话所提及的"那些措施"意思是指不必声明退出该公约，而应当随意予以撕毁。辩护方面的解释是，希特勒想要撕毁该公约，是为了下列两个原因：使得德国军队得不到该公约的保护，以防止他们继续大批投降英、美；并且使得可以盟国进行空袭为理由，对盟国战俘采取报复行为。杜尼兹声辩：他所说的"措施"是指防止德国军队投降的那些纪律措施，他的话与对付盟国的措施并没有关系；何况这仅仅是一个建议，这样的措施，不论是针对盟国的，或者是针对德国人的，事实上都没有采取。但是本法庭并不相信这个解释。然而，德国并未退出日内瓦公约。辩护方面提出了几件誓证书，证明在杜尼兹管理下的战俘营中的英国海军战俘是严格地依照日内瓦公约予以待遇的，本法庭也考虑了这个事实，认为它是可以减轻罪刑的一个情况。

结论

本法庭判决：杜尼兹就起诉书第一项罪名而论是无罪的，就第二、三两项罪名而论是有罪的。

……

……

国际军事法庭苏联籍法官司法少将伊·特·尼基钦科就本法庭对于被告沙赫特、巴本和弗立茨及被告组织德国内阁、参谋本部及国防军最高统帅部的判决所提出的不同意见

……

……

（六）对于参谋本部及国防军最高统帅部的不正确判决

本法庭的判决不正确地驳回了对于参谋本部及国防军最高统帅部的犯罪活动的控告。

驳回对于参谋本部及国防军最高统帅部的犯罪活动的控告，是与真实情况以及在审理中所提出的证据相矛盾的。

已经毫无疑问地得到证实，纳粹德国国防军的领导团，和党卫军——国社党的机构一起，在准备和实现侵略的、仇恨人类的纳粹计划中，是最重要的动力。在希特勒匪帮为国防军军官们发行的公报中，他们自己也经常而且着重地重申这一点。在名为"第三帝国的政治和官员"的国社党公报中，很清楚地说明了纳粹政权是建立在"两个柱石之上的：一个是党，另一个是武装部队。两者都是体现同一人生哲学的组织"；"党和武装部队的任务是互相有着有机关系的，而且两者负有同一的责任，两者都以彼此的成功或失败为依归的"（美国所提证件第九二八号第四页）。

一方面是国社党和党卫军，另一方面是纳粹国防军，这两者之间的相互有机关系，在军事系统上层人物（起诉书已把它们归入犯罪组织这个概念下）中，即在参谋本部及国防军最高统帅部的成员中，表现得特别明显。在纳粹德国，陆军最高司令部官员的选任的标准是他们对纳粹政权的忠实，并且要他们不仅愿意奉行侵略的军事政策，还要甘心贯彻像有关对待战俘和占领区中平民的特别指示。

德国国防军的领袖们不仅是在军事系统中达到某种地位的官员。首先，他们是一个密切结合的团体，受到纳粹领导方面的最秘密计划的托付。提交本法庭的证据完全证实了这个论点：德国的军事领袖们完全没有辜负这个托付，并且他们是希特勒计划的忠实追随者和热心执行者。

这些都不是偶然的，德国空军的头子是纳粹德国"一人之下"的戈林；海军总司令是杜尼兹，后来被希特勒指定为自己的继承人；地面部队的指挥权集中在凯特尔的手里，而凯特尔便是签署过有关枪决战俘和占领区中平民的大部分法令的人。

因此，把参谋本部及国防军最高统帅部比作盟国的最高司令部组织是不能认为正确的。在一个民主国家中，没有一个有自尊心的军事专家，除了准备纯粹军事和战略性质的计划以外，还会同意拟制集体报复和残酷地杀戮战俘的计划的。

同时，参谋本部及国防军最高统帅部所忙的正是这些事情。在本法庭的判决中，没有否认他们犯下了最严重的破坏和平罪、战争罪和违反人道罪，而是特别强调了这些。但是，对于所犯的这些罪行并没有作出逻辑上应有的结论。

本法庭的判决书说："他们玷污了荣誉的军职。假如没有他们在军事上带路，希特勒及其国社党伙伴们的侵略野心将仅仅是理论上的、没有效果的。……"

在下面，判决书又说：

"在这些人中，有很大一部分人玩弄了军人服从军事命令的宣誓。当服从适合于他们的辩护的时候，他们就说自己必须服从；当他们面对着希特勒的残忍罪行，并经证明他们已概括地知悉这些罪行的时候，他们就说自己曾经拒绝服从。事实是：他们或者是曾经积极地参与进行所有这些犯罪活动，或者是不声不响，默示顺从，静观犯罪活动的进行，而且所进行的活动较之全世界人们所曾不幸知悉的更为大规模，更令人惊骇。……这是必须说明的。"

判决书中的这些论点都是正确的，都是以许多可靠的证言为根据的。惟一不可理解的事情是：不承认"这几百个高级官员"——他们使得世界以及他们自己的本国遭受这样多的苦难——犯罪的那种推理，竟成为一项理由，来支持把该组织宣告为无罪组织的决定。

判决书提出下面的理由以支持它的决定，但是这些理由是与事实大大地矛盾的：

（一）这些犯罪活动是参谋本部及国防军最高统帅部的代表们以个人的资格进行的，而不是以阴谋犯罪团体的成员资格来进行的。

（二）参谋本部及国防军最高统帅部不过是阴谋者以及阴谋者的意志解释人或执行人手中所拿着的武器而已。

许多证据是与这些结论相矛盾的。

（一）参谋本部及国防军最高统帅部的主要代表人物，和希特勒匪帮的一小群高级官员一起，被阴谋者们要求以阴谋破坏和平和违反人道的活动的积极参加者，而不是以一个消极的官员的身分，来参与制订和实施侵略计划。

如果没有他们的咨询意见和积极合作，希特勒是不能解决这些问题的。

在大多数情况中，他们的意见是有决定意义的。如果国防军的主要官员不给予希特勒以完全的支持，不可能想像希特勒德国的侵略计划是怎样能够实现的。

对于最高统帅部的领袖们，希特勒最不隐瞒他的犯罪计划和动机。

例如，当他准备进攻波兰的时候，早在一九三九年五月二十九日，在他和德国新国务总理府的高级将领们所举行的会议上，他就说道：

"对于我们，问题在于把'生存空间扩充到东方地区。"

"因此，保全波兰的问题是不能予以考虑的，相反地，我们须考虑利用最早的机会来进攻波兰的决策。"

在距离占领捷克斯洛伐克以前很久的时候，希特勒在一九三八年五月二十日在给最高统帅部的代表们的一个指示中目空一切地说道：

"从军事和政治的观点说来，最有利的时机是由于某一事变而展开闪电进攻，这个事变必须是强烈地激怒着德国，并且至少在一部分世界舆论面前，能够从道义上把这次军事行动说成是正当的。"

在进攻南斯拉夫以前，希特勒在一九四一年二月二十七日的一个指示中对最高统帅部的代表们写道：

"即使南斯拉夫宣告它是忠诚的，仍须认它为敌人，因而必须尽早予以粉碎。"

当希特勒准备进攻苏联的时候，他曾经邀请参谋本部及国防军最高统帅部的代表们来帮助他作出有关的计划和指示，而这些人是不仅以军事专家的身份出现的。

在国防军最高统帅部于一九四一年六月间发布的在"巴尔巴劳斯"区域内（按指苏联——译者）进行宣传的训令中，作出了下面的指示：

"暂时，我们的宣传不应当指向于把苏联瓜分。"

早在一九四一年五月十二日，德国国防军最高统帅部曾经命令军队对暂时占领的苏联地区中的平民使用恐怖手段。这里，一项特别的规定是这样说的："仅仅批准与领导团的政治意图相符合的那些刑罚"。

（二）国防军最高统帅部及参谋本部发布了有关对非武装的和平居民与战俘采取残酷措施的最野蛮的法令和命令。

在准备对苏联进攻时所发布的"关于'巴尔巴劳斯'区域内特别刑事责任的命令"中，德国国防军最高统帅部预先废止了军事法庭的审判权，而把镇压和平居民的权力授与个别官员和兵士。在那个命令中，特别说明了下列几点：

"敌对平民的犯罪行为是排除于军事法庭管辖范围之外的……"，"嫌疑分子必须立即送交官员。官员应决定是否予以枪毙……"，"绝对禁止为了审判而把嫌疑分子扣押起来"。此外，还有关于"极端处分的规定，尤其是在具体条件不容许迅速查明罪况的情形下'有关集体暴乱的对待办法'的规定"。

在国防军最高统帅部的同一个命令中，对于德国陆军工作人员中的军事罪犯预先提供了无罪的保证。那个命令是这样说的："陆军官员和工作人员对敌对平民有所行动的时候，即使这些行为同时构成军事罪行，对于他们也无须提起诉讼。……"

在战争进行中，德国国防军最高统帅部一贯地执行了这个政策，对于战俘和各被占领国家中的和平居民加强了它的恐怖活动。

国防军最高统帅部一九四一年九月十六日的指示说道：

"重要的事情是要了解在适用这个命令的那些国家中，人的生命是不值半文钱的，并且要采用非常残酷的手段才可能进行恫吓活动。"

国防军最高统帅部于一九四一年七月二十二日对兵团司令员的指示中只是这样简单地说："司令员在他们的管辖区域内维持秩序时必须采用的方法，不在于要求增加保安部队，而在于采取适当的严酷措施。"

国防军最高统帅部一九四一年十二月十六日的指示说道：

"对于妇女和儿童，军队……也有权利和义务采用……任何方法，如果这种方法是有助于成功的话……"（苏联所提证件第一六号）

在国防军最高统帅部有关战俘待遇的最野蛮的指示中，我们必须注意名为"夜雾"的那个命令。在那个命令中，对于战俘判处死刑的理由是由于犯下某种罪行，而这种行为依照国际公约一般是不应当予以任何处罚的；例如，从营中逃走的行为。

这个命令说道：

"对于这种犯罪行为的处罚，如果是剥夺自由，即使是终身剥夺自由，也是一种软弱的表示。只有死刑或者是使得当地人民不知道犯人命运的那些措施，才能真正发生效力。"（一九四六年元月二十五日下午庭讯记录抄本）

在本案审讯进行中，曾经提出很多关于执行这个命令的证据。这种罪行的一个例子便是杀害五十名军官级飞机驾驶员的事件。事实上，这个犯罪行为是受到最高统帅部的鼓励的，这已不容怀疑。

国防军最高统帅部也发布了一个消灭"袭击部队"的命令。原命令已经提交本法庭（美国所提证件第五零一号）。按照这个命令，"袭击部队"的军官和兵士必须予以枪毙；除非他们须受讯问，但在讯问以后无论如何也应予枪毙。各陆军部队的司令员坚决地执行着这个命令。一九四四年六月间，西方地区德军总司令隆斯德曾经报告说，希特勒的"关于对付敌国袭击部队的命令仍在执行中"（美国所提证件第五五零号）。

（三）国防军最高统帅部，和党卫军及警察队一起，对于占领区中最野蛮的警察行动是负有罪责的。

国防军最高统帅部一九四一年三月十三日所发布的关于特别地区的命令，是预计到在占领区中从时间上协调陆军司令部和党卫军全德领导人之间的行动的必要性的。从德国保安总局第二处处长兼特遣支队第四队队长奥多·奥伦道夫以及德国保安总局第六处处长瓦尔德·契伦堡的供述，可见德国参谋本部和德国保安总局之间，依照国防军最高统帅部的指示，曾经达成一个协议，以便组织保安警察队和保安勤务处的特种"行动部队"——"特遣支队"，以分派于相应的部队中。

特遣支队在临时占领地区中所进行的犯罪活动是数不胜数的。特遣支队是在与相应的部队司令员密切接触之下行动的。

把特遣支队第一队的报告中的摘录作为证据，是很有代表性的：

"……我们工作中有一项是与前线和后方的司令员建立个人的联系。必须指出，我们和陆军的关系是很好的，在某些情形中是很密切的，几乎可以说是很真挚的，例如，我们和坦克部队司令员霍普纳上校的关系就是这样。"

（四）德国国防军最高统帅部的代表们在德国陆军的各阶层组织系统中是作为一个犯罪团体的成员而行动的。德国国防军最高统帅部和参谋本部的指示，以及各个别部队的命令，尽管违反国际法和战争惯例，但实际上仍被执行着，而且甚至还增添了为贯彻这些指示而发布的更野蛮的命令。

关于这点，陆军元帅兼兵团司令员拉兴诺对他的兵士所发布的指示是有代表性的，并值得予以注意："东方地区的兵士不仅是精通战术的战士，而且也是无情的民族思想的保持者"。在另一个地方，拉兴诺在号召消灭犹太人的时候写道："这样，兵士们必须完全知道对于下等人即犹太人加以严厉和公正的报复的必要性"（美国所提证件第五五六号）。

作为另一个例子，可以提到陆军元帅曼斯坦对他的兵士所发布的命令。这个元帅根据"战争的政治目的"，目空一切地号召他的士兵以违反"公认的欧洲战争法"的方法来进行战争（美国所提证件第九二七号）。

这样，在审查证据的过程中已经毫无疑问地得到证实，希特勒匪帮国防军最高统帅部和参谋本部是具有高度危险性的犯罪组织。

我认为，作为一个法官，我有义务就这些重要问题提出我的不同意见，关于这些重要问题，我是不同意本法庭其他法官们所作出的决定的。

国际军事法庭苏联籍法官
司法少将
伊·特·尼基钦科

··主要参考书目··

1. 李永龙编著：《西周金文选注》，北京师范大学出版社 1992 年版。

2. （唐）张鹜著：《龙筋凤髓判》，田涛、郭成伟校注，中国政法大学出版社 1996 年版。

3. 曹漫之主编：《唐律疏议译注》，吉林人民出版社 1989 年版。

4. 《白氏长庆集》。

5. 《名公书判清明集》，中华书局 1987 年版。

6. 《宋文鉴》，吉林出版集团有限责任公司。

7. 薛梅卿、赵晓耕主编：《两宋法制通论》，法律出版社 2002 年版。

8. 刘馨珺著：《明镜高悬－南宋县衙的狱讼》，北京大学出版社 2007 年版。

9. 《中国历史大辞典·宋史》，上海辞书出版社。

10. 《宋元语言学词典》，上海辞书出版社。

11. 《宋语言词典》，上海教育出版社。

12. （明）李清原著、华东政法学院法律古籍整理研究所：《折狱新语注释》，吉林人民出版社 1987 年版。

13. （明）颜俊彦著：《盟水斋存牍》，中国政法大学出版社 2002 年版。

14. 《文章辩体序说 文体明辨序说》，人民文学出版社 1962 年版。

15. 童光政著：《明代民事判牍研究》，广西师范大学出版社 1999 年版。

16. 《海瑞集》。

17. 郭成伟、田涛点校整理：《明清公牍秘本五种》，中国政法大学出版社 1999 年版。

18. （清）王又槐著：《办案要略》，群众出版社 1987 年版。

19. 雷荣广、姚乐野著：《清代文书纲要》，四川大学出版社 1990 年版。

20. 李贵连著：《沈家本传》，法律出版社 2000 年版。

21. 《古代判决书选译》，华东政法学院语文教研室。

22. 高潮主编：《古代判词选》，群众出版社 1981 年版。

23. 汪世荣著：《中国古代判词研究》，中国政法大学出版社 1997 年版。

24. 许文濬著、俞江点校：《塔景亭案牍》，北京大学出版社 2007 年版。

25. 汪庆祺编、李启成点校：《各省审判厅判牍》，北京大学出版社 2007 年版。

26. 谢森、陈士杰、殷吉墀编、卢静仪点校：《民刑事裁判大全》，北京大学出版社 2007 年版。

27. 直隶高等审判厅编、何勤华点校：《华洋诉讼判决录》，中国政法大学出版社 1997 年版。

28. 余觉编著：《民事审判实务》，大东书局 1944 年版。

29. 直隶高等审判厅：《直隶高等审判厅判牍集要》，天津商务印书馆 1905 年版。

30. 许同莘著：《公牍学史》，档案出版社 1989 年版。

31. 瞿同祖著：《瞿同祖法学论著集》，中国政法大学出版社 1998 年版。

32. 宁致远主编：《司法文书写作学》，法律出版社 1990 年版。

33. 率蕴链、顾克广主编：《诉讼文书范例选评》（内部发行）。

34. 《司法文书与公文写作》编辑部：《司法文书写作研究》。

35. 周道鸾编著：《民事裁判文书改革与实例评析》，人民法院出版社 2001 年版。

36. 周道鸾编著：《行政裁判文书改革与实例评析》，人民法院出版社 2001 年版。

37. 熊先觉著：《司法文书研究》，人民法院出版社 2003 年版。

38. 高玉成主编：《中国司法文书教程》，中国政法大学出版社 1992 年版。

39. 唐文著：《法官判案如何说理》，人民法院出版社 2000 年版。

40. 宋冰编：《读本：美国与德国的司法制度及司法程序》，中国政法大学出版社 1998 年版。

41. 最高人民法院办公厅秘书处编：《法院诉讼文书讲义》，吉林人民出版社 1992 年版。

42. 最高人民法院办公厅秘书处编：《法院诉讼文书样式应用实例选编》，人民法院出版社 1993 年版。

43. 最高人民法院办公厅编：《法院刑事诉讼文书样式》，人民法院出版社 1999 年版。

44. 候欣一著：《从司法为民到人民司法》，中国政法大学出版社 2007 年版。

45. 周道鸾主编：《法院刑事诉讼文书样式的修改与制作》，人民法院出版社 1999 年版。

46. 周道鸾著：《怎样制作刑事裁判文书》，人民法院出版社 1999 年版。

47. 王磊编著：《布什诉戈尔》，北京大学出版社 2002 年版。

48. 吴庆宝编著：《民事判决书制作与改革难点解评》，人民法院出版社 2004 年版。

49. 林正主编：《雄辩之美》，新华出版社 2000 年版。

50. 最高法院审判监督庭编：《全国法院优秀再审裁判文书选》，知识产权出版社 2004 年版。

51. 刘蔚铭著：《法律语言学研究》，中国经济出版社 2003 年版。

52. 张世琦主编：《法院诉讼文书 300 范例（修订本）》，辽宁人民出版社 1992 年版。

53. 马宏俊主编：《法律文书写作》，中国人民大学出版社 2007 年版。

54. 陈卫东、刘计划编著：《法律文书写作》，中国人民大学出版社 2007 年版。

55. 卓朝君、邓晓静编著：《法律文书学》，北京大学出版社 2004 年版。

56. 《董必武法学文集》，法律出版社 2001 年版。

57. 中国法律史学会：《外国司法文书资料选编》。

58. 周忠海、梁书文主编：《英美民商事诉讼文书范本》，国际文化出版公司。

59. 马宏俊主编：《法律文书与司法改革》，北京大学出版社 2005 年版。

60. 张静涛：《写作概论》，法律出版社 1988 年版。

61. 石家庄中级人民法院编：《人民法院裁判文书选》，人民法院出版社 2004 年版。

62. 周振甫著：《文心雕龙今译》，中华书局 1986 年版。

63. 张长青、张会恩著：《文心雕龙诠释》，湖南人民出版社 1982 年版。

64. 范廷僚、王从仁著：《写作蠡测》，河南文艺出版社，2000 年版。

65. 童庆炳著：《文体与文体的创造》，云南人民出版社 1994 年版。

66. 黄侃著：《文心雕龙札记》，上海古籍出版社 2000 年版。

67. 周振甫著：《文学风格例话》，复旦大学出版社 2005 年版。

68. 章必功著《文体史话》，同济大学出版社 2006 年版。

69. 《古代文章学概论》，武汉大学出版社 1983 年版。

70. 《中国古代公文选注》，兰州大学出版社 1988 年版。

71. 《裁判文书通俗化范例汇编》，"司法院"司法行政厅编辑 2003 年版。

72. ［美］布莱恩·A·加纳著：《加纳谈法律文书写作》，刘鹏飞、张玉荣译，知识产权出版社 2005 年版。

73. ［美］哈里·爱德华兹著：《爱德华兹集》，傅郁林等译评，法律出版社 2003 年版。

74. ［日］山本祐司著：《最高裁物语》，孙占坤、祁玫译，北京大学出版社2005年版。

75. ［美］史蒂文·J·伯顿著：《法律和法律推理导论》，张志铭、解兴权译，中国政法大学出版社1998年版。

76. ［美］AL考夫曼著：《卡多佐》，张守东译，法律出版社2001年版。

77. ［美］E·博登海默著：《法理学：法律哲学与法律方法》，中国政法大学出版社1999年版。

78. ［德］卡尔·拉伦茨著：《法学方法论》，陈爱娥译，商务印书馆2003年版。

79. ［德］狄特·克罗林庚著：《德国民事诉讼法律与实务》，刘汉富译，法律出版社2000年版。

·‥后　记‥·

　　写一点儿有关判决书写作的东西是我多年以来的愿望。这个愿望最初来源于对堆砌型判决书的厌恶。我不相信这种堆砌得没了灵魂的东西会是我们正确的选择，我不相信真正优秀的判决书应当是这个样子。但它是如此的具有迷惑力，为大多数人信奉了很多年，想要打败它并不容易。我想，与其陷入空洞的争论，不如建立一套正确的写作理论。当正确的东西树立了，错误的东西自然也就消亡了。于是我开始了这样的工作。但令我没有想到的是，这样的工作居然断断续续地进行了十多年。首先是资料收集的困难：各种判决书散布于不同的角落，我必须花费大量的时间和精力来收集它们。其次是判决书写作虽然本身算不上什么"学"，但却是各方面学问的汇集之地，我也必须不断补充自己的知识才能够加以应付。最为主要的一点是，以前没有人从"文"的角度来研究判决书写作，我缺少必要的对话者。所有的一切只能在不停地否定自己的基础上前进。经过了这些年，只有这样一点点东西奉献给大家，不免惭愧。但这的确已经接近了我能力的边界。我的愿望也已经由当初的完成任务变成了尽快摆脱任务。所以书中的缺点错误肯定是难免的，敬请大家批评指正。

　　在完成本书的过程中，得到过很多师长和朋友的无私帮助。南开大学法学院的高尔森教授、侯欣一教授和我的岳父刘仲利都为我提供了宝贵的资料。侯欣一教授并对作者的古文翻译给予了很多指导。每每求教，必得其解。张丽霞副教授指导了作者与此有关的硕士论文。完成本书的过程中，作者在南开大学开设了法律文书的课程，张荣强老师对课程的开设给予了很多支持。天津市高级人民法院的田浩为专职委员、高震、李雪春、董照南同志也都为本书提供了他们无私的帮助。还要感谢中国政法大学的李妍教授、中国政法大学出版社的刘利虎、付立鹏、丁春晖、彭江等编辑为本书的出版所付出的努力。最后要感谢的是我的父母和妻子，每日里走马兰台，没有他们多年来的全力支持，要完成此书是不可能的。

周　恺

2010 年 4 月

图书在版编目（CIP）数据

如何写好判决书—判决书的写作与实例评改 / 周恺著.— 北京：中国政法大学出版社，
2010.8

ISBN 978-7-5620-3688-3

Ⅰ.如... Ⅱ.周... Ⅲ.法律文书-写作 Ⅳ.D926.13

中国版本图书馆CIP数据核字(2010)第133343号

书　　名	如何写好判决书—判决书的写作与实例评改
	RUHE XIEHAO PANJUESHU—PANJUESHU DE XIEZUO YU SHILI PINGGAI
出版发行	中国政法大学出版社(北京市海淀区西土城路25号)
	北京 100088 信箱 8034 分箱　　邮政编码 100088
	邮箱 academic.press@hotmail.com
	http://www.cuplpress.com　　(网络实名：中国政法大学出版社)
	(010)58908437(编辑室)　58908285(总编室)　58908334(邮购部)
承　　印	固安华明印刷厂
规　　格	787×960　16开本　22.5印张　420千字
版　　本	2010年10月第1版　2010年10月第1次印刷
书　　号	ISBN 978-7-5620-3688-3/D·3648
定　　价	46.00元